Eduard Reich

Spezielle Nahrungs und Genussmittelkunde

Eduard Reich

Spezielle Nahrungs und Genussmittelkunde

ISBN/EAN: 9783743316102

Hergestellt in Europa, USA, Kanada, Australien, Japan

Cover: Foto ©berggeist007 / pixelio.de

Manufactured and distributed by brebook publishing software
(www.brebook.com)

Eduard Reich

Spezielle Nahrungs und Genussmittelkunde

Die

Nahrungs- und Genussmittelkunde

historisch, naturwissenschaftlich und hygieinisch

begründet

von

Eduard Reich, Dr. Med.

Privatdocenten an der Universität von Bern.

Z w e i t e r B a n d.

Specielle Nahrungs- und Genussmittelkunde.

Erste Abtheilung.

Göttingen,

Vandenhoeck & Ruprecht's Verlag.

1860.

Inhaltsverzeichniss.

Inhalt.

Specielle
Nahrungs- und Genussmittelkunde.

Einleitung.

Aus dem Speciellen ist das Allgemeine hervorgegangen, und doch ist es allgemein gebräuchlich, besonderen Erläuterungen die generellen voranzuschicken. Der Grund dieses Verfahrens liegt darin, dass man strebt, dem Leser einen guten Ueberblick über das Gesammtgebiet der Doctrin zu verschaffen, ihm Gesichtspunkte zu eröffnen, von denen aus er Sondergebiete mit Geschick und Sicherheit zu schauen, zu betreten vermag, endlich dahin zu führen, bisher unbekannte Seiten des Wissenschaftsgebäudes in Form von Thatsachen, specieller Data, zu entdecken; in letzterem Falle wirkt die Bekanntschaft mit dem Allgemeinen inducirend und hat in solcher Eigenschaft zur Feststellung und Auffindung der grössten Wahrheiten geführt. In den exacten Naturwissenschaften kommt dem Angedeuteten die grösste Wichtigkeit und Bedeutung zu; indessen ist es aber auch wichtig, denselben Weg in anderen Doctrinen, welche nicht zu den exacten gerechnet werden oder gerechnet werden können, einzuschlagen, möge dies zum Behufe der Erlernung oder des tieferen fachlichen Studiums geschehen.

Während es der allgemeinen Nahrungs- und Genussmittellehre anheimfällt, die generellsten chemischen, physiologischen und aetiologischen, statistischen, geographisch-historischen, naturgeschichtlichen culturwissenschaftlichen etc. Verhältnisse der Nahrungs- und Genussmittel und der Naturkörper, von denen diese stammen, anzudeuten; ihre Beziehungen zum Menschen, als Individuum, wie Stand und Volk, im Allgemeinen darzuthun; die generellen Regeln für den hygieinischen Gebrauch der Nahrungs- und Genusskörper zu geben; ist es Sache der speciellen Doctrin, die vom Menschen zur Nahrung oder zu nicht-alimentärem Genusse bestimmten Substanzen speciell vorzunehmen und nach allen Richtungen hin zu erörtern. Die besondere Lehre handelt nicht mehr von den Pflanzen und Thieren, die ganz oder theilweise menschliche Nahrungsmittel liefern, sondern von den Nahrungs- und Genussmitteln selbst; diese sind ihre figurirenden

1*

Grössen, ihre Einheiten, während es in einem Theile der allgemeinen Lehre die zoologischen und botanischen Arten und Individuen waren.

Auf keinem Felde des medicinischen, natur- und culturwissenschaftlichen Gebietes scheint mir die Abtrennung des Allgemeinen vom Speciellen so künstlich, so gewaltsam zu sein als eben in der Nahrungs- und Genussmittellehre; man hat in der Mehrzahl anderer Doctrinen der Anhaltepunkte eine Menge, welche zu einer gewissen Zerklüftung berechtigen: hier fehlen jene ganz, und es bleibt hier mehr als an allen anderen Orten der Willkür überlassen, diesen Gegenstand im allgemeinen, jenen im besonderen Theile abzuhandeln. Wir hätten es nimmermehr unternommen, die Bromatologie in eine allgemeine und in eine specielle zu theilen, wenn wir nicht daran gedacht hätten, den oben angedeuteten Punkten im Interesse des Lesers gerecht zu werden. — Die specielle Nahrungs- und Genussmittellehre fand, wenn auch unter anderer Bezeichnung, schon viele Bearbeiter, indessen noch keinen, der alle ihre Seiten, die medicinische wie die culturgeschichtliche, die chemische wie die statistische, u. s. w., gleichmässig gewürdigt, unter gemeinsame Gesichtspunkte gebracht hätte. Wenn wir es unternehmen, diese Doctrin auf eine mehrfache Grundlage zu erheben; wenn wir den Versuch machen, unsere Lehre als zweiten Haupttheil einer „gesammten Nahrungs- und Genussmittellehre" hinzustellen; so geschieht es nicht, um ein Verdienst zu erwerben oder um mit solch' einer Bearbeitung zu brüsten und zu prahlen, sondern lediglich im Interesse der Wissenschaft selbst, um diese in ihrem ganzen Umfange, wenn auch nur in Grundzügen, vor dem Leser auszubreiten und die Bearbeitung von Gebieten durch Aerzte anzuregen, von Gebieten, denen man von medicinischer Seite gerade die wenigste Aufmerksamkeit zu Theil werden liess. Dasselbe war auch unser Streben im ersten Bande dieses Werkes, in der allgemeinen Nahrungs- und Genussmittelkunde.

Culturwissenschaft und Hygiene stehen in eben so naher Verbindung wie Hygieine und Aetiologie; es wurde aber das innige Verhältniss zwischen jenen beiden leider bis zum heutigen Tage noch nicht in dem Maasse berücksichtigt als es beachtet zu werden verdiente. Hier haben wir nur jene hygieinische Wissenschaft vor Augen, welche man als Nahrungs- und Genussmittellehre kennt, eine specielle Ausbildung der Hygieine. Wir haben auf fast jeder Seite dieses unseres Werkes der Culturwissenschaft die ihr zukommende Aufmerksamkeit geschenkt, sie überall mit der Gesundheitspflege in die genaueste Verbindung zu bringen gesucht; denn die Nahrungsmittel, wohl auch die anderen zum Genusse kommenden Grössen, sind ja die materiellen Unterlagen der menschlichen Existenz und der Cultur, diese wie jene hängen ja wesentlich von der Menge und Beschaffenheit der alimentären und nicht-alimentären Genussmittel ab. Es ist also die Kenntniss aller Verhältnisse und Beziehungen der Objecte unserer Lehre auch für den Culturhistoriker und Anthropologen von der höchsten Wichtigkeit, ebenso bedeutungsvoll und nothwendig, wie für den Arzt und Naturforscher, Reisenden, Sanitätsmann und Erziehungskünstler.

Ehe wir daran gehen, die Nahrungs- und Genussmittel speciell abzuhandeln, wollen wir uns einige, gleichsam noch einleitende Worte erlauben über mehrere generelle Verhältnisse der alimentären Grössen und einige allgemeine Beziehungen derselben zum Menschen. Zunächst Etwas über Mässigkeit und Unmässigkeit. „Man gebe mir", sagt Johann Peter Frank[1]), „das männlichste Volk, seine Gesundheit soll wie der ersten Menschen ihre sein, die gleich den Thieren eine einfache Kost führten und von wenigen moralischen und physischen Uebeln etwas wussten; ich will noch vor meinem natürlichen Ende alle Sehnen dieser Nation abgespannt und ihre beste Anlage in die schlimmste verwandelt sehen, wenn ein Feind dieses Geschlechts den Vortheil gefunden hat, die natürliche einfache Nahrung zu verdrängen und sie mit einer allgemeinen und anhaltenden Schwelgerei zu verwechseln. Man hat eingestehen müssen, dass die grössten Reiche allemal ihrem Untergange am nächsten gekommen waren, wenn der Luxus und besonders die Verschwendungen in den Nahrungsmitteln zum Höchsten gestiegen waren. Nicht eben dass der

---

[1]) Frank, J. P., System einer vollständigen medicinischen Polizey. Frankenthal. 1791—1814. Bd. IX. pag. 17 u. fg.

Anmerkung. Es ist hier der Ort, einen Ausspruch des Sokrates zu geben, welcher sich auf das Capitel von der Unmässigkeit bezieht. Sokrates sagt: „Die Vielheit der Speisen erzeugt die Unmässigkeit, diese aber Krankheiten. Sobald in einem Staate die Unnüchternheit einreisst und Krankheiten umhergehen, werden da nicht die Buden der Aerzte und Rechtsgelehrten geöffnet, beide Künste ernährt und blühend gemacht? — Kannst du also wohl einen bessern Beweis einer schlechten Erziehung und der gewissesten Unsittlichkeit verlangen, als wenn es so weit in einem Staate gekommen ist, dass nicht nur Leute von niederer Geburt und Erziehung, sondern selbst Menschen, die sich auf ihre Herkunft und genossenen Unterricht Vieles zu gut thun, von Aerzten und berühmten Rechtsgelehrten abhängen? Ist es nicht erbärmlich und ein Zeichen des grössten Leichtsinns, wenn sich Menschen von ihren Leidenschaften so in die Enge treiben lassen, dass sie aller eigenen Vorzüge vergessend, unter der Ruthe fremder Richter und Herren stehen müssen? Wie schändlich ist es doch, dass die Menschen nicht allein zur Heilung der Wunden und unvermeidlichen Verletzungen, welche von Fehlern der Luft und der Witterung herrühren, der Aerzte bedürfen, sondern auch noch Krankheiten von ihnen heilen lassen müssen, welche aus Ueberladung, Unmässigkeit und Müssiggang entstanden sind!"

grössere Aufwand allein den Sturz befördert habe; denn, obschon ein
Vielfrass mehr aufzehrt als ein ordentlicher Mensch und ein unmässiges Volk gegen eine nüchterne Nation seinen jährlichen Vorrath
noch einmal so früh verzehrt; so leidet doch die ärmere Klasse in
eben dem Verhältnisse mehr Noth und Abgang, nach welchem der
Prasser verschwendet, und sie erhungert wieder einen Theil des von
jenem verschlungenen Antheils . . . sondern die Entnervung Derjenigen, welche mit ihrem Muthe das Vaterland zu vertheidigen oder wenigstens Andere dazu anzuführen haben; die Abartung derjenigen,
welche, um ihres Geistes Kräfte zum Nutzen des Staates nach Erfordern verwenden zu können, eines gesunden Körpers bedürfen, und
endlich die Verzärtelung aller Derjenigen, deren Dasein einen näheren Bezug auf das gegenwärtige Wohl des Gemeinenwesens hat; diese
stürzen ganze Reiche in ihr voriges Nichts zurück, und machen die
Söhne der Ländereroberer zu den elendesten Sklaven der Aerzte." —
Würden die Menschen mehr geneigt sein, der Stimme der Natur zu
gehorchen, würden sie die Unmässigkeit, Schwelgerei als grossen Laster verabscheuen, es ständo weit weniger ungünstig mit den Morbi-
litäts- und Mortalitätsverhältnissen; eine endlose Reihe von ·Leiden erweist sich als Resultat der Unmässigkeit, und alljährlich müssen tausende von Menschen in Bäder und klimatische Kurorte, um mit schweren Geldopfern das wieder gut zu machen, was sie leichtsinnig an
sich selbst verbrochen.

Ich werde stets der Meinung sein, dass nur Mangel an Vernunft und an wahrer Bildung, verbunden mit der in allen Fällen vor-
auszusetzenden individuellen Anlage und der geeigneten Gelegenheit,
die Erzeuger der Unmässigkeit sind. Es wird dies sehr bald klar,
wenn man an die nächste Ursache der Unmässigkeit aufsucht; diese
liegt in den sogenannten chemischen Sinnen, im Geschmackssinne
nämlich und im Geruchssinne. Geniesst man solche Substanzen, welche einen vortheilhaften Eindruck zunächst auf die bezeichneten zwei
Sinne machen, dann entsteht das Verlangen, den Genuss öfters zu
wiederholen, um die Sinne öfters angenehm zu berühren, und es führt
jene Begierde zu immer grösserer Ausdehnung und Vervielfältigung
des Genusses. Der unvernünftige, ungebildete Mensch glaubt im Be-
friedigen grobsinnlicher Anforderungen die höchste Lebensaufgabe erfüllt zu haben; die Genusssucht überflügelt seine Vernunft, womit der
Grund zur Leidenschaft gelegt wird, die, einmal eingebrochen, nur
mit dem grössten Kraftaufwande ausgetilgt zu werden vermag. Der
Vernünftige wie der „wahrhaft" Gebildete lässt es niemals zu einem
Besiegtwerden der Vernunft kommen, er lässt sich, weil er die übe-
·len Folgen der Leidenschaftlichkeit zu klar vor Augen hat, dieselben
zu sicher berechnet, niemals von Gelüsten bethören; er entwickelt

Selbstbeherrschung, eine Eigenschaft, welche man mit Recht als eine Mutter des Grossen bezeichnet hat. Es wird hier nur von wahrhaft Gebildeten und von Vernünftigen gesprochen, und es wurde das Wort wahrhaft nur aus dem Grunde gebraucht, um dasjenige, was man im gewöhnlichen Leben Bildung nennt, von dem wohl zu unterscheiden, was eigentlich Bildung ist. Wahre Bildung besteht darin, Geist, Herz und Gemüth in einer dem Wirkungskreise völlig entsprechenden Ausdehnung und Intensität cultivirt und sich eine klare, unbefangene Lebensanschauung erworben zu haben.

Die Unmässigkeit wirkt nicht nur lähmend und entnervend auf das Individuum an sich ein, sie hebt auch dessen Bedeutung als Glied jener Kette auf, welche man Gesellschaft nennt; sie löst Familienbande, entzweit die Freunde und Nächsten, vernichtet Stämme und ganze Völker. Der unmässige Mensch, er möge ehedem der gesundeste gewesen sein, zeigt nach einer ·kürzeren oder längeren Zeit stets Krankheitsanlagen, welche um so früher in wirkliche Krankheit übergehen, je länger die Unmässigkeit andauert. Diese Krankheitsanlagen und weiter Krankheiten sind in ihrer Art verschieden je nach den Verhältnissen der Individualität und je nach der Grösse und Art der Schwelgerei; wir wissen, dass Schlagfluss, Gicht, Hämorrhoïden, Steinkrankheit, Entartungen der Unterleibsorgane, Längensucht, Hautkrankheiten, Gehirn- und Nervenkrankheiten, Blödsinn, Melancholie, Manie u. s. w. die Folgen der Schwelgerei im Essen und Trinken sein können. Der unmässige Mensch wird, wenn wir in diesem Augenblicke von den pathologischen Folgen der Unmässigkeit absehen, der ganzen Gesellschaft zur Last, weil er nicht selten einen widerlichen Anblick bietet, weil er ferner seinen Obliegenheiten in der grössten Mehrzahl der Fälle nicht in dem Maasse und in der Art nachkommt, wie es die Zwecke der bürgerlichen Gesellschaft erheischen; im weiteren Fortschritte der Unmässigkeit, und ganz sonderlich bei hohem Grade derselben, erscheint der Mensch als ein Bild· des Lasters, und wird gemeingefährlich, weil das Laster stets mehr Nachahmer findet als das Gute.

Der nüchterne, mässige Mensch bleibt immer Herr seiner selbst; er erhält seine somatische wie psychische Gesundheit, bewahrt sich vor Leidenschaften, gewinnt eine gute Lebensanschauung und läuft nicht Gefahr, seine geistige Freiheit zu verlieren, seinen Mitbürgern der Stein des Anstosses, der Gegenstand der Aergerniss, die Zielscheibe des Spottes und der Verachtung zu werden; er bleibt ein nützliches Mitglied der Familie, ein echter Bürger des Staates. Ebenso verhält es sich mit nüchternen, mässigen Völkern; sie wahren, wenn äussere Verhältnisse nicht besonders ungünstig einwirken, ihre politische Freiheit und Unabhängigkeit und werden bald, in Hinsicht ihrer physischen Verhältnisse, wie ihrer Intelligenz und sittlichen Grösse, anderen Völkern ein Muster.

Wollte man alle Beispiele von Unmässigkeit und Schwelgerei niederschreiben, welche bei den historischen Völkern vorkamen, man könnte gewiss hundert Bände füllen. Für unsere Zwecke wird es genügen, nur einige jener Exempla anzuführen und daran kurze Bemerkungen zu knüpfen, im Uebrigen aber auf die Allgemeine Nahrungs- und Genussmittellehre zu verweisen, welche in mehreren ihrer Capitel Andeutungen über diesen Gegenstand brachte. Die römische Geschichte ist reich an Daten über Schwelgerei; Juvenal, Martial und andere Dichter geisseln die Unmässigkeit der Römer, deren Luxus; eine einzige Schüssel bei den Gastmählern des Vitellius kam oft auf mehrere tausende von Thalern nach heutiger Rechnung; Heliogabalus liess bei einem Abendmahle auf einmal sechshundert Köpfe von Straussen auftragen, ebenso grosse Schüsseln voll von Nachtigallen- und Pfauenzungen; Carinus liess bei einer Mahlzeit auf einmal einen Centner Fische, einen Centner Vögel und zehn Centner Fleisch der verschiedensten Sorten auftischen.» Der Grieche Athenäus spricht unter Anderem vom Athleten Thragenes und mehreren anderen Griechen, welche im Laufe eines Tages einen ganzen Ochsen(?) aufgezehrt haben sollen; derselbe Athenäus erzählt von einer Frau, welche Aglaïde hiess, sie habe bei einer Mahlzeit zwölf Pfund Fleisch, vier Samodios Weizenbrod und eine Congie Wein zu sich genommen; er erwähnt auch des Astydamas, welcher ein für acht Personen bestimmtes Festmahl verschlang, und des Milo (berühmten Athleten aus Kroton, der mit der Hand ohne alle Werkzeuge einen Stier tödtete und diesen auf den Schultern von hinnen trug), welcher zwanzig Pfund Fleisch, zwanzig Pfund Brod und drei Congien Wein auf einmal verzehrte. Eine Zusammenstellung mehrerer auffallender Beispiele von Unmässigkeit im Alterthume findet man auch bei Manelphi [2]). In den verflossenen Jahrhunderten waren die Menschen der Unmässigkeit und Schwelgerei absonderlich ergeben; es war jene Zeit der höchsten Blüthe der Klöster und der Adelswillkür, die endlich mit der letzten Perücke und dem letzten Zopfe zu Grabe ging.

Noch heute aber suchen die Menschen alle nur erdenklichen Gelegenheiten auf, um einen Rechtstitel für abzuhaltende Gelage und aussergewöhnliche Mahlzeiten zu finden; so Geburten, Todesfälle, Siege, Ernte u. s. w., zu feiern, d. h. sich unter dem Titel der Feier eines Festes nach Leibeskräften voll zu essen und voll zu trinken.

Man hat im Alterthume das Laster der Völlerei und Trunkenheit

---

[2]) Manelphi, J., Mensa Romana, sive urbana victus ratio. Romae. 1650. 4. pag. 4 u. fg. pag. 58 u. fg.

mit verschiedenen Strafen belegt; von der Verachtung bis zur Todesstrafe hat man die Pönitenzen in Anwendung gebracht. Die alten
Scoten verachteten sehr die Polyphagie und die Trunkenheit; sie
liessen Unmässige ganz nach Belieben essen und trinken, bestraften
sie aber alsdann mit dem Tode, indem sie dieselben ertränkten. Einige alte Völker bestraften Unmässigkeit nur an den Weibern; über
ein der Trunkenheit ergebenes Weib wurden dieselben Strafen ver-
hängt, wie über eine Ehebrecherin. Bekanntlich durften die alten
Azteken von Spirituosen nur dann Gebrauch machen, wenn sie krank
oder alt waren und obendrein die Erlaubniss der Obrigkeit eingeholt
hatten; nur an bestimmten, namentlich öffentlichen Arbeits- und Fest-
tagen wurden dem Volke durch Beamte kleine Quantitäten geistiger
Getränke verabfolgt; wenn sich nun Einer betrank, so wurde sein
Vermögen confiscirt und er der allgemeinen Verachtung Preis gegeben, was in der Weise geschah, dass man ihn öffentlich barbierte
und sein Haus niederriss, welche Handlungen so viel bedeuteten, dass
der Bestrafte seinen Verstand eingebüsst habe und nicht mehr wür-
dig sei, als Glied der Gesellschaft zu figuriren. Die Spartaner bestraften Unmässige sehr hart, und nach dem Gesetze des Lykurgus
wurden junge Spartaner bestraft, wenn man sie als zu fett erachtete.
Nach Diog. Laertius liess Solon einen Archonten, weil dieser sich
betrunken hatte, zum Tode verurtheilen. Das Gesetz des Lykurgus
entsprang einer sehr weisen und richtigen Anschauung: eine auf Mässigkeit gebaute Republik muss durch Unmässigkeit und Schwelgerei
nothwendig gefährdet werden. Den Männern aus Cyrus, welche sich
im Weine berauschten, erwiderte Plato, als sich jene mit der Bitte
an ihn wandten, ihnen Mässigkeitsgesetze vorzuschreiben: er werde
dies nicht thun, da ihre Neigungen mit guten Gesetzen unverträglich seien.

Die vielen Verordnungen, welche Republiken, Kaiser, Könige,
Fürsten und Päpste gegen die Völlerei und Trunkenheit erliessen,
haben dieses Laster unseres Erachtens nur wenig beschränkt und vermindert: es war ein zu tief eingefressener Krebsschaden am Leibe der
Gesellschaft, ein Schaden, der nur durch jahrhundertelange Einwirkung der Aufklärung, durch die Wissenschaft und das völlige Wie-
derauf- und ununterbrochene Fortleben der Vernunft radical geheilt
und völlig ausgetilgt werden kann.

Was kann und darf von Staatswegen, was muss von Seite Ein-
zelner geschehen, wenn das Laster der Trunkenheit und Völlerei in
der Wurzel ausgerottet werden soll? Wir antworten auf diese Frage,
es müssen folgende Punkte beherzigt und praktisch ausgeführt werden:

1. Allgemeine Volksbildung, vielseitig und tief.
2. Mässigkeitsvereine unter der Leitung tüchtiger Aerzte.
3. Verminderung der stehenden Heere; Aufhebung der Klöster.

4. Verminderung der Wirthshäuser und Branntweinbrennereien; Aufhebung der Schnapskneipen (nach P. Frank auch Verminderung der Weinberge und Besteuerung derjenigen Personen, welche Köche halten.)

5. Erleichterung der Ehen.

6. Errichtung von Speiseanstalten, welche unter der Leitung tüchtiger Aerzte stehen und vom Staate strenge controllirt werden müssen. Sorge für gutes Trinkwasser und für Anstalten, welche für billig Geld moussirende Wässer liefern: Trinkhallen; Verhütung des Wuchers mit Lebensmitteln; Verhütung der Theuerung.

7. Bestrafung der Trunkenbolde, theils durch Dictirung an Geld- und Gefängnissstrafen, theils durch Versetzung in Besserungs- und Zwangsarbeits-Anstalten, theils endlich durch Nöthigung zur Auswanderung in fremde Welttheile.

8. Das gute Beispiel, welches Gebildete den minder Gebildeten, Vorgesetzte den ihnen Untergeordneten geben sollen, und — eine freie Verfassung!!

Es sei uns gestattet, einige dieser Punkte näher in Betrachtung zu ziehen. Die Volksbildung muss nicht nur dahin zielen, nützliche Kenntnisse allgemein zu verbreiten, sie muss auch deren Anwendung lehren und den Menschen veredeln, ihm Abscheu vor dem Laster einflössen und ihn zu der Erkenntniss führen, dass die Erfüllung der höchsten Lebensaufgabe darin besteht, der Gesellschaft nach Kräften zu nützen, das Sonderinteresse dem Allgemeinwohle unterzuordnen; die Volksbildung muss weiter den Menschen mit der grossen und seiner eigenen Natur bekannt machen, ihm die Schädlichkeiten nachweisen, welche in den verschiedenen Verhältnissen liegen, ihm endlich Kunde geben von der Art und Weise der Erhaltung der Gesundheit: nur ein gesunder, edler, vernünftiger und unterrichteter Mensch kann der Gesellschaft und sich selbst wahrhaft nützen.

Das Institut der Mässigkeitsvereine „unter der Leitung tüchtiger Aerzte" muss, wenn es sich auf ächte Volksbildung stützt, immer von den besten Erfolgen gekrönt sein. Die Vorsteher solcher Vereine haben sich aber, soll nicht der gute Zweck verfehlt werden, sehr wohl zu hüten, den Mitgliedern irrige Anschauungen über die Ursache der Mässigkeit beizubringen; es ist ihre Aufgabe, den Leuten begreiflich zu machen, dass die Sorge um Erhaltung des Privat- und öffentlichen Wohles der Urgrund aller Mässigkeitsgebote ist.

Stehende Heere und Klöster sind insoferne Beförderungsmittel der Unmässigkeit, als sie der Menschheit schlechtes Beispiel geben, und sind die ersteren nach Möglichkeit zu reduciren, die letzteren ganz abzuschaffen. [Vergl. übrigens meine Aetiologie p. 401.]

Die Wirthshäuser sind, so grosse Wichtigkeit und Bedeutung

ihnen auch in anderer Hinsicht zukommen möge, doch die Central-
punkte der Trunksucht und Schwelgerei. Wir haben uns über die
römischen Wirthshäuser schon im allgemeinen Theile ausgesprochen,
und es ging daraus hervor, dass jene mit den Gasthöfen, Schenklokalen
und Kneipen von heute nur entfernte Aehnlichkeit hatten. Die Anfänge
der Wirthshäuser in unserem Sinne fallen in die Zeit des-Beginnes
christlicher Wallfahrten, also in die ersten Jahrhunderte unserer Zeitrechnung; man legte die Herbergen in den Wallfahrtsorten selbst
oder an den Wegen an, welche dazu führten; Hieronymus erbaute
ein Hospiz zu Bethlehem und seine Freundin Paula mehrere solcher
Institute auf dem Wege nach Bethlehem, „damit es den religiösen
Müssiggängern nicht an Herberge fehlen mögte." [3] Die Wirthshäuser
wurden im Laufe der Zeiten in dem Verhältnisse allgemeiner, als sich
der Verkehr steigerte; doch behielten sie ihren Charakter als „Herbergen" bis fast zu Ende des Mittelalters bei; viele der mittelalter-
lichen Herbergen waren auch zur Aufnahme von Kranken bestimmt,
und einige dieser Institute haben ihren Character als Gast- und Kran-
kenhäuser bis auf den heutigen Tag beibehalten; wir meinen die
Hospize auf den Schweizer Alpen. —

Soll der Unmässigkeit mit Erfolg begegnet werden, dann ist es
jedenfalls auch nothwendig, die Zahl der Wirthshäuser und Branntweinbrennereien zu beschränken und die Schnapskneipen gänzlich aufzuheben; die letzteren sind leider zu häufig — wenn auch nicht ausschliesslich — die Brutstätten von Lastern und Verbrechen, und die
Orte, wo auch das physische Wohl des Menschen untergraben wird;
jedenfalls müssen aber die Branntweinbuden durch etwas Besseres
ersetzt werden, nämlich durch gut eingerichtete Speise und Bier-
wirthschaften, wo es auch dem armen Arbeiter möglich ist, sich für
wenig Geld den nöthigen Bedarf anzueignen und sich für die Mühen
und Plagen des Tages zu restauriren. Natürlich stehen Schnapskneipen
mit Branntweinbrennereien im innigsten Zusammenhange, und es ist,
wenn es sich um die Aufhebung jener handelt, nothwendig, auch diese
an Zahl zu verringern, an Umfang zu beschränken, und es wäre deren
gänzliche Schliessung jedenfalls nicht unhygieinisch, wenn nicht natio-
nal-ökonomische Interessen mehrfacher Art die Existenz von Branntweinbrennereien erheischten. Die von Peter Frank [4] projectirte
Verminderung der Weinberge ist theoretisch sehr ausgezeichnet und
löblich, in praxi aber leider nicht durchführbar. Dagegen kann man
Personen, welche Köche halten — wenn diese Köche nicht gleichzeitig

3) Donndorff, J. A., Geschichte der Erfindungen. Quedlinburg und
Leipzig. 1817—21. Bd. IV. pag. 384.
4) Frank, J. P., a. a. O. Bd. IX. pag. 66 u. fg.

das Amt der Hausmagd, des Stiefelwichsers, Bedienten etc. versehen müssen — eine ansehnliche Steuer dictiren: denn wer einen Koch halten kann, hat auch viel Geld und lebt üppiger, als derjenige, dessen Geschmackswerkzeuge durch die Erzeugnisse einer Köchin zufrieden gestellt werden, und weiter ist, wenn wir mit dem alten Frank reden wollen, jeder Koch ein privilegirter Giftmischer.

Es ist männiglich bekannt, wie gross der Schaden ist, den die Beschränkung der Ehen auf das öffentliche wie Privatwohl im Allgemeinen ausübt [man gedenke nur der schlechten Folgen des Cölibates!]; es fällt jene Beschränkung auch in Bezug auf den Gegenstand unserer nunmehrigen Unterhaltung sehr in's Gewicht, indem der Junggesellenstand in sehr grossem Maasse zur Schwelgerei disponirt. Verheirathete Männer werden in der Regel durch Weib und Kinder an den häusslichen Heerd gefesselt, der ihnen, in Verbindung mit jenen beiden, dasjenige bietet, wonach sie nach vollendetem Tagewerke Verlangen tragen; die Würde des Familienoberhauptes verträgt sich auch nicht mit Schwelgerei und Trunksucht, und eine sorgsame Erziehung der Kinder setzt Mässigkeit und reinen Lebenswandel voraus, welcher mehr als alles Andere die Achtung des Hauses gegen den Hausherrn sichert und befestiget. Wir erkennen also im Institute der freien Ehe das mächtigste und gewichtigste Beförderungsmittel der Mässigkeit, in der steten Voraussetzung, dass die Ehe den an sie gerichteten Anforderungen entspricht, was wohl bei der grösseren Mehrzahl von Ehen der Fall ist. Auch insoferne zählt die Ehe zu den Beförderungsmitteln der Mässigkeit, als sie die Verlockungen und Gelegenheiten zur Schwelgerei in nicht unbedeutendem Maasse beschränkt. Wir haben uns an einem anderen Orte [5] ausführlich über die Ehe in dieser Beziehung verbreitet.

Die Errichtung von Speiseanstalten für Arme und Unbemittelte scheint uns ein sehr gewichtiges Hemmniss der Entfaltung von Schwelgerei und Unmässigkeit zu sein, weil die regelmässige Aufnahme geeigneter Nahrungsqualitäten und der erforderlichen Mengen den Reiz aufhebt oder doch sehr beschränkt, welchen die Schwelgerei auf den Menschen äussert; Leute, welche darauf angewiesen sind, sich mit Schwarzbrod und Kartoffeln bei nicht selten harter Arbeit zu begnügen, welche nicht im Stande sind, ihren Tisch so weit zu bringen, dass er in Bezug auf Art und Menge den individuellen Anforderungen entspricht, suchen sich zu Zeiten für ihre vielen Leiden und Entbehrungen zu entschädigen, indem sie sich in Schnaps berauschen oder sonst der Unmässigkeit hingeben; im Rausche vergessen sie ihrer Leiden, werden froh und heiter, und wünschen sich öfters in diesen Zustand zu

---

[5] Reich, E., Lehrb. d. allg. Aetiol. u. Hyg. Erlangen 1858. pag. 49u. fg.

versetzen; so fallen sie dem Laster der Trunkenheit in die Arme, wären demselben aber niemals zur Beute geworden, wenn ihnen gut eingerichtete Speiseanstalten den nöthigen Bedarf je nach Umständen entweder gratis oder doch für billig Geld geliefert hätten; gute und nahrhafte Kost macht Lust zur Arbeit, und diese ist die Feindin der Schwelgerei. Auch echtes Trinkwasser befördert die Mässigkeit, denn es erfüllet seine Aufgabe: den Durst zu löschen und den Trinkenden zu erquicken; ist aber das Trinkwasser schlecht, dann empfindet der Mensch eine grosse Abneigung dagegen und greift zu anderen, ganz sonderlich spirituösen, Getränken; es ist desshalb von der äussersten Wichtigkeit, für gutes Trinkwasser Sorge zu tragen und solches allen menschlichen Wohnsitzen reichlich zukommen zu lassen. Leider hat man an so vielen Orten noch keinen Begriff von zweckmässigen Wasserleitungen und Purification der Wässer zum Trinkgebrauche, ja einiger Orts ist der Genuss unreinen und höchst schädlichen Wassers durch Gesetze geboten: die Einwohner von Bukhara [wo der Medina-Fadenwurm die häufigste Krankheit veranlasst [6])] sind bei Strafe des Auspeitschens auf öffentlichen Plätzen gezwungen, das höchst ekelhafte Wasser des die Stadt und das Land in Canälen durchziehenden Zerafschan, eines rechten Nebenflusses des Oxus, zu trinken; in diesem Wasser ist der Medinawurm enthalten, eine der schrecklichsten Plagen jener Länder. — Dem echten Trinkwasser sind die kohlensäurereichen Wässer, welche man jetzt in mehreren grossen Städten für billig Geld anzufertigen und auszuschenken beginnt, an die Seite zu stellen; sie erfrischen den erschöpften Fussgänger und Arbeiter, und leisten, indem sie billiger, besser und erquickender sind, als Spirituosen, bei Weitem mehr als diese, und beschränken so die Unmässigkeit und Trunkenheit. — Bestrafung der Trunkenbolde ist sowohl im individuellen als auch im allgemeinen Interesse von der höchsten Wichtigkeit, nur muss sie, soll sie ihren Zweck nicht verfehlen, dem Zeitgeiste, der Persönlichkeit des zu Bestrafenden und der Grösse des Lasters entsprechen. In allen Fällen ist von der Prügelstrafe und anderen körperlichen Pönitenzen — als für unser Jahrhundert nicht mehr passend — abzusehen, und man muss nicht vergessen, dass andere, solidere Strafen weit sicherer und rascher zum Ziele führen, als die oben angedeuteten. Der höchste Grad der Trunksucht, Polyphagie und Feinschmeckerei, welcher allen Geld- und Gefängnisstrafen, Besserungs- und Zwangsarbeitshäusern trotzt, ist uncurabel; Menschen welche dem-

---

6) Mir Izzet Ullah, Travels beyond the Himalaya. Journal of the Royal Asiatic Society. Vol. VIII. pag. 335. — Mühry, A., die geographischen Verhältnisse der Krankheiten. Leipzig und Heidelberg. 1856. Bd. II. pag. 218.

selben verfallen, sind eine Pest in der Gesellschaft, sind unter keiner
Bedingung geeignet, fernerhin Glieder derselben zu bleiben; man muss
sie unschädlich machen: tödten darf man sie nicht; lebenslängliche Ge-
fängnisschaft hat man kein Recht über sie zu verhängen, möchte es
auch der Kostspieligkeit wegen nicht thun; also bleibt nichts anderes
übrig als dieselben zur Auswanderung nach fremden Erdtheilen zu
zwingen [wenn auch nicht nach Cayenne]. Niedere Grade der Schwelgerei bestrafet man am besten mit kurzer Gefängnisshaft bei Wasser
und Brod, unter Umständen mit Geldbussen; höhere Grade durch Bewahrung liederlicher Subjecte, wess Standes sie auch seien, in Besse-
rungs- oder Zwangsarbeitshäusern. Bei jedweder Bestrafung muss
gute Ermahnung und Belehrung eine Hauptrolle spielen.

. Oeffentliche Speiseanstalten für Arme und Unbemittelte gehören zu
den wichtigsten Sanitätsanstalten im Staate, in der Voraussetzung, dass
sie sich einer in jeder Hinsicht ausgezeichneten Einrichtung erfreuen.
Die Hauptsache bleibt immer die, dass alle diese Institute unmittelbar
dem Gesundheitsrathe der Stadt oder der obersten Sanitätsperson des
Dorfes unterstehen, dass sie vom Staate oder ehrbaren Gesellschaften
unterhalten und in letzterem Falle mit keinerlei Steuer, Abgabe u. s. w.
belästiget werden. Sie müssen echte, nahrhafte und mit Sorgfalt zubereitete Speisen liefern, und es ist nothwendig, jeden Unterschleif und
Betrug hier härter zu bestrafen, als in allen anderen Fällen. Von den
vielen Männern, welche sich Verdienste um die Lehre von den öffentlichen Speiseanstalten erworben haben, nennen wir K. Wenzel [7),
den Grafen Rumford [8), F. A. Resch [9), Cadet de Veaux [10),
G. F. Most [11), Nicolai [12), Lettson [13). Die Institute, von denen
wir eben reden, erweisen sich auch als Beförderungsmittel der Mässigkeit, wir wie Gelegenheit nahmen, oben nachzuweisen.

---

7) **Wenzel**, K., Händlexikon oder Encyclopädie der gesammten staats-
ärztlichen Praxis. Erlangen. 1837. Bd. I. pag. 47 u. fg.

8) **Rumford**, B. v., Kleine Schriften, politischen, ökonomischen und
philosophischen Inhalts. A. d. Engl. von K. S. Kramer. Weimar. 1799—
1805. Bd. I. pag. 245 u. fg.

9) **Resch**, F. A., Menschenbeköstigung durch wohlfeile und gesunde
Speise. Erfurt. 1804.

10) **Cadet de Veaux**, De l'économie alimentaire du peuple et du soldat
etc. Paris 1814.

11) **Most**, G. F., Ausführliche Encyclopädie der gesammten Staatsarzneikunde. Leipzig. 1838—40. Bd. II. pag. 366 u. fg., Supplem. Bd. pag. 35 u. fg.

12) **Nicolai**, J. A. H., Grundriss der Sanitäts-Polizei mit besonderer
Beziehung auf den Preussischen Staat. Berlin. 1835. pag. 20 u. fg.

13) **Lettson**, Ueber die Erleichterung der Noth der Armen durch wohlfeile Nahrungsmittel. Breslau. 1805.

Gutes Trinkwasser ist eine der wichtigsten Bedingungen für das gesundheitliche Gedeihen der Menschen; daher ist es nöthig, alle menschlichen Wohnsitze, in deren unmittelbarer Nähe kein solches Wasser vorfindig, mittelst zweckmässiger Wasserleitungen mit gutem Trinkwasser zu versorgen. Hier verdienen Röhren aus Gusseisen, die hermetisch an einander passen müssen, vor Holz-, ganz sonderlich aber vor Bleiröhren den Vorzug. Ist es nicht möglich, den bewohnten Orten gutes Quellwasser in hinreichender Menge zuzuführen, dann muss das Flusswasser filtrirt werden. Auf Seereisen ist es nicht selten nothwendig, das Meerwasser trinkbar zu machen, und wir werden unter Wasser von den Methoden handeln, welche zu solchem Behufe einzuschlagen sind. — In Bezug auf die Versorgung der Wohnsitze mit Wasser, Anlegung von Wasserleitungen, Bohren von artesischen Brunnen u. dgl. haben sich sowohl durch eigene Untersuchungen als durch Vorschläge und gelehrte Abhandlungen, Verdienste erworben S. G. H. Pfaff[14]), Parent-Duchatelet[15]), J. P. Frank[16]), T. L. Hasse[17]), F. Oesterlen[18]), L. Pappenheim[19]), Cancrin[20]), Eboll[21]), Philipp[22]), Lambe[23]), Paul[24]), Borgsma[25]), Carey

---

[14] Pfaff, S. G. H., Ueber einfache und wohlfeile Wasserreinigungsmaschinen. 8⁰.

[15] Parent-Duchatelet, Hygiène publique. Paris. 1837. T. I. pag. 510 u. fg.

[16] Frank, J. P., a. a. O. Bd. VIII. pag. 76 u. fg.

[17] Hasse, T. L., Ueber Wasserleitungsröhren von Gusseisen. Dresden. 1825. 8⁰.

[18] Oesterlen, F., Handbuch der Hygieine. 2. Aufl. Tübingen. 1857. pag. 421 u. fg.

[19] Pappenheim, L., Handbuch der Sanitäts-Polizei. Berlin. 1858—59.

[20] Cancrin, Kleine technologische Werke. Bd. IV. Marburg und Giessen. 1792.

[21] Hannöversches Magazin. 1792 Stück 83. — Becker, J. H., Versuch einer Literatur und Geschichte der Nahrungsmittelkunde. Stendal. 1810–12. Abthlg. II. pag. 723.

[22] Philipp, Oekonomische Hefte. Januar 1799. pag. 86 u. fg.

[23] Lambe, W., Researches into the properties of springwater. London. 1803.

[24] Gill, The technical repository. London. 1822—27. 8⁰. Bd. V. 6. pag. 16. — Schubarth, Repertorium der technischen Literatur. Berlin. 1856. pag. 958.

[25] Bulletin des sciences technologiques. Par de Ferrussac. Paris. 1824—31. 8⁰. Bd. II. pag. 89.

und Lea[26]), Girand[27]), Hachette[28]), Baddeley[29]), D'Arcet[30]), Masclet[31]), Payen[32]), Mallet[33]), Hepburn[34]) u. A. m.

---

[26]) Schubarth, a. a. O. pag. 958.

[27]) Annales de l'industrie nationale et étrangère, ou Mercure technologique par le Normand et de Meléon. Paris 1820—26. 8⁰. Bd. II. pag. 117. Bulletin des sciences technologiques. Bd. IX. pag. 382.

[28]) Bulletin des sciences technologiques. Bd. IX. pag. 303. pag. 382.

[29]) The mechanic's Magazine, Museum, Register, Journal and Gazette. London. 1814—53. 8⁰. Bd. X. pag 98.

[30]) Recueil industriel, manufacturier, agricole et commercial, de la salubrité publique etc. Par de Moleon. Paris. 1827—33. 8⁰. Bd. XVI. pag. 193.

[31]) Journal des connaissances usuelles et pratiques. Bd. XVIII. p. 441.

[32]) Annales de Chimie et de Physique. 2. Reihe. Bd. LIV. pag. 266.

[33]) Bulletin des sciences technologiques. Bd. XVI. pag. 60.

[34]) The Edinburgh new philosophical Journal. Bd. XX. pag. 100.

Getränke. Speisen. Gewürze. Würzen.

Es ist bekannt, dass man die eigentlichen Nahrungsmittel schon seit den ältesten Zeiten in Getränke und Speisen unterscheidet; eine Unterscheidung, welcher die Consistenz der Nahrungsmittel als — allerdings sehr verschiebbarer — Maassstab untergelegt wurde. Es ist diese Unterscheidung die natürlichste, obgleich sie auf sehr viele Schwierigkeiten stösst; man weiss nämlich von einer ganzen Reihe von Nahrungsmitteln nicht, ob man sie zu den Speisen oder den Getränken zählen soll. Möge die Eintheilung auf Grundlage der Consistenz der Nahrungsmittel oder der Abstammung derselben erhoben worden sein; möge sie sich auf die chemische Qualität oder auf die Ordnung nach dem Alphabete beziehen: sie erweist sich in keinem Falle als wissenschaftlich, sondern stets nur als aus praktischen Gründen angenommen.

Die Charakteristik der alimentären Genussmittel, ob Getränke oder Speisen, lässt sich etwa in folgenden Worten geben; Stoffe, welche in ihren wesentlichen Bestandtheilen mit der chemischen Zusammensetzung des Organismus überein- oder jenen doch sehr nahe kommen, welche durch die Verdauungsorgane einverleibt, durch deren Säfte modificirt endlich Bestandtheile des thierischen Leibes werden, die Massen ersetzend, welche im Stoffwechsel verbraucht und aus dem Organismus entfernt wurden. Viele der menschlichen Genussmittel, welche wir im Laufe unserer Unterhaltung als Glieder der alimentären gelten lassen werden, sind weit davon entfernt, auf den ganzen Umfang der gegebenen Charakteristik zu passen; sie haben mit den eigentlichen Nahrungsmitteln nur das gemein, durch die Verdauungsorgane einverleibt zu werden; bekanntlich nähren Alkoholica und Gewürze, Kaffee und Thee nicht — oder doch nur in sehr unbedeutendem Maasse —, vielmehr erregen sie Gefäss- und Nerventhätigkeit und beschleunigen den Stoffwechsel (Gewürze) oder beschränken ihn (Spirituosen, narkotische Genussmittel). Weil sie aber mit Nahrungsmitteln alltäglich

aufgenommen werden und oft die integrirenden Bestandtheile von Speisen und Getränken bilden, finden sie unter diesen ihre Stelle.
Wir erachten es nicht für nöthig, Speisen und Getränke in verschiedene Sippen abgetheilt zu bringen; wir sehen ab von „natürlichen" und „künstlich zubereiteten" Speisen und Getränken, von
„vegetabilischen" Alimenten u. s. w. — gehen nun über zur speciellen Schilderung und beginnen mit den flüssigen Nahrungsmitteln.

Getränke.

Der Hauptbestandtheil aller Getränke, sie mögen dieser oder jener Kategorie angehören, sie mögen diesen oder jenen wirksamen
Stoff enthalten, ist das Wasser. Vermöge des Wassergehalts wirken
sie durstlöschend und ersetzen die Massen des durch die Stoffmeta-
morphose entfernten Wassers. Die durstlöschende Eigenschaft der
Getränke wird nicht selten vermindert und beschränkt durch die verschiedenen anderen Substanzen, welche in jenen Fluidis als wirksame
Bestandtheile figuriren; so z. B. sind die alkoholischen Getränke weit
davon entfernt, den Durst in dem Maasse und in der Weise zu löschen, wie es das Wasser thut, und sie verlieren in dem Maasse die
durstlöschende Eigenschaft, in welchem der Alkoholgehalt steigt. Man
kann sagen, dass eigentlich nur Wasser und Milch die wahrhaft durst-
löschenden Getränke sind, und sich ihnen in erster Reihe die sogenannten kühlenden Liquida anschliessen, wie Limonaden, Scherbets
u. A.
Im Urzustande bedienten sich die Menschen nur der beiden sogenannten natürlichen Getränke, nämlich des Wassers und der Milch,
und erst im Laufe der Zeit, im Besitze einiger — wenn auch sehr
spärlicher — Kenntnisse von den Verhältnissen der Aussenwelt vermehrte sich die Zahl der Getränke, indem zu den natürlichen die sogenannten künstlichen hinzukamen. Der Instinct des Menschen im
Urzustande bezieht sich nur auf die mit dem Namen der natürlichen
Getränke belegten Fluida, und zwar strebt der Säugling nach Aufnahme der Muttermilch, das Kind und alle anderen Alterklassen nach
Aufnahme des Wassers. Jener Instinct wurde aber im Verlaufe der
progressiven Entwickelung des Menschengeschlechts theils durch verschiedene Zufälligkeiten, theils durch die immer zunehmende Bekanntschaft mit den Dingen um uns her alienirt, und wir sehen, dass er
sich bei den heutigen Culturmenschen — mögen sie den Culminations-
punkt erreicht oder erst die Schwelle der Civilisation betreten haben
— auch auf andere Fluida bezieht, denn auf Wasser und Milch, und
es ist mit Gewissheit zu behaupten, dass die verschiedenen Beschäfti-

gungsweisen der Menschen vielfach dazu beigetragen haben, dem natürlichen Instincte andere Richtungen zu geben, ihn oft nicht unwesentlich zu modificiren.

Trink-Wasser.

Potus aquae sumtus fit edenti valde nocivus,
Infrigidat stomachum, cibum nititur fore crudum.
(Regim. sanit. Salerni.)

Würde Alkohol im Organismus die Stelle des Wassers einnehmen, würde Alkohol den Inhalt der Seen, Bäche, Flüsse bilden, dann müssten wir ihn als das natürliche und das menschliche Wohlsein am meisten befördernde Getränk bezeichnen; er würde dann auf die Menschen denselben Reiz entfalten, wie jetzt das Wasser, und es dürfte dieses, als ein ungleich selteneres Getränk, Gegenstand grosser Nachfrage und geschäftlichen Handels bilden. Da aber das Wasser den grösseren Theil der chemischen Bestandtheile der Organismen einnimmt; da es das Medium ist, in welchem alle Stoffe den Pflanzen und Thieren zugeführt werden; da es alle Meere, Seen, Flüsse, Bäche ausfüllt: desshalb ist es das natürlichste und das menschliche Wohlsein am meisten befördernde Getränk. — „Das Wasser", sagt J. G. Zimmermann [1]), „dämpft das Genie nicht. Demosthenes, den Longin mit einem Donnerkeil oder einem Ungewitter verglich, trank nichts als Wasser; Cäsar scheint nichts als Wasser getrunken zu haben, wenigstens sagt Cato von ihm, er sei der einzige, der mit aller seiner Nüchternheit die römische Republik umgeworfen habe. Der grosse Rechtsgelehrte Andreas Tiraquellus hatte in seinem Leben nichts als Wasser getrunken, und gleichwohl der Welt vierzig Bücher und vierundvierzig Kinder geliefert."

Wir dürfen uns aller Erörterungen über die physikalisch-chemischen Verhältnisse des Wassers enthalten, weil die Bekanntschaft damit bei einem jeden Leser vorauszusetzen; ebensowenig ist auch eine breitere Auseinandersetzung über die verschiedenen Arten des Wassers, so Brunnen-, Meer-, Flusswasser u. dgl., nöthig. Dagegen sollen uns andere Beziehungen des Wassers beschäftigen, und wir werden zunächst nach den Erfordernissen guten Trinkwassers und nach den Mitteln und Wegen forschen, solches herzustellen und zu conserviren. Zum Trinkgebrauche kommt das Wasser sowohl im flüssigen wie im festen Zustande, als Eis, in Gebrauch; als Eis insofern, als man damit das Trinkwasser abkühlt. Je weiter man nach Süden

---

[1]) Zimmermann, J. G., Von der Erfahrung in der Arzneikunst. Zürich. 1763—64. Bd. II. pag. 300 u. fg.

kommt, desto umfangreicher sieht man den Eishandel werden, und es lässt sich leicht denken, wie ungeheuer die jährlich consumirten Eismassen sein müssen, wenn man erfährt, dass in Paris alljährlich nahezu eine halbe Million Centner Eis verbraucht werden [2]).

Zu den Erfordernissen guten Trinkwassers gehören neben der erforderlichen niedrigen Temperatur [7 bis 10° C.], Reichthum an Kohlensäure; möglichst Freiheit von organischen und mineralischen Stoffen [höchstens 0,001 seines Gewichts darf es an fremden Stoffen enthalten]; Farb-, Geruch- und Geschmacklosigkeit; keinerlei Reaction auf Pflanzenfarben; das Vermögen, erfrischend, kühlend zu wirken und den Durst zu löschen. Echtes Trinkwasser darf nicht zur Kategorie der sogenannten harten Wässer zählen, muss also Hülsenfrüchte weich kochen und darf, mit Seifenlösung versetzt, diese nicht trüben. Wir erlauben uns, folgende allgemeine Winke über die Prüfung des Trinkwassers auf seine Reinheit zu geben. Theils durch den Geschmack, theils durch den Umstand, dass ein Wasser, welches organische Substanzen enthält, unter geeigneten Verhältnissen in Fäulniss übergeht, erkennt man die Gegenwart dieser. Wenn man Wasser in einem Glase ruhig stehen lässt und die Lufttemperatur zehn Grade des hunderttheiligen Thermometers übersteigt, so zeigt sich um so stärkeres Perlen der Flüssigkeit, je mehr Kohlensäure in dieser enthalten ist; auch kann man die Grösse des Kohlensäuregehalts leicht ermitteln, wenn man zu einer bestimmten Menge des zu untersuchenden Trinkwassers Kalkwasser setzt: je bedeutender der weisse Niederschlag — kohlensaurer Kalk —, desto grösser der Gehalt an Kohlensäure. Versetzt man das fragliche Wasser mit einer Lösung von salpetersaurem Silberoxyd, so entsteht, wenn Kochsalz oder andere Chlormetalle zugegen, ein weisser Niederschlag, welcher sich in Aetzammoniak löst. Bei Gegenwart schwefelsaurer Salze erzeugt Chlorbaryumlösung einen weissen Niederschlag, welcher bekanntlich aus schwefelsaurem Baryt

---

[2]) Im Jahre 1805 unternahm es ein angesehener Nord-Amerikaner, Namens Friedrich Tudor aus Boston, die erste Eisverschiffung aus einem nordamerikanischen Hafen zu veranstalten; namentlich in Süd-Italien lernte er den Nutzen des Eises in wärmeren Himmelsstrichen kennen, und kam auf den Gedanken, dass eine Eisversendung von Nord-Amerika aus rentabel sein dürfte. Sein erster Versuch — wo er Eis aus den Teichen seines Vaters nach St. Pierre in Martinique brachte — fiel zu seinem Schaden aus: er verlor dabei viertausend und fünfhundert Dollars; indessen liess er sich nicht abschrecken und wiederholte seine Eisfahrten, es fanden sich Concurrenten, und der Eishandel von Nord-Amerika aus nach den wärmeren Gegenden wurde ein bedeutender Handelszweig. Im Jahre 1847 bestand der Eisverbrauch in und in der unmittelbaren Nähe von Boston in siebenundzwanzigtausend Tonnen. [Dingler, Polytechn. Bd. 112. pag. 465 u. fg.]

besteht. Kommen im Trinkwasser Bleisalze vor, wie es oft der Fall ist, wenn die Wasserleitungsröhren aus Blei bestehen, dann fällt Schwefelwasserstoff schwarzes Schwefelblei; dieselbe Erscheinung erfolgt, wenn das Wasser schwefelwasserstoffhaltig ist und man Bleizuckerlösung dazufügt. Eisenverbindungen kündigen sich theils durch den Geschmack, theils durch die Reaction auf Gallustinctur und Blutlaugensalz an. Kalksalze werden erkannt aus einem weissen, nach dem Glühen mit Säuren aufbrausenden Niederschlage, welcher entsteht, wenn man zu dem zu prüfenden Wasser die Lösung des oxalsauren Ammon setzt. Sind im Wasser nicht sehr unbedeutende Mengen von Alkali- und Erdalkalisalzen enthalten, so entsteht darin auf Zusatz der Lösungen kohlensaurer Alkalien ein weisser Niederschlag. Dupasquier [3]) weist den kohlensauren Kalk in den Trinkwässern mit Hülfe von Campecheholztinctur nach, darauf gestützt, dass diese durch kohlensauren Kalk und Alkalien violett gefärbt wird; setzt man die Tinctur zu fraglichem Wasser, so entsteht, wenn genannte Salze anwesend, violette Färbung, bei Gegenwart von kohlensaurem Kalke auf Chlorcalciumzusatz ein Niederschlag, welche Reaction bei Anwesenheit kohlensaurer Alkalien nicht eintritt. Auf organische Substanzen prüft Dupasquier [4]) das Wasser mit Chlorgoldlösung; er versetzt fünfundzwanzig bis dreissig Gran Wassers in einem Glaskolben mit einigen Tropfen Chlorgoldlösung, so dass gelbliche Färbung entsteht, worauf er zum Kochen erhitzt: sind aussergewöhnliche Mengen organischer Massen im Wasser enthalten, so zeigt dieses nunmehr braune und endlich bläulich-violette Färbung. — Von denen, welche sich mit Untersuchung des Trinkwassers, d. h. mit der Prüfung desselben, auf seine Reinheit beschäftigten und darüber schrieben, nennen wir noch R. Fresenius [5]), W. H. G. Remer [6]), Perault [7]) und die englische

---

[3]) Graham-Otto, Ausführl. Lehrb. der Chemie. 3. Aufl. Bd. II. Braunschweig. 1852—55. Abtheilung I. pag. 76. — Moniteur industriel. 1846. No. 1021. - Dingler, Polytechnisches Journal. Bd. 100 pag. 469 u. fg.

[4]) Comptes rendus. Avril. 1847. No. 14. — Dingler, Polytechn. Journ. Bd. 104. (Stuttgart. 1847.) pag. 300.

[5]) Fresenius, R., Anleit. zur qualit. chem. Analyse. 9. Aufl. Braunschweig. 1856. pag. 260 u. fg.

Fresenius, R., Anleit. zur quantit. chem. Analyse. 4. Aufl. Braunschweig. 1857. pag. 563 u. fg.

[6]) Remer, W. H. 'G., Lehrb. der polizeilich-gerichtlichen Chemie. 2. Aufl. Helmstädt. 1812. pag. 155 u. fg.

[7]) Perault, Oeuvres de Physique. T. II. Leyden. 1721. pag. 655 u. fg.

Sanitätscommission [8], van Ankum, Marchand [9], Duflos [10), Klenke [11]).

Wie kann man untrinkbares Wasser trinkbar machen? Wir werden diese Frage in dem Folgenden zu beantworten suchen. Es wird sich zunächst darum handeln, ob man es mit süssem oder mit Seewasser zu thun habe, denn die Reinigungsmethoden beider Wasserarten sind wesentlich verschieden. Soll süsses Wasser, welches grössere Quantitäten fremder Stoffe enthält, zum Trinkgebrauche geeignet gemacht werden, so muss man sich zunächst über die Art der Verunreinigung klar werden, man muss nämlich erforschen, ob Kalksalze, organische Substanzen u. dgl. die Untrinkbarkeit des fraglichen Wassers veranlassen. Sind es organische Substanzen, dann ist es nothwendig, das Wasser durch Kohle, groben Sand oder poröse Steine zu filtriren, eine Operation, die in eigenen Filtrirapparaten vorgenommen wird; man findet solche in sehr vielen Städten, wo man wegen Mangels an gutem Quellwasser genöthigt ist, das Flusswasser zu trinken. (Derartige Apparate sind vielfach abgebildet und beschrieben worden; wir erachten es für gut, auf die beiden Abbildungen bei Gottlieb [12]) zu verweisen, von denen die eine [Fig. 88] einen sehr praktischen Apparat zur Reinigung des Regenwassers vorstellt.) Unter allen Kohlensorten ist die Holzkohle, frisch ausgeglüht und gröblich gepulvert, die vorzüglichste, wie auch sehr poröse Steine und grober Sand bei Weitem mehr Nutzen leisten als dichtere Steine und feiner Sand. Sind die Verunreinigungen des Wassers mineralischer Natur, so lassen sie sich durch Filtriren, selbst wenn dieses noch so oft wiederholt wird, nicht entfernen, und man muss das Wasser entweder kochen oder destilliren. Erstere Operation wird nothwendig, wenn die Salze die Eigenschaft haben, nach Entfernung der Kohlensäure als unlöslich zu Boden zu fallen, wie es z. B. beim kohlensauren Kalke der Fall ist; die letztere Verrichtung ist zu unternehmen, wenn die Salze auch nach dem Kochen des Wassers, also nach vollständiger Entfernung der freien Kohlensäure, gelöst bleiben. Weil aber durch Kochen wie durch Destillation das Wasser der Kohlensäure verlustig geht, muss man nach vorgenommener Befreiung von den fremden Be-

---

[8]) Schmidt's Jahrbücher der gesammten Medicin. Bd. 70. Leipzig. 1851. pag. 161.

[9]) Comptes rendus. T. XXXI. pag. 495.

[10]) Duflos, A.; »Die wichtigsten Lebensbedürfnisse. 2. Aufl. Breslau. 1846. pag. 28 u. fg.

[11]) Klenke, H., Die Verfälschung der Nahrungsmittel und Getränke. Leipzig. 1858. pag. 629 u. fg.

[12]) Gottlieb, J., Lehrb. d. rein. u. technischen Chemie. Braunschweig. 1853. pag. 88 u. fg.

standtheilen dem Wasser entweder die nöthige Kohlensäure wieder einzuverleiben, oder es durch Zusatz anderer Mittel angenehm zu machen suchen. Zu diesen Mitteln gehören Zucker, Citronensaft, verschiedene andere Fruchtsäfte, Rum u. dgl., wie auch Eis und Brausemischungen. Meerwasser muss über Kohle destillirt und alsdann mit Kohlensäure imprägnirt oder mit den oben bezeichneten Substanzen versetzt werden, wenn es zum Trinkgebrauche geeignet sein soll. Auch filtrirt man das Meerwasser vorerst durch Kohle und Sand, und destillirt es alsdann über kohlensaure Alkalien. Das reinste Trinkwasser wird in den Polarmeeren aus den dichteren Eisstücken gewonnen, indem man diese zuerst abtropfen, dann in einem Gefässe schmelzen und die Flüssigkeit durch einige Zeit an der Luft stehen lässt, aus welcher sie Kohlensäure absorbirt. Manche Wasser sind ungemein schwer von fremden, gesundheitsnachtheiligen Beimengungen zu befreien, so z. B. das Sumpf- und Pfützenwasser; man reinigt derartige Wässer nur bei äusserstem Wassermangel und nimmt die Purification in der Weise vor, dass man das vorher ausgekochte Wasser durch Kohle und Sand filtrirt, über kohlensaure Alkalien destillirt und alsdann mit Citronensaft, Zucker u. s. w. versetzt. Als Trinkwasser am meisten zu empfehlen ist das Wasser der meisten Gebirgsquellen und das der artesischen Brunnen. — Um die Reinigung der Wässer zum Trinkgebrauche und die Verbesserung des Trinkwassers haben sich viele Männer Verdienste erworben; wir nennen aus älterer Zeit J. T. Minadous, N. Rosenstein [13]), Amy [14]), W. Heberdeen [15]), Mauduyt, C. E. Weigel [16]), F. Singer [17]), v. Linden [18]), M. Zachiroli [19]), B. Hussem [20]), Smith, Montford [21]), Parrot, Hahne-

---

[13]) Rosenstein, N., Dissert. de purificatione aquae. Upsalae. 1736. 8.

[14]) Amy, Nouvelles fontaines domestiques. Paris. 1750. 8.

[15]) Heberdeen, W., Remarks on the pumpwater of London and the method of procuring the purest Water. Vergl.: Medical transactions published by the College of Physicians in London. Bd. 1. (London. 1768.) pag. 1 u. fg.

[16]) Stralsunder Magazin. Bd. II. pag. 90 u. fg. — Becker. I. 2. pag. 727.

[17]) Göttinger gelehrte Anzeigen. 1794. pag. 668 u. fg.

[18]) Linden, J. v., Ueb. d. Verbess. u. Trinkbarmach. d. Morast- u. and. unges. u. ungeniessb. Wasser. Wien. 1793.

[19]) Zachiroli, M., Ricerche fisiche sulla natura delle acque. Fermo. 1793

[20]) Hussem, B., Om het water, welk tot dagelykschen drank voor het Sheepsvolk aan Boord moet strekken, volkomen te zuiveren etc. Amsterdam. 1799. 8.

[21]) Scherer's allgemeines Journal der Chemie. Heft 49. (Berlin. 1802.) pag. 31 u. fg.

mann [22]), L. Lowitz [23]), Buchholz [24]), L. P. Schröter [25]), de Saint-Hilaire, Chevenix, Gauthier, W. Chapman [26]), J. Lind [27]), A. Sparrmann, J. F. Mohr.

Man kommt nicht selten in den Fall, Wasser conserviren zu müssen, und zwar ist dieses nöthig, wenn man längere Zeit in wasserarmen Gegenden reiset, oder grosse Hitze, grosse Kälte, oder endlich ein länger andauernder Wassermangel Statt findet. Man hat in älterer wie in neuerer Zeit Methoden zur Conservirung des Trinkwassers angegeben, und es haben sich in früheren Zeiten unter Anderen S. Hales [28]), Deslandes, La Peyre, Maillardt, T. H. Warrington [29]), Cossigny, D. Faxe [30]), Krusenstern, Berthollet, General Bentham um diesen Gegenstand Verdienste erworben. Das Wesentliche bei der Conservirung des Trinkwassers bleibt immer die Verhinderung der Fäulniss, die Verhinderung der Verunreinigung durch Staub und andere fremde Körper, die Verhinderung des Entweichens der Kohlensäure endlich, welche eines der wichtigsten Attribute guten Trinkwassers ist. Die Aufbewahrung und die Erhaltung des Trinkwassers setzt voraus, dass dieses rein sei. Mit Uebergehung der langweiligen Beschreibung der vielen Methoden, welche man zum Behufe der Conservirung des Wassers empfahl, deuten wir die Art und Weise der Erhaltung der Güte und Frische des Trinkwassers im Folgenden an. Die Hauptbedingung ist, das Wasser an einem kühlen Orte aufzubewahren, und zwar in gut schliessbaren Gefässen, welche aus schlechten Wärmeleitern angefertigt sind; es ist gut, das Wasser in ganz reine Thongefässe zu thun, diese sorgfältig zu bedecken und im Keller zur Hälfte in Sand zu vergraben. Auch auf Reisen sind Thongefässe, obgleich leicht zerbrechlich, anderen Geschirren vorzuziehen [31]), weil sie einen kleinen Theil des Wassers durch ihre porö-

22) Crell's Chemische Annalen. 1788. Bd. II. pag. 485.

23) Lowitz, L., Anzeige eines neuen Mittels, Wasser auf Seereisen vor dem Verderben zu bewahren, und faules Wasser wieder trinkbar zu machen. St. Petersburg. 1790.

24) Gren's Journal der Physik. Bd. V. pag. 3 u. fg. Bd. VI. pag. 12 u. fg.

25) Schröter, L. P., Anweisung, wie man verdorbenes Wasser trinkbar machen u. d. verdorb. Luft in überschwemmt gewes. Wohnung. verbess. könne. Rinteln. 1799. 8.

26) Philosophical Transactions. 1758. pag. 635.

27) Lind, J., Essay on diseases incidental to Europaeans in hot climates. London. 1768. 8.

28) Philosophical Transactions. 1754. pag. 826.

29) Warrington, T. H., An account of a method of preserving water at Sea from putrefaction, and etc. London. 1781.

30) Crell's Chemische Annalen. 1782. I. pag. 452.

31) Steinkrüge und grosse Eisengefässe leisten auch sehr gute Dienste und sind weniger der Gefahr des Zerbrechens ausgesetzt als Thongeschirre.

sen Wände hindurch treten lassen, jener alsdann verdampft, und so
Abkühlung des Inhalts des Gefässes bewerkstelligt wird; auch auf
Reisen durch kalte Regionen erweisen sich Thongeschirre als praktisch, indem sie in ihrer Eigenschaft als schlechte Wärmeleiter eine
zu grosse Verminderung der Temperatur des Wassers verhindern.
Friedmann [32]) räth, auf Seeschiffen das Trinkwasser in grossen
eisernen Tonnen aufzubewahren, in welchen es sehr lange frisch
bleiben soll; auch hält er für zweckmässig, trübes Trinkwasser zum
Behufe der Purification mit Braunstein und Kalk zu schütteln und alsdann durchzuseihen. Fürchtet man Fäulniss des Wassers, so versetze
man dieses mit einigen Tropfen einer Mineralsäure, am besten Schwefelsäure, welche vor dem Genusse des Wassers mit etwas gepulverter Kreide neutralisirt werden muss; ist das Wasser in Fäulniss übergegangen, dann versetze man es mit frisch ausgeglühter Holzkohle
und filtrire endlich durch Kohle und Sand. Holzgefässe lassen sich
nur unter der Bedingung der äussersten Reinlichkeit zur Aufbewahrung des Wassers auf Reisen verwenden. Schläuche aus Leder, wie
Glas-, Kupfer- und Zinngeschirre verwende man nur in Ermangelung
von Thon- und Holzgefässen; zu bemerken ist, dass Eisengefässe gut
emaillirt, Kupfergefässe gut verzinnt und Zinngefässe bleifrei sein müssen. Anstatt der oben erwähnten Schwefelsäure kann man sich auch
der Holzkohle, und zwar der frisch ausgeglühten bedienen; ein Verfahren, welches im Vergleich zum obigen viele Vortheile gewährt.
Auch durch Zusatz kleiner Mengen reiner vegetabilischer Säuren kann
man das Wasser vor Fäulniss bewahren. Zum Klären trüben, schlam-
migen Wassers bedient man sich mit Vortheil des Alauns, welcher
schon in sehr geringen Mengen eine vollständige Reinigung des Wassers bewirkt; zur Klärung von hundert Pfunden Wassers reichen
zwanzig Gran Alaun hin. Die Chinesen haben schon vor langer Zeit
den Alaun in angedeuteter Weise benutzt. — Alle Brunnen der Stadt
Santjago in der Republik Chile liefern sehr trübes Wasser; v. Bibra [33]) erzählt, dass man in allen Häusern Filtrirapparate besitze, wo
vermittelst eines Sandsteines das Wasser klar erhalten wird; man bezeichnet dort diese Filtration als Destillation. Die Ursache der fast
milchähnlichen Trübung der Wässer der Brunnen in Santjago, welche
sämmtlich vom Flusse gespeist werden, ist in feinen Sandtheilchen zu
suchen, welche im Wasser suspendirt sind.

Echtes Trinkwasser ist eine der wichtigsten Bedingungen für die
Erhaltung der Gesundheit des Einzelnen wie ganzer Bevölkerungen;

---

[32]) Friedmann, S., Die Arzneikunde auf Kriegsschiffen. Erlangen.
1850. pag. 10.

[33]) Bibra, E. v., Reise in Südamerika. Mannheim. 1854. Bd. I.
pag. 253 u. fg.

im schlechten Trinkwasser ist sehr häufig einer der Gründe von Endemieen und auch Epidemieen zu suchen; man weiss, dass Wechselfieber, Scrophulose, Ruhr, Kropf, Cretinismus mit schlechtem Trinkwasser vielfach zusammenhängen, dass der Medina-Fadenwurm, unzweifelhaft auch der Bandwurm, durch gewisses schlechtes Trinkwasser in den Organismus gelangt. Daher ist es die erste und heiligste Pflicht einer jeden wirklich humanen Regierung, alle Wohnsitze mit echtem, guten Trinkwasser zu versorgen und durch Volksbildung und wiederholte öffentliche Belehrung dahin zu wirken, dass man sich vor dem Genusse schlechten Wassers sorgfältig zu hüten habe und in Ermangelung guten Trinkwassers im Stande sei, solches aus dem schlechten zu erzeugen.

Gehen wir nun über zu den Wirkungen des Trinkwassers. Natürlich kann hier nur von jenen Wirkungen die Rede sein, welche der innerliche Gebrauch des Wassers bedingt. Nimmt man grössere oder geringere Wassermengen auf, so gelangen sie in den Magen und Dünndarm, vermischen sich in diesen Organen, wie auch schon vom Munde an, mit den einheimischen Säften und werden alsbald absorbirt, in die Blutmasse übergeführt; das Volumen des Blutes wird vermehrt und damit auch der Druck, welchen die Blutmasse auf die Gewebe, ganz sonderlich das Nierengewebe ausübt; es kommt so zu vermehrter Urinsecretion; es ist der Urin um so wässeriger, je mehr Wasser getrunken und je weniger durch Lungen und Haut ausgeschieden wurde. Die Erscheinung, dass einige Menschen schon nach Genuss kleiner, andere erst nach Aufnahme sehr bedeutender Wassermengen zu harnen genöthigt sind, hat in dem Verhältnisse der Receptivität der Harnblase ihren Grund und wird aus der Grösse des Receptivitäts- und Reactionsvermögens der Blase erklärt: je geringer die Reizempfänglichkeit der Urinblase und je grösser deren Widerstand, desto später erscheint die Nöthigung zum Uriniren, desto mehr Flüssigkeit muss aufgenommen werden, um jene eintreten zu machen. Bei Genuss der dem Stoffverbrauch entsprechenden Wassermengen zeigt sich keinerlei permanente Veränderung im Wassergehalte des Blutes, indem die momentane Vermehrung des Wassers sehr bald verschwindet, und zwar in dem Maasse, als Urinsecretion, Hauttranspiration und Lungenexhalation zunehmen; dagegen treten bald merkliche Veränderungen ein, wenn anhaltend zu grosse, d. h. das natürliche Bedürfniss überragende, oder zu geringe, unzureichende, Wasserquanta getrunken werden; im ersteren Falle sehen wir den Wassergehalt des Blutes zu-, im letzteren Falle denselben abnehmen. Dem Blute gegenüber verhält sich die Wasseraufnahme nur als Bedingung der Veränderung der Grösse des Blutwasserquantums, und es scheint das Wasser auf die morphologischen Elemente des Blutes, die Blutzellen, nur formverändernd zu wirken.

Es wurde schon oben angedeutet, dass durch Aufnahme grösserer Wassermengen die Urinsecretion vermehrt werde; es nimmt aber unter jener Bedingung nicht nur die Menge des Wassers im Urine zu, sondern es finden auch einige Veränderungen in Bezug auf das Verhältniss der Menge der einzelnen festen Bestandtheile des Harns Statt. In neuester Zeit haben Böcker [34]) und Mosler [35]), Genth [36]), Winter, Hegar, Gruner u. A. das Verhalten der Wasseraufnahme zur Urinsecretion wie zum Stoffwechsel überhaupt studirt, und wir geben im Folgenden die wichtigsten Resultate der Untersuchungen jener Gelehrten. Böcker fand, dass bei Aufnahme grösserer Wassermengen nicht nur der Wassergehalt des Urins zunehme, sondern auch die Mengen von Harnstoff und Kochsalz, in geringem Maasse die des phosphorsauren Natron, der Erdphosphate, der Schwefelsäure und des Kali, dagegen die Extractivmaterien und feuerflüchtigen Salze unbedeutend abnehmen. Selbstverständlich und erfahrungsgemäss werden die Wasserdampf-Exhalationen auf der äusseren Haut und der Schleimhautfläche der Lungen bei Aufnahme grösserer Wasserquanta vermehrt, und es hat Böcker auch Vermehrung der Kohlensäureausscheidung durch die Lungen nachgewiesen, wie er auch gefunden zu haben glaubt, dass nach stärkerem Wassertrinken die Anzahl der Pulsschläge um zwei bis drei in der Minute verringert werde. Nach Genth wird durch Trinken kalten Wassers der Harnstoff im Harne beträchtlich vermehrt, und zwar in um so grösserem Maassstabe, je bedeutender das genossene Wasserquantum war; ebenso findet Vermehrung der Schwefelsäure Statt; die Phosphorsäure nimmt nur unbedeutend zu; Chlormetalle, Kali-, Kalk- und Magnesiasalze vergrössern nur um ein Wenig ihre Gewichtszahl. Mosler kam zu ähnlichen Ergebnissen, und fand, dass bei reichlicher Wasserzufuhr unter den festen Urinbestandtheilen der Harnstoff die auffallendste Vermehrung zeigt, dass bei Wasserentziehung die Verminderung des Harnstoffs und der übrigen festen Bestandtheile des Urins relativ grösser ist als die des letzteren; mit Recht schliesst Mosler aus diesen Ergebnissen, dass das Wassertrinken als ein sehr wesentliches und nöthiges

---

34) Nova Acta Academiae Caesar. L.-C. Naturae Curiosorum. Vol. XXIV. (1854.) Pars I. pag. 307 u. fg.

35) Mosler, F., Ueber den Einfluss des Gebrauchs verschiedener Quantitäten von gewöhnlichem Trinkwasser auf den Stoffwechsel. Göttingen. 1857. Vergl. auch: Archiv des Vereins zur Förderung der wissenschaftl. Heilkunde. Von Vogel, Nasse und Beneke. Göttingen. Bd. III. Heft 3.

36) Genth, E. A., Untersuch. üb. d. Einfluss d. Wassertrinkens auf d. Stoffwechsel, nebst einigen Bemerk., betreff. die in d. Wasserheilanst. Nerothal übliche Verbind. der Bewegungs-Heilmethode mit Wassercur. Wiesbaden. 1856. 8.

Mittel zur Erhaltung und Anregung des Stoffwechsels zu betrachten ist.

Schon im allgemeinen Theile wurde von den Wirkungen der Wasserentziehung gesprochen; es sei uns erlaubt, hier noch einige ergänzende Andeutungen zu geben. Man wusste schon zu den ältesten Zeiten, dass Wasserentziehung endlich zum Tode führt; aber erst der neueren Zeit war es vorbehalten, die dabei stattfindenden Processe genauer zu studiren. Ausser Anderen haben Schuchardt[37]), Falk und Scheffer[38]) Aufschlüsse über die Wirkung der Wasserentziehung (zumeist bei Tauben und Hunden) gegeben; Schuchardt fand, dass die mittlere Lebensdauer bei Tauben, welche feste Nahrung, aber kein Wasser erhielten, elf Tage betrug, während sie sich bei solchen, welche weder Wasser noch feste Nahrung erhielten, nur auf die Hälfte der angegebenen Zeit belief. Falk, der an jungen Hunden experimentirte, tödtete diese zur Zeit, als sie in Folge der Entziehung des Wassers keine feste Speise mehr essen wollten; es betrug der Gewichtsverlust jener Thiere zur Zeit der Tödtung zwanzig Procent vom ursprünglichen Körpergewichte, welcher Verlust sich jedoch auf die verschiedenen Organe verschieden vertheilte, in den Muskeln und der Haut am grössten war.

Auch das Trinkwasser ist Gegenstand des Handels, des Luxus und selbst der Unmässigkeit: wasserarme Gegenden müssen ihr Trinkwasser von Aussen her beziehen; in Städten, wo das Trinkwasser im Allgemeinen schlecht, wird gutes Wasser verkauft, so in Paris durch die Savoyarden, und in Amsterdam, wo man gereinigtes Regenwasser als Trinkwasser benutzt, welches besonders zur Winterszeit theuer ist; bei Volksfesten, Militärmanövern auf grossen wasserlosen Ebenen verkauft man Trinkwasser; hohe Herrschaften lassen sich gutes Trinkwasser, an dessen Genuss sie gewöhnt sind, hunderte von Meilen weit nachführen, wie es zum Exempel der Fall sein soll bei einem besonders den Italienern wohlbeliebten deutschen Herrschergeschlechte; man lässt zur Feier grosser Feste Wasser aus anderen Welttheilen kommen, und man tauft Kinder mit Jordanwasser (!); es gibt Menschen, welche täglich oft sechs bis acht Liter Wasser trinken, ja Willis spricht von einem Manne, welcher täglich zwei Eimer Wasser getrunken haben soll (?!). — Im Mittelalter bildete der gewaltsame Einguss von Wasser einen Grad der Tortur; man goss nämlich dem In-

---

37) Schuchardt, B., Quaedam de effectu, quem privatio singularum partium nutrimentum constituentium exercet in organismum ejusque partes. Dissert. inaug. Marpurgi. 1847. 8.

38) Archiv für physiologische Heilkunde. Jahrgang 13. (Stuttgart. 1854.) pag. 61 u. fg.

culpaten ein bestimmtes Quantum Wasser ein, um ihm das Geständniss abzunöthigen. Wurden grössere Wassermengen gewaltsam eingebracht, so entstand grosse Beklemmung, Angst, kalter Schweiss, Herzpochen, grosser Druck in der Magengegend, ja es erfolgte in vielen Fällen der Tod. Das gewaltsame Eingiessen von Wasser wurde auch zur Bestrafung von Verbrechen in Anwendung gezogen. Wann und wie oft soll man Wasser trinken? Welche Vorsichtsmaassregeln soll man beim Genusse kalten Wassers beobachten? Soll man eiskaltes, wie heisses Wasser als Getränk benutzen? Wir wollen im Folgenden versuchen, diese Fragen zu beantworten. Man soll trinken, wann sich das Bedürfniss nach Aufnahme von Wasser geltend macht, d. i. auf gut deutsch: wenn man Durst hat; man soll so viel trinken bis der Durst gelöscht ist; ein bestimmtes Maass lässt sich nicht angeben, weil das Bedürfniss bei jedem Menschen verschieden gross ist; unmässiges Wassertrinken kann ebenso zur Krankheit führen wie eine verhältnissmässig zu geringe Wasseraufnahme, und es ist nothwendig stets das rechte Maass einzuhalten, dem Instincte, der Stimme der Natur, zu folgen. Ist aber, wie es in vielen Krankheiten der Fall, der Instinct pervers, das Bedürfniss ungewöhnlich gross oder klein, dann muss Therapie wie Krankendiätetik die aufzunehmende Wassermenge bestimmen. Erhitzte Personen dürfen es unter keiner Bedingung wagen, unvorbereitet kaltes Wasser zu trinken; denn es ist aus der Erfahrung hinlänglich bekannt, dass der plötzliche Genuss grösserer Mengen kalten Wassers nach anstrengendem Marschiren, Laufen, Reiten, Fahren, ja auch der Genuss des Eises unter solchen Verhältnissen, zu Entzündungen der Luftwege und Lungen, zu Katarrhen der Schleimhäute des Alimentarcanales, zu Durchfällen u. s. w. führte. Will oder muss man, nachdem man sich stark bewegt, kaltes Wasser trinken, so ist es nothwendig, sich vorher ein wenig anszuruhen, alsdann etwas Brod zu essen und nun erst allmälig eine geringe Wassermenge in sich aufzunehmen; in Ermangelung fester Speise thut man sehr wohl daran, das Wasser sehr allmälig zu trinken, indem man etwa einen Esslöffel voll in den Mund nimmt und das Getränk verschluckt, nachdem es sich einiger Maassen erwärmt; dasselbe Manöver wird mit immer grösseren Wassermengen vorgenommen. — Sowohl eiskaltes wie heisses Wasser ist als Getränk zu meiden, da dem Genusse des ersteren ein höherer Grad der schon oben angedeuteten übelen Wirkungen, dem Genusse heissen Wassers aber Verbrühungen der Schlingapparate und des Magens, der Zunge und der übrigen Theile des Mundes, ja Schlagfluss nachfolgen können.

Als Heilmittel kommt das Trinkwasser vielfach in Betracht, namentlich in acuten, fieberhaften Krankheiten; auch spielt die Wasserentziehung — als sogenannte Durstkur — keine unbedeutende Rolle

in der Reihe der therapeutischen Agentien, indem sie in gewissen
Fällen von Hydrops, Hämorrhagie u. s. w. nicht selten mit gutem Erfolge in Anwendung kommt. Nach Seegen [39]) sind die Indicationen
für den therapeutischen Gebrauch des Wassers folgende: Verdauungsstörungen, welche in geringerer Thätigkeit der Verdauungsapparate
begründet sind; Störungen in den Processen der Assimilation; quali-
tativ oder quantitativ veränderte Secretionen; Ausscheidung fremdarti-
ger, im Blute und in verschiedenen Organen angehäufter Stoffe (Me-
tallintoxicationen); acute fieberhafte Krankheiten mit beträchtlicher Temperaturerhöhung, indem der Genuss grösserer Wassermengen zur Er-
niedrigung der Körperwärme führt.

Es seien uns noch einige ergänzende Bemerkungen zu dem bereits Verhandelten gestattet. Ein gutes Mittel, die Fäulniss des Wassers zu verhindern, besteht darin, das Wasser mit metallischem Eisen
in Berührung zu bringen; indem das Eisen rostet wird die Fäulniss
verhindert [40]).. May [41]) erfand einen Schnell-Filtrirapparat für Wasser
und andere im Haushalte gebräuchliche Fluida, der besonders brauchbar sein soll und in der That auch billig ist; das Wesentliche besteht
darin, dass man das Wasser durch zwei Schichten filtrirt, von denen
die obere comprimirte reine Baumwolle, die untere reine Rosshaare
enthält. Bouchardat [42]) fand, dass wenn unreines, organische Substanzen enthaltendes Trinkwasser durch Kohle filtrirt wurde, das Filtrat sich nur dann ohne Veränderung erhalten lässt, wenn auch jede
Spur organischer Substanz durch die Filtration entfernt wurde. Nach
Perinet [43]) kann man das Wasser in Fässern mittelst Braunstein
jahrelang conserviren; man nimmt auf fünf Centner Wasser drei Pfund
Braunstein. Es ereignet sich manchmal, dass man genöthigt ist, Trinkwasser in bleiernen Cisternen aufzubewahren; soll es aus diesen kein
Blei auflösen, so muss es den achttausendsten bis viertausendsten Theil
seines Gewichts an erdigen Salzen enthalten, welche in unserem Falle
zumeist durch Gyps repräsentirt werden; nun ist es aber auch nöthig,
den Gyps vor dem Genusse des Wassers aus diesem zu entfernen,
und dazu hat Solly [44]) vorgeschlagen (und mit Erfolg probirt), das

---

[39]) Medic.-chir. Monatshefte. Jahrgang 1. (Erlangen. 1857.) Bd. II.
pag. 293 u. fg.
[40]) Allgemeine polytechnische Zeitung. 1853. No. 3. — Dingler, Polytechn. Journ. Bd. 128. pag. 319.
[41]) Mechanics' Magazine. September. 1841. pag. 226 u. fg. — Dingler, a. a. O. Bd. 83. pag. 191 u. fg.
[42]) Dingler, a. a. O. Bd. 94. pag. 151 u. fg.
[43]) Journal de Chimie médicale. Paris. 1846. pag. 301.
[44]) Dingler, a. a. O. Bd. 105. pag. 157.

Fluidum durch oxalsauren, und zur Entfernung der letzten Spur Gypses, endlich durch phosphorsauren Kalk zu filtriren; in der Regel wird
sämmtlicher Gyps schon vom oxalsauren Kalke zurückgehalten. Mo-
zière [45]) empfiehlt Thierkohle zum Reinigen des Trinkwassers. — J.
Schlumberger [46]) theilt mit, dass Bernard zu Paris ein auch im
Grossen anwendbares Verfahren entdeckte, wonach man das trübste
und schlammigste Wasser fast augenblicklich klar und hell zu machen
vermag. Die Entdeckung, welche von den Ingenieuren der Stadt Paris genau geprüft und als gut befunden wurde, besteht darin, dass
Scherwolle, durch die man Wasser unter einem gewissen Drucke
filtrirt, aus diesem alle Unreinigkeiten anzieht und in sich zurückhält.
Der pariser Gesundheitsrath empfahl die Anwendung dieser Entdeckung
mit Nachdruck. — Man erfand auch ein Taschenfilter [47]), welches aus
einem Kautschukrohre besteht, an dessen unterem Ende sich ein künstlich erzeugter poröser Stein, an dessen oberem Ende sich ein Mund-
stück befindet. Taucht man das untere Ende in unreines Wasser,
und saugt oben, so trinkt man reines Wasser, denn der Stein hält
alle Unreinigkeiten zurück.

Auch das beste Trinkwasser erleidet, wenn es in Brunnen stag-
nirt, gesundheitsnachtheilige Veränderungen. Es ist schon aus älterer
Zeit bekannt, und jüngst auch durch Bierbaum [45]) bemerkt und besprochen, dass stagnirendes Brunnenwasser mit den auflöslichen und
zersetzten Bestandtheilen des Sumpfbodens imprägnirt wird, und zwar
in um so bedeutenderem Maasse, je weniger es Schwankungen und
Fluctuationen von Aussen her erfährt. Aus diesem Grunde sollte
nicht Jedem, dem man die Erlaubniss zum Baue eines neuen Hauses
ertheilt, gestattet werden, einen Brunnen anzulegen; denn der für
eine Familie oder ein Haus bestimmte Born wird verhältnissmässig
zu selten benutzt, als dass Luftwechsel und Wasserbewegung in einem
die Fäulniss des Wassers verminderndem Maasse Statt finden können.
— Nach Unzer [49]) soll man das aus durch längere Zeit verschlossen
gewesenen Brunnen entnommene Wasser erst einige Zeit an freier
Luft stehen lassen, ehe man es gebraucht [womit die Entfernung der
vom Wasser absorbirten schädlichen Gase bezweckt wird]; ich glaube,

---

[45]) Dingler, a. a. O. Bd. 112. pag. 438.
[46]) Bulletin de la Société industrielle de Mulhouse. 1857. No. 141.
[47]) Stamm, Neueste Erfindungen. 1857. No. 51.
[48]) Rheinische Monatsschrift für prakt. Aerzte. 1851. Februar. — Canstatt, Jahresbericht für 1851. Bd. VII. pag. 26 u. fg.
[49]) Der Arzt, eine Medicin. Wochenschrift von J. A. Unser. Altona.
Stück 65. — J. P. Frank, Syst. einer vollständ. medic. Polizey. Bd. VIII.
pag. 62.

dass man solches Wasser, im Falle man genöthigt ist, es zu trinken, vorher auskochen und dann, entweder durch Stehenlassen an der Luft oder durch künstliche Behandlung mit Kohlensäure versehen sollte. In der Brunnencultur sind die Orientalen uns Europäern vorangeeilt, wenn schon wir die prächtigsten Kunstwerke zur äusseren Zierde der Brunnen haben. Keine Karawanserei, kein Dorf im Oriente hat so schlechte Brunnen aufzuweisen, Brunnen, die ein so abscheuliches Wasser liefern, als so manche in Städten des civilisirten Europa. Brunnen und Wasserleitungen waren bei den Römern ein Gegenstand hoher und emsiger Cultur; bis zum Jahre 441 nach der Erbauung Roms trank man das Wasser aus der Tiber, und mit zunehmender Volksmenge wurde man darauf bedacht, echtes Trinkwasser der Stadt zuzuführen; man wandte grosse Summen Geldes darauf, die ewige Stadt mit vierundzwanzig der ergiebigsten Quellen zu versehen, die man von weit entfernten Orten nach Rom leitete, in Aquäducten, welche theils über, theils unter der Erde liefen und in ihren Trümmern noch heutzutage unsere grösste Bewunderung erregen. Die Stadt Alexandrien hatte weder Brunnen noch Quellen; sie wurde durch einen vom Nile aus geleiteten Canal mit frischem Wasser versorgt. Die Armen holten sich dasselbe aus dem Canale, während man Palästen und vornehmen Häusern das Wasser durch unterirdische Röhren zukommen liess, die ihren Inhalt endlich in Bassins entleerten. Aus einigen dieser Bassins entnahmen Cäsar's Truppen ihren Wasserbedarf; Ganymedes beschloss, die Soldaten des Trinkwassers zu berauben, und liess zu diesem Behufe in jene Röhren Seewasser pumpen. In Folge dessen entstand grosser Wassermangel und Tumult unter den Truppen, welchen beiden Calamitäten Cäsar in der Weise begegnete, dass er den Centurionen befahl, alle anderen Arbeiten einzustellen und ihre ganze Thätigkeit dem Brunnengraben zuzuwenden. Und obgleich man drei Jahrhunderte lang glaubte, es existiren keine Quellen um den Palast herum, so fand man doch in einer Wasser genug für die ganze Stadt. (Ein Gegenstand, den Sharpe [50]) in anziehender Weise abhandelte.) Auch die alten Mexikaner hatten gute Wasserleitungen, wie man denn auch, wie A. v. Humboldt [51]) sagt, in der heutigen Stadt Mexiko für gutes Trinkwasser Sorge trägt durch mehrere grossartige Wasserleitungen. Um wieder auf das alte Mexiko zurückzukommen, erwähnen wir, dass Ferdinand Cor-

---

[50]) Sharpe, S., Geschichte Egyptens von der ältesten Zeit bis zur Eroberung durch die Araber 640 (641) n. Chr. Nach d. 3. Orig.-Aufl. von H. Jolowicz. Leipzig. 1857—58. Bd. II. pag. 47.

[51]) Humboldt, A. v., Versuch über den politischen Zustand des Königreichs Neu-Spanien. Tübingen. 1809—14. Bd. II. pag. 49 u. fg.

tes in seinem ersten Berichte an Kaiser Karl V. unter Anderem Folgendes über die sehr bedeutenden Wasserleitungen der alten mexikanischen Stadt Tenochtitlan sagt — wir theilen es in Koppe's [52]) deutscher Uebersetzung mit —: „Längs des einen der in die Stadt führenden Steindämme laufen zwei Reihen von Mörtelwerk, jede etwa zwei Schritte breit und eine Mannslänge hoch, und durch eine derselben kommt ein Spring sehr guten süssen Wassers, so dick wie ein Mann im Leibe, bis mitten in die Stadt, und Alle bedienen sich desselben und trinken es. Die andere leere Röhre dient nur, wenn die erstere gereinigt werden muss; alsdann wird, während der Reinigungszeit, in ihr das Wasser geleitet, und weil dasselbe bei den mit Salzwasser durchflossenen Durchstichen die Brücken zu passiren hat, wird das süsse Wasser in Canälen von der Dicke eines Ochsen und der jedesmaligen Länge besagter Brücken geleitet, und so bedient sich desselben die ganze Stadt. Man fährt in Kähnen das Wasser zum Verkaufe durch alle Strassen; und die Art, es aus den Röhren zu nehmen ist die, dass die Kähne sich unter die Brücken begeben, wo jene Canäle sind, und oben stehen Leute, welche die Kähne befestigen."

Im Jahre 1237 erhielt, wie uns A. Anderson [53]) erzählt, die Stadt London einen Schenkungsbrief von dem Gutsherrn des damaligen Dorfes Tyburn, worin er einige Quellen in der Nähe seines Gutes jener Stadt überlässt, Quellen, aus denen das Wasser durch lederne Röhren, deren Weite sechs Zoll betrug, nach London gebracht wurde. Im Jahre 1285 wurden jene Lederröhren durch solche aus Blei ersetzt und die Wasserleitung mit Steinen eingefasst. Im Jahre 1479 schon wurde sie ausgebessert und erweitert.

Den Wasserleitungen, welche ausser den Römern auch Griechen, Araber, Perser sehr wohl anzulegen verstanden, sind die grossen Canalsysteme ähnlich, welche wir in China und Egypten bewundern; ähnlich nämlich in Bezug auf den Zweck, die menschlichen Wohnsitze mit Wasser zu versorgen. Chinesen und Egypter haben mit den Canälen grossen Nutzen gestiftet; sie haben nicht nur Menschen und Hausthieren Gelegenheit gegeben, sich zu tränken, sondern waren auch darauf bedacht, den Culturpflanzen das erforderliche Wasser zuzuführen.

In neuerer Zeit beschrieb Brandin [54]) die Ueberreste der Was-

---

[52]) Koppe, C. W., Drei Berichte des General-Kapitains von Neu-Spanien Don Fernando Cortes an Kaiser Karl V. Berlin. 1834. pag. 49 u. fg.
[53]) Anderson, A., Historische und chronologische Geschichte des Handels. A. d. Engl. Riga. 1773—79. Bd. II. pag. 70. und pag. 164 u. fg.
[54]) Brandin, Considérations polit.-historiques sur le royaume de Tunis. Paris. 1846. pag. 47.

serleitungen des alten Karthago und ihrer Cisternen; er schildert sie als sehr grossartig und sagt unter Anderem: „Ces grandes cisternes recevaient l'eau du gigantesque aqueduc de Zaghroan, qui alimentait et approvisionnait Carthage."

Ueber Wasserleitungen in der Türkei gab mehrere interessante Notizen Prokesch von Osten [55]).

Im Jahre 1126 wurde im ehemaligen Karthäuser-Kloster zu Lilliers in der Grafschaft Artois der erste artesische Brunnen gegraben, und von dem Namen Artois stammt bekanntlich die Bezeichnung artesisch. Die artesischen Brunnen, welche man als natürliche Springbrunnen bezeichnen kann, deren Quelle durch Anbohren in verticaler Richtung erschlossen wurde, liefern in der Regel das beste und reinste Trinkwasser; leider lassen sie sich nur nicht an allen Orten anlegen. — Es scheint, als ob die Chinesen schon seit Jahrtausenden die artesischen Brunnen gekannt und angelegt hätten.

Es seien uns noch einige Bemerkungen zur Geschichte des Wassers erlaubt. H. Kopp [56]) hat dieselbe in ihrer chemischen Seite ziemlich ausführlich entwickelt, und wir nehmen Gelegenheit, auf diese ausgezeichnete Darstellung zu verweisen. Man betrachtete das Wasser bis in die neue Zeit als Element, und schon die Völker des Alterthums haben das Dogma von der elementaren Natur des Wassers gelehrt und vertheidigt; man erinnere sich der Lehren des Thales von Milet, des Aristoteles und des ersten Buches Mosis [57]). Thales von Milet, ein Zeitgenosse Solon's, geb. 640 v. Chr., hielt das Wasser für den Alles erzeugenden und Alles wieder in sich aufnehmenden Urstoff [58]); Thales wurde, was hier nebenbei bemerkt sein möge, auch dadurch bekannt, dass er eine Sonnenfinsterniss vorhersagte (im Jahre 601 v. Chr.), welche durch ihren Eintritt einen Krieg zwischen den Lydiern und Medern (unter Alyattes und Kyaxares) beendigte: die plötzlich eintretende Finsterniss setzte die kämpfenden Partheien in grosse Bestürzung und machte sie zum Frieden geneigt [59]). — Man vindicirte dem Wasser die Eigenschaft, sich in Erde verwandeln zu können; man sieht den Bergkrystall als eine Metamorphose des Wassers unter Einfluss des himmlischen Feuers an (Diodor von Sicilien). Plinius der Jüngere; Seneca der Jüngere; Isidorus von Se-

---

[55]) Prokesch von Osten, Denkwürdigkeiten und Erinnerungen aus dem Orient. Aus J. Schnellers Nachlass herausgegeben von Ernst Münch. Stuttgart. 1836 – 37. Bd. I. pag. 377 u. fg.; Bd. II. pag. 127 u. fg. 629 u. fg. Bd. III. pag. 246 u. fg.

[56]) Kopp, H., Geschichte der Chemie. Braunschweig. 1843—47. Bd. III. pag. 352 u. fg.

[57]) 1. Cap. 6. 9. 10.

[58]) Haeser, H., Lehrb. der Geschichte der Medicin und der epidemischen Krankheiten. 2. Aufl. Bd. I. [Jena. 1853.] pag. 30.

[59]) Galletti, J. G. A., Geschichte der Staaten und Völker der alten Welt. Leipzig. 1822—23. Bd. I. pag. 169.

villa [60]), welcher im siebenten Jahrhundert lebte; — diese Alle glauben an die Verwandlung des Wassers in Erde. Der grosse Chemiker und Mineralog des sechszehnten Jahrhunderts: Agricola, tritt zuerst dem Dogma von der Verwandlung des Wassers in Erde entgegen; er fand namentlich in den Alchymisten dieses Säculums grosse Gegner, indem unter ihnen der Glaube an jene Metamorphose des Wassers sehr verbreitet war; und selbst noch vor hundert Jahren wollte der Rosenkreuzer, Hofrath Schmid in Jena, vor den Augen des Apothekers Cappel in Kopenhagen ein Weinglas voll Wasser mit Hülfe einiger Tropfen einer gewissen Flüssigkeit in Krystall verwandelt haben, der am Steine Funken gab (Kopp [61])). Boyle, Borrichius, Boerhave, C. J. Geoffroy, Eller, Pott, Marggraf, Leidenfrost glaubten mehr oder weniger fest an die Umänderung des Wassers in Erde, und erst Le Roy, ganz besonders aber Lavoisier machten das Dogma von der Mutation zu Schanden. — Schon Boyle zweifelt an der einfachen Natur des Wassers; aber erst Cavendish und Lavoisier erkannten die Bestandtheile des Wassers.

Thier- und Pflanzenmilch.

Lac ethicis sanum caprinum, post camelinum,
Ac nutritivum plus omnibus est asininum:
Plus nutritivum vaccinum sit et ovinum.
Si febriat, caput et doleat, non est bene sanum.

(Regim. sanit. Salerni.)

Man verbindet mit dem Worte Milch stets den Begriff der Thiermilch; eigentlich besteht der Begriff der Milch aus zwei untergeordneten Begriffen: „Pflanzenmilch" und „Thiermilch". Milch kann man im Allgemeinen eine jede Flüssigkeit nennen, welche weiss von Farbe ist, und diese Eigenschaft festen Körpern verdankt, welche in dem farblosen Serum suspendirt sind. Man spricht von Milchsäften der Pflanzen, von milchartigen Flüssigkeiten, und alle diese sind, halten wir an dem von uns aufgestellten Begriffe fest, in allen Fällen Milch. Einige dieser Säfte werden als Nahrungsmittel benutzt; wir erinnern an die Cocosmilch; an die Milch des von A. v. Humboldt [1]) beschriebenen Arbol de leche in Süd-Amerika; an die Milch der Mandeln und verschiedener Samen, von welcher man nicht nur diätetischen, sondern auch therapeutischen Gebrauch macht. Wir werden

---

[60]) S. Isidori, Hispalensis episcopi, Opera omnia. Denuo correcta et aucta recensente Faustino Arevalo. Romae. 1797—1803. 4. Bd. IV. pag. 120 u. fg.

[61]) Kopp a. a. O. Bd. III. pag. 254.

[1]) Humboldt, A. v., und A. Bonpland, Reise in die Aequinoctial-Gegenden des neuen Continents. Stuttgart u. Tübingen. 1815—32. Bd. III. pag. 180 u. fg. Bd. V. pag. 375 u. fg.

unter der Bezeichnung Milch stets die Thiermilch verstehen, da diese als Nahrungsmittel die gewöhnlichste ist.

Nicht alle Völker geniessen Milch, nicht alle geniessen sie so unbeschränkt wie wir Europäer; die Chinesen machen keinen Gebrauch von diesem Nahrungsmittel, die Hottentotten gestatten ihren Weibern nicht, Milch zu trinken (Kolbe [2])). Einige Völker sind noch weit mehr als wir darauf angewiesen, Milch zu geniessen; so die Hirten- und Bergvölker. Bei den Ureinwohnern Nord-Amerika's war es Sitte, dass Mütter, deren Kinder in zartem Alter starben, von Zeit zu Zeit Milch aus ihren Brüsten nahmen und in das Grab des Kindes oder in's Feuer spritzten, um damit für das Verstorbene zu opfern [3]). Auch bei anderen Völkern sehen wir Milchopfer. — Auf der Insel Island bediente man sich der Kuhmilch als solcher nur zu arzneilichen Zwecken, während die Molken das allgemeine Getränk bildeten. Frische Kuhmilch ganz sonderlich diente den Kranken als Labungsmittel [4]). — Auch im Alterthume war die Milch Nahrungsmittel; indessen wurde sie auch noch zu mehreren anderen Zwecken benutzt, wie uns auch Juvenal [5]) erzählt:

Unausstehlicher nichts, wie ein Weib mit erklecklichem Reichthum
Scheusslich indessen zu sehn und lächerlich schwillt ihr das Antlitz
Unter der Masse des Brods, auch fettiges Zeug Poppea's [6])
Duftet von ihm und verklebt so die Lippen des armen Gemahles:
Rein erst geht zu dem Buhlen sie hin. Wann will sie zu Hause
Schön sein? Buhlen allein sind Salben von Narden bereitet;
Ihnen nur wird es gekauft, was, schmächtige Inder, ihr herschickt.
Endlich befreit sie 's Gesicht und entfernet das frühere Tünchwerk:
Wird allmälig erkannt, und mit der Milch lässt sie sich bähen,
Die stets frisch zu besitzen sie mitschleppt Eselsbegleitung,
Würde verbannt sie geschickt zum Hyperboreischen Pole.
Was man jedoch mit so vielen veränderten Mitteln bekleistert,
Was man da bäht und was vom gehörig gekochten und nassen
Weizmehl Klumpen empfängt, wird's Antlitz oder Geschwür sein?

Milch und Honig waren die vornehmsten Speisen der Alten, wie sie es auch noch jetzt bei den Arabern, sonderlich den Beduinen sind.

---

[2]) Kolbe, P., Capum bonae spei hodiernum. Nürnberg. 1719. fol. pag. 431 u. fg.

[3]) Baumgarten, S. J., Allgemeine Geschichte der Länder und Völker von Amerika. Halle. 1752—53. 4. Bd. I. 444.

[4]) Baumgarten, a. a. O. Bd. II. pag. 874.

[5]) Juvenal, Satire VI. 460—474. — Siebold, E. C. J. v., Die Satiren des D. Junius Juvenalis. Leipzig. 1858. pag. 131.

[6]) Sabina Poppäa, ein sehr geiles Weib, war bekanntlich die Gemahlin des Kaiser Nero.

Durch Ueberfluss an Milch und Honig, heisst es bei Rosenmüller [7]), bezeichneten nicht nur die Hebräer, sondern auch Römer und Griechen die höchste Annehmlichkeit und Fruchtbarkeit. — „Und bin herniedergefahren, dass ich sie errette von der Egypter Hand, und sie ausführe aus diesem Lande, in ein gut und weit Land, darinnen Milch und Honig fliesset; nämlich an den Ort der Kananiter, Hethiter, Amoritor, Pheresiter, Heviter und Jebusiter [8])."

Rings um Bäche von Milch, rings walleten Bäche von Nektar;
Rings auch tröpfelte gelb aus grünender Eiche der Honig.
(Ovid. [9]).
Es strömt von Milch das Land,
Es strömt von Wein, strömt von der Bienen
Nektar.
(Euripides [10]).

Der Milchhandel wird auf verschiedene Weise betrieben; während bei uns die Milch als solche zu Markte gebracht wird, führt man, wie der alte Rauwolf [11]) von Aleppo erzählt, andere Reisende von anderen Städten des Orients angeben, und v. Kotzebue [12]) von Neapel sagt, täglich milchende Kühe oder Ziegen in die Stadt und melket jedem Käufer das gewünschte Milchquantum. Auf diese Weise darf man keine Verfälschung der Milch gewärtigen.

Die Milch ist der Urstoff einer unzähligen Menge von Speisen und vieler Getränke; man denke an das unabsehbare Heer der Milch- und Mehlspeisen unserer modernen Kochbücher, an Kaffee, Thee und Chocolade, Milchpunsch, an den Milchbranntwein der Kalmücken, an den Kumiss der Tartaren, an den Parschtsch der Polen und Russen. In unendlich grösserer Menge wird im Allgemeinen die Milch als solche, wie ferner zur Rahm-, Butter- und Käsebereitung angewendet. Wir wollen den ungeheuren Milchverbrauch bei den civilisirten Völkern nur durch einige wenige statistische Angaben beleuchten. Berg-

---

[7]) Rosenmüller, E. F. K., Das alte und neue Morgenland. Leipzig. 1818—20. Bd. I. pag. 263.

[8]) 2. Buch Mosis. Cap. III. 8.

[9]) Ovidii Nasonis, Metamorphoseon. I. 111. 112.
Flumina jam lactis, jam flumina nectaris ibant;
Flavaque de viridi stillabant ilice mella.

[10]) Euripidis, Fabulae. Bacchae; Vers 142.

[11]) Rauwolf, L., Beschreibung der Reyss, so er vor dieser zeit gegen Auffgang in die Morgenländer, etc. etc. selbst vollbracht. Frankfurt a. M. 1582. Theil I. pag. 102.

[12]) Kotzebue, Erinnerung von einer Reise nach Rom. Berlin. 1805. pag. 244.

haus [13]) nimmt an, dass alle Kühe Europa's jährlich circa dreiund-
achtzigtausend und vierzig Millionen preussischer Quart Milch liefern.
Nach Chevallier [14]) kommen in Paris mit der Nordbahn allein täglich fünfundsiebenzigtausend Litres Milch an; es existiren in Paris ein-
hundertundzwanzig eigene Milchverkäufer, von denen zwei der bedeutendsten täglich zwanzigtausend, einer über zehntausend, sechs fünftausend und ungefähr vierzig zweitausend Litres absetzen. Nach
Champouillon verbraucht man in Paris täglich dreimalhunderttau-
send Litres Milch.

Was ist nun die Thiermilch, und woraus besteht sie? Die Milch
ist das Secret der den Säugethieren eigenthümlichen Brustdrüsen. Mit
wenigen Ausnahmen wird sie nur in den Brustdrüsen weiblicher Individuen producirt; Schlossberger hat die Milch eines Bockes analysirt und liess durch Hauff [15]) die sogenannte Hexenmilch,
d. i. die Milch aus den Brustdrüsen Neugeborner, untersuchen; die
Bocksmilch kam mit der gewöhnlichen Ziegenmilch überein, und
die Hexenmilch enthielt in hundert Theilen: Wasser 96,75; Fett 0,82;
Asche 0,05; Caseïn, Zucker und Extractivmaterien 2,83 Theile. —
Das specifische Gewicht der Milch ist verschieden je nach der Qualität dieser; Simon [16]) fand es für die Menschenmilch 1,032,
während Scherer [17]) angibt, dass es zwischen 1,018 und 1,045
schwanke; das specifische Gewicht der Ziegenmilch ist 1,028 bis
1,036. Je nach dem Thiere, von welchem die Milch abstammt und
je nach ihrer besonderen Qualität ist sie entweder rein weiss oder
bläulich weiss oder gelblich gefärbt; ist sie entweder geruchlos, oder
verdankt flüchtigen Fettsäuren einen eigenthümlichen Geruch, so die
Ziegenmilch; sie reagirt entweder gar nicht auf Pflanzenfarben, oder
sie reagirt sauer oder alkalisch. Thénard ist der Entdecker der
sauren Reaction der Milch. Löseke [18]) gibt an, dass die Milch von
Löwen und anderen fleischfressenden Thieren nicht sauer werde;

---

[13]) Berghaus, H., Allgemeine Länder- und Völkerkunde. Stuttgart.
1837—46. Bd. III. pag. 506.

[14]) Annales d'hygiène publique. 1856. Octobre. — Canstatt, Jahresbericht für 1856. Bd. VII. pag. 76 u. fg.

[15]) Annalen der Chemie und Pharmacie. Bd. 87. pag. 324 u. fg. —
Chem.-Pharmaceut. Centr.-Blatt. 1854. pag. 336.

[16]) Simon, J. F., Die Frauenmilch, nach ihrem chemischen und physiologischen Verhalten dargestellt. Berlin. 1838. 8.

[17]) Wagner, R., Handwörterbuch der Physiologie. Braunschweig.
1842. Bd. II. pag. 449 u. fg.

[18]) Löseke, J. L. L., Materia medica oder Abhandlung von den aus-
erlesenen Arzneimitteln. 4. Aufl. Von J. F. Zückert. Lucern. 1776. 8.
pag. 501.

Pung [19]) beobachtete eine Hündin, welche, wenn sie mit Vegetabilien gefüttert wurde, eine leicht sauer werdende und spontan gerinnende, wenn man sie dagegen mit Fleisch fütterte, eine alkalische, nicht von selbst gerinnende Milch gab. Im Folgenden werden wir an die Beantwortung des zweiten Theiles obiger Frage, woraus die Milch bestehe, schreiten. Die Bestandtheile der Milch sind nicht nur chemischer, sondern auch morphotischer Natur, und es sind dieselben in früheren Zeiten durch C. Fr. Schele [20]), Geanty, J. Veratti, F. Maderna [21]), Fourcroy und Vauquelin [22]), Bouillon - Lagrange [23]) und Hermbstädt, Voltelen, Spielmann, Thénard erforscht worden. Vor diesen Gelehrten haben sich mit Untersuchungen über die Milch beschäftigt Haller, Geoffroy, Baumé, Macquer, Pantaleon de Vercellis [24]), Vicentius [25]), H. A. Eugubius [26]), Conrad Gessner [27]), J. Viscerus (Beyer) [28]), A. Libavius [29]), J. C. Baricellus [30]), J. Nardius [31]), van der Linden [32]), M. Hoffmann [33]), F. Palliverius [34]),

[19]) Pereira, J., Handbuch der Heilmittellehre. Von R. Buchheim. Leipzig. 1846—48. Bd. I. pag. 68.
[20]) Neue Abhandlungen der Königl. Schwed. Akademie. B. I. pag. 100 u. fg.
[21]) Götting. gelehrte Anzeigen. 1795. pag. 1044.
[22]) Gehlen's Neues allgemeines Journal der Chemie. Bd. III. pag. 456 u. fg.
[23]) Gehlen, a. a. O. Bd. IV. pag. 560 u. fg.
[24]) Pantaleon de Vercellis, Summa lacticiniorum et tractatus varii de butyro, de caseorum variarum gentium differentia et facultate. Taurini. 1477. Fol.
[25]) Vicentius (burgundischer Dominikaner, Bischof zu Beauvais, lebte im 13. Jahrhundert), Speculum quadruplex naturale, doctrinale, morale historiale. (4 colossale Foliobände. Die Strassburger Ausgabe — 1473 bis 1476 — besteht aus sieben Bänden.)
[26]) Hieronymus Accorambonius Eugubius, Tractatus de lacte. Venetiis. 1536. 4.
[27]) Conradus Gessner, Libellus de lacte et operibus lactariis. Tiguri. 1543. 8.
[28]) Viscerus, Dissertatio de lacte. Tubingae. 1588. 4.
[29]) Libavius, A., Dissertatio physica, lactis contemplatio etc. Coburg. 1610. 4.
[30]) Baricellus, J. C., De lactis, seri et butyri facultatibus et usu. Neapoli. 1603. 4.
[31]) Nardii, J., Lactis physica analysis. Florontae. 1634. 4.
[32]) van der Linden, A. J., De lacte dissertatio. Groningae. 1655. 4.
[33]) Hoffmann, M., De naturali et praeternaturali lactis constitutione. Altorfae. 1662. 12.
[34]) Palliverius, F., De vera lactis genesi et usu. Genevae. 1663. 4.

W. C. Kueffer [35]), S. Hottinger [36]), D. Sluim [37]), J. Colombier [38]), S. Ferris [39]), Royssou, Virey [40]), A. Parmentier und N. Deyeux [41]) u. A. m.

Handeln wir zunächst von den Formelementen der Milch. Diese sind die Milchkörperchen oder Milchkügelchen, die Colostrumkörperchen, Schleimkörperchen und Epithelialzellen, Blutkügelchen, Fibrincoagula, Schimmelpflanzen und Infusionsthiere; die normale Milch lässt sich betrachten als eine Emulsion, bestehend aus dem klaren Milchserum, in welchem die Milchkörperchen, durch einige Wochen lang nach dem Gebären auch die Colostrumkörperchen vertheilt sind; die übrigen der oben genannten mikroskopischen Elemente sind Bestandtheile pathologisch veränderter Milch. Die Milchkörperchen bekunden in der Regel einen Durchmesser von 0,0012 bis 0,0038 pariser Linien [42]); Henle beobachtete Milchkügelchen, deren Diameter 0,014, und Raspail und Donné nahmen solche wahr, deren Durchmesser 0,044 Linien betrug. Henle fand den Diameter der Colostrumkörperchen im Mittel gleich 0,0063 bis 0,00232 Linien; nach H. Nasse beträgt er 0,005 bis 0,01 Linien. Da es uns keineswegs zugemuthet werden kann, eine anatomisch mikroskopische Darstellung der Milchkörperchen zu liefern, so begnügen wir uns damit, anzuführen, dass fragliche Körperchen aus Hüllenmembranen bestehen, welche Fetttröpfchen in sich schliessen; Mitscherlich, Henle [43]) und Moleschott haben die Wahrheit des eben Ausgesprochenen bewiesen. Aus neueren Untersuchungen Moleschott's [44]) über das Colostrum ergeben sich die folgenden Resultate. Im Colostrum, so vor der Ge-

35) Kueffer, W. C., De lacte. Argentorati. 1672. 4.

36) Hottinger, S., Diss. de lacte. Tiguri. 1704. 4.

37) Sluim, D., Diss. de lacte. Lugduni Batavorum. 1716. 4.

38) Colombier, J., Abhandlung von der Milch, als Nahrungs- und Arznei-Mittel. Leipzig. 1785. 8.

39) Ferris, S., A dissertation on milk. Edinburgh. 1785. 8.

40) Journal der Pharmacie. Paris. 1799. No. 6.

41) Parmentier, A., et N. Deyeux, Precis d'experiences et observations sur les differentes espèces de lait, considerées dans leurs rapports avec la Chemie, la Medecine et l'Economie rurale. Strassbourg et Paris. 1798. 8.

42) Lehmann, C. G., Lehrb. der physiolog. Chemie. 2. Aufl. Leipzig. 1853. Bd. II. pag. 228.

43) Henle, J., Allgemeine Anatomie. Leipzig. 1841. pag. 942. — Froriep, L. F. v. und R., Neue Notizen aus dem Gebiete der Natur- und Heilkunde. Bd. 11. (Weimar. 1839.) pag. 33 u. fg.

44) Archiv für physiologische Heilkunde. Jahrgang 11. (Stuttgart. 1852.) pag. 696 u. fg. — Canstatt, Jahresbericht über die Fortschritte der gesammten Medicin in allen Ländern im Jahre 1852. Würzburg. 1853. Bd. VII. pag. 22 u. fg.

burt gemolken, sind mehr kleine Kügelchen enthalten als in dem nach der Geburt gemolkenen. In den ersten drei Tagen nach der Geburt nimmt die Zahl der grössten Milchkörperchen im Verhältniss zu den kleinsten bedeutend ab. Nach der Geburt vermehren sich im Colostrum die Milchkörperchen um ein Bedeutendes; am sechsten Tage nach der Geburt haben die Colostrumkörperchen an Zahl bedeutend abgenommen, ohne desshalb am zwölften Tage ganz zu fehlen. Moleschott fand auch, was hier nur nebenbei bemerkt sei, dass das Fett der Milchkörperchen den Alkalien in sehr auffallender Weise Widerstand leistet; dass die Wände der mit Milchkügelchen gefüllten Epitheliumzellen durch Salpetersäure und Aetzammoniak schwach gelblich gefärbt werden, und in Essigsäure und Aetzkali leichter löslich sind als es sonst bei Pflasterepithelien der Fall ist; dass den Milchkörperchen eine selbständige organisirte Hülle zukommt, welche sehr zart ist; dass Aether das Fett aus den Milchkörperchen auch durch die organisirte Hülle hindurch endosmotisch auszieht, wozu aber viel Zeit und sonstige günstige Bedingungen erforderlich. — Fraas [45] fand in der Milch zweier jungen, zum ersten Male trächtigen Kühe bereits hundert Tage vor dem Gebären zahlreiche Colostrumkugeln, und die Flüssigkeit war sehr reich an einer dem Albumin äusserst ähnlichen Caseïnmodification, durch Lab aber nicht gerinnbar. Das Kuhcolostrum reagirt schwach sauer und geht schnell in Milchsäuregährung über, woran der grosse Albumingehalt Schuld tragen soll. Jener Forscher erzählt auch einige Fälle von ziemlich reichlicher Milchsecretion, ohne dass Begattung vorangegangen, ja eine solche jungfräuliche Kuh soll täglich acht Maass geliefert haben. — Die Milchkörperchen wurden zuerst von Leeuwenhoek [46] beschrieben, und er sagte, sie seien ein Sechstel so gross als Blutkörperchen; Treviranus [47] hielt sie für Fettkügelchen, und Ernst Heinrich Weber

---

45) Virchow, Archiv für pathologische Anatomie und Physiologie und für klinische Medicin. Bd. VII. (Berlin. 1854.) pag. 317.

46) Leeuwenhoek, A. a, Arcana naturae delecta. Lugduni Batavorum. 1722. 4. pag. 12. Leeuwenhoek sagt: „His a me observatis sumsi quoque lac adeo recens ac calidum ac ex vacca emulsum erat, id quoque indidi tabulis vitreis, ut viderem, num quoque in illo aliqui fieret coagulatio, sed eam hic animadvertere non potui; interim quidem vidi multos globulos, similis sextae parti globuli sanguinei, et etiam alios, quorum bini, terni aut quaterni se invicem modo attingabaut, fundum versus descendere, et multos variae, magnitudinis globulos in superficie fluitantes, inter quos posteriores, adipem sive butyrum esse judicabam."

47) Treviranus, G. R. et L. C., Vermischte Schriften anatomischen und physiologischen Inhalts. Göttingen. 1816. 4. Bd. 1. pag. 121.

glaubte, sie seien aus Käse und Fett zusammengesetzt. H. Nasse [48]) unterschied Oel- und Rahmkügelchen, durch facettirtes Aussehen charakterisirt; sie entstehen ihm erst ausserhalb der Brustdrüse durch Umwandlung der Milchkörperchen in Folge des Luftzutritts. — Die Colostrumkörperchen wurden von Donné [49]) entdeckt, der sie Corps granuleux nannte; es haben sich mit ihrer Untersuchung H. Nasse, J. Henle, F. Simon, L. Güterbock u. A. beschäftigt. Donné hält dafür, es bestehen die Colostrumkörperchen aus Fett und einem eigenthümlichen schleimartigen Stoffe.

Die Resultate der älteren Milchanalysen, sowie die verschiedenen Ansichten über die chemische Constitution der Milch, insofern sie die geistigen Produkte von Gelehrten vergangener Jahrhunderte sind und von den heutigen Anschauungen differiren, können an diesem Orte für uns wenig Interesse haben, und wir gehen — nach beispielsweiser Angabe der Ansicht Boerhaave's — sogleich zur Besprechung des wirklichen chemischen Sachverhalts über. Boerhaave [50]) lässt die Milch „aus dem Milchsafte und anderen gelinden Feuchtigkeiten der Mutter" bestehen, welche Stoffe „durch die Bewegung mit einander sind verbunden worden".

Die chemischen Bestandtheile der normalen Milch sind Wasser, Butter, Käsestoff, Milchzucker, Salze und extractive Materien; die quantitativen Verhältnisse dieser Constituenten werden die folgenden Zeilen anschaulich machen.

Henry und Chevallier [51]) untersuchten mehrere Milchsorten und fanden dieselben in hundert Theilen zusammengesetzt aus:

	Kuhmilch	Eselsmilch	Mäuschen-milch	Ziegenmilch	Schafmilch
Wasser	87,02	91,65	87,98	86,80	85,62
Käse	4,48	1,82	1,52	4,02	4,50
Butter	3,13	0,11	3,55	3,32	4,20
Salze	4,77	6,08	6,50	5,28	5,00
Milchzucker	0,60	0,34	0,45	0,58	0,68
	100,00	100,00	100,00	100,00	100,00
Feste Bestandtheile	12,98	8,35	13,00	13,20	14,38

[48]) Müller, J., Archiv für Anatomie, Physiologie und wissenschaftliche Medicin. (Berlin.) 1840. pag. 260.

[49]) Donné, A., Du lait et en particulier de celui des nourices. Paris. 1837. 8. pag. 22.

[50]) Boerhave, H., Physiologie. Von J. P. Eberhard. Halle. 1754. 8. pag. 1113.

[51]) Journal de Pharmacie. T. XXV. pag. 340.

Vernois und Becquerel [52] fanden:

	Menschen-milch	Kuhmilch	Esels-milch	Ziegen-milch	Stuten-milch	Schaf-milch
Wasser	889,08	864,00	890,00	844,00	904,00	832,00
Zucker	43,64	38,00	50,00	36,91	32,76	39,40
Caseïn u. Extractivstoffe	39,24	55,15	35,65	55,10	33,35	69,78
Butter	26,66	36,12	18,55	56,87	24,36	51,30

Die beiden Forscher fanden in normaler Menschenmilch 1,38 Salze
(Asche) und deren specifisches Gewicht gleich 1,032. Vernois und
Becquerel [53]) geben ferner an, dass die Milch der Mütter im Alter
zwischen funfzehn und zwanzig Jahren mehr feste Bestandtheile enthält als die jener im Lebensalter zwischen dreissig und vierzig Jahren. Im Colostrum ist der Buttergehalt grösser. Die Zusammensetzung
der Milch bleibt nach jenen Chemikern bei schwacher Constitution
fast normal, bei starker hingegen nehmen die festen Bestandtheile ab.
Die Milch von Weibern mit schwarzen (oder überhaupt dunklen) Haaren ist besser als die von Blondinen. Bei mittelmässiger Nahrung wird
die Milch wässerig, namentlich vermindern sich darin Käsestoff und
Butter.

Weber [54]) fand in hundert Theilen der Asche der Kuhmilch: Chlorkalium 9,94, Chlornatrium 16,23, Kali 23,77, Kalk 17,31, Magnesia 1,90, Eisenoxyd 0,30, Phosphorsäure 29,11, Schwefelsäure 1,15, Kieselsäure 0,09 Theile.

Schon vor Vernois und Becquerel hat man Unterschiede zwischen der Milch der Brunetten und der Blondinen nachgewiesen;
L'Héretier [55]) nahm wahr, dass die Milch der Brunetten reicher an
Fett und den anderen organischen Bestandtheilen sei; er untersuchte
die Milch zweier jungen Weiber und fand in der der brunetten
Frauensperson: Caseïn 1,62 und 1,70%, Milchzucker 7,12 bis 7,00%;
und in der Milch der Blondine: 1,00 und 0,95% Caseïn, 5,85 bis
6,40 Milchzucker.

Beschäftigen wir uns zunächst etwas näher mit der Kuhmilch,
welche in unseren Breiten mehr als jede andere Milch als Nahrungsmittel dient. Nach Zennek [56]) liefern vier- bis siebenjährige Kühe
die beste Milch, und zwar ist diese von vorzüglichster Qualität vom
Ende des ersten bis zu Ende des dritten oder vierten Monats nach

---

52) Vernois et Becquerel, Du lait chez la femme. Paris. 1853.
53) Comptes rendus. T. 36. pag. 187 u. fg. — Chem. pharmaceut. Central-Blatt für 1853. pag. 160 u. fg.
54) Poggendorff, J. C., Annalen der Physik und Chemie. Bd. 81.
pag. 412.
55) L'Héretier, Traité de Chimie pathologique. Paris. 1842. pag. 681.
56) Canstatt, Jahresbericht für 1851. Bd. VII. pag. 27 u. fg.

dem Gebären; sie ist sehr gut, wenn die Thiere Gras fressen; die Ernährung der Kühe mit Heu und Rüben liefert weniger gute Milch. In heissen Ländern und bei trockener Jahreszeit geben die Kühe bessere Milch als unter umgekehrten Verhältnissen; und es ist die Morgenmilch von vorzüglicherer Qualität als die des Abends. Vor mehr als zwanzig Jahren machten Chevalier und Henry[57]) Untersuchungen über die Milch der Kühe und auch der Eselinnen; sie fanden, dass feuchte Nahrung im Allgemeinen bessere, concentrirtere Milch gibt, als trockene; dass die Veränderung der Zusammensetzung der Milch unter dem Einflusse der Nahrungsmittel erst nach zehn Tagen bemerklich wird, dass endlich viele Arzeneien in die Milch übergehen. Moleschott[58]) gibt an, dass Colostrum und Milch von Kühen bei Stallfutter auch dann sauer reagiren, wenn sie eben erst gemolken sind. Das Colostrum der Kühe enthält neben Käsestoff und Milchzucker durch neun Tage lang nach.dem Kalben eine bedeutende Menge Eiweiss, welches in Spuren selbst noch am dreizehnten Tage nach der Geburt auftritt. Nach La Billardière[59]) enthielt die Milch von Kühen, welche an knotiger Lungensucht litten, siebenmal mehr phosphorsauren Kalk als gewöhnliche Milch, und es soll ihr Genuss Scropheln hervorgebracht haben. Der erste Theil der Angabe La Billardière's wird durch die Untersuchungen von Dupuy bestätigt.

Berzelius[60]) untersuchte die abgerahmte Milch und den Rahm, jedes für sich; er fand das specifische Gewicht der ganzen Kuhmilch gleich 1,030, das der abgerahmten Milch (bei 15⁰ R.) gleich 1,0348 und das des Rahms zu 1,0244. Die abgerahmte Milch bestand aus:

Wasser	92,875
Caseïn, durch Butterfett verunreinigt, . .	2,600
Milchzucker	3,500
Alkoholextract, Milchsäure und ihre Salze .	0,600
Phosphorsaure Alkalien	0,025
Kalkphosphat, freie Kalkerde in Verbindung mit Caseïn, Talkerde und Spuren von Eisenoxyd	0,230

Die Analyse des Rahms ergab: Butterfett, durch Schütteln ausgeschieden, 4,5; Caseïn, durch Gerinnen der Buttermilch niedergeschlagen, 3,5; rückständige Molken 92,0. — Donné[61]) hält dafür,

---

57) Froriep, Neue Notizen. Bd. X. (Weimar. 1839.) pag. 89. u. fg.
58) Archiv für physiol. Heilkunde. Jahrg. XI. pag. 696 u. fg.
59) Pereira, a. a. O. Bd. I. pag. 68. — Canstatt, Jahresbericht für 1852. Bd. VII. pag. 22. u. fg.
60) Berzelius, J. J., Lehrbuch der Chemie. Von F. Wöhler. Bd. IX. 4. Aufl. (Dresden und Leipzig. 1830.) pag. 701 u. fg.
61) Donné, a. a. O. pag. 17. — „Et en suspension des globules gras de

dass in der Milch geringe Fettmengen aufgelöst seien, weil Aether die Anwesenheit von Fett in filtrirter Milch anzeige.

Die Analysen von Pfaff und Schwartz[62]), F. Simon[63]), van Stiptrian, Luiscius und Bondt, hier nur dem Namen nach erwähnend, gehen wir daran, mehreren Untersuchungen Boussingault's[64]) einige Zeilen einzuräumen. Boussingault fand in der Milch der Kühe 3,90% Butter, bei späteren Untersuchungen, wenn er die Kühe mit Mohrrüben fütterte 1,25%, wenn er sie mit Hafer und Luzerne nährte 1,40% Butter; er gab zwei Kühen Runkelrüben zu essen und untersuchte die Milch, in welcher er 4,56% und 3,42% Butter fand; fütterte er mit Grummet, so betrug der Buttergehalt 3,92 und 4,39%; verabreichte er den Kühen Kartoffel, so zeigte sich der Buttergehalt der Milch zu 3,97 und 4,63%. Boussingault[65]) bestätigt die Entdeckung von Lassaigne, nach welcher sich in der Milch frischmilchender Kühe Eiweiss vorfindet, und er hält es für wahrscheinlich, dass auch längere Zeit nach dem Kalben in der Milch geringe Quantitäten von Eiweiss vorkommen. Er stellt seine eigenen, wie auch

Milchsorte.	Caseïn. Albumin. Unlösliche Salze.	Fett-materien.	Milchzucker. Lösliche Materien	Wasser.	Trockene Materien in 100 Theilen Milch.	Bemerkungen.	Analytiker.
Kuhmilch	3,6	4,0	5,0	87,4	12,6	Mittel von 12 Anal. (Zu Bechelbronn.)	Boussingault und Le Bel.
Kuhmilch	3,8	3,5	6,1	86,6	13,4	Mittel von 6 Anal. (Bei Paris.)	Quevenne.
Kuhmilch.	4,5	3,1	5,4	87,0	13,0	„	Henry und Chevallier.
Kuhmilch	5,6	3,6	4,0	86,8	13,2	„	Lecanu.
Kuhmilch	5,1	3,0	4,6	87,3	12,7	1 Analyse. (Giessen)	Haidlen.
Eselsmilch	1,7	1,1	6,4	90,5	9.5	Mittel von 5 Anal.	Peligot.
Menschenmilch	3,1	3,4	4,3	89,2	10,8	Gute Qualität der Milch.	Haidlen.
Menschenmilch	2,7	3,2	3,2	92,8	7,2	Mittelmäs. Beschaf	Haidlen.

differente grosseur; une petite quantité de matière grasse est en outre dissoute dans le serum avec le sucre et les sels dont nous n'avons pas à nous occuper ici."

62) Pfaff & Schwarz, Dissert. inaug. sistens nova experim. circa lact. princip. constit. Kiliae. 1833. 8°.

63) Simon, F., Handb. der angewandten medicinischen Chemie. Berlin. 1840—42. Bd. II. 276 u. f.

64) Annales de Chimie et de Physique. Serie 3. T. VIII. pag. 98. T. XI. pag. 433. T. XII. pag. 153.

65) Boussingault, J. B., Die Landwirthschaft ihren Beziehungen zur Chemie, Physik und Meteorologie. Von N. Graeger. 2. Aufl. Halle. 1851—54. pag. 227 u. fg.

fremder Forscher Untersuchungs-Resultate in vorstehender Tabelle
zusammen, worin auch der Esels- und Menschenmilch eine Stelle
eingeräumt ist.

Bödecker und sein Schüler C. Struckmann[66]) stellten Untersuchungen an über die Zusammensetzung der Milch zu verschiedenen
Tageszeiten; sie schlossen aus den Ergebnissen, die wir in den unten
folgenden Tabellen liefern werden, dass der Fettgehalt der Milch
steigt, von der Morgenmilch ausgehend, in der Mittagsmilch auf $5/4$
bis $1^1/_2$, in der Abendmilch sogar auf das Doppelte; ein in diätetischer
Hinsicht recht wohl beachtenswerthes Verhältniss, indem in sechszehn
Unzen Morgenmilch nahezu drei Drachmen Butter dem Körper als
Nahrungsmittel geboten werden, während man in demselben Quantum
Abendmilch sechs Drachmen Butter geniesst. Mit dem Butterfett
nimmt auch das Caseïn, obgleich in minder grossem Umfange zu; in
sechszehn Unzen Morgen- und Mittagsmilch ist das Gewicht des trockenen Käsestoffes drei Viertel, in der Abendmilch fast neun Zehntel
Lothen gleich. In dem Maasse, in welchem das Caseïn zunimmt, verringert sich die Menge des Albumins. Der Milchzuckergehalt unterliegt
nur geringen Veränderungen: Die Zeit seiner Minimalquantität fällt
auf die Nachmittagsstunden, während der Nacht nimmt seine Menge
zu, bis endlich des Vormittags der Zeitpunkt seiner Culmination eintritt.
Die Menge der Salze bleibt sehr constant. — Nun die analytischen
Belege.

I. Versuchs-Reihe. — Januar.

Feste Stoffe.	Morgenmilch.			Mittagsmilch.		
	1. Versuch.	2. Versuch.	Mittel.	1. Versuch.	2. Versuch.	Mittel.
	10,25	10,25	10,25	11,74	11,83	11,78
Wasser . . .	89,75	89,75	89,75	89,26	88,17	88,22
Fette	2,44	2,41	2,43	3,59	3,69	3,64
Milchzucker . .	4.03	4,17	4,10	4,45	4,36	4,41
Albumin . .	0,46	0,42	0,44	0,65	0,60	0,62
Salze	0,76	0,74	0,75	0,82	0,80	0,81
Caseïn	2,56	2,51	2,53	2,23	2,39	2,30
	100,00	100,00	100,00	100,00	100,00	100,00
Specif. Gew.	—	—	1,039	—	—	1,038

66) Zeitschrift für rationelle Medicin. N. F. Bd. VI. pag. 206 u. fg. Jour-
nal für Landwirthschaft für das Königreich Hannover. 1855. pag. 417 u. fg.
Canstatt, Jahresbericht für 1855. Bd. I. pag. 191 u. fg. Chemisches Central-
Blatt für 1855. pag. 695 u. fg.

Fest Stoffe.	Morgenmilch.			Mittagsmilch.			Abendmilch.		
	1. Vers.	2. Vers.	Mittel	1. Vers.	2. Vers.	Mittel	1. Vers.	2. Vers.	Mittel
	10,04	10,08	10,08	10,80	10,80	10,80	13,49	13,32	13,40
Wasser . . .	69,96	89,97	89,97	89,20	89,20	89,20	86,51	86,68	86,60
Fette	2,17	2,17	2,17	2,60	2,65	2,63	5,42	5,42	5,12
Milchzucker . .	4,30	4,30	4,30	4,70	4,71	4,72	4,26	4,12	4,19
Salze	0,83	0,83	0,83	0,75	0,69	0,72	0,60	0,75	0,78
Albumin . . .	0,45	0,43	0,44	0,33	0,31	0,32	0,31	0,32	0,31
Caseïn	2,24	2,25	2,21	2,37	2,36	2,36	2,70	2,71	2,70
Milchsäure . .	0,05	0,05	0,05	0,05	0,05	0,05	0,00	0,00	0,00
	100,00	100,00	100,00	100,00	100,00	100,00	100,00	101,00	100,00
Specif. Gew.	—	—.	1,039	—	—	1,040	—	—	1,036

Peligot, Reihet[67]) und Knobloch[68]) haben nachgewiesen, dass die beim Melken oder durch Saugen zuerst auslaufende Milch immer fettärmer ist, als die zuletzt auslaufende; es nimmt (bei sich im Weiteren gleichbleibender Zusammensetzung) der Fettgehalt mit der Dauer des Melkens oder Saugens zu; man hat dies für die Milch verschiedener Thiere constatirt. Nach Rohde[69]), in Eldena, übt die Wiederholung des Melkens grossen Einfluss auf die quantitative Mischung der Milch; aus den Arbeiten jenes Forschers ergiebt sich, dass bei (täglich) dreimaligem Melken der Gehalt der Milch an festen Bestandtheilen, ganz sonderlich an Butterfett und Caseïn grösser ist, als bei zweimaligem Melken. Während dreimaliges Melken die Milch der Kühe als 12,4% feste Bestandtheile enthaltend erscheinen lässt, erweiset die Milch bei zweimaligem Melken im Durchschnitte nur einen Gehalt von 12,1% an festen Stoffen.

Das Colostrum der Kühe erfuhr unter allen Colostrumarten die erste chemische Zerlegung; die beiden Holländer Abraham van Stiptrian und Nicolaus Bondt[70]) waren die ersten Analytiker, und nach ihnen beschäftigen sich Parmentier und Deyeux[71]) mit der Untersuchung jener Flüssigkeit. Wir nahmen schon oben Gelegenheit, zu erwähnen, dass Donné die Colostrumkörperchen entdeckte. —

[67]) Annales de Chimie et de Physique. Serie III. T. 25. pag. 82 u. fg.

[68]) Lehmann, C. G., Physiol. Chemie. Bd. II. pag. 292.

[69]) Dingler, Polytechnisches Journal. Bd. 142. pag. 76 u. fg. — Chemisches Central-Blatt für 1856. pag. 890 u. fg.

[70]) Crell, Chemische Annalen. (1794.) Bd. II. pag. 138 u. fg. 252 u. fg. 347 u. fg. Krünitz, J. G., Oekonomisch-technologische Encyclopädie. Bd. 90. (Berlin 1803) pag. 409.

[71]) Parmentier et Deyeux, Précis d'expériences et observations sur les differentes espèces de lait, Strasbourg & Paris, 1798. 8°.

Das Colostrum enthält nach Donné[72]) als constanten und charakteristischen Bestandtheil Schleimkörperchen, und nach demselben Forscher sind die Colostrumkörperchen — denen die Eigenschaft zukommt, sich in Aether aufzulösen, in Alkalien unverändert zu'bleiben und durch wässerige Jodlösung schön gelb gefärbt zu werden — noch unausgebildet, von ungleicher Grösse; einige gleichen grossen Oeltropfen, der grösste Theil aber ist sehr klein und erscheint als eine Art Staub in der Flüssigkeit; die meisten dieser Körperchen sind zu Haufen verbunden, nur wenige schwimmen frei umher im Serum; alle dem stimmt H. Nasse bei. Während d'Outrepont die Colostrumkörperchen nur bis zum dritten, Henle, Simon und Nasse dieselben bis zum achten Tage nach der Geburt im Colostrum wahrnehmen konnten, meint Donné, sic'verschwünden erst am zwanzigsten Tage nach der Geburt aus der Milch; sie zeigen sich in der Milch zur Zeit der Menstruation und in Krankheiten, welche die Milchsecretion beeinflussen.

Während die Farbe der Kuhmilch rein oder gelblich weiss ist, spielt die der Menschenmilch in's Bläuliche. Es wurde die Milch des menschlichen Weibes durch Meggenhofen, Pleischl[73]), Payen[74]), Herberger, Pfaff und Schwartz, Donné, Clemm, ganz sonderlich sorgfältig aber durch F. Simon untersucht; in neuerer Zeit haben auch Haidlen, Henry und Chevallier, Moleschott, Vernois und Becquerel, Weber, l'Héretier, Schlossberger u. A. Forschungen über diesen Gegenstand angestellt, und wir haben bereits oben mehrere derselben im Resultate gegeben. Nach Clemm[75]) und Simon wird der Käsestoff der Menschenmilch durch Lab, wie durch Säuren weniger vollständig präcipitirt, als der der Kuhmilch, und es ist das Caseïncoagulum bei jener Milch mehr gallertartig, bei der Kuhmilch dagegen dichter. Abgesehen von den chemischen Differenzen zwischen Menschen- und Kuhmilch, welche unter Anderem auch darin bestehen, dass das Butterfett in ersterer einen grösseren Elaïngehalt zeigt, unterscheidet sich die Menschen- von der Kuhmilch, indem sie stark alkalisch reagirt und weniger leicht säuert. Nach Meggenhofen[76]) enthält die Menschenmilch selten mehr als 11 bis 12$\frac{1}{2}$ % an festen Stoffen. Simon[77]) fand die Menschenmilch

---

[72]) Donné, A., Du lait etc. Paris. 1837. pag. 21. 22. 23.

[73]) Schweigger, Journal für Chemie und Physik. Bd. 32. pag. 127.

[74]) Journal de Chemie médicale. T. IV. pag. 118.

[75]) Wagner, R., Handwörterbuch der Physiologie. Bd. II. pag. 464.

[76]) Meggenhofen, C. A., Dissert. inaug. sistens indagationem lactis muliebris chemicam. Francofurti ad Moenum. 1826. 4⁰.

[77]) Simon, F., Die Frauenmilch etc. Berlin. 1838. — Handb. d. angewandt. medic. Chemie. Bd. II. pag. 276 u. fg.

im Mittel zusammengesetzt aus: 88,76% Wasser und 11,24% festen
Bestandtheilen, worunter sich befanden 3,40 Casein, 2,53 Butter, 4,25
Milchzucker und 0,236 Asche. Nach Pfaff und Schwarz [78]) geben
tausend Theile Menschenmilch 4,407 Theile Asche, und es enthielt die
letztere — abgesehen vom Kochsalze und dem Kalke des Käsestoffes,
welche von jenen beiden Analytikern nicht in Rechnung gebracht
wurden — 2,5 Theile Kalkphosphat; 0,5 phosphorsaurer Magnesia;
0,007 Theile phosphorsauren Eisenoxydes; 0,4 phosphorsauren Natrons;
0,7 Chlorkalium und 0,3 Natron. Schlossberger [79]) untersuchte
jüngst die Milch aus der linken krankhaft sehr bedeutend vergrösserten
Brust eines sechsundzwanzigjährigen Weibes; die Brust nahm binnen
kurzer Zeit so sehr an Grösse zu, dass sie, wenn die Person sass,
auf dem Oberschenkel lag; die Brust wog vierzehn Pfunde und die
in der Brustdrüse enthaltene Milchmenge betrug sechs würtembergi-
sche Schoppen. Die Milch war rein weiss, ohne Geruch, ohne Reaction
auf Pflanzenfarben, eigenthümlich dickflüssig, rahmähnlich, und bei 15°
R. von 0,98 bis 0,99 specifischem Gewichte. Die Grösse der Milchkörperchen, welche in gedrängtester Menge erschienen, überschritt nach
Lotzbeck's Messung niemals 0,008 Linien. Schlossberger fand
in der Milch 67,52% Wasser und 32,48% festen Rückstand; in 99,96
Gewichtstheilen [von hundert Gewichtstheilen Milch fallen 0,4% als
Verlust weg] Milch: Wasser 67,52; Fett 28,54; Zucker und Extractivmaterien 0,75; Käsestoff 2,74 und Salze 0,41 Gewichtstheile. —
Sehr interessante Untersuchungen über die Milch wurden jüngst angestellt von Vernois und Becquerel [80]).

Ehe wir fortfahren in der chemischen Schilderung der Milcharten,
seien uns einige Worte verstattet über die Veränderungen, welche die
Milch in Krankheiten erleidet. Delafond [81]) fand die Milch milz-
brandkranker Kühe immer verändert; nach seinen Angaben ist die
Quantität solcher Milch auffallend vermindert, der Geschmack fade, die
Farbe schmutzig bläulich weiss, und die Zersetzung des Fluidums geht
alsbald vor sich; lässt man dieses ruhig stehen, so sieht man darin,
wenn man es nach sechs Stunden ausgiesst, von Zeit zu Zeit röthliche
Streifen, welche von einem dem Hämatin nahestehenden Pigmente
herrühren dürften; nach vier bis sechs Stunden zeigt sich der Ein-

[78]) Pfaff & Schwarz, a. a. O.
[79]) Annalen der Chemie und Pharmacie. Bd. 108. pag. 64 u. fg. — Chemisches Central-Blatt für 1859. pag. 79 u. fg.
[80]) Annales d'Hygiène publique et de Médecine légale. 2. Reihe. Bd. VII.
[Paris 1857.] pag. 271 u. fg.
[81]) Heusinger, C. F., Die Milzbrandkrankheiten der Thiere und des
Menschen. Erlangen. 1850. pag. 439 u. fg.

tritt der Fäulniss und nach vierundzwanzig bis dreissig Stunden soll
der Gestank der faulenden Milch unerträglich sein. C. F. Heusinger hält obige Beschreibung nicht für alle Fälle passend. Wie schon
van Pheusum beobachtete, ist im Milzbrande die Milchsecretion nur
zuweilen vermindert oder unterdrückt, dauert aber in der Regel fort,
selbst bis zum Tode. Im Milzbrande überhaupt scheint die Milch zuweilen unverändert zu sein, ist aber gewöhnlich von ungleicher Consistenz und mehr oder weniger gelb, zuweilen blutig.

Man weiss noch nicht mit Gewissheit, ob die Milch kranker Thiere
für alle Fälle schädlich ist; viele Beobachtungen sprechen dafür, viele
dagegen; im Allgemeinen ist anzurathen, vom Gebrauche solcher Milch
abzusehen [82]), ganz besonders wenn diese von Thieren herrührt, welche
an Epizootieen leiden. Wir nahmen schon oben Gelegenheit, der
Angabe La Billardière's zu gedenken, nach welcher Milch von
einer phthisischen Kuh Scrophulose erzeugt haben soll. Grössere Gefahr kann die Milch von Thieren bringen, welche mit Infectionskrank-
heiten behaftet sind; man will Uebertragung des Milzbrandes durch
die Milch beobachtet haben, und Metzger, Lappe, Miglia, Go-
hier, Desplas u. A. beweisen vielfach die Schädlichkeit solcher
Milch. Nach Stadelmann[83]) gehören zu den Krankheiten, welche
die Milch schädlich machen, Milzbrand, Hundswuth, Maul- und Klauen-
seuche. Lavena[84]) fand bei Aphthenkrankheit die Milch wässeriger
und mehr Salze enthaltend, als normale Milch; Butter, Käse und
Eiweiss waren vermindert; Schleim und 'Eiter, welche darin von einigen Chemikern gefunden wurden, waren nicht gegenwärtig; der Genuss
solcher Milch hatte keinerlei nachtheilige Folgen für Menschen. Vor
mehreren Jahren erkrankten in Malta zwanzig Personen an heftigem
Erbrechen und Symptomen der Cholera; es wurde ermittelt, dass sie
die Milch zweier Ziegen genossen hatten, welche wildwachsende, dort
unter dem Namen „Sauerklee" bekannte Pflanzen gefressen haben
sollten[85]). Donné[86]) untersuchte die Milch von Weibern, deren Brüste

---

[82]) Nach Ramazzini wurde im Jahre 1599 in Venedig während der
Milzbrandepidemie der Verkauf von Fleisch, Milch, Butter und frischem Käse
bei Todesstrafe verboten. — Bernardino Ramazzini war einer der bedeutendsten Epidemiographen des siebenzehnten Jahrhunderts; er wurde geboren
zu Carpi im Jahre 1633, war Professor zu Modena und Parma; seine Opera
omnia erschienen zu Genf 1·16 und 1717, zu London 1717 und 1718, zu
Neapel 1739 und zu Venedig im Jahre 1742; sämmtliche Ausgaben in 4⁰.
[83]) Canstatt, Jahresbericht für 1852. Bd. VII. pag. 22.
[84]) Canstatt, Jahresbericht für 1853. Bd. VI. pag. 45.
[85]) Canstatt, Jahresbericht für 1856. Bd. VI. pag. 8.
[86]) Donné, a. a. O. pag. 40.

krankhaft angeschwollen waren, und fand sie dem Colostrum ähnlich. Simon[87]) fand in der Milch einer pockenkranken Kuh eine Menge von Körperchen, welche den granulirten gelbgefärbten Colostrumkörperchen ähnlich waren. In der Milch syphilitischer Weiber konnten weder Simon noch Donné irgend welche Veränderung wahrnehmen, während Meggenhofen[88]) fand, dass die Milch einer syphilitischen Person sauer reagirte, durch Galläpfelaufguss, Bleiessig und die Lösung des salpetersauren Quecksilberoxyduls, indessen nicht durch die des Aetzsublimates, Bleizuckers, Zinnchlorürs, durch Alkohol, Essig und Salzsäure coagulirt wurde. Auch Herberger[89]) und Deyeux[90]) untersuchten die Milch kranker Weiber; der letztere fand, dass die Milch einer Frau, welche häufig an sogenannten Nervenzufällen litt, beim Eintreten dieser Zufälle durchsichtig und zähe wie Eiweiss wurde und erst nach einiger Zeit ihre normale Beschaffenheit wieder annahm. Simon untersuchte auch die Milch einer Frau, welche wegen Aergers in ein heftiges Fieber verfiel; in Folge des Genusses der Muttermilch erkrankte der Säugling unter Erbrechen, Laxiren, verbunden mit Krämpfen, die Brüste der Mutter waren angeschwollen, gespannt und schmerzhaft; die Milch zeigte alkalische Reaction, hatte das Aussehen normaler Milch, nur einen eigenthümlichen animalischen Geruch; beim Aufkochen machte sich kein Albumin bemerklich, und bis zu einem bestimmten Punkte eingedampft gerann die Milch und reagirte merklich sauer. Auch eine andere Portion Milch, welche bei Seite gestellt wurde, coagulirte schon nach einigen Stunden und reagirte sauer, ein Phänomen, wie es bei gesunder Menschen Milch nicht in Wahrnehmung gebracht wird. Nach zwanzig Stunden entwickelten sich sehr grosse Schwefelwasserstoffmengen. Butter, Milchzucker und Caseïn schienen, wie überhaupt die ganze Mischung der Milch, nicht verändert zu sein. Nach Rees[91]) kommt in der Milch bei Morbus Brightii Harnstoff vor, und Marchand[92]) entdeckte in der Milch einer kranken Kuh Hämatin.

Mousis[93]) in Oléron sah, wie ein Kind die Milch einer milzbrandkranken Ziege ohne Nachtheil verzehrte, und Renault giebt an, es seien Kälber durch die Milch ihrer milzbrandkranken Mütter nicht gefährdet worden.

87) Simon, a. a. O. Bd. II. pag. 288 u. fg.
88) Meggenhofen. a. a. O. pag. 16.
89) Journal für praktische Chemie. Bd. VI. pag. 284.
90) Crell, Chem. Annalen. Bd. I. pag. 369.
91) Lehmann, C. G., Physiol. Chemie. Bd. II. pag. 295.
92) Journal für praktische Chemie. Bd. XLVII. pag. 130 u. fg.
93) Heusinger, a. a. O. pag. 440.

Wir kommen nun zur **Eselsmilch**, welche viele Aehnlichkeit mit der Menschenmilch zeigt. Die Eselsmilch wurde untersucht von **Stiptrian**, **Luiscius** und **Bondt**, **Peligot**, **Simon** und **Boussingault**. **Stiptrian**, **Luiscius** und **Bondt** kamen durch ihre Untersuchungen zur Erkenntniss der Thatsache, dass man Eselsmilch unschwer in geistige Gährung versetzen könne; sie fanden in dieser Milch, von welcher sie 29,0% Rahm erhielten, 2,3% Caseïn und 4,5% Milchzucker. Nach **Peligot** schwankt das specifische Gewicht der Eselsmilch zwischen 1,030 und 1,035 und es sind in hundert Theilen derselben enthalten: Wasser 90,47 Gewichtstheile; Küsestoff 1,95; Butter 1,29; Milchzucker, Extractivmaterien und Salze 6,29. Wir müssen noch einiger anderen Untersuchungen **Peligot's** über diesen Gegenstand gedenken. Er fütterte eine Eselin mit Möhren und fand, dass die Milch nach Ablauf eines Monats 92% an Wasser enthielt, dass das Extract dieser Milch orangefarben war und nach Möhren roch; bei Fütterung mit rothen Rüben enthielt die Milch nach Ablauf eines Monates nur 89,77%, bei Kartoffelfütterung 90,71% Wasser, und bei letzterer nur 1,2% Caseïn. Zu Anfange des Melkens ist die Milch am meisten wasserhaltig, zu Ende jener Operation ist sie am reichsten an Rahm [94]. Zur Charakteristik der Eselsmilch gehört noch, dass ihr Caseïn schwerer ausfällbar ist, als das der Kuhmilch, die Molken aber leichter klärbar und reicher an Milchzucker sind, als Kuhmolken. **Simon** fand in der Eselsmilch 1,21% Butter.

In Amsterdam besteht ein Institut, welches sich zur Aufgabe macht, die benöthigte Eselsmilch zu verschaffen [95]. Man hält etwa achtzig Eselinnen, von denen etwa funfzig zu gleicher Zeit Milch geben [eine jede täglich 1/4 bis 1 1/2 niederländischer Kannen]. Es wird täglich zweimal gemolken, und in der ersten Zeit muss der junge Esel bei seiner Mutter stehen, wenn diese Milch geben soll [96]. Sobald im Sommer Grünfütterung stattfindet, wirkt die Milch durch einige Zeit

---

[94] **Peligot** fand im ersten Drittheile der beim Melken ausfliessenden Milch 6,45%, im zweiten 6,48%, im letzten 6,50% an Butter.

[95] **Canstatt**, Jahresbericht für 1854. Bd. VII. pag. 10.

[96] In einigen Ländern verweigern auch Kühe die Milchabgabe, wenn das Junge abwesend. Kalmücken, Hottentotten, Kabardiner [nach **Reineggs**] und andere Völker haben nicht selten Gelegenheit, diese Erfahrung zu machen. Ist das Kalb nicht mehr am Leben, dann müssen sie eine Kalbshaut — welche sie sorgfältig aufbewahren — ausgestopft in die Nähe der Kuh bringen. Fehlt den Hottentotten die Kalbshaut, dann blasen sie in die Vagina der Kuh [eine Operation, welche der alte **Peter Kolbe** sehr naturgetreu abbildet] und befördern dadurch die Milchabgabe.

abführend, und es wird daher die Futterveränderung stets den Aerzten und Patienten angezeigt.

Unseres Wissens wurde die Schafmilch von Stiptrian, Luiscius und Bondt, von Henry und Chevallier und jüngst von Filhol und Joly[97]) der chemischen Analyse unterworfen. Die erwähnten drei Holländer fanden darin 11,5 % Rahm und 88,5 % Wasser; 4,2 % Milchzucker; 5,8 Butter und 15,3 % Caseïn; das specifische Gewicht der Schafmilch bestimmten sie zu 1,035 bis 1,041. Nach Henry und Chevallier enthält sie 14,38 % fester Bestandtheile, und zwar 5,0 % Milchzucker, 4,20 % Butter, 4,02 % Käsestoff und 0,68 % Salze. Die Schafmilch ist eben so weiss wie die Eselsmilch, indessen consistenter als diese und weniger süss; nichts destoweniger ist aber ihr Geschmack sehr angenehm und der Geruch einladend. Filhol und Joly untersuchten die Milch mehrerer Schafraçen; die Milch des Lauraguaischafes wurde am stoffreichsten, die der englischen Schafe am wasserreichsten befunden; etwa in der Mitte liegt die des Merinoschafs. Wir theilen die Resultate in folgender Tabelle mit:

Bestandtheile :	Dishley-schaf.	Dishley-schaf.	Sauthdown.	Merino.	Lauraguai-schaf.	Tarascon.
Wasser . . .	81,00	82,50	84,20	78,10	76.95	77,23
Caseïn	7,50	7,90	6,50	9,02	8,30	8,05
Butter	5,00	3,70	4,00	7,60	10,40	10,40
Zucker . . .	5,80	5,35	4,61	4,37	4,16	4,16
Salze & Extrac-tivmaterien .	0.70	0.55	0,69	0.61	0,16	0,16
	100,00	100,00	100,00	100.00	100,00	100,00

Die schon oft erwähnten drei Holländer, weiter Payen[98]) und W. Wicke[99]) untersuchten die Ziegenmilch auf ihre chemischen Bestandtheile. Stiptrian, Luiscius und Bondt fanden darin 7,5 % Rahm; 4,38 % Milchzucker; 4,56 % Butter und 9,12 % Käse. Nach Payen bestanden hundert Theile Ziegenmilch aus 85,50 Wasser, 5,86 festem Rückstande aus den Molken, 4,08 Butter und 4,52 Käsestoff. Die Resultate der Untersuchungen von Wicke sind, dass in der der Ziege zu verschiedenen Tageszeiten entnommenen Milch weniger Gesetzmässigkeit in Bezug auf die verschiedene Zusammensetzung stattfindet, als dies in der Kuhmilch der Fall ist, dass vielmehr die Mischung der Ziegenmilch mehrfachen Schwankungen unterliegt; im Allgemeinen

---

97) Comptes rendus. T. XLVII. pag. 1013 u. fg. — Chem. Centr.-Bl. f. 1859. pag. 158 u. fg.
98) Annales de Chimie et de Physique. Serie 3. Bd. VIII. pag. 144.
99) Henneberg, Journal für Landwirthschaft. 1856. pag. 121 u. fg. — Chemisches Centralblatt für 1856. pag. 211 u. fg.

jedoch enthält die Abendmilch am meisten, die Morgenmilch am wenigsten Butter, und die Mittagsmilch liegt mitten inne; mit Zunahme der äusseren Kälte stieg auch die Ziffer des Buttergehaltes, welcher grösser ist, als der von Payen angegebene; er beträgt nämlich [Mittel aus einundzwanzig Analysen] 4,914 %, und der Wassergehalt der Ziegenmilch beläuft sich auf 88,402 % [Mittel aus neunzehn Analysen]. Wicke glaubt endlich, gefunden zu haben, dass von den anderen Milchbestandtheilen nur das Caseïn zu- und abnimmt, während Milchzucker und Salze constant bleiben. — Bekanntlich zeichnet sich die Ziegenmilch durch eigenthümlichen Geruch aus, sie hat rein weisse Farbe, angenehm süsslichen Geschmack und ein specifisches Gewicht von etwa 1,036. Sie dient in nördlicheren Breiten noch mehr als die Eselsmilch, Brustkranken als palliatives, und wohl nur in seltenen Fällen als radicales Heilmittel.

Ueber die chemischen Verhältnisse der Milch der Schweine sind wir vor wenigen Jahren durch H. Scheven [100]) belehrt worden; er untersuchte die Milch vom Land- und vom Essex-Schweine und fand in hundert Theilen jener des ersteren 85,49 Wasser und 14,51 Trockensubstanz, in der Milch des letzteren 88,17 % Wasser und 11,83 % Trockensubstanz; genauer analysirt enthielt — abgesehen vom Wassergehalte — die Milch des Landschweines 1,93 % Butter, 3,04 % Milchzucker, 8,45 % Caseïn, 0,26 % lösliche und 0,83 % unlösliche Salze; die Milch des Essexschweines 1,03 % Butter, 2,26 % Milchzucker, 7,36 % Caseïn, 0,26 % lösliche und 0,92 % unlösliche Salze.

Die Milch der Hunde zerlegte zuerst Simon in ihre Bestandtheile; er nahm darin wahr: Wasser 65,74 und 68,20 %; Käsestoff 17,40 und 14,60 %; Butter 16,20 und 13,30 %; Extractivmaterien 2,90 und 3,00 %, Salze 1,50 und 1,48 %. Der Käsestoff glich mehr dem der Kuh-, als jenem der Menschenmilch; die Butter der Kuhbutter; Milchzucker konnte nicht gefunden werden; die Asche des Caseïns bestand zumeist aus Kalksalzen. Die Analysen, welche Clemm, Dumas [101]) und Bensch [102]) anstellten, ergaben einen sehr geringen Gehalt an Milchzucker [der sich nach Bensch beim Einengen der Hundemilch in Traubenzucker umwandelt], in hundert Theilen: 8 bis 11 Theile Caseïn und 6,84 bis 10,94 Butter. Nach Dumas ist der Buttergehalt der Hundemilch bei vegetabilischer Nahrung grösser, als bei animalischer. Die Hundemilch hat ein specifisches Gewicht von

---

[100]) Journal für praktische Chemie. Bd. LXVIII. pag. 224 u. fg. — Chem. Centralbl. f. 1856. pag. 649 u. fg.

[101]) Comptes rendus. Bd. XXI. pag. 708 u. fg.

[102]) Annalen der Chemie und Pharmacie. Bd. LXI. pag. 221 u. fg.

1,03 bis 1,36, reagirt bei Pflanzenkost schwach alkalisch oder neutral, bei Fleischkost sauer, ist weiss von Farbe und minder dünnflüssig als andere Milchsorten; sie gerinnt leicht durch Hitze, und es nimmt ihre Consistenz schon durch blosses Erwärmen zu.

Nach Baumgarten [103]) gleicht die Milch der Wallfische der Kuhmilch.

Die Milch der Pferde-Stuten ist nach Clemm von 1,0203 specifischem Gewichte. Jene drei Holländer fanden darin eine verhältnissmässig grosse Menge von Milchzucker, nämlich 8,75 %, dagegen nur 1,62 Casein und 0,8 % Rahm. Wie die Milch der Thiere aus dem Pferdegeschlechte überhaupt, geht auch die der Pferde-Stuten unter gewissen Bedingungen in alkoholische Gährung über, ein Verhältniss, welches von den Völkern Westasiens zuerst gekannt und in einer später zu erwähnenden Weise ausgebeutet wurde. Nach Pallas [104]) hat die von den Kalmücken gemolkene Stutenmilch im frischen Zustande einen gleichsam lauchartigen, widerlichen Nebengeschmack, und ist dünnflüssiger als die Kuhmilch. — Ueber die Rennthier- und Kameelmilch fehlen uns genauere Angaben; man weiss von der ersteren, dass sie dichter als Kuhmilch und im Allgemeinen reicher an festen Bestandtheilen ist; man bedient sich ihrer als Nahrungsmittel in Südrussland, den südlichen Donauländern, in der Levante und in vielen Gegenden Amerika's. Kameel- wie Rennthiermilch zeichnen sich durch grossen Fettreichthum, diese auch durch grosse Dichtigkeit aus, und es ist nöthig, dieselbe zum Behufe des Gebrauches mit Wasser zu verdünnen [105]).

---

[103]) Baumgarten, S. J., Allgemeine Geschichte der Länder und Völker von Amerika. Halle. 1752 – 35. Bd. 11. pag. 889.

[104]) Pallas, P. S., Sammlungen historischer Nachrichten über die Mongolischen Völkerschaften. St. Petersburg. 1776 — 1801. Bd. I. pag. 131.

[105]) Auch aus der Kameelmilch bereiten die Tartaren ein berauschendes Getränk, und die alten Scythen machten von dieser Milch ausgedehnten Gebrauch; sie wurde von Parmentier und Deyeux zuerst chemisch untersucht. — Die Milch der Büffel wurde von Tessier, Hussard und Buniva analysirt; sie ist der Kuhmilch in vielen Stücken ähnlich. — Die Rennthiermilch dient den Lappländern als Leckerbissen, besonders im durch Pinguicula vulgaris L. (gemeines Fettkraut) coagulirten Zustande. — Vor Kurzem veröffentlichten Vernois und Becquerel [Annales d'Hygiène publique. 2. Reihe. Bd. VII. pag. 301.] einen umständlichen Bericht über die von ihnen vorgenommene Milch-Untersuchungen; unter Anderem melden sie von der Analyse der Milch einer ungarischen Büffel-Kuh, worin sie fanden: Wasser 806,400; lösliche Bestandtheile 193,600; Milchzucker 45,160; Butter 84,500; Caseïn 42,470; Albumin 13,000; Salze 8,450. — Die neuesten Untersuchungen von Felix Hoppe [Virchow's Archiv für pathologische Anatomie etc. Bd. XVII. pag. 417 u. fg.; pag. 440 u. fg. — Chemisches Centr.Bl. f. 1860. No. 4. u. 5.] über die Bestandtheile der Milch und ihre nächsten Zersetzungen sind

Der physiologische Theil der Lehre von der Milch wird die Beleuchtung der Verhältnisse in sich schliessen, welche bei Einverleibung der Milch in normal beschaffene Verdauungsorgane eintreten, von dem Nährwerthe derselben handeln und Andeutungen geben über den Uebergang von Stoffen in die Milch. — Man wusste schon zu den ältesten Zeiten, dass Arznei- und andere Substanzen, welche man der Mutter einverleibte, auf den Säugling wirkten. Im siebenzehnten Jahrhundert machte Olaus van Borchen (oder Borrichius) die Beobachtung, dass die Milch einer Frau bitter wurde, nachdem sie Wermuthtinctur eingenommen. In späterer Zeit wurden viele directe Untersuchungen über diesen Gegenstand unternommen, und man kam, da man wissenschaftlich forschte, zu vielen mitunter sehr beachtenswerthen Ergebnissen, deren wichtigste anzuführen Gegenstand einiger der folgenden Zeilen sein wird. Man lernte eine grosse Reihe von Mitteln kennen, welche unverändert oder verändert in die Milch übergehen oder die Milchsecretion vermehren, und fasste dieselben unter dem gemeinschaftlichen Namen der Galactophora zusammen. Peligot [106]) gab Eselinnen Jodkalium, wie auch Kochsalz und kohlensaures Natron ein, und fand alsdann diese Stoffe in der Milch; dagegen konnte er Aetzsublimat, welchen er einer Ziege und einer Eselin eingab, nicht in der Milch entdecken, ebenso auch nicht lösliche schwefelsaure Salze; das Pigment der Möhrenwurzel sah er in die Milch übergehen. Nach Hermbstädt enthält die Milch von Kühen, welche Rubia tinctorum, wie Galium rubioides, Hedysarum Onobrychis, Anchusa officinalis und Equisetum arvense verzehrten, die Farbestoffe dieser Pflanzen, und es erwies sich ihm auch der Bitterstoff des Gerstenstrohes als eine in die Milch übergehende Substanz. Den Uebergang von Jod in die Milch bestätigten ausser Peligot auch Wöhler und Harnier [107]), Labourdette und Dumesnil. Taylor verleibte Kühen Bleisalze ein, und es gelang ihm alsdann, in der Milch Blei nachzuweisen. Harnier beobachtete den Uebertritt von Borax, Zinksalzen und von Glaubersalz in die Milch. Bombeau und Roseleur fanden Eisensalze, die vorher dem Thiere beigebracht wurden, in der Milch. Nach den Wahrnehmungen Cullen's zeigt sich das ätherische Anisöl nach dem Gebrauche von Anissamen in der Milch, und es ist derartige Milch nicht selten ein gutes Mittel wider gewisse Arten Ko-

---

ein sehr wichtiges Actenstück zur Chemie der Milch, und wir können nicht umhin, unsere Leser dringend darauf zu verweisen.

[106]) Annales de Chimie et de Physique. August. 1836. — Journal de Chimie médicale. 1835. pag. 311 u. fg.

[107]) Harnier, G. L., Quaedam de transitu medicamentorum in lac. Diss. inaug. Marburgi Cattorum. 1847. 8.

lik der Säuglinge. In neuester Zeit machte Lewald [108]) mehrfache
Untersuchungen; er bestätigte die schon früher gemachte Beobachtung
des Uebergangs des Quecksilbers, Zinks, Eisens, Bleies und Antimons
in die Milch, und fand, dass Arsenik schon nach siebenzehn Stunden
in der Milch auftritt und nach sechszig Stunden daraus verschwindet.
Wismuth erscheint ziemlich bald nach der Einverleibung in der Milch.
Auf eigene wie auf fremde Erfahrungen gestützt, sagt Lewald, dass
es nothwendig sei, Müttern, welche an Bleikolik leiden, das Säugen
zu verbieten, weil, wie leicht begreiflich, das in der Milch befindliche
Blei auf den Säugling als krankmachende Potenz einwirkt; weiter hält
er die Milch von Thieren, denen Jod gegeben wurde, für die beste
Form, in welcher das Jod bei scrophulösen und anderen Leiden anzuwenden. Aus den Beobachtungen und Untersuchungen, welche
Henry und Chevallier [109]) anstellten, geht hervor, dass Eisen-,
Wismuth- und Zinkverbindungen, Kochsalz, doppelt kohlensaures Natron, schwefelsaures Natron und Jodkalium in das Secret der Brustdrüsen übergehen, ein Verhältniss, welches bei schwefelsaurem Chinin,
Schwefelalkalimetallen, Quecksilbersalzen und Salpeter nicht beobachtet werden konnte; saures kohlensaures Natron verleiht der Milch
die Eigenschaft, deutlich alkalisch zu reagiren; Chlornatrium geht leicht
und in beträchtlichen Mengen in die Milch über, Glaubersalz jedoch nur
in geringen Quantitäten. Heine [110]) trank bei einem Besuche im Staate
Maine Milch, die sich durch eigenthümlichen, Stockfisch-artigen Beigeschmack auszeichnete; nicht lange nachher überzeugte er sich, dass
die Kühe Stockfisch stahlen und verzehrten. Auf der Insel Fabius
werden, wie Heine wahrnahm, die Kühe mit den Köpfen und dem
Rückgrate von Fischen gefüttert. Don Antonio de Ulloa [111]) erzählt von einem strauchartigen Gewächse, in dessen Stengeln ein zwei
Zoll langer Wurm leben soll; die Indianer verspeisten diesen Wurm
gekocht und gebraten, und sein Gebrauch soll bei Weibern die Milchsecretion vermehrt, ja hervorgerufen haben, wenn sie nicht im Gange
war. Eine gleiche Eigenschaft wie dem Wurme lässt Ulloa dem
Kraute Nunu-Quehua zuschreiben. Schauenstein und Späth [112])
sahen die Farbestoffe des Rhabarbers, das schwefelsaure Kali, endlich

---

[108]) Lewald, G., Untersuchungen über den Uebergang von Arzneimitteln in die Milch. Habilitationsschrift. Breslau. 1857. 4. pag. 2 u. fg.

[109]) Journal de Pharmacie. Bd. XXV. pag. 333 u. fg.

[110]) Heine, W., Die Expedition in die Seen von China, Japan und
Oohotsk etc. Deutsche Original-Ausgabe. Leipzig. 1858—59. 8. Bd. 11. p. 293.

[111]) Don Antonio de Ulloa, Physikalische und historische Nachrichten
vom südlichen und nordöstlichen Amerika. A. d. Span. von J. A. Dieze.
Leipzig. 1781. 8. Bd. 1. pag. 100.

[112]) Medicinisch-chirurgische Monatshefte. 1859. Bd. I. pag. 159 u. fg.

Jod und Quecksilber in die Milch von Säugonden und Schwangeron übergehen. Ausser den schon bezeichneten Pigmenten erscheinen noch viele andere in dem Fluidum der Brustdrüsen; so wird die Milch blau gefärbt durch (innerlichen Gebrauch von) Indigo, Rhinanthus alectorolophus, Hedysarum Onobrychis, Equisetum arvense, mehreren Polygonum-Arten, Anchusa officinalis, Mercurialis annua, Melampyrum arvense etc.; gelb durch Möhren, Safran, Rhabarber, einige Orchisarten etc.; roth durch viele Galium-Arten, Färberröthe u. s. w. Viele flüchtige Oele findet man nach dem Gebrauche derselben oder der Pflanzen, in welchen sie enthalten, in der Milch, wie denn auch nicht wenige sogenannte Bitterstoffe und Scharfstoffe in die Milch übergehen. Von den Pflanzen, durch deren Gebrauch die Milchabsonderung vermehrt wird, seien genannt Plantago alpina, einige Alchemilla- und Arctium-Arten, Pimpinella alpina, Astragalus alpinus, Medicago sativa, Phellandrium mutellina, Trifolium alpinum. — Es ist eine bekannte Thatsache, dass die Milch zu einer für den Säugling krankmachenden Potenz wird, wenn die Mutter von heftigen Gemüthsaffecten erschüttert wurde; worin aber eigentlich die Ursache der Schädlichkeit jener Milch besteht, ist heutzutage noch unbekannt[113]).

Wie verhält sich die Milch zu den normalen Verdauungsorganen des Menschen, und wie gross ist der Nährwerth jener Flüssigkeit? — Nach Allem, was vorliegt, erleidet die Milch keinerlei Veränderung durch die Flüssigkeiten des Mundes; sie wird in diesem nur mit Speichel und Schleim vermischt. Im Magen dagogon findet Zersetzung der Milch durch den Magensaft Statt; sie wird coagulirt, d. h. Butter und Käse werden ausgeschieden, von dem Serum getrennt, welches alsbaldige Resorption erfährt. Das Gerinnsel formirt sich zu Ballen,

---

113) Bordeu will einen Fall beobachtet haben, wo die Milch eines Weibes, welches durch das Niederstürzen ihres Kindes heftig erschreckt wurde, in den Brüsten gerann. Petit-Radel (Essai sur le lait considéré médicinalement sous les différens respects, etc. Paris. 1786.) sah in Indien, wie eine Frau die Amme ihres Kindes eines geringen Vergehens wegen heftig peitschen liess; als nachher die Amme dem Kinde die Brust gab, bekam dieses sehr heftige Zuckungen.

Anmerkung. Wir müssen hier noch einige nachträgliche Bemerkungen machen. Es wurde schon oben erwähnt, dass auch Individuen männlichen Geschlechts Milch liefern können; so lernte A. v. Humboldt im Jahre 1800 in Neu-Andalusien einen Mann kennen, dessen Brustdrüsen Milch secernirten. Da sein Weib am Säugen ihres Kindes verhindert war, so übernahm er diese Verrichtung und säugte zur Zeit, als der grosse Humboldt seine Bekanntschaft machte, das Kind seit bereits fünf Monaten. Auch Johann Gottfried Treske machte mehrere Beobachtungen über die Milchproduction bei männlichen Individuen. In den Philosophical Transactions vom Jahre 1694 ist die Rede von einem Hammel, welcher ein Lamm durch mehrere Monate lang säugte.

wird allmälig durch den Magensaft gelöst und theils noch im Magen, theils erst im Darme vollständig aufgesogen. Wie sich die verschiedenen Milchbestandtheile zum Blute und zum ganzen Stoffwechsel verhalten, ist aus der Physiologie bekannt, wesshalb wir hier nicht weiter darauf eingehen.

Der Milch kommt so gut wie den Eiern die Eigenschaft zu, alle Nährstoffe zu enthalten, und sie ist, weil sie den Vortheil der flüssigen Beschaffenheit in sich schliesst, das einzige naturgemässe Nahrungsmittel des Säuglings. Aus jenem Grunde ist ihr Nährwerth grösser als der aller anderen Nahrungsmittel (mit Ausnahme der Eier). Trotz dieses sehr günstigen Verhältnisses wäre ein anderer Mensch, als ein Säugling, doch nicht im Stande, bei ausschliesslichem Milchgenusse normal fortzuleben, weil seine Verdauungsorgane, deren Organisation und Thätigkeit festen Nahrungsstoffen entsprechend sind, wegen Mangel an Arbeit erschlaffen und erkranken würden. J. Clarus [114]) hat das Verhältniss der Milchnahrung zum Neugebornen in einem interessanten Artikel besprochen; wir entnehmen daraus, dass neugeborne Kinder einer verhältnissmässig käsearmen Milch bedürfen, welche dann allmälig einer caseïnreicheren weichen muss. Das im Käsestoffe reichlich enthaltene Kalkphosphat macht jenen zu einem wirksamen Knochen-Constituens, und es muss desshalb in der Zahnungsperiode, wo das Blut durch Ablagerung des phosphorsauren Kalks in den Zähnen Verlust erleidet, in Redo stehendes Kalksalz durch Einführung von mehr Käsestoff in Form dicker Kuhmilch, unter Umständen auch durch Zusatz des künstlich dargestellten Kalksalzes zur Milch, ergänzt werden.

Schon im Früheren wurden mehrere Verhältnisse bezeichnet, unter denen die Milch zur Schädlichkeit werden kann. Diese Verhältnisse liegen im Allgemeinen theils in der Milch [115]), theils im Individuo, welches die Milch aufnimmt. Auch die beste Milch kann zur krankmachenden Potenz werden, wenn sie entweder im Uebermaasse genossen wird, oder wenn ihre Aufnahme zu unrechter Zeit stattfindet, oder wenn die Verdauungsorgane oder der ganze Organismus erkrankt sind; in vielen Krankheiten hat der Genuss unverdünnter Milch üble Folgen.

---

114) Jena'sche Annalen. (1851.) Bd. II. (Heft 2.) pag. 196 u. fg. — Cannstatt, Jahresbericht für 1851. Bd. IV. pag. 310.

115) Timäus von Güldenklee [Baldassaris Timaei, Casus medicinales et observationes practicae. Lipsiae. 1662. 4.] erwähnt eines Falles, in welchem eine Kuh von einem tollen Hunde gebissen wurde; alle Personen, welche die Milch dieser Kuh genossen, wurden von der Hundswuth befallen und starben.

Franziscus Sanchez [116]) hält dafür, dass die geronnene Milch zu den Giften zähle.

Es existiren mehrere sogenannte Milchfehler, welche aber in der Regel der Milch keinerlei schädliche Eigenschaften verleihen. Von diesen Milchfehlern nennen wir zunächst den, welcher der blauen Milch zu Grunde liegt. Untersuchungen über die blaue Milch wurden von mehreren französischen Chemikern, besonders von Parmentier und Deyeux angestellt. In einigen Departementen Frankreichs, so z. B. in dem der unteren Seine, kommt das Blaumelken der Kühe zu gewissen Zeiten im Jahre vor, und dieser Umstand war Veranlassung zur näheren Untersuchung des Gegenstandes. Man hat Vieles als die Ursache des Blaumelkens bezeichnet, diese Thatsache vielen ursächlichen Verhältnissen in die Schuhe geschoben, und wir werden im Folgenden einige Andeutungen über das Causale bringen. Zunächst ist zu bemerken, dass zwei Arten von blauer Milch existiren, nämlich diejenige Milch, welche gleich beim Ausmelken blau ist, und diejenige, welche erst bei oder nach dem Gerinnen blau wird; die erstere wird beim Blaumelken geliefert, und der Zustand der letzteren erhielt den Namen des Blauwerdens. Es wurden schon oben mehrere Pflanzenstoffe und Pflanzen genannt, durch deren innerlichen Gebrauch die Milch blau gefärbt wird,[117]). Beim Blaumelken zeigt die Milch, ausser der blauen Färbung, einen hohen Grad von Dünnflüssigkeit und demgemäss auch grösseren Wassergehalt, sie scheidet nur wenig Rahm aus, dagegen lässt sich in der Regel ein grauer oder bräunlicher Absatz am Boden des Gefässes wahrnehmen. Diejenige Milch, welche erst (während des oder) nach dem Gerinnen oder während des Rahmens blau wird, zeigt anfänglich alle Eigenschaften normaler Milch; das Blauwerden beginnt in der Weise, dass sich blaue Flecken an der Oberfläche der Milch zeigen, welche immer grösser werden und in einander verschwimmen, so dass endlich die ganze Oberfläche dunkelblau gefärbt erscheint; welches Phänomen in einem Pigmente seine letzte Ursache hat, einem Farbestoffe, der selbst der Einwirkung stark alkalischer Flüssigkeiten widersteht. — Ausser dem bezeichneten Pigmente findet man in der blauen Milch

---

116) Sanchez, F., De venenatis omnibus cum signis et remediis. Tolosae. 1636. 4. pag. 281.

117) Ausser diesen Pflanzen nimmt man noch zwei Umstände an, durch deren Existenz die Blaufärbung der Milch eintritt, nämlich: a. gewisse Krankheiten der Kühe, namentlich solche, welche mit Störungen in den Lungen-, Verdauungs- und Geschlechtsfunctionen auftreten (wie Fromage de Feugré und Hurtrel d'Arboval zeigten), und b. durch schlecht beschaffenes, sonderlich zu wasserreiches, faules, saures, dumpfiges Futter.

zumeist noch Schimmelpflanzen, und Steinhoff[118]) will dieselben in allen Fällen wahrgenommen haben; Hermbstädt[119]) und Andere traten als Gegner Steinhoff's auf. — Es soll ein merkwürdiges Verhältniss stattfinden zwischen der Witterung und der Pigment- und Schimmelbildung der blauen Milch; nach den Angaben Steinhoff's erscheint bei kühlem Wetter der blaue Farbestoff, bei warmem der Schimmel häufiger; das Pigment fehlt manchmal, der Schimmel jedoch niemals; dieser zeigt sich stets später als jenes. Blaue Milch soll schnell sauer werden. Nach Hertwig, Hurtrel d'Arboval und Pyl erscheint die aus blauer Milch erzeugte Butter weissgrau, schmierig, und ist von widrigem Geruche, während nach den Angaben von Hermbstädt, Parmentier und Deyeux solche Butter der aus normaler Milch erzeugten gleich sein soll. Zu bemerken ist, dass das blaue Pigment niemals in die Butter übergeht, sondern in der Buttermilch zurückbleibt. — Parmentier und Deyeux glaubten anfänglich, ein harzartiges Pigment in der Milch als Ursache der blauen Färbung derselben annehmen zu müssen.— J. Fuchs[120]) erkennt die Ursache der blauen Färbung der Milch in der Anwesenheit eines Infusoriums, welches er mit dem Namen Vibrio cyanogeneus belegte; Bailleul[121]) erklärt die blaue Farbe durch die Gegenwart einer Byssus-Art, und C. G. Lehmann[122]) fand nur einmal Byssusbildung, im Uebrigen aber jene von Fuchs beschriebenen Vibrionen.

Ein zweiter Milchfehler ist das Blutmelken oder die rothe Milch. Die Milch erscheint entweder ganz roth gefärbt, oder sie enthält rothe Streifen, oder sie lässt beim Stehen ein rothes Sediment fallen. Die Ursachen dieser Erscheinungen sind mehrfach; entweder wird die rothe Milch bedingt durch den Genuss von Pflanzen, deren wesentlicher Bestandtheil ein rother Farbestoff ist — und wir zählten oben mehrere solcher Vegetabilien auf —, oder durch Gebrauch scharfharziger Pflanzen, wie z. B. des Sadebaumes, der Ranunculaceen u. s. w.; im ersteren Falle enthält sie die rothen Pigmente, im letzteren Blut. Gewisse allgemeine Krankheiten verursachen auch Blutmelken, so z. B. der Milzbrand, wie auch örtliche Leiden der Brustdrüsen, z. B.

---

[118]) Encyklopädisches Wörterbuch der medicinischen Wissenschaften. Herausgegeben von Busch, v. Gräfe, Horn, Link, Müller, Osann. Bd. XXlll. (Berlin. 1840.) pag. 361. — Neue Annalen der Mecklenburgischen Landwirthschaftlichen Gesellschaft. 1838. Heft 7. u. 8.

[119]) Hermbstädt, S. F., Ueber die blaue und rothe Milch, die Ursachen ihrer Erzeugung etc. Leipzig. 1833. 8.

[120]) Wagner, Handwörterbuch der Physiologie etc. Bd. II. pag. 470.

[121]) Comptes rendus. Bd. XVll. pag. 1138.

[122]) Lehmann, C. G., Lehrb. der physiol. Chemie. 2. Aufl. Bd. ll. pag. 290.

Verletzungen derselben, jenes Phänomen hervorrufen. Von Schädlichkeit der rothen Milch für die Gesundheit ist nur dann die Rede, wenn dem sogenannten Blutmelken eine contagiöse allgemeine Krankheit zu Grunde liegt.

Von weiteren Milchfehlern gedenken wir noch der bitteren, schnell gerinnenden und zähen Milch, Fehler, welche in der Regel die Gesundheit des diese Milcharten geniessenden Menschen in keinerlei Weise beeinträchtigen. Die bittere Milch ist minder dünnflüssig, als normale Milch, spielt meist in's Gelbliche, lässt sich schwierig und nur langsam buttern, und hat, wie schon der Name andeutet, bitteren Geschmack. Als Ursachen ihres Auftretens bezeichnet man den Genuss gewisser Pflanzen, deren oben Erwähnung geschah, wie auch gewisse gastrische Leiden. Ebenso sollen auch gastrische Krankheiten durch die zähe Milch veranlasst werden. Laubender und Pilger jedoch behaupten, der Genuss der Anchusa, von Hippuris und einigen Boleten veranlasse die zähe Milch. Diese zeichnet sich aus durch grössere Dichtigkeit und in das Graue oder Bläuliche spielenden Rahm, welcher sich sehr schwer buttern lässt; manchmal ist die Zähigkeit der Milch so gross, dass man diese in Faden zu ziehen vermag. — Die schnell gerinnende oder schlickernde Milch lässt sich ebenfalls nur schwer und spärlich buttern, und ist entweder Folge eines krankhaften Zustandes (namentlich von Verdauungsbeschwerden) des Thieres oder des Genusses gewisser Kräuter (z. B. der Rumex- und Galiumarten), auch wird sie durch unreine Milchgefässe veranlasst. Der Volksglaube lässt diesen Zustand der Milch eintreten, wenn Menstruirende mit dieser Flüssigkeit arbeiten. Die Gerinnung der Milch tritt entweder schon in den Brustdrüsen ein (pathologischer Zustand), oder erst nach dem Melken. — Beseitiget man die den geschilderten Milchfehlern zu Grunde liegenden Uebel, sorgt man für gutes Futter und reines Getränke, für Reinhaltung der milchgebenden Thiere, des Stalles und der Milchbehältnisse, dann kehrt die Milchproduction wieder zum Normalzustande zurück und es ist keine Rede mehr von Fehlern der Milch. — Von anderen als den nunmehr betrachteten Milchfehlern war schon im Früheren die Rede.

Stadelman [123] hält die Milch kranker Kühe für unschädlich, und deutet an, dass nur chronische Krankheiten die Milch schädlich machen dürften (wie schädlich auch die Milch bei acuten Krankheiten werden kann, sahen wir schon oben); er hält dafür, dass der unausgesetzte und alleinige Genuss jeder Kuhmilch, auch der gesundesten, das Wohl

---

[123] Casper, Vierteljahrschrift für gerichtl. u. öffentl. Medicin. Bd. I. pag. 318 u. fg. (Berlin. 1852.) — Canstatt, Jahresbericht für 1852. Bd. VII. pag. 22 u. fg.

der damit ernährten Kinder gefährde und die Entstehung und Ausbildung der Scropheln befördere [124]); er verordnet desshalb bei Kindern, welche künstlich aufgefüttert werden, alsbald Zusätze zur Kuhmilch und ziemlich frühe auch schon Fleischbrühen. — Wird sonst gut beschaffene Milch im Uebermasse gebraucht, so können Aufstossen, Erbrechen, Purgiren und Säure in den ersten Wegen die Folgen davon sein. Menschen, deren Verdauungsorgane sich niemals mit der Milch befreunden können, müssen sich derselben enthalten. Bei Kranken, Reconvalescenten, Schwächlingen wird es nicht selten nöthig, die Milch mit Wasser zu verdünnen, auch mit Zucker zu versetzen, um deren Verdaulichkeit zu befördern. Manche Personen sind nicht im Stande, des Morgens Milch zu sich zu nehmen, wogegen sie des Abends dieselbe ohne alle Beschwerde verdauen und vertragen; und auch das umgekehrte Verhältniss kommt oft zur Beobachtung. Es ist in allen diesen Fällen nothwendig, den Milchgenuss ganz nach der Eigenthümlichkeit der individuellen Natur einzurichten.

Gewisse Kranke und Reconvalescenten sind darauf angewiesen, fast ausschliesslich [125]) Milch zu geniessen; dies muss nun so eingerichtet werden, dass man die Milch in kleinen Portionen zu sich nimmt, und die Grösse der zwischen zwei Einnahmen liegenden Pause nach der Länge der Verdauungszeit der Milchportion bestimmt. — Es ist sehr schwer anzugeben, wie viel Milch den Tag über und wie viel auf einmal genossen werden soll: wie wir für die Aufnahme der Nahrungsmittel überhaupt keinen bestimmten Maassstab haben, so haben wir ihn auch nicht für die Milch, und es ist in dieser Hinsicht nöthig, an das individuelle Bedürfniss, an die eigene Erfahrung und an die Vernunft zu appelliren.

Anmerkung. Die Blätter des gemeinen Fettkrautes (Pinguicula vulgaris L.) werden von den Nordländern zur Herstellung einer ganz besonders dicken, fadenziehenden, sauren Milch gebraucht, welche sie als Nahrungsmittel benutzen und Tätmjölk nennen. Sie seihen die frisch gemolkene Milch sehr geschwinde über die frischen Blätter und stellen jene dann ein oder mehrere Tage zum Sauerwerden hin. Solche Milch bringt andere Milch zum Gerinnen. — In Italien, Ostindien und anderen Ländern vermischt man die Milch, um deren Verdaulichkeit zu erhöhen, mit Citronensaft oder Wein, und Venel erwähnt eines Falles, wo eine ihm bekannte Frau die Milch nur dann vertragen konnte, wenn sie derselben Pflanzensäuren beimischte. Sonst vermeidet man im Allgemeinen den Gebrauch von Obst- und Pflanzensäuren, wenn man die Aufnahme von Milch beabsichtigt, weil man (nicht ohne Grund) Laxiren fürchtet.

---

124) Wie auch schon Cullen behauptete.
125) Tissot (Sur l'influence des passions.) beobachtete mehrere Menschen, welche sich ausschliesslich von Milch nährten; sie sollen dabei ihre Munterkeit gänzlich verloren haben und sehr zum Weinen gestimmt worden sein.

Buttermilch und sauere Milch werden von der Mehrzahl der Gesunden sehr wohl vertragen, und sind in der Zeit des heissen Sommers, wie auch in fieberhaften und Entzündungskrankheiten als sehr gute kühlende und durstlöschende Mittel anzurathen.

E. C. J. v. Siebold [126]) setzt mit Recht folgende Eigenschaften einer zur Ernährung des Säuglinges geeigneten Milch voraus: Helle, weissbläuliche Farbe; süsslichen Geschmack; Mangel eines sonderlichen Geruches; ein auf einen schief gestellten Fingernagel oder auf eine in derselben Weise gestellte Glasplatte gebrachter Milchtropfen darf weder zu schnell noch zu langsam abfliessen; lässt man einen Tropfen der zu prüfenden Milch in ein Glas mit reinem Wasser fallen, so muss er sich in Form einer gleichmässigen Wolke nach allen Richtungen hin ausbreiten und zwar so, dass die Butterkügelchen mehr nach oben, die übrigen festen Bestandtheile mehr nach unten zu stehen kommen. Die Milch muss sich, nachdem der Säugling die Brust verlassen, bald wieder erzeugen, so dass sie immer in der nöthigen Menge vorhanden ist.

Ueber die Prüfung der Ammenmilch wird recht umständlich gehandelt im zweiten Theile des „Nürnbergischen Kochbuches" [127]), auf welches wir unsere wissbegierigen Leser verweisen.

In der Therapie erfährt die Milch als innerliches wie äusserliches Heilmittel ziemlich ausgedehnten Gebrauch. Nach Baillarger [128]) ist sie ein gutes Mittel in allen Formen von acuter Geistesstörung. Barillier [129]) empfiehlt Phthisikern Milch von Kühen, welche Jodkalium erhielten. Sonst bedient man sich der Milch innerlich bei Vergiftungen mit Säuren, ätzenden Alkalien, den Verbindungen der sogenannten schweren Metalle, mit Alkaloïden, Scharfharzen u. dgl.; in Zehrkrankheiten, nach grösseren Säfteverlusten, in der Lungenschwindsucht, bei schmerzhaften Entartungen innerer Organe, in der Reconvalescenz; äusserlich in Form von Bädern, Waschungen, Einspritzungen, Gurgelmitteln; und zwar bei äusserlichen Entzündungen und Abscessen; Phlogosen der Mund- und Rachenhöhle, der Nasenhöhle, des Ohres, der Harnröhre, des Mastdarmes und der Scheide; endlich als Cosmeticum, um die Haut schön und weich zu machen. Auch

---

126) Siebold, E. C. J. v., Lehrbuch der Geburtshülfe. 2. Aufl. Braunschweig. 1854. 8. pag. 338.

127) Die so kluge als künstliche von Arachne und Penelope getreulich unterwiesene Hauss-Halterin. Des Nürnbergischen Koch-Buchs zweyter Theil. Nürnberg. 1703. 4. pag. 547 u. fg.

128) Gazette des hôpitaux. 1856. Nr. 131.

129) Journal de Médecine de Bordeaux. 1858. Nr. 11. — Medic.-chirurg. Monatshefte. 1858. Bd. I. pag. 490.

werden die Molken therapeutisch angewandt, und es wird von denselben weiter unten gehandelt werden.

Ehe wir die Verunreinigungen und Verfälschungen besprechen, denen die Milch unterworfen ist, wollen wir noch einige Worte über die Conservirung der Milch und über die Surrogate dieser Flüssigkeit hinzufügen.

Zunächst gedenken wir des Verfahrens, welches Lignac [130]) zum Behufe der Conservirung der Milch einschlägt. Es besteht darin, dass man solche Milch, welche man vom Frühjahre bis zum Herbste bekommt, also die beste Milchqualität, in einem Gefässe mit sehr flachem Boden bei einer niemals 100 Grade der Centesimalscala übersteigenden Temperatur mittelst Wasserdampf concentrirt und mit weissem Zucker versetzt, eine Substanz, welche hier als Würze und Antisepticum wirkt. Ist die Milch bis auf zwei Zehntheile ihres ursprünglichen Volums gebracht, dann schüttet man sie in Blechcylinder, welche ein halb bis ein Liter fassen, und verschliesst diese hermetisch. Die einzudampfende Milch darf nur eine höchstens ein Centimeter dicke Schichte bilden, und es ist nöthig, während des Abdampfens mit Spateln umzurühren. Versetzt man die de Lignac'sche eingedickte Milch mit dem vierfachen Gewichte Wasser und bringt sie zum Sieden, dann erhält man natürliche Milch.

Bethel [131]) conservirt die Milch, indem er sie mit Kohlensäure imprägnirt und alsdann in festen Gefässen aufbewahrt. Vor mehreren Jahren wurde ein Verfahren zur Erhaltung und Bewahrung der Esels milch [132]) publicirt, welches darin besteht, dass man ein Liter frischer Milch mit funfzig Grammen Zucker versetzt und vorsichtig eintrocknet, so lange, bis man eine feste Masse von einhundert und achtzig Grammen Gewicht erhält. Fadeuilhe [133]) brachte Kuhmilch in feste Form und zwar mittelst Wasserdampf in eigenen Apparaten, an deren Construction er sieben Jahre lang arbeitete. Milch von Kühen, welche vor Kurzem gekalbt, gerinnt schon zwischen 57 und 61° R. und ist zum Eindampfen untauglich. Fadeuilhe's Milchpulver wird in der französischen und englischen Marine mit einem kleinen Zusatze von Zucker und Milch verwendet. — Grimauld und Calais bringen die

---

130) Annales d' Hygiène publique. 1850. Nr. 85. — Canstatt, Jahresbericht für 1850. Bd. VII. pag. 49.
Comptes rendus. 1849. August. Nr. 6. — Dingler, Polytechnisches Journal. Bd. 113. pag. 454.
131) Dingler, Polytechnisches Journal. Bd. 117. pag. 79.
132) Journal de Chimie médicale. 3. Série. T. VI. pag. 19. — Chem.-pharmaceut. Central-Blatt für 1850. pag. 175.
133) Dingler, Polytechnisches Journal. Bd. 130. pag. 250. u. fg.

Milch durch warme Luftströme zur Trockenheit, pulvern den Rückstand und bewahren ihn in gut geschlossenen Gefässen auf. Das Mabru'-sche Verfahren zur Aufbewahrung der Milch wurde vor wenigen Jahren von Herpin [134]) beschrieben. Es besteht darin, metallene Flaschen mit frischer Milch zu füllen, jene zum Behufe der Entfernung von Luft und Gasen im Wasserbade zu erhitzen, und hermetisch zu verschliessen. Die Flaschen müssen ganz angefüllt sein, um das Schütteln und Schwenken der darin enthaltenen Flüssigkeit, demnach auch die Ausscheidung von Butter zu verhindern. Derartig aufbewahrt hält sich die Milch jahrelang unverändert; man hat Flaschen geöffnet, welche eine Reise nach Brasilien mitgemacht und daselbst mehrere Wochen verweilet, und — die Milch verhielt sich ganz wie frische gekochte Milch.

Als einziges Ersatzmittel der thierischen Milch lässt sich die Milch des Kuhbaumes betrachten, von welcher weiter unten geredet werden wird; sonst existiren keinerlei Surrogate der Milch. Der Umstand, dass in der warmen Jahreszeit der Käsestoff sich leicht von der Milch trennt, brachte Guyot [135]) auf den Einfall, das Caseïn durch Eigelb zu ersetzen: er gab zu zweihundert Grammen der von der Milch zurück-gebliebenen Molke bei einer Temperatur von etwa dreissig Centesimal-graden vierzehn bis sechszehn Gramme Eigelb und etwas Zucker. Es soll dieses Milchsurrogat — wenn wir das Fluidum mit diesem Namen belegen wollen — leicht verdaulich sein und keinerlei Verstopfung bewirken.

Ausser den oben erwähnten Methoden der Milchbewahrung wurden schon in älterer Zeit mehrere angegeben, und wir nennen hier die von Appert [136]), Schmieder [137]) und Kirchoff [138]), Verfahrungsweisen, welche im Laufe der Zeit entweder vervollkommnet oder vergessen wurden. Das Verfahren von Schmieder bestand darin, die Milch durch Meerrettigwasser zu conserviren.

Die Verunreinigungen uud Verfälschungen der Milch sind die häufigsten Ursachen des Schädlichwerdens dieser Flüssigkeit, und es ist von ganz besonderer Wichtigkeit, die Momente kennen zu lernen, in denen jene Verunreinigungen und Verfälschungen bestehen. Wir eröffnen die Besprechung dieses Abschnittes der Lehre von der Milch mit der Darlegung der Arbeiten von Zennek [139]), nach welchen die

---

134) Polytechnisches Central-Blatt. 1855. pag. 1261 u. fg. — Chem. Pharm. Central-Blatt. 1855. pag. 780 u. fg.

135) L'Union. 1856. Nr. 76.

136) Morgenblatt für gebildete Stände. 1807. Nr. 42. pag. 7.

137) Allgemeiner Anzeiger der Deutschen. 1808. pag. 2127.

138) Magazin zur Beförderung der Industrie. (Leipzig.) 1808. Nr. 6. pag. 313.

139) Canstatt, Jahresbericht für 1851. Bd. VII. pag. 27 u. fg.

Verfälschungen der Milch in folgenden Substanzen bestehen; Wasser — das specifische Gewicht echter Kuhmilch beträgt 1,031 bis 1,030 —, Stärkemehl — kann aus der Jodreaction erkannt werden —, Mandeln — versetzt man solche Milch mit Amygdalin, so deutet schon der Geruch darauf hin, dass Blausäure-Entwickelung stattfindet —, Traganthgummi — wird benutzt um die Masse der Milch zu vermehren; lässt man die verdächtige Milch sieden und alsdann einige Stunden stehen, so bildet sich ein durchsichtiger gelatinöser Bodensatz, welcher, wegen des im Traganthgummi enthaltenen Stärkemehles durch Jod blau gefärbt wird —, Kalk — behandelt man den Glührückstand der Milch, filtrirt und versetzt das Filtrat mit der Lösung des oxalsauren Ammons, so zeigt eine weisse Fällung die Gegenwart von Kalk an —, Tinktur der Gelbwurz — man versetzt die Milch mit dieser Tinktur in der Absicht, um ihr eine stärkere Farbe zu geben, um die Verdünnung mit Wasser und die Hinwegnahme des Rahmes zu verbergen; setzt man zur abgedampften Milch etwas Kalihydrat, so ändert sich die gelbe in eine braune Färbung um —, kohlensaures Natron, ein unschädlicher Zusatz — wird der Milch aus dem Grunde beigegeben, um sie vor dem Sauerwerden zu bewahren; trennt man durch Alkohol den Käsestoff vom Milchserum, so zeigen beide saure Reaction, und versetzt man das eingetrocknete Serum mit Säuren, dann entsteht Aufbrausen —, Zucker — noch weniger schädlich wie der vorige Körper; benutzt zur Versüssung der Milch; wird im Milchserum durch die Gährungsprobe nachgewiesen —; auch mit Zinksalzen, welche von den Behältnissen herrühren, kann die Milch verunreiniget sein, und man erkennet dann die Gegenwart von Zink in der Weise, dass man die zu prüfende Milch durch Salpetersäure coagulirt, alsdann filtrirt, mit Aetzammoniak sättiget, wieder filtrirt und das Filtrat mit Schwefelwasserstoff-Schwefelammonium-Lösung versetzt: ist Zink anwesend, so fällt Schwefelzink als weisses Pulver nieder.

Manchmal wird die Milch mit Gehirn versetzt, um die Verdünnung mit Wasser zu verdecken; Henry und Soubeiran [140]) weisen diese Verfälschung folgender Maassen nach: man behandelt den sich an der Oberfläche der Milch bildenden rahmartigen Antheil mit reinem Aether; der Auszug hinterlässt nach dem Verdampfen einen Rückstand von fetten Materien, welche man mit destillirtem Wasser, dem einige Tropfen Schwefelsäure zugesetzt wurden, kocht; in dem Filtrate kann durch Kalk und Barytwasser, salpetersaures Silberoxyd und Magnesiasalze die Gegenwart von Phosphorsäure dargethan werden. Diese Reaction gründet sich auf die Eigenschaft der Fremy'schen Oleophos-

140) Dingler, Polytechn. Journal. Bd. 92. pag. 317.

phorsäure in Berührung mit säurehaltigem Wasser in Elaïn und Phosphorsäure, zu zerfallen.

In Paris fand man die Milch zu wiederholten Malen verfälscht mit Dextrin [141]); dextrinhaltige Milch wird durch Jodwasser bläulich gefärbt. Nach Chevallier [142]) sollte, um Fälschung und Betrug zu verhindern, der Verkauf der Milch durch wissenschaftlich gebildete Leute überwacht werden, und zwar in den Meiereien sowohl, als bei der Ankunft auf den Eisenbahnen, als auch in den Milchverkaufslocalitäten, um die verdünnte oder sonstig verfälschte Milch alsogleich zu confisciren.

Zur Bestimmung des Wassergehaltes der Milch, zur Feststellung des specifischen Gewichts dieser Flüssigkeit hat man die sogenannten Galactometer und Milchwagen. Es liegt unserem Gegenstande zu fern, die Galactometrie u. dgl. zu entwickeln; und müssen wir uns darauf beschränken, auf die einschlagende Litteratur zu verweisen. Wir erwähnen Donné [143]), welcher ein Galactoscop beschrieb, H. Klenke [144]), Duflos [145]), Chevallier [146]), Krünitz [147]), Otto [148]), Payen [149]).

Schlossberger hat eine sehr genaue Methode zur Bestimmung des Wassergehaltes der Milch publicirt [150]). Sie besteht darin, eine gewisse Menge Milch mit einer genau bestimmten Menge fein gepulverten schwefelsauren Barytes zu vermengen, die Flüssigkeit zu kochen und im Wasserbade einzutrocknen; die rückständige Masse wird so lange bei einer Temperatur von 110° C. weitergetrocknet, bis keine Gewichtsabnahme mehr stattfindet. Wenn man vom Gewichte des Rückstandes das Gewicht des ehedem der Milch zugesetzten Schwer-

---

[141]) Journal de Chimie médicale. 3. Série. T. VI. pag. 30. — Chem.-pharmaceut. Central-Blatt für 1850. pag. 175.

[142]) Annales d'Hygiène publique. 1856. Octoberheft.

[143]) Donné, a. a. O.

[144]) Klenke, H., a. a. O.

[145]) Duflos, A., Die wichtigsten Lebensbedürfnisse. 2. Aufl. Breslau. 1846.

[146]) Chevallier, M. A., Wörterbuch der Verunreinigungen und Fälschungen der Nahrungsmittel, der Arzneikörper u. s. w. Göttingen. 1856—57. Bd. II. pag. 132 u. fg.

[147]) Krünitz, J. G., Oekonomisch-technologische Encyklopädie. Bd. 90. (Berlin. 1803.) pag. 339 u. fg.

[148]) Annalen der Chemie und Pharmacie. 1857. Aprilheft. — Dingler, Polytechnisches Journal. Bd. 144. pag. 303.

[149]) Payen, A., Des substances alimentaires et des moyens de les améliorer de les conserver et d'en reconnaître les altérations. 2. Aufl. Paris. 1854. 8°. pag. 60 u. fg.

[150]) Schlossberger, J. E., Lehrb. der organischen Chemie. 4. Aufl. Leipzig & Heidelberg. 1857. pag. 164.

spathes abzieht, so ist die Differenz gleich dem Gewichte des Wassers,
so in der Milch enthalten war.   Brunner [151]) veröffentlicht ein Verfahren zur Prüfung der Milch auf ihren Gehalt an Butter; er vermengt
eine bestimmte Menge der zu untersuchenden Milch mit der Hälfte
ihres Gewichtes reiner gröblich gepulverter und gut ausgeglüheter
Holzkohle, trocknet alsdann bei fünfundsiebenzig Graden der hunderttheiligen Thermometerscala ein und bringt den Rückstand in eine etwa
zwei Fuss lange und einen halben Zoll weite Glasröhre, deren unteres
Ende mit Baumwolle verstopft ist. Man stellt die Röhre vertical und
thut dreimal so viel Aether hinein, als man Holzkohle anwandte. Der
abfliessende Aether wird mehrere Male in die Röhre zurückgegossen,
um deren Inhalt vollständig zu extrahiren; ist er nun endlich wieder
aus der Röhre entfernt, dann lässt man durch diese eine der vorigen
an Grösse gleiche Quantität reinen Aethers und nachher ein Gemenge
von einem Theile Aether mit drei Theilen Alkohol passiren, welches
Verfahren den Zweck hat, die letzten Butterthele aus dem Inhalt der
Röhre zu entfernen.   Die abgelaufenen Flüssigkeiten werden zur Entfernung von Alkohol und Aether vorsichtig eingedampft und das Gewicht
des Rückstandes, welcher reine Butter ist, notirt.

Die polizeilichen Milchuntersuchungen von Pappenheim [152]) haben
zu interessanten Ergebnissen geführt, welche wir hier mittheilen.
Arabisches Gummi, Milch- und Rohrzucker setzt man der verdünnten
Milch nicht zu, wenn es darauf ankommt, den Wasserüberschuss durch
einen festen Körper zu verdecken, weil bezeichnete Stoffe zu theuer
sind; dagegen wendet man Dextrin an, und dieses ertheilt der Milch,
wenn es in ihr zu 2 bis 3% enthalten, Mehlgeruch und widerlichen
Geschmack. Quittenschleim, obgleich das specifische Gewicht der Milch
vermehrend, mischt sich doch niemals mit dieser Flüssigkeit gleichmässig und kann an dieser Eigenschaft erkannt werden. (Die bisher
erwähnten Substanzen sind, so gut wie die folgenden, der Gesundheit
unschädlich.) Traganthschleim ertheilt der Milch eine schmutzigweisse
Farbe, und filtrirt man damit versetzte Milch durch Musselin, so bleibt,
wie es auch bei anderen Pflanzenschleimen der Fall ist, der Traganth
auf dem Colatorium zurück. Enthält die Milch Gehirn, so lässt sich
dieses mikroskopisch nachweisen, und es geht jene leicht in Fäulniss
über. Butterarme Milch hat bekanntlich bläuliche Farbe; um diese
zu verdecken, hat man es unternommen, der Milch rohes Stärkemehl,
feingepulverten weissen Thon, Kreide und Schwerspath zuzusetzen;

151) Chem. Central-Blatt für 1858 pag. 329 u. fg.
152) Archiv der deutschen Medicinalgesetzgebung und öffentlichen Gesundheitspflege. 1. Jahrgang. (Erlangen. 1857.) pag. 5 u. fg., 13 u. fg., 21 u. fg.,
28 u. fg., 38 u. fg., 44 u. fg.

versetzt man so verfälschte Milch mit Wasser, so fallen Schwerspath
Kreide und Thon heraus; kocht man die verdächtige Milch und prüft
sie mit Jodtinktur, dann zeigt sich bei Gegenwart von Amylum die
Stärke-Jodreaction. Pappenheim gelangt endlich zu dem Schlusse,
dass die aräometrischen Milchproben ein ausgezeichnetes Mittel sind,
einfache und complicirte Milchverdünnungen festzustellen, und dass
ihrer Thätigkeit nur noch ein Musselincolatorium und ein Absatzcylin-
der von etwa hundert Cubikcentimetern hinzuzufügen ist, um alle Milch-
färbereien und Milchverdickungsversuche leicht zu entdecken.

     Trommer [153]) bestimmt den Wasser- und Fettgehalt der Milch
in folgender Weise; er setzt zu funfzig Grammen der zu untersuchenden, vorher gut umgerührten Milch, welche sich in einem Porcellan-
schälchen im Wasserbade befinden, dreissig Gramme fein gepulverten
weissen Marmors — Sand und Gyps verwirft er als unbrauchbar —
und erhitzt unter beständigem Umrühren mit einem Glasstabe, und
zwar so lange, bis das Gewicht des Rückstandes keinerlei Abnahme
mehr zeigt. (Selbstverständlich ist der Unterschied, welcher sich ergiebt,
wenn man das Gewicht des Rückstandes von jenem der Milch und des
Marmors abzieht, gleich dem Gewichte des in der Milch enthaltenen
Wassers.) Zum Behufe der Fettbestimmung thut Trommer das
bezeichnete Residuum, nachdem es sorgfältig zerrieben, in ein Glasrohr
und extrahirt mit Aether in ähnlicher Weise, wie oben angegeben
wurde. Trommer hält es für nothwendig, dass eine jede grössere
Hauswirthschaft einen Milchprober besitze; er beschreibt auch einen
solchen, den sich Jeder, der nicht in dem Falle ist, einen eigenen
anzukaufen, selbst machen kann: man nehme Wachs, mache daraus
eine vier Zolle lange und einen halben Zoll dicke Walze von möglichst
glatter Oberfläche, schneide alsdann aus einem sehr starken reifen
Weizen- oder Haferhalm das stärkste und geradeste Zwischenkno-
tenstück von sieben bis acht Zoll Länge heraus; wie der Wachscylinder,
muss auch der Halm glatt sein, und eine glänzende Oberfläche haben.
Man drückt nun das stärkere Ende des Halmes in jenes Stück Wachs,
und zwar an einem Ende in dessen Mitte, ungefähr einen Zoll tief ein,
und sorge, dass Wachs und Halm dicht aneinander schliessen und das
Eindringen von Wasser verhindern. Das Wachs muss noch besonders
an den Halm angedrückt werden, und es gewinnet dadurch die Form
eines Kegels, aus welchem der Strohhalm in einer Länge von sechs
bis sieben Zollen hervorragt. Das noch freie Ende des Wachses wird
mit vier bis fünf Schrotkörnern von mittlerer Grösse versehen, welche

---

153) Trommer, Die Prüfung der Kuhmilch in Bezug auf ihre Verdünnung
und Verfälschung mit Wasser oder anderen Substanzen. Berlin. 1859. pag. 3
u. fg., pag. 34 u. fg.

man mit der Vorsicht in das Wachs eindrückt, dass keine Luft dazwischen bleibt. Nun füllt man ein einen Fuss hohes Glasgefäss mit gekochtem Brunnenwasser von 12 ⁰ R. bis zum Rande an und senkt den Halm mit dem Wachse nach unten ein; durch Zugabe oder Hiuwegnahme von Schrotkörnern bewirkt man, dass der Halm nur mit dem vierten Theile seiner Länge über der Oberfläche des Wassers steht. Der Stand wird am Halme durch einen Bleistiftstrich bemerkt und als Nullpunkt betrachtet. Der zweite Hauptpunkt der Scala wird in Erfahrung gebracht durch Einsenkon des Instrumentes in Milch, welche durch die chemische Untersuchung als Normalmilch bestätigt wurde. Da aber eine gewöhnliche Hauswirthschaft nicht im Stande ist, das zuletzt Angegebene durchzuführen, so räth Trommer an, eine Lösung von siebenhundert und sechszig Granen reinen trockenen Kochsalzes in einem preussischen Quarte Wasser von 12 ⁰ R. an Stelle der Normalmilch zu benutzen, weil jener Lösung dasselbe specifische.Gewicht [1,030] zukommt, als dieser. Natürlich sinkt die Vorrichtung in der Normalmilch oder der ihr aequivalenten Kochsalzlösung weniger tief ein, als im Wasser, und es existirt eine gewisse Entfernung zwischen den beiden Punkten, welche die Grösse des Einsinkens bezeichnen. Diesen Fundamentalabstand theilt Trommer für die gewöhnlichen Zwecke in sechszehn gleiche Theile. Die Art der Untersuchung der Milch mit dem beschriebenen Galactometer ist dieselbe, wie mit anderen derartigen Instrumenten.

Die Frage, wer zuerst fremder Thiere Milch trank, ist absolut unbeantwortbar, wohl aber lässt es sich erklären, warum einige Völker die Milch meiden, oder doch nicht trinken, warum andere den Genuss dieser Flüssigkeit sehr lieben. Die Ursache des Widerwillens gegen die Milch liegt in Vorurtheilen, welche aus den Beziehungen der physischen Eigenthümlichkeiten der Milch zu der Anschauungsweise der Menschen resultirten; Vielen ist die Milch, als Product thierischer Organe, eine ekelerregende Substanz; Anderen erscheint sie als Auswurfsstoff, mithin zur Nahrung untauglich; noch Andere wollen ihren Gebrauch nur für das Säuglingsalter passend wissen und halten es unter ihrer Würde, solch' ein Fluidum zu geniessen; manche Völker endlich erklären die Milch als Heilmittel. Warum Hirtenvölker dem Genusse der Milch und der daraus bereiteten Stoffe mehr ergeben sind, als andere Völker, bedarf keiner Auseinandersetzung. —

Von der Geschichte der Butter und des Käsestoffes wird unter Butter und Käse die Rede sein und soll uns hier nur noch der Milchzucker beschäftigen. Schon Fabrizio Bartoletti [154) (Bartoldi)

---

154) Bartolletti, F., Encyclopaedia hermetico-dogmatica. Bologna. 1619, 4.

erwähnt den Milchzucker; der venetianische Arzt Lodovico Testi [155]), dem Einige die Entdeckung des Milchzuckers um das Jahr 1694 vindiciren, ist der erste genaue Beschreiber dieser Substanz. Der Chemiker Bergman [156]) nennt den Milchzucker Galacticum Bartoteli. Die Untersuchungen von Haller, Voltelen, Lichtenstein [157]), Scheele, Hermbstädt u. A., in neuester Zeit die von Städeler und Krause [158]), Dubrunfaut [159]), Pasteur [160]), A. Lieben [161]), haben Aufschluss gegeben über die Natur des Milchzuckers.

Anmerkung. Plinius [162]) sagt von der Milch: ,,Nunc praevertemur ad nostrum orbem primumque communia animalium remedia atque eximia dicemus, sicuti e lactis usu. Utilissimum cuique maternum concipere nutrices exitiosum est; hi sunt enim infantes qui colostrati appellantur, densato lacte in casei speciem; est autem colostra prima a partu spongiosa densitas lactis. Maxume autem alit quodcumque humanum, mox caprinum, unde fortassis fabulae Jovem ita nutritum dixere. Dulcissimum ab hominis camelinum, efficacissimum ex asinis; magnorum animalium et corporum facilius redditur. Stomacho accommodatissimum caprinum, quoniam fronde magis quam herba vescuntur; bubulum medicatius, ovillum dulcius et magis alit, stomacho minus utile, quoniam est pinguius; omne autem vernum aquatius aestivo et de novellis, probatissimum vero quod in ungue haeret nec defluit. Innocentius decoctum, praecipue cum calculis marinis. Alvos maxume solvitur bubulo, minus autem inflat quodcumque decoctum. Usus lactis ad omnia intus exulcerata, maxume renis, vesicam, interanea, fauces, pulmones, foris pruritum cutis, eruptionis pituitae poti ab abstinentia. Nam ut in Arcadia bubulum biberent phthisici, syntectici, cachectae, diximus in-ratione herbarum. Sunt inter exempla qui asininum bibendo liberati sint podagra chiragraque. Medici speciem unam addidere lactis generibus quod schiston appellavere; id fit hoc modo: fictili novo fervet caprinum maxume ramisque ficulneis recentibus miscetur additis totidem cyathis mulsi quot sint heminae lactis. Cum fervet, ni circumfundatur

---

155) Testi, L., Relazione concernente il zuccaro di latte. 1698.

156) Bergmann, T., Opuscula physica et chemica. Upsala-Leipzig. 1779—90. Bd. IV. pag. 267.

157) Lichtenstein, G. R., Abhandlung vom Milchzucker und den verschiedenen Arten desselben. Braunschweig. 1772.

158) Mittheilungen der naturforschenden Gesellschaft in Zürich. 1854. pag. 473 u. fg.

159) Comptes rendus. T. 42. pag. 228 u. fg.

160) Comptes rendus. T. 42. pag. 347 u. fg.

161) Sitzungsberichte der Kaiserl. Academie der Wissenschaften zu Wien. Bd. 28. pag. 180 u. fg.

162) C. Plinii Secundi, Naturalis historiae libri XXXVII. Recensuit et commentariis criticis indicibusque instruxit Julius Sillig. Hamburgi & Gothae. 1851—58. Bd. IV. 8. pag. 290 u. fg. [Liber XXVIII. Caput IX. Sectio 33.]

praestat cyathus argenteus cum frigida aqua demissus ita ne quid infundat; ablatum deinde igni refrigeratione dividitur et discedit serum a lacte. Quidam et ipsum serum jam multo potentissimum decocunt ad tertias partis et sub dio refrigerant. Bibitur autem efficacissime heminis per intervalla singulis diebus quinis; melius a potu gestari; datur comitialibus, melancholicis paralyticis, in lepris, elephantiasi, articulariis morbis. Infunditur quoque lac contra rosiones a medicamentis factas et, si urat dysinteria, decoctum cum marinis lapillis aut cum tisana hordeacia; item ad rosiones intestinorum bubulum aut ovillum utilius. Recens quoque dysintericis infunditur, ad colum autem, crudum, item volvae et propter serpentium ictus, potiae, pityocampes, buprestis, cantharidum aut salamandrae venenis; privatim bubulum his qui colchicon biberint aut cicutam aut dorycnium aut leporem marinum, sicut asininum contra gypsum et cerussam et sulphur et argentum vivum item durae alvo in febri. Gargarizatur quoque faucibus exulceratis utilissime; et bibitur ab inbecillitate viris recolligentibus quos atrophos vocant, in febri etiam quae careat dolore capitis. Pueris ante cibum lactis asinini heminam dari aut si exitus cibi rosiones sentirent, antiqui in arcanis habuerunt; si hoc non esset, caprini. Bubuli serum orthopnoicis prodest ante cetera addito nasturtio; inunguntur etiam oculi in lactis heminas additis sesimae drachmis quatuor tritis in lippitudine. Caprino lienes sanantur, post bidui inediam tertio die hedera pastis capris, per triduum poto sine alio cibo. Lactis usus alias contrarius capitis doloribus, hepaticis, splenicis, nervorum vitio, febris habentibus, vertigiui praeterquam purgationis gratia, gravedini, tussientibus, lippis. Suillum utilissimum tenesmo, dysinteriae nec non phthisicis; hoc et muliebribus saluberrimum qui dicerent fuerunt.

Pflanzenmilch.

Die vegetabilische Milch nennt K. W. Stark [163]) schwerer verdaulich und minder nahrhaft als thierische; er meint, sie beschwere leichter den Magen und gebe zu ranziger Verderbniss seiner Säfte Veranlassung. Dies hat wohl seine Richtigkeit für die fettreichen künstlichen Samenemulsionen, allein für die Cocosmilch und die Milch des Milchbaumes scheint es im Allgemeinen wohl nicht zu passen.

„Auf dem Rückwege von Porto-Cabello nach den Thälern von Aragua", sagt Alexander von Humboldt [164]), „machten wir nochmals Halt in der Pflanzung von Barbula, durch welche die neue Strasse von Valencia geführt wird. Wir hatten seit mehreren Wochen von einem Baume sprechen gehört, dessen Saft eine nährende Milch ist. Er wird der Kuhbaum (l'arbre de la vache) genannt, und man versicherte uns, die Neger der Meyerei, welche diese

163) Stark, K. W., Allgemeine Pathologie oder allgemeine Naturlehre der Krankheit. Leipzig. 1838. 8. pag. 548.

164) A. v. Humboldt und Bonpland, Reise in die Aequinoctial-Gegenden des neuen Continents in den Jahren 1799, 1800, 1801, 1802, 1803 und 1804. Stuttgart u. Tübingen. 1815—1829. Bd. III. pag. 180 u. fg. (Buch V. Kapitel XVI.)

Pflanzenmilch in Menge trinken, halten sie für eine sehr gesunde Nahrung. Da alle Milchsäfte der Pflanzen scharf, bitter und mehr oder weniger giftig sind, so kam uns diese Angabe sehr seltsam vor. Die Erfahrung jedoch belehrte uns während des Aufenthaltes in Barbula, dass in dem, was man uns von den Eigenschaften des Palo de Vaca gesagt hatte, keine Uebertreibung lag. Wenn in den Stamm des Kuhbaumes Einschnitte gemacht werden, so fliesst eine klebrige, ziemlich dicke, vollkommen mild schmeckende und einen sehr angenehmen balsamischen Geruch ausdünstende Milch in Menge hervor. Man reichte uns diese Milch in Früchten vom Tutumo oder Kürbisflaschenbaume. Wir haben davon ansehnliche Portionen getrunken, sowohl Abends vor Schlafengehen als früh Morgens, ohne irgend eine schädliche Wirkung zu verspüren. Nur die Klebrigkeit der Milch macht sie etwas unangenehm. Die Neger und die freien Arbeiter der Pflanzung trinken dieselbe, indem sie Mais- oder Maniokbrod, die Arepa und die Cassave darein tauchen. Der Hausmeyer des Pachthofes versicherte, die Sclaven würden zusehends fetter während der Jahreszeit, wo der Palo de Vaca die meiste Milch liefert. Bei freiem Zutritt der Luft bilden sich auf der Oberfläche des Saftes, vielleicht durch Einsaugung des Sauerstoffs der Atmosphäre, Häute von einer, dem thierischen (Käse-) Stoffe bedeutend sich annähernden, gelblichten, faserigen, käseartigen Substanz. Diese von der übrigen, mehr wässerigen Flüssigkeit getrennten Häute sind elastisch, beinahe wie Kautschouk: in der Folge aber gehen sie ebenso in Fäulniss über, wie die Gallerte. Das Volk nennt den sich durch Einwirkung der Luft trennenden Klumpen Käse; derselbe wird in fünf bis sechs Tagen sauer, wie ich an kleinen Portionen desselben, welche ich mit mir nach Nueva Valencia nahm, beobachtet habe. In einem wohl verschlossenen Fläschchen aufbewahrt setzte sich aus der Milch ein geringes Coagulum zu Boden; und, weit entfernt stinkend zu werden, behielt die Flüssigkeit vielmehr ihren balsamischen Geruch. Unter Beimischung von kaltem Wasser gerann der frische Saft beinahe gar nicht; dagegen erfolgte die Trennung der klebrigen Häute, als ich ihn mit Salpetersäure in Berührung brachte. Wir sandten zwei Flaschen dieser Milch an Fourcroy nach Paris. In der einen war sie in ihrem natürlichen Zustande, in der andern hingegen mit einer gewissen Menge kohlensaurer Soda vermischt. Es scheint der ausserordentliche Baum, von dem hier die Rede ist, der Küste Cordillere, vorzüglich der Gegend zwischen Barbula und dem Maracaybo-See anzugehören. In Caucagua nennen die Eingebornen den Baum, welcher diesen nährenden Saft liefert, Milchbaum, Arbol de leche. Sie behaupten, an der Dichtigkeit und Farbe des Laubes die Stämme zu unterscheiden, welche am meisten Saft enthalten, wie die Hirten an äusseren Kennzeichen eine gute Milchkuh erkennen. — Bei Sonnenaufgang ist diese vegetabilische Quelle am reichsten. Es kommen alsdann von allen Seiten her Neger und Eingeborne, mit grossen Näpfen versehen, um die Milch zu sammeln, welche gelb wird und sich auf der Oberfläche verdichtet. Die einen leeren ihre Näpfe unter dem Baume selbst aus, andere bringen das Gesammelte ihren Kindern. Man glaubt den Haushalt eines Hirten zu sehen, der die Milch seiner Heerde vertheilt."

Nach den Untersuchungen von Boussingault und Rivero [165]

---

[165] Annales de Chimie et de Physique. Bd. XXIII. pag. 219 u. fg.

besteht die Milch des Kuhbaumes aus einer fibrinartigen Substanz, Wachs, Zucker, Salzen und Wasser; Kautschouk und Caseïn kommen nach beiden Forschern in jener Milch nicht vor. — Nachher wurde diese Milch untersucht von R. F. Marchand [166].

In Ostindien und auf der Insel Ceylon kommt eine Nahrungspflanze vor, deren Milchsaft von den Indiern genossen wird; es ist die milchende Schwalbenwurz, Asclepias lactifera L., welche im gekochten Zustande ein wohlschmeckendes Gemüse abgibt und als solches nicht selten verspeist wird. Ueber den Milchsaft dieser Pflanze fehlen uns bisher alle näheren wissenschaftlichen Angaben.

Die Mandelmilch wird aus süssen Mandeln bereitet; sie ist, wie alle derartige Fluida, ein Medium, in welchem Fett in Form mikroskopisch kleiner Kügelchen suspendirt ist. Diese Fettvertheilung wird durch die anderen wesentlichen Bestandtheile der Mandeln, namentlich durch das Emulsin ermöglicht. Eine jede Mandelmilch entspricht den an sie gestellten hygieinischen wie therapeutischen Anforderungen, wenn sie aus reinem Wasser und frischen, oder doch wenigstens nicht ranzigen Mandeln dargestellt wurde. Aus der Betrachtung der chemischen Bestandtheile der Mandelemulsion ergibt sich einige Aehnlichkeit mit der Thiermilch; sie ist aber in keinem Falle dieser äquivalent. Man bedient sich der Mandelmilch theils als Heilmittel, theils als eines kühlenden Getränkes, und es werden bei Gelegenheit von Bällen und anderen geselligen Vergnügungen grosse Quantitäten dieser Flüssigkeit verbraucht. Aber nicht nur als Heilund hygieinisches Mittel erscheint die Mandelmilch: auch als Cosmeticum erfährt sie Anwendung, und es ist ein Jammer, wenn man die — nicht seltene — Beobachtung macht, dass auch die beste Mandelmilch der Dame, welche sie nutzt, nichts von der verlorenen Schönheit zurückbringen will!

Die Tabernaemontana utilis W. Arnott, Milchbaum von Demerara, der Hya-Hya, ein von Smith an den Ufern des Flusses Demerari entdeckter, bis vierzig Fuss hoher Baum liefert einen Milchsaft, der dicker und wohlschmeckender als Kuhmilch ist; mit Kaffee vermischt soll gar kein Unterschied zwischen jenem Milchsafte und Kuhmilch zu bemerken sein [167]. Der Saft des Milchbaumes von Demerara wurde von R. Christison [168] chemisch untersucht; er fand

166) Journal für praktische Chemie. Bd. XXI. pag. 43 u. fg.
167) Geiger, P. L., Handbuch der Pharmacie. 2. Aufl. Von T. F. L. Nees von Esenbeck, J. H. Dierbach und C. Marquart. 2. Abtheilung. 1. Hälfte. Heidelberg. 1839. pag. 647.
168) Archiv des Apothekervereins im nördlichen Deutschland für die Pharmacie und deren Hülfswissenschaften. In Verbindung mit Du Menil und Witting herausgegeben von R. Brandes. Bd. XXXIV. pag. 184 u. fg.

denselben verschieden von der Milch des Arbol de leche und wies
darin kleine Mengen von Kautschuk und ziemlich bedeutende Quantitäten eines Stoffes nach, welcher zwischen Kautschuk und gewöhnlichem Harze stehen soll. Der Geschmack dieser Milch ist süsslich.
Der zur Bereitung des sogenannten Pulque — wovon schon im
ersten Theile vermeldet wurde — dienende Milchsaft fliesst aus Einschnitten in die Agave americana aus. Er geht leicht in Gährung
über. Visino [169]) vindicirt dem Safte keinerlei Geruch, und aus seinen Untersuchungen geht hervor, dass der unangenehme Geruch, welcher Europäern nicht selten den Genuss des Saftes und des daraus
bereiteten Pulque unmöglich macht, einzig von der Aufbewahrung in
Ziegenhäuten abhängt. Visino filtrirte in der Nähe von Hocotitlan
den Saft durch Kohle, liess ihn in Thongefässen gähren und zog das
gegohrene Fluidum in Champagnerflaschen ab; er fand angenehmen
Geschmack, aber keinerlei Geruch; sogar, als er alten Pulque unter
Zusatz von Milch, Zucker und kochendem Wasser in neue Gährung
versetzte und die Flüssigkeit durch Kohle filtrirte, bekam er ein kla-
res, geruchloses Getränk. Der besprochene Agavensaft erfuhr bisher
noch keine chemische Analyse, wohl aber hat man Gelegenheit genommen, den Nektar zu untersuchen, welcher in den Blüthen der
amerikanischen Agave sehr reichlich abgesondert wird. Vallisneri [170])
vindicirt ihm viel Säure und spricht von der sehr bedeutenden Grösse
seiner Absonderung. Buchner [171]) erachtete den Saft als eine wässerige Zuckerlösung mit geringen Mengen eines (übelriechenden) ätherischen Oeles und Chlorcalciums; das specifische Gewicht betrug 1,050.
Der Cocosnussbaum liefert zwei Getränke, welche wir von
Rechtswegen unter Pflanzenmilch abhandeln müssen. Das eine derselben
nennen die Indier und Malayen Tauac, auch Totti, die Malabaren
Suri; es fliesst dieser Saft aus Einschnitten in die Knospen oder
Fruchtsprossen aus; derjenige, welcher aus den Fruchtsprossen älterer Bäume fliesst, hat mehr berauschende Wirkungen als der aus
jungen Bäumen. Er geht, bald nachdem er das pflanzliche Behältniss
verlassen, in alkoholische und schon nach vierundzwanzig Stunden in
saure Gährung über. Die Europäer fabriciren aus dem Suri das sogenannte
Massac-Getränk, indem sie Suri mit dem vierten Theile seines
Volums Arrak vermengen, Zucker zusetzen und das Fluidum mit et-

---

[169]) v. Martius, C. F. P., Beitrag zur Natur- und Literärgeschichte
der Agaveen. München. 1855. pag. 23.

[170]) Vallisneri, A., Observationi intorno al flore dell' Aloë, in rac-
colta di varii trattati. Venezia. 1710. pag. 180.

[171]) Repertorium für Pharmacie. Angefangen von A. G. Gehlen, fortgesetzt von J. A. Buchner. Bd. XXXVII. (Nürnberg. 1831.) pag. 221.

was Schoenanthum kochen; nun fügt man einige Eidotter, etwas frische Butter, gestossenen Zucker, Muskatnussblüthe und Cardamomen
zu, und geniesst das Getränk warm, gleich Kaffee oder Thee. — Aus
dem Suri stellen die Indier etc. auch Zucker dar, welchen sie Jagra
nennen. Das zweite Getränk, welches die Cocospalme liefert, ist die Cocosmilch, die man am besten aus den halbreifen Nüssen gewinnt.
Es ist dieses Getränk im Aeusseren der Kuhmilch ähnlich, steht aber
in chemischer Hinsicht der Samenmilch am nächsten. Die Cocosmilch
gehört zu den vortrefflichsten natürlichen Getränken und gilt in den
Tropen auch als Heilmittel.

Bei Jacobus Bontius [172]) findet man unter Anderem ein Zwie-
gespräch zwischen ihm und Duräus, wo es sich um Pflanzenmilch
handelt. Bontius erklärt dem Duräus, dass man dreierlei Pflanzenmilch unterscheide; nämlich: die Milch in der Cocosnuss, die Milch
aus den Blüthen des Cocosbaumes, und jene Milch, welche auf den
Molukken aus Palmen fliesst.

Kaffee.

D'Araab gebruikt die drooge boonen,
Die zig voor dranken niet vertoonen,
Maar eer voor eeten in de nood;
De Honger, deet die bontjes zengen
De Weelde, tot een drank vermengen,
Daar Mahomet de wijn verbood.

Van Haren.

Im Canon medicinae des Avicenna [1]) findet man die Bezeichnungen Kahweh für Getränke und Ben, Bon und Bun für gewisse
Bohnen; dieser Umstand verleitete zur Annahme, dass man zur Zeit
Avicenna's in Arabien schon Kaffee getrunken habe, und der grosse
Araber der Erste gewesen sei, welcher des Kaffee gedenkt. Indessen wiesen Galland [2]) und Herbelot nach, dass die Araber ein jedes Getränk Kahweh nennen, und gelehrte Türken versicherten schon
vor langer Zeit, dass unter dem jetzigen Namen der Kaffeebohnen,
Bun, von den älteren arabischen Schriftstellern keineswegs die Kaf-

---

172) Bontii, J., De Medicina Indorum libri IV. Lugduni Batavorum.
1642. pag. 84 u. fg.
1) Abu Ali Alhossan Ebn Abd Allah Ebn Sinab, El-Kanûn fil tebb.
Rom. 1593. fol.
2) Galland, A., De l'origine et du progrès du Caffé. Paris. 1699. 8.

feebohnen verstanden worden seien; weiter, dass der Kaffee nicht aus Arabien, sondern aus Abyssinien stamme [3]).

Nach Galland ist die älteste Nachricht, welche wir über den Kaffee besitzen, in einem arabischen Manuscripte enthalten, welches sich in der kaiserlichen Bibliothek zu Paris befindet. Aus dieser Handschrift geht hervor, dass der arabische Schriftsteller des funfzehnten Jahrhunderts unserer Zeitrechnung: Schehabbedin Ben Abdalgiafar Almaleki, den Mufti von Aden im glücklichen Arabien: Gemal-Eddin Abu Abdallah Muhammed Ben Said, als denjenigen bezeichnet, welcher die Gewohnheit des Kaffeetrinkens nach Arabien brachte und sie dort verbreitete. Gemal-Eddin machte einmal eine Reise an die Westküste des rothen Meeres [La Roque, wie auch Lettsom und Ellis [4]) sagen fälschlich: nach Persien], woselbst er die Menschen Kaffee trinken sah und die Wirkungen dieses Getränkes zu beobachten Gelegenheit hatte; als er nach Hause zurückgekehrt war, erkrankte er und, sich des Kaffee erinnernd, entschloss er sich, den Aufguss zu trinken: siehe da! er wurde gesund und gewann den Kaffee so lieb, dass er denselben täglich trank und dessen Gebrauch auch den Derwischen empfahl, damit sie im Stande seien, die Nacht mit ascetischen Uebungen durchzubringen, dass endlich er den Kaffee pflanzen liess.

Von Aden kam der Kaffee nach Mekka; im Jahre 1567 sah man dort die erste Kaffeepflanze. Almaleki gibt an, man habe vor Einführung des Kaffee in Arabien den wässerigen Aufguss eines Krautes getrunken, welches den Namen Eat führte; es war das heutzutage in Arabien, sonderlich in Yemen, allgemein gebräuchliche Kaumittel Kaad oder Chaat, dessen Benutzung als Getränk, wie La Roque [5]) angibt, nach Einführung des Kaffee aufhörte.

Laut der Angabe von Wellsted [6]) versichern die Châridschi's, ein gewisser Heiliger von ausgezeichneter Frömmigkeit habe auf besondere Veranlassung die ganze Nacht mit Gebet zubringen wollen, sei aber vom Schlafe überwältigt worden; er habe daher seine Zuflucht genommen zum Kaffeetranke und, da dieser ihm seine frühere

---

[3]) Sprengel, K., Geschichte der Botanik. Altenburg und Leipzig. 1817—18. Bd. I. pag. 214.

[4]) Lettsom, J. C., et J. Ellis, Geschichte des Thees und Kaffees. Leipzig. 1776. pag. 133.

[5]) La Roque, Traité historique de l'origine du Café. Bildet den Anhang zu La Roque's: Voyage de l'Arabie heureuse, par l'Ocean Oriental, et le Détroit de la Mer Rouge. Amsterdam. 1716. pag. 277.

[6]) Wellsted, J. R., Reisen in Arabien. Deutsch von E. Rödiger. Halle. 1842. Bd. 1. pag. 227 u. fg.

Schläfrigkeit gänzlich vertrieben, den Aufguss mit der Bezeichnung Kahwe, so aufregendes Getränk bedeutet, belegt.

Wie Faustus Naironus [7]) erzählt, herrschte bei den Arabern folgende Mythe in Bezug auf den Kaffee, seine Wirkungen und seine Auffindung: ein armer Derwisch, welcher in einem Thale des glücklichen Arabien wohnte, bemerkte einmal an seinen von der Weide zurückkehrenden Ziegen ganz besondere Munterkeit und Lebhaftigkeit; anderen Tages ging er ihnen nach und machte die Entdeckung, dass sich die Ziegen die Früchte, Blüthen und Blätter eines Strauches — des Kaffee — wohlschmecken liessen, und der Derwisch nahm an, dies sei die Ursache der plötzlichen Lebhaftigkeit der Ziegen. Er stellte Versuche an sich selbst an und fand durch diese seine Annahme bestätigt. Nun theilte er seine Erfahrungen über diesen Gegenstand den anderen Derwischen mit, welche, nachdem sie sich selbst überzeugt, zur Ausbreitung des Kaffeegebrauches beitrugen. Anderen Ortes heisst es, jene Beobachtung an den Ziegen — nach den Aussagen Einiger, z. B. nach denen des Abd al-Kador, sollen es Kameele gewesen sein — sei von einem Hirten (Mönche) gemacht worden, der sie dem Prior seines Mönchsklosters mittheilte, etc. [8]). Türken und Araber, besonders aber die türkischen Kaffeehändler sollen täglich des Klosterpriors Schädeli, Schadeli oder Schiadli und jenes Ziegenhirten Aydri eingedenk sein und beide in ihr Gebet schliessen [9]). Nach dem Dschihannuma [10]) soll Omar, der Schüler jenes Priors Schädeli, den Kaffee und seine Wirkungen durch zufälligen Genuss desselben in seinem Verbannungsorte am Berge Ossak bei Sebid entdeckt haben. Ueber den Scheich Ali Abulhasan Schadeli vergleiche man Haneberg [11]).

[7]) Naironus, F., De saluberrima potione Cahve seu Café nuncupata discursus. Rom. 1671. pag. 7 u. fg.

[8]) Journal des Savans. 1672. T. III. pag. 156.

[9]) Abhandlungen der königl. schwedischen Akademie. Bd. XXIII. pag. 257.

[10]) v. Hammer, J., Geschichte des Osmanischen Reiches. Pesth. 1827 —35. Bd. III. pag. 488.

[11]) Zeitschrift der deutschen morgenländischen Gesellschaft. Bd. VII. (Leipzig. 1853.) pag. 13 u. fg. — [Die Quelle, woraus Haneberg schöpfte, ist eine Handschrift der St. Bonifazius-Abtei in München, vorstellend eine Schrift des Scheich Ibn Mogaisil, der im funfzehnten Jahrhundert unserer Zeitrechnung lebte. Der Titel der Schrift dieses Scheich lautet in deutscher Uebersetzung also: „Das Buch der Sterne die da leuchten über die Vereinigung der Heiligen im wachendem Zustande mit dem Herrn dieser und jener Welt. Von Scheich Ibn Mogaisil aus Magrib, dem Gelehrten, Hochgelehrten, dem Meere der Erkenntniss."]

Wie Herbert [12]) und Volz [13]) erzählen, geht bei den Persern
die Sage, der Erzengel Gabriel sei einmal dem kranken Muhammed erschienen und habe diesem den Kaffeeaufguss dargereicht, dessen Gebrauch den Propheten gesund machte.

Der schon öfters erwähnte Schebabbedin Ben Abdalgiafar Almaleki behauptet — laut der französischen Uebersetzung der arabischen
Handschrift — mit grosser Gewissheit, der Gebrauch des Kaffee sei
im Vaterlande des Kaffeebaumes, in Aethiopien, schon seit undenk-
lichen Zeiten allgemein, und Carsten Niebuhr [14]) vernahm von den
Arabern, sie hätten den Kaffee aus Aethiopien erhalten; derselbe Reisende gibt auch an, dass die Araber das Kaffeegetränk Káhhwe und
das aus den Schalen der Kaffeebohnen bereitete Infusum Kischer
nennen [15]). Im Hochlande von Habesch sah James Bruce [16]) den
Kaffeebaum in grosser Menge wild wachsen, und meint, der Kaffee
habe seinen Namen erhalten von der Hochgebirgslandschaft Kaffa,
welche der unsterbliche Geograph Carl Ritter [17]) als die Urheimath
des Kaffee bezeichnete. Der erste europäische Schriftsteller, welcher
ausführlich über die Kaffeepflanze berichtete, war Prosper Alpinus [18]); nach diesem, der die Kaffeebohnen unter dem Namen Bon
aufführt, wurde das Wort Kaffee von Caoua (Caova) abgeleitet, welches
Wein bedeutet, weil die Muselmänner den Kaffee an Stelle des Weines
trinken [19]). Dufour[20]) deducirt von dem Worte Kohvet, welches Kraft
bezeichnet. Man schreibt also nach Alpinus richtiger Kaffee, nach
Dufour richtiger Koffee. Nach v. Hammer[21]) ist das arabische Wort
Kahweh jenes von den vielen Synonymen des Weines, welches auf
Abnahme der Esslust hindeutet. — Der Kaffee führte die verschiedensten

---

[12]) Herbert, T., Relation du voyage de Perse et des Indes orientales.
Paris. 1663. pag. 350 u. fg.

[13]) Volz, K. W., Beiträge zur Kulturgeschichte. Leipzig. 1852. pag. 326.

[14]) Niebuhr, C., Beschreibung von Arabien. Kopénhagen. 1772.
pag. 144 u. fg.

[15]) Niebuhr, C., a. a. O. pag. 55 u. fg.

[16]) Bruce, J., Reisen zur Entdeckung der Quellen des Nils in den
Jahren 1768 bis 1773. Ins Teutsche übersetzt von J. J. Volkmann. Mit
Anmerk. v. J. F. Blumenbach. Leipzig. 1790—91. Bd. II. pag. 369.

[17]) Ritter, C., Vergleichende Erdkunde von Arabien. Bd. II. [Ber-
lin. 1847.] pag. 537.

[18]) Alpini, P., De plantis Aegypti liber. Patavii. 1640. pag. 63 u. fg.

[19]) Alpini, P., De Medicina Aegyptiorum libri quatuor. Venetiis. 1591.
pag. 122. b. u. fg.

[20]) Dufour, P. S., Traitez nouveaux et curieux du Café, du Thé et du
Chocolate. A la Haye. 1685. pag. 22.

[21]) v. Hammer, J., a. a. O. Bd. III. pag. 488.

Namen; man findet ihn bezeichnet mit Kaffee, Caffe, Koffee, Cave, Cavet, Cohuet, Cohve, Cahovah, Chohava, Chaube, Cophe u. s. w. Bernhardus Paludanus[22]) nennt ihn Chaova und sagt davon (bei Gelegenheit einer Anmerkung in Linschotten's „Itinerario"): Die Turcken onderhouden vast gelijcke manier [— bezieht sich auf vorhergehende Schilderungen, welche van Linschotten von Japan gibt —] in t' drincken van hare Chaova, 't welc zy maken wt sekere vruchten, die gehlijkheyt hebben met de Bakelaer [nach van der Trappen[23]) Laurus bedeutend], en wert van die Aegiptenaren Bon ofte Ban ghehoeten; Sy nemen van dese vruchten anderhalf pont en de roesten die een weynigh, ende zieden die daer naer in 20 pondt waters, tot op die helfte; desen dranck drincken zy alle morgens nuchteren in haer tabornen uyt aetde kopkens, gants heet, gelijcmen hier te lande den brandewijn doet des morgens, ende segghen dat sulcke die maghe sterckt ende verwermt, winden verteert, ende verstoptheydt opent, etc. Der alte Rauwolf[24]) erwähnt des Kaffee weit früher, als Prosper Alpinus, und er ist der erste Deutsche, welcher vom Kaffee spricht; er nennt ihn Chaube, und sagt davon: „Vnder andern habens ein gut Getränck, welchs sie hochhalten, Chaube von jnen genennet, das ist gar nahe wie Dinten so schwartz, vn in Gebresten, sonderlich dess Magens, gar dienstlich. Dieses pflegens am Morgen früh, auch an offenen Orten, vor jedermeniglich, one alles abscheuwen, zu trincken, auss jrrdinen vnnd Porcellanischen tieffen Schälein, so warm, als sies können erleiden, setzen offt an, thun aber kleine trüncklein, vnd lassens gleich weiter, wie sie neben einander im Kreyss sitzen, herum gehen. Zu dem Wasser nemen sie Frücht Bunnu von Innwohnern genennet, die aussen in jhrer grösse vnd farb, schier wie die Lorbeer, mit zwey dünnen Schelflein vmbgeben, anzusehen, vnd fernerer jrem alten berichten nach, auss India gebracht werden. Wie aber die an jr selbst ring seind, vnd innen zween gelblechte Körner in zweyen Häusslein vnderschiedlich verschlossen haben, zu dem, dass sie auch mit jrer wirckung dem namen vnd ansehen nach, dem „Buncho" Auic. vnd „Bunca" Rhasis ad Almans. gantz ähnlich, halte ichs darfür, so lang, biss ich von Gelehrten ein bessern Bericht eynnomme. Dieses Tranck ist

22) Itinerario. Voyage ofte Schipvaert, van Jan Huygen van Linschotten naer Oost ofte Portugael Indien etc. t' Amstelredam. 1596. fol. pag. 35.

23) van der Trappen, J. E., Specimen historico-medicum de Coffea. Trajecti ad Rhenum. 1843. 8. pag. 16. (wo er das Kräuterbuch von Dodoens — Antwerpen. 1663. – citirt.)

24) Beschreibung der Reyss Leonhardi Rauwolffen der Artsney Doctoren, vnd bestellten Medici zu Augspurg, etc. Frankfurt a. M. 1582. 4. pag. 98 im 1. Buche.

bey jnen sehr gemein, darumb dann deren, so da solches ausschencken,
wie auch der Krämer, so die Frücht verkauffen, im Batzar hin vnd
wider nit wenig zu finden: zu dem, so halteus das auch wol so hoch
vnd gesund seyn, als wir bey vns jrgend den Wermutwein, oder
noch andere Kräuterwein, etc." — Alpinus nennt die Kaffeepflanze
Bon (oder Ban) und ergeht sich in Besprechung der medicinischen
Wirkungen und der therapeutischen Anwendung des Kaffeeaufgusses.

Einige Gelehrte, darunter vorzüglich Ernst Ehrenfried
Geier[25]) stellten die Behauptung auf, schon die alten Juden hätten
vom Kaffee Gebrauch gemacht, und nach dem Reisenden della Valle[26]) soll schon Homer unter dem Namen Nepenthes den Kaffee
verstanden haben. Verfolgen wir zunächst die Geier'sche Annahme. In
der Bibel[27]) ist die Rede von der schönen und gescheuten Abigail,
dem Weibe des reichen Nabal, welche dem David Wein und Lebens-
mittel schenkte — „da eilte Abigail, und nahm zweihundert Brode,
und zwei Legel Wein, und fünf gekochte Schafe, und fünf Scheffel
Mehl, und hundert Stück Rosinen, und zweihundert Stück Feigen, und
lud es auf Esel; Und sprach zu ihren Jünglingen: Gehet vor mir
hin; siehe, ich will kommen hernach. Und sie sagte ihrem Manne
Nabal nichts davon." —; der hebräische Ausdruck ‫קלי‬ (Kali), den
Luther[28]) durch Sange (d. i. geröstete Aehre, spica tosta) übersetzte,
deutet nicht Kaffee, sondern geröstetes Mehl an, und Korte[29]) hält
Kali für eine Bezeichnungsweise einer den Erbsen ähnlichen Hülsenfrucht,
welche in Syrien, Palästina und Aegypten wächst und dort als Nahrungsmittel gebraucht wird. Nach Shaw[30]) sind die in der Barbarei
wachsenden und dort sehr beliebten Kichererbsen, Cicer arietinum L.,
welche man daselbst Leb-lebby nennt, mit dem Kali der Bibel identisch. — Um nun auf die oben angedeutete Behauptung della Valle's
zu kommen, erwähnen wir, dass man von vielen Seiten[31]) unter der

---

[25]) Geier, E. E., An potus, Coffee dicti, vestigia in Hebraeo scripturae
sacrae Codice reperiantur? Wittenberg. 1740. pag. 6 u. fg.

[26]) Viaggi di Pietro della Valle il Pelegrino. Rom. 1658—63. Bd. I.
2. Aufl.) pag. 79 u. fg.

[27]) 1. Buch Samuelis. 25, 18 u. fg.

[28]) Martin Luther, die ganze heilige Schrift. 2. Buch Samuelis, 17.
Cap. 28.

[29]) Jonas Kortens, ehemaligen Buchhändlers zu Altona, Reise nach
dem weiland Gelobten, Nun aber seit siebenzehnhundert Jahren Unter dem
Fluche liegenden Lande, Wie auch nach Egypten, dem Berg Libanon, Syrien
und Mesopotamien. 3. Aufl. Halle. 1751. pag. 307 u. fg.

[30]) Shaw, T., Voyage dans la Barbarie et du Levant. A la Heye. 1743.
T. 1. pag. 288 und fg. — Thomas Shaw, Travels, or observations relating
to several parts of Barbary and the Levant. 2. Aufl. London. 1757. pag. 140.

[31]) Sprengel, K., Vers. einer pragmat. Geschichte der Arzneykunde.

Bezeichnung Nepenthes ($\nu\eta\pi\iota\nu\theta\iota\varsigma$) Opium witterte; im Homer [32]) bedient sich Helene des Nepenthes, um Schwermuth zu vertreiben. [Ueber Nepenthes der Alten schrieb im Jahre 1689 Petrus Petitus [33]). Und der italienische Dichter Lorenzo Barotti [34]) besingt auch diesen Punkt in seinem zweiten Lobgesange auf den Kaffee.] Der Theologe Winckler bespricht [35]) den Punkt, ob das Kali des alten Testamentes Kaffeebohnen bedeute, und gibt schliesslich an, er halte mit Eskuche dafür, dass sich die Bezeichnung Kali auf gedörrte Bohnen oder Erbsen beziehe.

Das arabische Manuscript der pariser Bibliothek sagt, dass sich das Kaffeetrinken von Aden aus, nachdem es dort ziemlich allgemein geworden war, über die benachbarten Städte, endlich bis nach Mekka hin ausbreitete, woselbst es alsbald bei den Derwischen in Schwung kam, welche es aus denselben Gründen vornahmen, wie ihre Collegen in Aden. Von Derwischen und Weisen lernten die Profanen Mekka's den Gebrauch des Kaffee's und wurden bald grosse Freunde dieses Genussmittels; es kam zur Errichtung von Kaffeehäusern, welche die Sammlungsorte vergnügter Menschen wurden, die sich da mit Conversation, Spiel, Tanz, Musik unterhielten; diese Kaffeehäuser waren Orte des harmlosesten Vergnügens und trugen dazu bei, das Volk zu bilden. — Die Verbreitung des Kaffee's ging ununterbrochen weiter, der Kaffee kam nach Medina, und es war bald in ganz Arabien der Aufguss der Kaffeebohnen ein alltägliches Getränk. Zu Anfange des sechszehnten Jahrhunderts genoss man in Cairo Kaffee und hatte daselbst Kaffeehäuser. Merkwürdig, dass das Kaffeetrinken, welches in Aethiopien schon lange geübt wurde, in einen anderen Theil Afrika's, nämlich nach Egypten, erst durch Vermittelung Arabiens gelangte!

Ehe wir die erste, die friedliche Epoche der Geschichte des Kaffeetrinkens abschliessen, müssen wir noch anzeigen, dass nach der arabischen Handschrift die Derwische aus Yemen den Kaffee in grossen rothen irdenen Gefässen hatten und das Getränk von ihrem Prior, welcher es

---

3. Aufl. Bd. I. pag. 93. — Vor Sprengel wurde diese Meinung gehegt von dem niederländischen Professor J. C. Barchhusen (oder Barkhausen), De Medicinae ortu et progressu dissertationes, in quibus medicorum sectae, institutiones, decreta, hypotheses, praeceptiones, ab initio Medicinae usque ad nostra tempora traduntur. Trajecti ad Rhenum. 1723. 4°. pag. 26.

32) Odyssee. 4. 220.

33) Petiti, P., Nepenthes, seu de Helenae medicamento dissertatio. Trajecti ad Rhenum. 1689. 8°.

34) Barotti, L. H., Il Caffè. Canti due. Parma. 1781. 4°. pag. 36.

35) Göttingische Anzeigen von gelehrten Sachen. 1756. Bd. II. (Stück 152.) pag. 1380 u. fg. — Winkler, Theologische und philologische Abhandlungen. Bd. II. Braunschweig. 1755. pag. 15 u. fg.

in Tassen einschenkte, mit grosser Ehrfurcht empfingen. Die Sitte des Kaffeetrinkens wurde in Cairo ebenso rasch allgemein, als in den Städten der arabischen Halbinsel. Von Cairo aus kam der Kaffee nach Syrien. Ebenso wie man in Neu-Spanien in den Kirchen Chocolade trinkt, in derselben Weise — wenn auch aus einem anderen Grunde — trank man in Arabien Kaffee in den Moschee'n. Im Jahre 1511 ging der Statthalter des Sultans von Egypten zu Mekka, Khair Beg, der damals vom Gebrauche des Kaffee's noch keinerlei Kenntniss hatte, eines Abends aus der Moschee und sah zu seinem grossen Erstaunen, wie eine Anzahl von Menschen in einem Winkel der Moschee sich des Kaffeeaufgusses bediente, um den ascetischen Uebungen die Nacht hindurch obliegen zu können, ohne schläferig zu werden. Er hielt anfänglich dafür, es sei von jenen Leuten Wein getrunken worden, und gerieth in Zorn. Khair Beg zog dann genauere Nachrichten ein und glaubte endlich der Ueberzeugung zu sein, dass Kaffee berausche und man durch den Genuss desselben zu Handlungen verleitet werde, welche mit dem Gesetze unvereinbar sind. Er berief am folgenden Tage eine Versammlung von Juristen, Geistlichen und anderen angesehenen Personen und verlangte von ihr ein Gutachten über diesen Gegenstand, welcher ihm, dem eifrigen Muselmanne, von grosser Wichtigkeit schien. Nach langer Debatte erklärte die Versammlung, nur Aerzte seien im Stande, über den fraglichen Punkt vollgültig zu urtheilen. Der Statthalter befahl und es erschienen zwei Aerzte (Brüder; sie waren von Geburt Perser), welche mit Heftigkeit gegen den Gebrauch des Kaffee auftraten; man weiss nicht, ob sie dies reiner Ueberzeugung zu Liebe thaten, oder aus dem Grunde, weil sie glaubten, der Kaffeegenuss vermindere die Anzahl der Krankheiten und beschränke so ihre Ver-

---

Anmerkung 1. — Prosper Alpinus sagt: „Arborem vidi in viridario Halybei Turcae, cujus tu ichonem nunc spectabis, ex qua semina illa ibi vulgatissima Bon, vel Ban appellata, producuntur: ex his omnes tum Aegyptii, tum Arabes parant decoctum vulgatissimum, quod vini loco ipsi potant, venditurque in publicis oenopoliis, non secusquam apud nos vinum: illique ipsum vocant Caova. Haec semina ex foelici Arabia asportantur. Arbor, quam me inspexisse dixi, Evonomo similis observata est, sed tamen folia crassiora, durioraque habebat, viridiora, perpetuoque virentia. Usus est etc.

Anmerkung. 2. — Ein arabischer Dichter erklärte das Kaffeegetränke für einen Neger, der den Schlaf und die Lust des Beischlafes raube:

| An sich ru ki nami o kahwe, | Dieser Mohr, Kaffee genannt, |
| Maaninn-naum katinsch-schehwe. | Der den Schlaf und Beischlaf bannt. |

Anmerkung 3. — Der oben mehrfach erwähnte Scheich Schädeli, dessen ganzer Name Ebul Hasan Schaseli ist, wird nach v. Hammer im Oriente als Patron der Kaffeesieder bezeichnet und, wie schon angedeutet, verehrt.

dienste. Nach langem Hin- und Herstreiten erklärten die beiden Medici der Versammlung, dass es besser sei, sich des Kaffeegenusses ganz zu enthalten, weil er ja zu Handlungen Veranlassung geben könne, welche einem ordentlichen Moslem nicht geziemen. Der Ausspruch der beiden Perser wurde sehr beifällig aufgenommen, und ein Mitglied der Versammlung behauptete sogar, dass der Kaffee gleich dem Weine berausche. Einige Mitglieder, welche der Meinung waren, der Sprecher könne seine so sichere Behauptung nur auf Grund eigener Erfahrung erhoben haben, richteten an jenen die Frage, ob er denn die Wirkungen des Weines schon an sich beobachtet habe; in seiner Aufregung bejahete er, unbedachtsamer Weise, diese Frage, und dictirte sich damit die auf Uebertretung des Weinverbotes gesetzte Bastonade: er bekam, ungeachtet alles Geberdens und Sträubens, eine nicht unbeträchtliche Anzahl von Hieben über die Fusssohlen. Nun liess Khair Beg ein feierliches Verbot des Kaffeetrinkens und den Befehl ergehen, allen bei Kaufleuten und anderen Menschen vorräthigen Kaffee zu confisciren und zu verbrennen, und Jedermann, der beim Genusse von Kaffee ertappet werde, strenge zu bestrafen, endlich auf einen Esel zu setzen und diesen durch die Strassen der Stadt zu treiben. — Der geschilderte Vorfall in Mekka wurde dem Sultan nach Cairo berichtet, und der Statthalter hielt sich für überzeugt, es werde sein Verfahren grosse Anerkennung finden und vom Sultane belobt werden: allein der Kaiser liess an Khair Beg die Antwort ergehen, die Aerzte von Mekka und der Statthalter seien sammt und sonders Dummköpfe, und die Aerzte und Schriftgelehrten Cairo's, deren Einsicht doch ohne Zweifel grösser sei, als die der Männer in Mekka, erachteten den Kaffee als ein erlaubtes und gesundes Getränk, das keinem wahren Sohne des Propheten den Verlust des Paradieses zuziehen werde.

Im Jahre 1554, unter der Regierung Soliman des Grossen, kam der Kaffee nach Constantinopel, und zwei Privatleute, Hekin aus Aleppo und Schems aus Damaskus, erbaueten da Kaffeehäuser, woselbst sie in schön eingerichteten Stuben den Kaffee öffentlich ausschenkten. Schems kehrte, wie uns v. Hammer[36] sagt, nach drei Jahren mit einem Gewinne von fünftausend Ducaten in sein Vaterland zurück. Alsbald wurden diese Häuser Versammlungsorte von Menschen aller Stände: Schriftgelehrte so gut wie Dichter, Bürger, Beamte, ja selbst Pascha's kamen hier zusammen, um zu conversiren, sich durch Spiel zu belustigen, und mit einander Bekanntschaft anzuknüpfen. Die

---

[36] v. Hammer, J., Geschichte des Osmanischen Reiches, grossentheils aus bisher unbenutzten Handschriften und Archiven. Pest. 1827—35. Bd. III. pag. 487.

Kaffeehäuser hiessen Schulen der Erkenntniss, Mektebi irfan. Sehr bald aber begannen die Iman's, oder Vorsteher der Moschee'n, gegen die Kaffeehäuser aufzutreten, und sich zu beklagen, dass dieselben sämmtlich gefüllt seien, während die Frequenz der Moschee'n stetig abnehme, und Derwische und andere Pfaffen stimmten in das Jammergeschrei ein und machten öffentlich bekannt, dass sie den Besuch eines Weinhauses für ein bei Weitem kleineres Vergehen gegen die Religion hielten, als das Betreten eines Kaffeehauses. Endlich richtete man eine Schrift an den Mufti, worin mit grosser Bestimmtheit nachgewiesen wurde, dass der gebrannte Kaffee eine Art von Kohle sei und der Koran den Genuss alles dessen verbiete, welches entweder wirklich aus Kohle bestehe oder doch dieser gleiche, und stellten zum Schlusse an den Mufti das Ansuchen, über den fraglichen Gegenstand zu entscheiden, ganz so, wie es seine Pflicht erheische. Die Entscheidung des Mufti lautete dahin, dass der Genuss des Kaffee's aus dem Grunde sündhaft sei, weil er den Gesetzen des Islam zuwider laufe; er liess alsogleich die Kaffeehäuser schliessen und das Kaffeetrinken verbieten, seine Policeibeamten damit beauftragend, die Leute vom Kaffeegebrauche streng abzuhalten. — Was lässt sich aber gegen Gewohnheiten thun, die in verhältnissmässig kurzer Zeit so sehr zur zweiten Natur geworden sind, wie das Kaffeetrinken? Auch in Constantinopel konnte man auf die Dauer nicht dagegen ankämpfen; die Beamten der Policei mussten sich endlich, da es ihnen geradezu unmöglich war, den Kaffeegebrauch zu unterdrücken, dazu verstehen, den Leuten gegen Abgabe einer gewissen Summe den Kaffeeverkauf und — Verbrauch zu verstatten

---

Anmerkung 1. Der türkische Dichter Belighi sagt — nach Galland's Mittheilung und Carl Ritter's (Vergleichende Erdkunde von Arabien. Bd. II. [Berlin. 1847.] pag. 579.) deutscher Uebersetzung — vom Kaffee:

Zu Damask, Alepp und in der Residenz Cairo
Hat sie die Runde gemacht, mit grossem Hallo!
Die Kaffeebohne, der Ambrosiaduft!
Bevor im Serail sie einzog, in der Bosporluft. /
Die Verführerin der Doctoren, der Kadis, des Koran,
Zu Partheiung und Martyrthum! — doch wohlan!
Nun hat sie gesiegt! sie verdrängte,
Von glücklicher Stund' an, im Moslemenreich
Den Wein, den bisher man überall schenkte!

Anmerkung 2. Nach Rödiger (Wellsted, a. a. O. 1. 227.) bedeutet das Stammwort von Kahweh: keinen Appetit haben, sich ekeln; vielleicht eigentlich: abgestumpft sein, wie im Hebräischen und Aramäischen, wo es von stumpfen Zähnen, vom rostigen Schwerte gebraucht wird, aber auch von scharfem oder sauerem Weine; hiernach könnte das Wort Kahweh vielleicht ein pikantes Getränk bezeichnen und schon darum eben so gut Wein, als Kaffee bedeuten.

und endlich auch den Kaffeeausschank in verschlossenen Localitäten,
d. h. bei verschlossenen Thüren, zu bewilligen; allmälig erstanden
wieder die Kaffeehäuser und ein neuer Mufti decretirte, der Kaffee
sei keineswegs Kohle und deshalb könne von einem Verbote seines
Genusses nicht die Rede sein. Nun trank alle Welt Kaffee und man
verbrauchte jetzt noch mehr als ehedem, und die Zahl der Kaffeehäuser nahm bald um ein Beträchtliches zu. Die Gross-Veziere nahmen
sich bald das Recht, den Kaffeehausbesitzern Steuern zu dictiren, und
es musste ein jeder solche täglich mit einer Zechine bezahlen, durfte
aber für eine Tasse Kaffee nicht mehr als einen Asper fordern. — So
viel wissen wir aus der arabischen Handschrift.

Herbelot [37]) spricht davon, dass man in Arabien drei Arten des
Kaffeegetränkes bereite; die erste Sorte erzeuge man aus uns unbe-
kannten Körnern, die zweite aus den Kaffeebohnen sammt der sie
umgebenden Schale, die dritte endlich aus den gewöhnlichen Kaffeebohnen. Die erste Art soll den Kopf einnehmen und berauschen,
desshalb auch ihr Gebrauch den Lehren des Islam entgegen sein; die
Araber sollen sie Cahuat al Catiat oder Cafiah nennen. Die
zweite Sorte des Getränkes soll man in Arabien mit dem Namen Cahuat al Caschriat, die dritte mit dem Ausdrucke Cahut al Bu-
niat belegen. — Gegen das Ende des fünfzehnten Jahrhunderts unserer
Zeitrechnung schrieb der Araber Abdel-Kader Ben Mohammed al-
Ansari [38]) ein Buch, worin er aus dem Koran beweiset, dass das
Kaffeetrinken erlaubt sein müsse.

Verweilen wir wieder einige Zeit bei der türkischen Geschichte
des Kaffee's. Die Kaffeehäuser Constantinopel's waren Orte, wo man
sich über politische Verhältnisse häufig frei aussprach. Dieser Umstand
liess den Grossvezier Kupruli (oder Köprili) Vieles fürchten und
er hob die Kaffeehäuser während der Minderjährigkeit Mahommed IV.

---

[37]) Schlöser, A. L., Briefwechsel meist historischen und politischen
Inhalts. Bd. VIII. [Göttingen. 1781.] pag. 103. u. fg. — Leidenfrost, Revo-
lutionen in der Diät von Europa seit 300 Jahren. ·

[38]) de Sacy, S., Chrestomathie arabe. 2. Aufl. T. I. [Paris. 1826.]
pag. 412 u. fg.

Anmerkung. Um die Mitte des siebenzehnten Jahrhunderts hatte man
in Cairo gegen tausend öffentliche Locale, worin Kaffee ausgeschenkt wurde. —
Zu Ende des siebenzehnten Säculums war bekanntlich der türkische Staats-
schatz sehr schlecht bestellt; man decretirte eine neue Steuer für den Kaffee:
zu der unter Suleiman eingeführten Abgabe — Mohammedaner bezahlten
für das Okka Kaffee acht, Christen zehn Aspern, und für den nach Adria-
nopel gebrachten Kaffee mussten sechzig Aspern abgegeben werden — kam
noch eine Gebühr, welche fünf Para's für das Okka betrug. (Hammer,
a. a. O. VI. pag. 644 u. fg.

auf, ungeachtet der grossen Geldsummen, welche die Kaffeehausbesitzer
an den Staat, respective an die höchsten Beamten desselben, bezahlten;
ein Beweis von grosser Uneigennützigkeit — die in seiner Familie
erblich gewesen sein soll — und von grossem Eifer in Verfolgung
eines vermeintlichen Uebels! Der Grossvezier hätte auf Ansuchen
Anderer die Kaffeehäuser niemals aufheben lassen; er that dies auf
Grund eigener Ueberzeugung: verkleidet besuchte er Wirths- und
Kaffeehäuser, und vernahm in den ersteren die Besprechung gleich-
gültiger Alltagsdinge, in den Kaffeehäusern jedoch Erörterungen und
ernstliche Betrachtungen über Angelegenheiten des Staates und der
Regierung. Die Schliessung der Kaffeehäuser trug in keinem Falle
zur Verminderung des Kaffeeverbrauches bei, im Gegentheil scheint man
ganz nach dem alten Satze gedacht und gehandelt zu haben, dass verbotene Früchte um so süsser schmecken. In Constantinopel wurde der
Kaffee in grossen kupfernen Kesseln, in denen er durch darunter ge-
machtes Feuer warm erhalten wurde, in den Strassen und auf den
Plätzen herumgeführt und an die Vorübergehenden verkauft. Allmälig
öffneten sich auch die Kaffeehäuser wieder und fingen an, ihre frühere
Bedeutung zu gewinnen. Der Sohn Kupruli's war, trotz der stren-
gen Lehre des Hofpredigers Wani (der das Kaffeetrinken für Andere
— nur nicht für sich selbst, wie v. Hammer[39]) hinzufügt — als
unvereinbar mit dem Koran, daher als unerlaubt bezeichnete und erklärte), trotz aller früheren Erlasse, Verbote u. s. w., nicht im Stande,
den Kaffegebrauch und die Wiedereröffnung der Kaffeehäuser zu verhindern.

Ehe wir die Geschichte des Kaffee im Abendlande verfolgen, wollen wir einiger Reisenden gedenken, welche noch vor Einführung des
Kaffeegetränkes in Europa Beschreibungen jenes Infusums und seines
Gebrauches bei den Orientalen lieferten. Von Rauwolf und Prosper
Alpinus war schon oben die Rede. Der Botaniker Johann Ves-
ling [40]) aus Minden besuchte im dritten Decennio des siebenzehnten
Jahrhunderts Aegypten, und spricht in seinem Werke über die Pflanzen dieses Landes vom Kaffee und den Kaffeehäusern, deren es zu
seiner Zeit in der Stadt Memphis einige tausend gab. Im Jahre 1636
kam George Christoph Neitzschitz aus Sachsen in ein Kloster zu
Cairo, wo man ihm Kaffee vorsetzte; er sagt von diesem Getränke [41]),

[39]) v. Hammer, a. a. O. Bd. VI. pag. 219.

[40]) Veslingii, J., De plantis Aegypti observationes. Patavii. 1638.
pag. 21 u. fg.

[41]) George Christoff von Neitzschitz uff Stockelberg, Wöhlitz und
Zerbitz, Sieben-jährige und gefährliche nun verbesserte Europä- Asiat- und
Africanische Weltbeschauung. Von C. Jäger. Nürnberg. 1674. 4. pag. 193
u. fg.

es sei schwarz und dickflüssig gewesen und mit dem Namen Caffa belegt worden, und man hätte es im siedend heissen Zustande getrunken; den Geschmack des Aufgusses bezeichnet der Reisende als bitter, und gibt weiter an, dass dessen Gebrauch der Gesundheit zuträglich sei. Poullet [42]), welcher die Türkei und andere östliche Länder bereisete, lacht über das Kaffeetrinken bei den Türken. J. S. Wurffbain [43]) beschreibt die Kaffeebohnen unter dem Namen Cauwa, spricht vom Kaffeegetränke und von Kaffeehäusern; er nennt Cauwa eine Art Bohnen, welche nur in dem Gebirge um Mokka zu wachsen pflegen, und von den türkischen wie indischen Muselmännern als Mittel zur Erhaltung der Gesundheit täglich, und zwar im Uebermaasse gebraucht werden; sie werden vorher gebrannt, dann gestossen und mit Wasser gekocht, und man geniesst das Getränk siedend heiss, um den Leib zu erwärmen. Auch der Engländer Blount [44]) lieferte eine ausführliche Beschreibung vom Kaffee und Kaffeetrinken bei den Türken. Dandini [45]) zählt den Kaffee unter den Getränken der Bewohner der Insel Cypern auf; er hält den Kaffee, was den Geschmack anbelangt, für nicht gut, glaubt aber, dass das Getränk dem Magen wohl bekomme, ihm nützlich sei; gleich Wurffbain hält er dafür, dass die Bohnen aus der Gegend von Mokka kommen. Garcias de Silva Figueroa [46]) beschreibt im Jahre 1616 den ihm bisher ganz fremden Kaffeetrank und erwähnt des Kaffeehauses in Ispahan; er sagt (durch den Mund des de Wicquefort, des Uebersetzers seines spanischen Reisewerkes) unter Anderem: „C'est là, que l'on vend le Cahua, qui est une sorte de breuvage, que les Perses boivent pour la santé et par delice, et c'est pourquoi ils l'appellent la maison de Cahua. C'est une eau noire et fort amere, que l'on compose avec de certaines herbes, dont les Perses pretendent faire un breuvage fort sain et particulièrement pour l'estomach, et ils le prennent dans de petites coupes de porcelaine, fort chaud, et l'avalent ainsi petit à petit, à plusieurs petits traits, après l'avoir soufflé quelque temps, parce que sans cela il seroit impossible de le prendre, à cause de la chaleur excessive qu'ils

---

[42]) Poullet, Nouvelles relations du Levant etc. Paris. 1668. Bd. I. pag. 52 u. fg.

[43]) Wurffbain, J. S., Vierzehen jährige Ost-Indianische Krieg- und Ober-Kaufmanns-Dienste, in einem richtig geführten Journal- und Tage-Buch. Von J. P. W. D. Sulzbach. Nürnberg. 1686. 4. pag. 154 u. fg.

[44]) Blount, H., A voyage into the Lavant, etc. 8. Aufl. London. 1671.

[45]) Dandini, J., Voyage du mont Liban. Paris. 1675. 4. pag. 71 u. fg.

[46]) L'ambassade de D. Garcias de Silva Figueroa en Perse. Traduite de l'Espagnol par M. de Wicquefort. Paris. 1667. 4. pag. 307 u. fg.

lui donnent." Thomas Herbert [47]) beschreibt ziemlich ausführlich
das Kaffeehaus in Bagdad und theilt seinen Lesern jene Sage über
den Ursprung des Kaffee's mit, die wir oben anführten. Zu Ende
des sechszehnten Jahrhunderts lernte der Engländer Sherley [48]) Kaffee und Kaffeehäuser zu Aleppo kennen; er beschreibt beiderlei in
seinem Reisewerke, der Beschreibung lobende Bemerkungen hinzufügend. Olearius [49]) sah auf seiner um das Jahr 1635 nach Persien
gemachten Reise dort ein „heisses, schwarzes Wasser, Chawae genannt, trinken", und man soll ihm das Kaffeegetränk als Mittel gegen die Geilheit geschildert haben; Olearius lässt den Kaffee aus
Aegypten kommen, und gibt an, dass die Folge seines Genusses Unfruchtbarkeit sei, wesshalb er (der Kaffee) von den Orientalen getrunken werde; ausser einigen Mährchen erzählt unser Reisender noch,
es solle ein König, der noch vor Tamerlan in Persien regierte,
durch den Gebrauch des Kaffee's den Beischlaf vergessen, ja Ekel
davor empfunden haben. Nach Beckmann [50]) verkaufte schon um
das Jahr 1664 die ostindische Gesellschaft den Kaffee an die Muham-
medaner in Indien, ohne ihn vorher nach Europa geschickt und dort
verbreitet zu haben. Zur Zeit jedoch, als Olfert Dapper seine Beschreibung des Königreichs Persien herausgab, hatten die Holländer
schon Kaffee und nannten denselben Koffi, eine Bezeichnung, mit welcher der Kaffee noch heutzutage in Holland belegt wird. Dapper[51])
sagt: „By het tabak-drinken is in Persien zeer gemeen en gereet
zeker drank of zwart water, 'hier te lande Koffi geheten', gesmeet
van den Arabischen naem Kaowa of Persischen Kahwee. Dit water
etc." — und weiter: „en zijn ook sedert eenige jaren hier te lande
overgebragt, daer deze drank mede zeer gemeen begint te werden,
en opentlijk als wijn of bier in byzondere huizen verkocht." Jürgen Andersen [52]) sagt, bei Gelegenheit der Unterhaltung über die

[47]) Herbert, T., Relation du voyage de Perse et des Indes orientales.
Paris. 1663. 4. pag. 351 u. fg.
[48]) Relation d'un voyage de Perse faiet en 1598 et 1599 par un
gentil-homme de la suite du seigneur Sherley, ambassadeur du roy d'Angle-
terre. Paris. 1602.
[49]) Die weltberühmten Adami Olearii colligirte und viel vermehrte
Reise-Beschreibungen, Bestehend in der nach Musskau und Persien, etc. Hamburg. 1696. 4. pag. 314.
[50]) Beckmann, J., Litteratur der älteren Reisebeschreibungen. Göttingen. 1808—1810. 8. Bd. I. pag. 94.
[51]) Dapper, O., Beschrijving des koningryoks van Persie. Amsterdam.
1672. pag. 113.
[52]) Orientalische Reise-Beschreibung: Jürgen Andersen aus Schless-
wig, Und Volquard Iversen aus Hollstein. Herausgegeben durch Adam
Olearium. Hamburg. 1696. fol. pag. 14.

Mahlzeiten der Hassanisten, unter Anderem Folgendes: „Etliche, sonderlich wenn sie vornehm, und special Freunde, bleiben sitzen und trincken eine Pfeiffe Toback, und darbey ein Schälichē von dem heissen Cahavvae, ehe sie weg gehen. Dieses ist ein schwartzes Wasser, wird von einer sonderlichen Art Bohnen, welche sie von Schoom (vor Zeiten Damascus genannt) hieher bringen" etc. Mandelslo [53]) redet vom Kaffeegetränke bei den Persern, jenes als Kahwè aufführend, und sagt in Hinsicht der Wirkung des Getränkes auf seinen eigenen Gesundheitszustand: „Und halte ich güntzlich darfür, dass vom Gebrauch dieses Thee, weil es eine zusammenziehende Krafft hat, meine Leibes-Beschwerung sich enderte, und der Bauchfluss aufhörete."

Ueber die Person, welche die Einführung des Kaffee's im Abendlande veranlasste, sind die Meinungen getheilt; wir werden unseren Lesern die sich auf diesen Gegenstand beziehenden historischen Facta zur eigenen Beurtheilung vorlegen. Pietro della Valle [54]) schrieb im Jahre 1615 einem Freunde von Constantinopel aus, er wolle bei seiner Rückkunft nach Venedig Kaffee mitbringen, und er glaube, mit dem Kaffee eine bisher unbekannte Sache in sein Vaterland einzuführen. Man behauptet einiger Orten, es sei im Jahre 1626 nach della Valle's Rückkehr von seiner asiatischen Reise zu Rom die erste Tasse Kaffee im Abendlande getrunken worden. Um dieselbe Zeit handelte der grosse Baco von Verulam [55]) vom Kaffee, und Venetianer sollen es gewesen sein, welche die ersten bedeutenderen Kaffeeladungen nach dem christlichen Abendlande brachten. Nach Carl Linné [56]) soll im südlichen Italien der Kaffee schon im Jahre 1645 allgemeiner getrunken worden sein. Nach John Hougton [57]) kam der Kaffee erst im Jahre 1650 nach Europa, und zwar nach Marseille: türkische Kaufleute brachten ihn dahin, um des Trankes in gewohnter Weise zu geniessen. Die Bewohner von Marseille versuchten das Kaffeeinfusum, fanden es schmackhaft und begannen mit Kaffeebohnen Handel zu treiben. Anfänglich wurde der Kaffee von nur wenigen Leuten getrunken; namentlich waren es Solche, die sich in der Levante daran gewöhnt hatten; erst im Jahre 1660 brachte man einige Ballen Kaffeebohnen aus Aegypten nach Marseille, und 1671 errichteten einige Privatleute in dieser Stadt ein Kaffeehaus an der Börse, und ihr

---

[53]) v. Mandelslo, J. A., Morgenländische Reisebeschreibung. Herausgegeben durch Adam Olearium. Hamburg. 1696. pag. 29.

[54]) della Valle, P., a. a. O.

[55]) Moseley, B., A treatise concerning the properties und effects of Coffee. 5. Aufl. London. 1792. 8. pag. 54.

[56]) Linné, C. a., Dissertatio potus Coffeae. Upsalae. 1761. 4.

[57]) Philosophical Transactions. [1699.] Bd. XXI. pag. 311 u. fg.

Unternehmen hatte den besten Erfolg. In seinem Werke über die
Levante erwähnt Poullet [58]), es habe sich der Sohn des Gesandten
de la Haye vorgenommen, künftighin auch in seiner Heimath, Frankreich, Kaffee zu trinken — dies mag um das Jahr 1650 gewesen
sein. Der bekannte Reisende Thevenot soll, wie dessen Freund
de la Croix, königlich französischer Dolmetscher, dem Gelehrten
Galand [59]) versicherte, als er im Jahre 1659 von seiner grossen
orientalischen Reise nach Paris zurückkehrte, Kaffee mitgebracht und
diesen im Kreise seiner Freunde getrunken haben. — Verbleiben wir
einige Augenblicke bei der Schilderung der Schicksale, welche der
Kaffee in Aix und Marseille erlebte. Als der Gebrauch des Kaffee's
hier und in den benachbarten Städten immer allgemeiner wurde, hielt
es eine Reihe von Aerzten, welche von der Schädlichkeit des Kaffeegetränkes überzeugt zu sein glaubten, für angemessen, gegen dasselbe
aufzutreten, und es entstand ein Streit; die medicinische Facultät zu
Aix legte 1679 bei Aufnahme Columb's in das Collegium daselbst
die Frage vor, ob der Kaffeegenuss den Einwohnern von Marseille
schädlich sei. Columb las im Rathhaussaale der Stadt in Gegenwart
des Magistrats eine Schrift ab, welche gegen den Kaffee gerichtet war;
da aber diese Schrift viele Irrthümer sowohl als Uebertreibungen enthielt, wurde sie nicht beachtet und man gab sich dem Kaffeegenusse
nach wie vor hin. Marseille fing alsbald an, den Kaffeehandel in
ausgebreitetem Maasse zu betreiben.

Trotzdem Thevenot schon im Jahre 1659 zu Paris mit seinen
Freunden Kaffee trank, blieb dieser letztere hier doch unbekannt, und
erst als Sultan Muhammed IV. im Jahre 1669 einen Gesandten, Soliman Aga, an den Hof Ludwig XIV. — über diesen König
schreibt ganz besonders wahr und urtheilt sehr gerecht La Vicomterie [60]) — schickte, fing die Benutzung des Kaffeegetränks an, allgemein zu werden. Soliman Aga tractirte alle diejenigen, welche
ihn besuchten, gemäss der Gewohnheit seiner Landsleute mit Kaffee;
man fand Geschmack an dem Getränk und gewöhnte sich daran, obgleich es anfänglich sehr theuer war; denn nach Blegny wurde im
Jahre 1671 ein Pfund Kaffee von den Kaufleuten für fünfundzwanzig
Franken abgegeben. Den Punkt der Kaffeebewirthung der Pariser durch
den Gesandten der hohen Pforte betreffend, sagte der französische Schriftsteller le Grand d'Aussy [61]): „Wenn ein Franzose, um den Damen zu

---

58) Poullet, a. a. O. Bd. I. pag. 350.
59) Galand, A., a. a. O.
60) La Vicomterie, Sündenregister der Könige von Frankreich von
Klodwig an bis auf Ludwig XVI. Paris. 1791. pag. 265 u. fg.
61) Volz, K. W., a. a. O. pag. 333.

gefallen, ihnen sein schwarzes und bitteres Getränk angeboten hätte, so würde er auf immer sich lächerlich gemacht haben; aber dieser Trank wurde (beim türkischen Botschafter) überreicht durch Sklaven, welche, auf den Knieen, den Damen die Kaffeetassen auf Kissen präsentirten; das war hinlänglich, um ihm einen unendlichen Werth zu geben. Zudem bot der levantische Trank eine Zeit lang ein reiches Sujet de conversation dar." Im Jahre 1671 oder 1672 eröffnete der Armenier Pascal zu Paris das erste Kaffeehaus und wenige Jahre später trat der Sicilianer Procope als der zweite Kaffeesieder auf. Petersen [62]) erzählt, dass zu seiner Zeit — im sechsten Decennio des siebenzehnten Jahrhunderts — in Paris sehr viele Häuser existirten, worin Kaffee ausgeschenkt wurde, und dass man daselbst gedruckte Zettel ausgab, deren Inhalt in einer grossen Lobrede auf den Kaffee bestand; er theilt in seiner Abhandlung den Inhalt eines solchen Zettels mit, dessen Ueberschrift also lautete: Les très-excellentes Vertus de la Meure appellée Coffé. Das Kaffeehaus des Procope besteht noch heute in Paris, und es ist der Grund seines so grossen Namens und Rufes in dem Umstande zu suchen, dass es den grössten Männern Frankreichs zum Orte der Zerstreuung und Unterhaltung diente; auch Voltaire und Rousseau verkehrten dort. Nachdem die Kaffeehäuser von Pascal — der später nach England ging — und Procope einige Zeit bestanden, vermehrte sich die Anzahl der Kaffeehäuser beträchtlich, und es wurde auch durch eine lange Zeit Kaffee durch die Strassen von Paris geführt und an die Vorübergehenden verkauft.

Im Jahre 1616 sah der holländische Reisende van den Broeck [63]) den Kaffee zum ersten Male, und zwar in Mekka, wo ihn die Leute Kahawa genannt haben sollen.

Ueberblicken wir nun flüchtig die Ausbreitung des Kaffee's über die übrigen Länder des christlichen Europa. Nach Petersen [64]) bestand schon im Jahre 1666 ein Kaffeehaus zu Amsterdam. Nach An-

---

Anmerkung. Gegen Ende des siebenzehnten Jahrhunderts erhielt Franz Damame vom Könige von Frankreich das Patent, allein mit Kaffee handeln zu dürfen, ebenso auch mit Thee, Sorbet und Chocolade; er bekam die Erlaubniss, folgende Preise für seine Artikel festzustellen: für ein Pfund Kaffee vier, für ein Pfund vom besten Thee hundert, von mittelmässigem funfzig, von gemeinem dreissig; für ein Pfund Sorbet sechs; Chocolade sechs, Cacao funfzehn und Vanille achtzehn Franken.

(Allg. Histor. d. Reisen. Bd. X. 654 u. fg.)

[62]) Petersen, F., De potu Coffi. Francofurti ad Monum. 1666. 4.

[63]) Allgemeine Historie der Reisen zu Wasser und zu Lande; oder Sammlung aller Reisebeschreibungen. Bd. VIII. (Leipzig. 1751.) pag. 424.

[64]) Petersen, a. a. O.

derson [65]) kam der englische Kaufmann Edwards im Jahre 1652 von einer seiner Geschäftsreisen aus dem Oriente zurück nach London und brachte eine griechische Sklavin [Namens Pauyva] mit, welche die Kunst des Kaffeebrennens und Kaffeekochens verstand; da sie sich sehr wohl verhielt, schenkte er ihr die Freiheit und verheirathete sie mit seinem Diener Bowman, welcher der Erste war, der in London ein Kaffeehaus eröffnete, wie überhaupt Kaffee bereitete, um ihn zu verkaufen. Nach Hougton [66]) soll schon 1651 der Kaufmann Rastal ein Kaffeehaus errichtet haben; eine Angabe, welcher indessen von mehreren Seiten her widersprochen wurde. Jenes Kaffeehaus des Bowman soll in London an der Stelle existirt haben, wo sich heutzutage das Virginia-Kaffeehaus befindet: St. Michaels Alley, Cornhill. Zu bemerken ist, dass sich auch in England die Kaffeehäuser, welche gleich dem Kaffee in den englischen Gesetzen im Jahre 1660 angeführt werden, rasch vermehrten, trotzdem, dass, wie u. A. Anderson [67]) mittheilt, im Jahre 1675 Karl II. ihre Aufhebung zu befehlen sich aus politischen Rücksichten veranlasst glaubte; schon nach wenigen Tagen musste der König das Verbot zurücknehmen, weil die sämmtlichen Kaffeetrinker, deren Anzahl schon zu jener Zeit eine sehr bedeutende sein mochte, mit Rebellion drohten. Die Gesetze erwähnen der Kaffeehäuser [68]) aus dem Grunde, weil sich die Regierung anmaasste, den Kaffeeverkäufern eine Steuer von vier Pence für eine jede verkaufte Gallone zu dictiren; Karl II. befahl auch — und zwar i. J. 1663 —, so sagen die Gesetzbücher [69]), dass bei der vierteljährigen Versammlung der Friedensrichter die Kaffeehäuser der Grafschaft taxirt werden sollen [70]).

In Schweden und Dänemark wurde der Kaffee erst spät bekannt; in ersterem Reiche soll man vor 1700 denselben nicht gekannt haben, und in Dänemark wusste man zu Anfange des vorigen Jahrhunderts

---

Anmerkung. Im siebenzehnten Jahrhunderte waren die Kaffeehäuser Persiens sehr berühmt wegen der prächtigen und guten Einrichtung, mit welcher sie ausgestattet waren; in den für die Gäste bestimmten geräumigen Hallen befanden sich Springbrunnen.

[65]) (Anderson, A.,) An historical and chronological deduction of the origin of commerce. London. 1787—89. 4. Bd. II. pag. 419 u. fg.

[66]) Philosophical Transactions. (No. 256.) Bd. XXI. (London. 1699. 4.) pag. 311 u. fg.

[67]) Anderson, a. a. O. Bd. II. pag. 531.

[68]) Statute Books. Cap. II. §. 24.

[69]) Statute Books. Cap. XI. §. 15. .

[70]) Lettsom et Ellis, a. a. O. pag. 149 u. fg. — Moseley, B., a. a. O. pag. 15.

noch nichts von diesem Getränke. Wir lesen, dass in der Landschaft
Dalekarlien (— jetzt Falu Län — in Mittelschweden) der Genuss des
Kaffee die Gesundheit und den Wohlstand des sonst so kräftigen und
glücklichen Volks untergraben haben soll [71]).

Der Kaffee kam nach Deutschland im Jahre 1670; doch wurde
erst im Jahre 1683 das erste Kaffeehaus von dem Polen Koltschitzky,
aus Szombor, zu Wien errichtet. Dieser erste Kaffeekoch in Deutschland führte, wie v. Hammer[72]) meldet, den Beinamen „Bruder Herz",
weil er alle seine Gäste mit dieser Ansprache empfing; er war ehedem Dolmetscher der orientalischen Handelscompagnie, zeichnete sich
alsdann bei Gelegenheit der Belagerung von Wien durch die Türken
heldenmüthig aus und bekam in Folge dessen die Erlaubniss, ein Kaffeehaus zu errichten. Als die Türken das Lager verliessen, fand man
bekanntlich eine grosse Menge Kaffee daselbst, und dieser wurde zunächst in Wien verbraucht. Doch ehe Deutschland noch ein Kaffeehaus hatte, sollte ein Mensch durch eine Tasse Kaffee vergiftet werden: die zweite Frau des grossen Kurfürsten soll Willens gewesen
sein (1675), den Kurprinzen von Brandenburg durch Kaffee vom Leben zum Tode zu bringen.

Das zweite Kaffeehaus auf deutscher Erde wurde in Nürnberg,
das dritte in Regensburg errichtet, beide im Jahre 1686, das vierte
in Hamburg 1687 von dem Arzte Cornelis Bontekoe, welcher
eine Abhandlung über Kaffee, Thee und Chocolade schrieb[73]), auf
die wir im weiteren Verlaufe unserer Unterhaltung vom Kaffee zurückzukommen gedenken. Leipzig erhielt um diese Zeit den Kaffee
im gerösteten Zustande aus Holland, und es kamen erst im Jahre
1694 ungeröstete Kaffeebohnen dorthin; erst um das Jahr 1720 wurde
das Kaffeetrinken in Kur-Sachsen allgemein. Um das Jahr 1700 lernte
man den Kaffee in Danzig kennen, und um dieselbe Zeit wurde er
in Wittenberg von Italienern in Kellern ausgeschenkt, welche
die Bereitung des Kaffeegetränkes aber so lange geheim hielten,
bis endlich eine vornehme Frau aus Wien kam und den Wittenber-
gern das Kaffeekochen lehrte. David Ulrich Aulber errichtete
1712 das erste Kaffeehaus in Stuttgart, und in Augsburg wurde um
ein Jahr später das erste Kaffeehaus eröffnet. Wie Weitenweber[74])

---

[71]) Das Ausland. Eine Wochenschrift für die Kunde des geistigen und
sittlichen Lebens der Völker. (Stuttgart u. Tübingen) 1829. pag. 1016.

[72]) v. Hammer, a. a. O. Bd. VI. pag. 405.

[73]) Bontekoe, C., Tractaat van het excellenste kruyd Thee etc. Ver-
meerderd, en vergroot met byvoeginge van noch twee korte verhandelingen,
I. Van de Coffi; II. Van de Chocolate, etc. 's Gravenhage. 1679. 8.

[74]) Weitenweber, W. R., Der arabische Kaffee. 2. Aufl. Prag,
Leitmeritz u. Teplitz. 1837. pag. 22 u. fg.

erwähnt, kam nach den Forschungen von J. Schaller in den ersten
Jahren des achtzehnten Jahrhunderts der Araber Georgius Deo-
datus Damascenus nach Prag, um Kaffee auf der Strasse auszuschenken; er errichtete dort im Jahre 1714 das erste Kaffeehaus;
indessen soll nach den Forschungen von J. M. Schotky in Prag
schon um 1688 Kaffee ausgeschenkt worden sein.   Im Jahre 1721
erfreute sich auch Berlin eines Kaffeehauses. In Reutlingen trank man
den Kaffee 1760 und in Genkingen auf der Alp erst 1817, in welchem Hungerjahre er nach Rösler als die billigste Nahrung angesehen wurde. Im Jahre 1744 wurde der Kaffee an allen deutschen
Höfen und auch von der Mehrzahl der Reichen und Vornehmen getrunken, war indessen noch immer sehr theuer, und man suchte damals schon nach Surrogaten.

Wie gegen alles Neue, so machte sich auch gegen den Kaffee in
Europa eine nicht unbedeutende Opposition geltend: Aerzte und Laien
verdammten denselben, und Regierungen beschränkten seinen Gebrauch
durch Auflagen und Verbote; doch das Gute trägt am Ende doch den
Sieg davon, und so war es auch beim Kaffee der Fall. Unter den
Aerzten waren es Hecquet, Lemery, Magri, Bontekoe[75]), Naironus, Dufour[76]), de Blegny[77]), Moseley, welche als eifrige
Lobredner des Kaffee's auftraten, wogegen Duncan[78]) dieses Getränk als sehr schädlich bezeichnete und dessen Genuss verdammte.
Ausser diesen Männern traten noch unzählige Aerzte und Laien für
und gegen den Kaffee in die Schranken, und aus Zeitungsblättern,
Briefen, Büchern und Urkunden kann man den heftigen Kampf
ersehen, welcher sich des Kaffee wegen entspann. Die Verbote,
welche Regierungen gegen den Kaffee erliessen, haben vorzüglich Schlözer[79]) und Krünitz[80]) gesammelt. Wir begnügen uns,
in Ansehung dieser Verbote mit einigen wenigen Angaben, welche
dem Leser hinlänglich Aufklärung geben werden über die Standpunkte,
von denen aus man das Kaffeetrinken zu jenen Zeiten betrachtete.

---

[75]) Bontekoe, C., a. a. O. pag. 253 u. fg.

[76]) Dufour, P. S., Traitez nouveaux et curieux du Café, du Thé et du
Chocolate. A la Haye. 1685. pag. 101 u. fg.

[77]) de Blegny, N., Le bon usage du Thé, du Caffé et du Chocolat,
pour la preservation et la guerison des maladies. Paris. 1687.

[78]) Duncan, Avis salutaire à tout le monde, contre l'abus des choses
chaudes, et particulièrement du Café, du Chocolat, et du Thé. Rotterdam.
1705. 8. pag. 38 u. fg.

[79]) Schlözer, A. L., Briefwechsel. Bd. VIII. pag. 122 u. fg. pag.
210 u. fg.

[80]) Krünitz, J. G., Oekonomische Encyklopädie. Bd. XXXII. [Ber-
lin. 1784.] pag. 194 u. fg.

Zu den Verboten, welche gegen den Gebrauch des Kaffee in mehreren Staaten von Westdeutschland erlassen wurden, gab die durch die orientalische Ueberlieferung sowohl, als auch durch vieler Aerzte Urtheil unterstützte Meinung, als bewirke der Kaffee Unfruchtbarkeit, Veranlassung. Eine andere Ursache jener Verbote war in irrigen nationalökonomischen Ansichten begründet: man glaubte nämlich, dass, da der Kaffee ein Product fremder Welttheile ist, die dafür verausgabten Summen für Deutschland verloren seien. Ein dritter Grund des Kaffeeverbotes wurde aus Gesundheitsrücksichten hergeleitet, da man von dem Wahne befangen war: der Kaffee schade der Gesundheit merklich. — Nach Schlözer wurde das erste Kaffeeverbot im Jahre 1756 in Schweden erlassen, und zwar auf dem Reichstage, wo die Bauern, denen damals das Branntweintrinken untersagt wurde, den anderen Ständen zum Trotze jenes Verbot erwirkten. In Deutschland wurde der Kaffee mit hohen Steuern belegt[81]), es wurde vieler Orten dessen Einfuhr verboten; man bestrafte die Uebertreter der Verbote durch Dictirung von Geldstrafen und von Stockprügeln, und wollte mit alle dem der „Kaffee-Sucht" entgegen wirken. Doch es half dies Alles nichts!

Im Jahre 1712 schrieb, wie Wolfgang Menzel mittheilt, Elisabeth Charlotte, Herzogin von Orleans, von Paris aus an ihre Schwestern nach Deutschland: dass der Gebrauch des Kaffee weniger nöthig sei für Pfarrer, als für katholische Priester, da er diese, welche nicht heirathen dürfen, keusch mache; dass es nichts Ungesunderes in der Welt gebe als Kaffee, und sie bedauere es herzlich, dass sich ihre Schwestern an das Kaffeegetränk gewöhnt hätten; Thee, sagt sie weiter, komme ihr vor wie Mist, Kaffee wie Russ und Feigbohnen, und Chocolade sei ihr zu süss und thue ihr wehe im Magen; etc. —

Die Verpflanzung des Kaffee von seiner eigentlichen Heimath, Aethiopien, aus nach anderen Ländern ist zu interessant, als dass wir es unterlassen sollten, hier davon zu erzählen. Von der Verpflanzung des Kaffeebaumes von Aethiopien nach Arabien haben wir bereits berichtet. Der Verbrauch des Kaffee wurde in Europa immer grösser und dies bewog die Holländer, die Verpflanzung des Baumes nach anderen Gegenden der Erde — natürlich nur in solche, welche niederländisches Eigenthum waren — vorzunehmen. Nach Boerhaave[92])

81) Im Jahre (1721) machte Friedrich II. von Preussen den Kaffee zum Monopole, und nur Adelige, höhere Beamte und Geistliche erhielten die Erlaubniss, den Kaffee selbst brennen zu dürfen, d. h. sie bekamen „Brennscheine". Andere Leute mussten vierundzwanzig Loth gebrannten Kaffee's anfänglich mit einem Thaler bezahlen. Während man heutzutage im Königreiche Preussen etwa vierhunderttausend Centner Kaffee's verbraucht, wurden damals kaum fünfunddreissigtausend Centner consumirt.
82) Boerhaave, H., Index alter plantarum, quae in horto Lugduno Batavo aluntur. Lugduni Batavorum. 1720. pag. 217.

brachte man den ersten Kaffeebaum im Jahre 1710 nach Amsterdam; und es schrieb der damalige Bürgermeister von Amsterdam, Nicolaus Witsen, an den General-Gouverneur von Batavia, van Hoorn, zu öfteren Malen, er solle Samen des Kaffeebaumes aus Arabien kommen und auf Java anbauen lassen, was dieser denn um das Jahr 1690 richtig that; jener nach Amsterdam überschickte Baum war einer von denen, welche auf Java wuchsen, und er wurde dem amsterdamer botanischen Garten geschenkt, worin er gedieh und Früchte trug, aus deren Samen wieder junge Bäume gezogen wurden. Auf Java hatte man bald die Freude, den Kaffee sehr wohl gerathen zu sehen, und die Kaffeecultur nahm dort grossen Aufschwung, trotz des Unglücks, dass im Jahre 1697 ein Erdbeben den grössten Theil der Pflanzungen zerstörte. Nach den Angaben Einiger soll, wie Valentijn[83]) sagt, im Jahre 1706 der Gouverneur Heinrich Zwaardekroon einige Kaffeepflanzen aus Arabien haben bringen und in der Nähe von Batavia pflanzen lassen; indessen steht jene obigo Angabe des grossen Boerhaave weit fester, als die letztere. Im Jahre 1712 präsentirte der Rath der Stadt Amsterdam dem Könige Ludwig XIV. einen Kaffeebaum [welcher etwa fünf Fuss hoch, im Stamme einen Zoll dick war, und Blätter und Früchte in Fülle hatte; er wurde von Amsterdam nach Paris zu Wasser geschafft und befand sich auf dieser Reise in einem eigens dazu hergerichteten Behältnisse, um so vor äusseren Einwirkungen geschützt zu sein], den der König in den botanischen Garten nach Marly bringen liess[84]), und dieser Baum war es, den der grosse Botaniker Jussieu beschrieb[85]); er glaubte im Kaffee eine Art von Jasmin zu erkennen. Um nun kurz zu sein, erwähnen wir, dass im Jahre 1716 der Arzt Isemberg den Kaffee nach den Antillen verpflanzte und 1718 die Holländer[86]) oder, wie behauptet wird, ein Deutscher mit Namen Hansbach, die Pflanze nach Surinam brachten; nach Fermin[87]) soll ihn hier ein Graf von Neale gebaut haben, und jener Reisende erhielt von alten Pflanzern die Versicherung, dass in den ersten Jahren des Kaffeebaues allen Einwohnern der Colonie Surinam bei Todesstrafe verboten war, ungedörrten Kaffee an Fremde zu verkaufen; denn frischer Kaffee lässt sich pflanzen, gedörrter hat die Keimkraft verloren. Die Holländer baueten 1719 den Kaffee auf Sumatra, auf Ceylon 1720, auf den kleinen Sundainseln 1723. Im Jahre 1722 bemächtigte sich der französische Gouverneur von Cayenne,

---

83) van der Trappen, a. a. O. p. 31.
84) De Candolle, A., Géographie botanique raisonnée. Paris & Genève. 1855. Bd. II. pag. 970.
85) Mémoires de l'Académie R. des sciences. Paris. 1713. pag. 292 u. fg.
86) Anderson, a. a. O. Bd. III. pag. 80.
87) Fermin, P., Ausführliche historisch-physikalische Beschreibung der Kolonie Surinam. Berlin. 1775. Bd. II. pag. 39.

de la Motte Aignon, auf Sumatra durch List eines Kaffeebaumes, den er pflanzen liess; im Jahre 1725 hatte der Baum schon viele andere hervorgebracht[88]). Im Jahre 1720 liess Ludwig XIV. einen Ableger jenes amsterdamischen Kaffeebaumes durch den Schiffsfähndrich Des Clieux nach Martinique bringen und dort pflanzen, und von dort wurde Kaffee nach Guadeloupe, St. Domingo und nach anderen Inseln gebracht. Nach Jamaika kam der Kaffee im Jahre 1728 durch den Engländer Nicholas Lawes. Auf Veranlassung des Naturforschers Commerson fing man im Jahre 1765 an, den Kaffeebau auf Mauritius zu betreiben. Und so breitete sich der Kaffeebaum über einen beträchtlichen Theil der Erde aus, und schon aus dem, was wir im ersten Bande über diesen Gegenstand sagten, geht hervor, wie viel Kaffee heutzutage von den civilisirten Völkern der alten und neuen Welt consumirt wird. — Nach A. v. Humboldt[89]) brachte man im Jahre 1802 aus den spanischen Colonieen in Amerika nach Mexiko 344 Centner Kaffee, von Mexiko nach Spanien 272 Centner, und im Jahre 1803 aus den amerikanisch-spanischen Colonien 474 Centner Kaffee nach Mexiko. Nach Mac Culloch[90]) wurden in dem Jahre, welches mit dem 5. Januar 1831 endigte, in das vereinigte britische Königreich folgende Kaffeequantitäten eingeführt: aus den britischen Besitzungen 27,429,144 Pfund, aus Ostindien und Mauritius 7,066,199, aus fremden Colonien 6,456,820, also zusammen 40,952,163 Pfund; und ausgeführt wurden zu derselben Zeit aus dem vereinigten Königreiche 20,087,994 Pfund Kaffee. Derselbe gibt an, dass man in dem Jahre, welches mit 5. Januar 1833 zu Ende ging, in das vereinigte Königreich in Summa 49,982,939 Pfund Kaffee ein-, und in demselben Jahre aus dem gesammten Reiche 25,719,742 Pfund Kaffee ausführte. Nach Schouw[91]) wurden im ganzen Königreiche Dänemark verzollt: im Jahre 1828 Pfund Kaffee: 1,669,996; im Jahre 1832 Pfund: 3,175,045; im Jahre 1836 Pfund: 3,260,365; dagegen im Jahre 1835 Pfund: 3,431,127. Wie J. J. Vivey[92]) angibt, werden auf der Insel Java jährlich funfzig Millionen Pfund Kaffee — jedes Pfund gleich 24 Lothen — geerntet: schon im dritten Jahre tragen die Bäume in Fülle, und die Kosten der Cultur sind bei dem geringen Arbeitslohne der Malayen um nichts höher, als die bei den Negern in Amerika. — Brasilien soll jährlich 72 und Mokka nur 1 Million Pfund Kaffee

---

[88]) Lettsom & Ellis, a. a. O. pag. 155.
[89]) v. Humboldt, A., Versuch über den politischen Zustand des Königreichs Neu-Spanien. Tübingen. 1809—14. Bd. IV. pag. 307 u. fg.
[90]) Mac Culloch, J. R., Handbuch für Kaufleute. Von C. F. E. Richter. Supplement-Band von C. R. Schmidt. Stuttgart & Tübingen. 1834—37. Bd. II. pag. 14 u. fg. Suppl.-Bd. pag. 540 u. fg.
[91]) Schouw, J. F., Naturschilderungen. Kiel. 1840. pag. 125.
[92]) Journal de Pharmacie. 1822. (Januar.) pag. 45.

erzeugen.[93]) Nach G u i e n [94]) wurden in Frankreich im Jahre 1827
zehn Millionen Kilogramme Kaffee consumirt; das verzollte Pfund Hayti-
Kaffee kostete damals 2 Fr. 40 Ct.; im Jahre 1847 kostete das Pfund
derselben Sorte nur 1 Fr. 90 Ct. und man consumirte 16,800,000 Kilogramme. Im Jahre 1849 stieg in den Vereinigten Staaten von Nord-
Amerika der Kaffeeverbrauch.auf mehr als fünfundsiebenzig Millionen
Pfund. Nach K o l b's[94a]) Angabe betrug im Jahre 1858 der Kaffeever-
brauch auf den Kopf in Holland 12; in Belgien 9,20; in den Vereinigt.
Staaten Nordamerika's 9,13; in der Schweiz [Kaffee und Surrogaté] 6,02;
in den Staaten.des Zollvereins 3,94; in Frankreich 1,57; in Oesterreich
1,11; in Grossbrittannien 1,09 Pfund. — Ueber die statistischen Verhältnisse des Kaffee in Westindien lese man besonders M e i n i c k e [95]).

Es existiren viele K a f f e e s o r t e n; wir werden uns damit begnügen, die bedeutendsten derselben mit Namen anzuführen und eine kurze
Charakteristik jeder einzelnen Sorte zu liefern. — Zunächst unterscheidet man den T r i a g e k a f f e e und den m a r i n i r t e n K a f f e e vom
unversehrt gebliebenen; der erstere besteht aus einem Gemenge ganzer
und zerbrochener Bohnen, und der marinirte Kaffee hat seinen Namen
daher erhalten, weil er auf der Reise durch Seewasser angefeuchtet
und durch dieses theilweise verändert wurde. Die vielen Sorten des
unversehrt gebliebenen Kaffee lassen sich nach W i g g g e r s [96]) in drei
Hauptsorten unterscheiden, in den a r a b i s c h e n K a f f e e nämlich, in
den o s t i n d i s c h e n und in den w e s t i n d i s c h e n oder a m e r i k a n i -
s c h e n. Die Untersorten des arabischen Kaffee sind: a. der M o k k a -
K a f f e e, dessen beste Sorte den Namen B e i t h a l F a k i h führt; der
Mokka-Kaffee ist braungelb, rundlich, hat im gebrannten Zustande lieb-
lichen, starken Geruch, hat, gleich der folgenden Untersorte, kleinere
Bohnen, als der ost- und westindische Kaffee, indessen sind die Bohnen grösser, als die des b. l e v a n t i s c h e n K a f f e e, der heller, meist
grünlichgelb gefärbt ist und im europäischen Handel sehr häufig als
Mokka-Kaffee circulirt. Der Mokka-Kaffee wird meist im Oriente von
den Vornehmen verbraucht, kommt desshalb nur in geringen Mengen
in den Handel; der levantische Kaffee, welcher auch den Namen des
t ü r k i s c h e n K a f f e e führt, erfährt seine Versendung von Kairo aus.
Die zweite Hauptsorte, der ostindische Kaffee, wird unterschieden:

93) D i n g l e r, Polytechnisches Journal. Bd. 95. pag. 29 u. fg.
94) D i n g l e r, Polytechnisches Journal. Bd. 117. pag. 399 u. fg.
94a) K o l b, G. F., Handb. d. vergleich. Statistik. 2. Aufl. Leipzig &
Zürich. 1850. pag. 390.
95) M e i n i c k e, C. E., Versuch einer Geschichte der europäischen Colonien in Westindien, nach Quellen bearbeitet. Weimar. 1831. pag. 653 u. fg.
96) W i g g e r s, A., Grundriss der Pharmacognosie. 4. Aufl. Göttingen.
1857. pag. 328.

a. in den Java-Kaffee; dieser ist von vortrefflicher Qualität [steht jedoch dem Mokka-Kaffee nach], hat gelbe oder graugelbe Farbe und Körner der verschiedensten Grösse; — die kleineren Körner werden ausgesucht und als Mokka-Kaffee verkauft [97]); *b.* Monado-Kaffee; seine Körner sind gross und von bräunlicher Farbe; *c.* Manila-Kaffee; zeigt entweder graugelbe oder mattgrünliche Färbung und hat kleinere Körner, als der *d.* Bourbon-Kaffee, dessen Bohnen als sehr gross zu bezeichnen sind; ihre Farbe ist sehr licht, fast weiss, sie sind länglich und an einem Ende schmäler, als am anderen. Die Untersorten des westindischen Kaffee sind: *a.* der surinamische Kaffee, welcher meist den Namen des westindischen führt; man consumirt die grössten Quantitäten dieser Sorte in den Niederlanden und in Belgien; seine Bohnen sind die grössten unter allen Kaffeesorten, und ihre Farbe ist bläulichgrün; *b.* der brasilianische Kaffee, eine häufig im europäischen Continentalhandel vorkommende Art, deren Bohnen bläulichgrün sind und ein angenehmes, starkes Aroma haben; *c.* der Kaffee von Martinique; er zeichnet sich dadurch aus, dass er unter allen Kaffeesorten am meisten Caffeïn enthält; seine Bohnen schmecken bitter, sind von mittlerer Grösse, haben grüne Farbe und sind länglich; *d.* der Kaffee von Cayenne gehört zu den besten Qualitäten, so dass er gleich hinter dem levantinischen kommt; *e.* der Kaffee von Domingo und der von Guadeloupe; beide Sorten sind ordinär, und die Farbe ihrer Bohnen ist weisslichgrün; ausser diesen kommen noch im Handel vor *f.* der Kaffee von La Guayra, *g.* von Jamaika, *h.* von St. Domingo, *i.* von Cuba, *k.* von Havannah, Barbados, Demerara, St. Lucia, Portorico und Berbice. — Der s. g. Kaffee aus dem irdischen Paradiese, welcher jetzt auf Bourbon gebauet wird, ist nur halb so gross, als der gewöhnliche orientalische Kaffee, aber ebenso schmackhaft und ohne Vergleich besser, als der westindische [98]). Payen handelt von einer Kaffeesorte, welche ihre Eigenthümlichkeit dem Einflusse der Ernte und einem besonderen Verfahren beim Entschälen der Bohnen verdankt; es ist dies der Kaffee von den Yungas in Bolivia. Seine Körner sind gross, regelmässig, von gelblichgrauer Farbe, und werden, ein Luxus-Kaffee, von den Bolivianern anderen Sorten vorgezogen, nicht wegen des guten Geschmacks, sondern aus Gewohnheit. Payen ist es sehr wahrscheinlich, dass man diesen Kaffee lange vor der Reife ernte und entschäle.

Es kann unmöglich unsere Aufgabe sein, von der Pflanzung des

---

[97]) v. Bibra, E., Die narkotischen Genussmittel und der Mensch. Nürnberg. 1855. pag. 5.

[98]) Dingler, Polytechnisches Journal. Bd. IX. pag. 261.

Kaffee zu handeln; wir müssen in dieser Hinsicht auf die Schriften
der Reisenden verweisen, welche den Kaffeebau [99]) aus eigener Anschauung kennen, und dies sind vorzüglich Otto [100]), Mühlenpfordt [101]),
Spix und Martius [102]), A. Waitz [103]), Ward [104]) und aus früherer
Zeit La Roque [105]), C. H. Braad [106]), J. Silander [107]), Thomas
Pistorius [108]), Brown [109]), Fothergill und Scott [110]). Wir müssen noch der Angabe von Schacht [111]) über die Kaffeebohnen gedenken, welche die Kaffeesträucher der Insel Madeira liefern; jene Kaffeebohnen sind klein und gleichen durchaus den Bohnen des Mokka-
Kaffee, von welchem sie nach der Behauptung der Portugiesen abstammen.
Auf Madeira liefert ein guter Kaffeestrauch ein bis zwei Pfund trok-
kener Beeren. Es ist zu bemerken, dass der Kaffee nur an der Süd-
seite Madeira's und zwar nur bis zur Höhe von sechshundert Fuss
über dem Meere gedeihet, und dass auf Tenerifa fast gar kein Kaffee
cultivirt wird. Der Kaffeestrauch muss, soll er gedeihen, an schattigen,
feuchten und vor Winden geschützten Orten, und auch ziemlich dicht
gepflanzt werden.

Wir gehen über zur Betrachtung der chemischen Verhältnisse
des Kaffee. Es wurden in älterer und neuerer Zeit Analysen der

[99]) Eine sehr gute Beschreibung dieses Gegenstandes in: Allgemeine
Historie der Reisen zu Wasser und zu Lande; oder Sammlung aller Reisebeschreibungen. Bd. 18. [Leipzig. 1764.] pag. 381 u. fg.

[100]) Otto, E., Reiseerinnerungen an Cuba, Nord- und Südamerika.
Berlin. 1843. pag. 110 u. fg.

[101]) Mühlenpfordt, E., Versuch einer getreuen Schilderung der Republik Mejico besonders in Beziehung auf Geographie, Ethnographie und Statistik.
Hannover. 1844. Bd. I. pag. 121 u. fg.

[102]) v. Spix, J. B., und C. F. P. v. Martius, Reise in Brasilien. München. 1823—31. Bd. I. pag. 146.

[103]) Ueber die Cultur d. Kaffeestrauches auf Java etc. Vom Apotheker A.
Waitz in Samarang, mitgetheilt durch A. Graf. — Archiv der Pharmacie.
2. Reihe Bd. 50. (Hannover. 1847.) pag. 246 u. fg.

[104]) Ward, H. G., Mexico in 1827. London. 1828. Bd. I. pag. 72 u. fg

[105]) La Roque, Voyage de l'Arabie heureuse. Amsterdam. 1716. pag.
237 u. fg.

[106]) Abhandlungen der königl. schwedischen Akademie der Wissensch.
1761. pag. 252 u. fg.

[107]) Abhandl. d. königl. schwed. Akad. d. Wissensch. 1757. pag. 229 fg.

[108]) Pistorius, T., Korte en sakelyke beschryving van de colonie van
Zuriname. Amsterdam. 1758. pag. 50 u. fg.

[109]) Brown, P., The civil and natural history of Jamaica. London. 1756.
pag. 161.

[110]) Lettsom & Ellis, a. a. O. pag. 179 u. fg. pag. 205 u. fg.

[111]) Schacht, H., Madeira und Tenerife mit ihrer Vegetation. Berlin.
1859. pag. 68 u. fg.

Kaffeebohnen von den namhaftesten Chemikern vorgenommen; indessen haben, mit wenigen Ausnahmen, nur jene Untersuchungen wissenschaftlichen Werth, welche in die neuere und neueste Zeit fallen. Des geschichtlichen Interesses wegen ist es jedoch nothwendig, die älteren Untersuchungen wenigstens namentlich aufzuführen. Die ersten Analysen der Kaffeebohnen wurden gemacht von Neumann[112], St. F. Geoffroy[113], Krüger[114], Percival[115], Ryhiner[116], J. G. Gmelin[117], Chovenix[118], Cadet de Veaux[119], Herrmann[120], Payssé, Schrader[121], Séguin[122], Brugnatelli[123], Kortum[124], J. F. John[125], Lampadius[126] und der Akademie der Wissenschaften in Paris. Weiter haben sich mit der chemischen Analyse der Kaffeebohnen beschäftigt: Runge[127], welcher im Jahre 1820 das Caffeïn entdeckte, Pfaff und Peretti[128], Zenneck[129], Payen[130], Rochleder[131], v. Bibra[132], Herapath, Fremy, C. G. Leh-

---

[112] Neumann, C., Lectiones publicae de quatuor subjectis diaeteticis. Vergl.: Acta Erudit. Lipsiens. II. Suppl.-Bd. pag. 509 u. fg. Vergl. auch weiter unten.

[113] Geoffroy, S. F., Tractatus de Materia medica. Parisiis. 1741. Bd. II. pag. 433 u. fg.

[114] Krüger, J. G., Gedanken vom Kaffee, Thee, Toback und Schnupftoback. 2. Aufl. Halle. 1746.

[115] Percival, Essays medicals and experimentals. Bd. II. (London. 1773.) pag. 122 u. fg. (No. 9.)

[116] Neues Hamburgisches Magazin. 1767. pag. 433 u. fg.

[117] Gmelin, J. G., Dissertatio de Coffea. Tubingae. 1752.

[118] Annales de Chimie. T. LXVI. pag. 325.

[119] Cadet de Veaux, A. A., Dissertation sur le Caffée. Paris. 1807. — Ann. d. Chim. T. 58. pag. 267.

[120] Crell, Chemische Annalen. 1800. Stück 9 u. 10.

[121] Gehlen, A. F., Journal für Chemie, Physik und Mineralogie. Bd. VI. (Berlin. 1808.) pag. 545.

[122] Annales de Chimie. T. XCII. pag. 5 u. fg.

[123] Schweigger, J. S. C., Journal für Chemie und Physik. Jahrgang 1816. Heft 7. (Bd. 17.) pag. 355.

[124] Kortum, C. A., Der Kaffee und seine Stellvertreter. Leipzig. 1809.

[125] John, J. F., Chemische Tabellen der Pflanzenanalysen. Nürnberg. 1814. Tabelle 16.

[126] Erdmann, O. L., Journal für technische und ökonomische Chemie. Bd. XIII. pag. 71.

[127] Neueste polytechnische Entdeckungen. Bd. I. pag. 144.

[128] Journal de Chimie médicale. 1843. pag. 387.

[129] Central-Blatt, pharmaceutisches, für 1831. pag. 444 u. fg.

[130] Comptes rendus. T. XXII. pag. 724. T. XXIII. pag. 244 u. fg.

[131] Annalen der Chemie und Pharmacie. Bd. L. pag. 224. Bd. LIX. pag. 300 u. fg. — Rochleder, F., die Genussmittel und Gewürze in chemischer Beziehung. Wien. 1852. pag. 11 u. fg.

[132] v. Bibra, E., Der Kaffee und seine Surrogate. München. 1858. pag. 22 u. fg.

mann, vorher Robiquet, Pelletier, Garot, Caventou [133]), Nicholson, Bourtron-Charlard, in neuester Zeit Stenhouse, Graham und Campbell [134]), A. Vogel [135]), u. A. m.

Die Veränderung, welche die Kaffeebohnen durch Rösten erfahren, später näher besprechend, wenden wir uns jetzt zu den chemischen Eigenschaften der Kaffeebohnen. Zunächst ist erwähnenswerth das Resultat der Analyse von Schrader; dieser Chemiker untersuchte rohe und geröstete Kaffeebohnen (Martinique-Kaffee) und fand in 100 Theilen

der rohen.	Theile.	der gerösteten.	Theile.
Caffeïn	17,58	Caffeïn	12,50
Gummi und schleimig.Extract	3,64	Gummi und Schleim. .	10,42
Extractivstoff . . .	0,62	Extractivstoff. . .	4,80
Harz	0,41	Harz und Oel . .	2,08
Fettes Oel . . .	0,52	Festen Rückstand . .	68.75
Festen Rückstand . . .	66.66	Verlust	1,45
Verlust	10,57		
	100,00		100,00

Nach den Angaben von Robiquet vertheilt sich der Gehalt der verschiedenen Kaffeesorten an Caffeïn in folgender Weise; der Kaffee von St. Domingo enthält 0,17 %, der von Cayenne 0,2 %, der von Mokka 0,201 %, der von Java und Alexandrien 0,252 % und der Kaffee von Martinique 0,36 %. Aus den Untersuchungen von Payen resultirt folgende Zusammensetzung der rohen Kaffeebohnen: Wasser 12,000; Asche 6,697; Caffeïn 0,860; Legumin 10,000; Zellstoff 34,000; kaffeegerbsaures Caffeïn-Kali 3,500 bis 5,000; festes ätherisches Oel 0,001; flüssiges ätherisches Oel 0,002; stickstoffhaltige Materie 3,000; Traubenzucker und Dextrin 15,000; fette Materien 10,000 bis 13,000. — Wir wollen gleich an diesem Orte erwähnen, dass Herapath [136]) in der Asche des feinsten westindischen Kaffee fand: Kali 15,238; Natron 6,264; Kieselsäure 42,022; Phosphorsäure 18,273; Schwefelsäure 0,224; Chlornatrium 0,606; phosphorsauren Kalk, 1,616; kohlensauren Kalk 3,838; schwefelsauren Kalk 11,515. — Nach Stenhouse's neuesten Untersuchungen enthalten die rohen Kaffeebohnen 0,8 bis 1,0 % Caffeïn. Seine, sowie Graham und Campbell's anderweitigen Forschungen über den Kaffee werden wir unten mittheilen.

Der Gehalt des Kaffee an Fett ist von den verschiedenen Ana-

133) Trommsdorf, J. B., Neues Journal der Pharmacie. Bd. XIII. St. 2. p. 124 u. fg.
134) Quaterly Journal of the Chem. Society. Bd. IX. pag. 33 u. fg., ferner: Annalen der Chemie und Pharmacie. Bd. CII. pag. 126 u. fg.
135) Central-Blatt, chemisches, für 1858. pag. 367 u. fg.
136) Quaterly Journal of the Chem. Society. Bd. II. pag. 4 u. fg.

lytikern verschieden angegeben worden, so von Robiquet zu 10, von Payen im Mokkakaffee bis zu 13 %, von v. Bibra in neuester Zeit zu 3 bis 5 %. Das in den Kaffeebohnen enthaltene Fett besteht aus Palmitin und Elaïn, wie Rochleder nachzuweisen bemühet war. Im Fette der Kaffeebohnen sind Spuren eines schwefelhaltigen Körpers enthalten. Das Fett selbst ist butterartig, hat den Geruch der rohen Kaffeebohnen und milden, der Cacaobutter ähnlichen Geschmack.

Die im Kaffee enthaltenen organischen Säuren wurden von Runge, Pfaff, Bourtron und Robiquet, Payen, ganz besonders aber von Rochleder erforscht. Pfaff glaubte eine Kaffeesäure und Kaffeegerbsäure als in den Bohnen präexistent annehmen zu müssen, Robiquet und Bourtron [137] fanden Gallussäure, Rochleder wies Citronensäure nach; der letztere Forscher läugnete in neuerer Zeit die Anwesenheit der Kaffeesäure in den rohen Kaffeebohnen, und er so gut wie Payen lehrten sehr gute Verfahrungsweisen für die Darstellung der Kaffeegerbsäure aus den rohen Bohnen. Die Kaffeegerbsäure, welche auch den Namen der Chlorogensäure führt, ist die Ursache des adstringirenden Geschmacks der Kaffeebohnen. Die Kaffeesäure, welcher man wegen der Eigenschaft ihrer Salze an der Luft grün zu werden, den Namen der Viridinsäure beilegte, ist im Kaffee an Basen gebunden, und diese Salze sind, obgleich ihre Menge keine bedeutende ist, die Ursache der grünlichen Färbung der Kaffeebohnen. Das Quantum der im Kaffee enthaltenen Citronensäure wurde nicht bestimmt, doch irrt man nicht, wenn man nur von Spuren dieser Säure spricht. Es darf die Andeutung nicht unterbleiben, dass die Kaffeegerbsäure in den Kaffeebohnen an Kali und Caffeïn gebunden ist; dass sie beim Erhitzen den Geruch des gebrannten Kaffee entwickelt; dass sie, der trockenen Destillation unterworfen, in Oxyphensäure (oder Brenzcatechin), und Wasser unter Abscheidung von Kohle zerfällt.

Es kommen auch, wie schon aus dem Vorigen erhellt, Proteïnkörper in den Kaffeebohnen vor, und halten wir uns an die in jeder Hinsicht ausgezeichneten Untersuchungen, welche Rochleder über diesen Gegenstand anstellte, so erfahren wir, dass kleine Quantitäten von Albumin neben Legumin (oder Pflanzencaseïn) in den fraglichen Bohnen enthalten sind; nach Rochleder geht das Legumin, welches ihm die Ursache der Gährungsfähigkeit der Kaffeebohnen ist, nicht in das Infusum über. — Auch Körper aus der Klasse der sogenannten Kohlenhydrate hat man in den Kaffeebohnen entdeckt. Der bedeutendste dieser Körper ist die Cellulose, und wir nahmen oben Gelegenheit, ihr Quantitätsverhältniss anzudeuten. Ausser der Pflanzenfaser fand man

---

[137] Archiv der Pharmacie. 2. Reihe. Bd. 11. pag. 146 u. fg.

im Kaffee nicht unbeträchtliche Mengen von Zucker und Dextrin; Payen fand 15 %, Döbereiner[138]) noch grössere Mengen, Stenhouse 8 %. Robiquet entdeckte den Zucker im Kaffee, Payen erklärte diesen Zucker für Traubenzucker, und nach Döbereiner ist der krystallisirte Zucker des Kaffee stets von einer Wenigkeit Mannazucker begleitet. Zucker und Dextrin gehen in den Kaffeeaufguss über. Stenhouse, Graham und Campbell sprechen von Rohrzucker, der in den Kaffeebohnen enthalten.

Der Gehalt der Kaffeebohnen an ätherischem Oele ist bisher noch nicht quantitativ bestimmt worden. Es ist aber dieses ätherische Oel wohl zu unterscheiden von dem Arom der gerösteten Kaffeebohnen, denn das letztere ist eine sogenannte empyreumatische Substanz, also ein Gemenge vieler Körper, während das erstere entweder ein Kohlenwasserstoff oder das Gemenge eines solchen mit einem sauerstoffhaltigen ätherischen Oele ist. Pfaff liess das Arom des gerösteten Kaffee aus der Zersetzung der Kaffeesäure resultiren; nach Zenneck erweiset sich jenes Aroma weder als Säure noch als Pflanzenbase, und es ist ganz gewiss, dass es erst beim Rösten der Bohnen entsteht; denn wie schon Payen zu beobachten Gelegenheit hatte, zeigen die Kaffeebohnen einen um so grösseren Gehalt an Arom, je mehr sie geröstet [was indessen nur bis zu einem bestimmten Punkte geht; ist dieser überschritten, dann nimmt die Menge des Aroms ab, und wird gleich Null, wenn die Bohnen in jenen Zustand übergegangen sind, in welchem man sie als verbrannt bezeichnet]. Das Arom des gerösteten Kaffee ist diejenige Substanz, welche Frémy und Bourtron mit dem Namen Caffeon belegten.

Den oben citirten Untersuchungen von Stenhouse, Graham und Campbell entnehmen wir noch einige wichtige Angaben über den Zuckergehalt der gerösteten und ungerösteten Kaffeebohnen, über deren Caffeïnmengen und über das Verhältniss der Aschenbestandtheile. Sie fanden für die folgenden Kaffeesorten die anstehenden Zuckerge-

---

138) Archiv der Pharmacie. 2. Reihe. Bd. 43. pag. 27.

Anmerkung. Es war schon oben die Rede von den Angaben Schacht's über die Cultur des Kaffeestrauches auf Madeira. Entgegengesetzte Bedingungen wie auf Madeira scheint der Kaffee in der Gegend von Calcutta zu erfordern. Wir wissen aus einer Notiz vom Jahre 1832 *), dass sich Wallich und die Herren Palmer & Comp. seit längerer Zeit bemüheten, den Kaffeebaum in Bengalen zu pflanzen: allein ohne Erfolg. Glücklicher waren die Versuche Strong's, welcher den Baum einige Meilen von Calcutta pflanzte; desshalb glücklicher, weil er den Kaffeebaum nicht im Schatten grösserer Bäume, sondern an Orten anbringen liess, die dem Lichte und der Luft reichlich Zutritt verstatteten.

*) Edinburgh New Philosophical Journal. 1832. Juli—October. pag. 377. — Dingler, Polytechn. Journ. Bd. 47. pag. 463.

halte: a. Vor dem Rösten: Wilder Ceylon 5,70%; Plantagen
Ceylon 7,52; 7,48; 7,70; 7,10%; Java 6,73%; Costa-Rica 6,72%;
6,87%; Jamaica 7,78; Mokka 7,46; 640%; Neilgherry 6,20%.
b. Nach dem Rösten: Wilder Ceylon 0,46%; Plantagen-Ceylon
1,14; 0,63; 0,0; 0,0%; Java 0,48%; Costa-Rica 0,49; 0,40%; Jamaica 0,0%; Mokka 0,50%; 0,0%; Neilgherry 0,0%. — Sie fanden
in der Asche der Kaffeesorten, und zwar im.

Sorte:	Kali	Natron	Kalk	Magnesia	Eisenoxyd	Schwefel-säure	Chlor	Kohlen-säure	Phosphor-säure	Summe
Plantagen-Ceylon	55,10	.	4,10	8,42	0,45	3,62	1,11	17,47	10,36	100,63
Wilder Ceylon	52,72	.	4,58	8,46	0,98	4,48	0,45	16,93	11,60	100,20
Java	54,00	.	4,11	8,20	0,73	3,49	0,26	18,13	11,05	99,97
Costa Rica	53,20	.	4,61	8,66	0,63	3,82	1,00	16,34	10,80	99,06
Jamaica	53,72	.	6,16	8,37	0,44	3,10	0,72	16,54	11,13	100,18
Mokka	51,52	.	5,87	8,87	0,44	5,26	0,59	16,98	10,15	99,68
Neilgherry	55,80	.	5,68	8,49	0,61	3,09	0,60	14,92	10,85	100,04

Sie fanden endlich an Caffeïn: im rohen wilden Ceylon 0,8; 1,01%;
im Plantagen-Ceylon 0,54; 0,83%. Nach Versmann enthalten gute
Sorten des brasilianischen Kaffee 0,57% an Caffeïn. — Nach C. G.
Lehmann enthielt die Asche des Java-Kaffee: Kali 51,45; Kalk 3,58;
Magnesia 8,67; Eisenoxyd 0,25; Phosphorsäure 10,02; Schwefelsäure
4,01; Kieselsäure 0,73; Kohlensäure 20,50; Chlorkalium 1,98; Kohle
und Sand 0,49. Levi [139]) fand in der Asche der Kaffeebohnen: Kali
42,11; Natron 12,20; Kalk 3,58; Magnesia 9,61; Eisenoxyd 0,55;
Phosphorsäure 11,24; Spuren von Schwefelsäure; Kieselsäure 2,95;
Chlor 11,24. Hayn [140]) fand im Mokka-Kaffee 0,506% an Caffeïn.

Durch das Rösten erleiden die chemischen Bestandtheile der Kaffeebohnen mehrfache Veränderungen, wie vorhin erwähnt worden, und
werden wir hierüber im Folgenden weiter berichten. Nach den Untersuchungen von Rochleder wird das Infusum des gerösteten Kaffee durch Alkalien dunkler braun gefärbt, und es enthält der Aufguss
weder Albumin, noch Legumin, noch Zucker, indem sich dieser beim
Rösten in Caramel verwandelt; auch kommen im Infuso nur geringe
Mengen Fettes vor, da dieses letztere durch das Rösten Veränderungen erlitt. Cellulose und Kaffeegerbsäure erfahren durch den in Rede

Anmerkung. Nach Darlegung der chemischen Verhältnisse des Kaffee
sagt S. F. Geoffroy (Tractatus de Materia medica. Paris. 1741. Bd. II.
pag. 435.): ,,Ex his analysibus concludi potest semen Caffe oleum potissimum
crassiori empyreumatico, sed admodum ratescibili, et particulis igneis per tor-
refactionem impraegnato, cum portione salis volatilis urinosi non mediocri con-
juncto, energiam suam debere.''

139) Journal für praktische Chemie. Bd. XXXVIII. [1846. Bd. 2.] p. 30.
140) Archiv der Pharmacie. 2. Reihe. Bd. LXXXVI. pag. 155.

stehenden Process Umänderungen, und es ist von den organischen Bestandtheilen der Kaffeebohnen nur das Caffeïn zu nennen, welches unverändert bleibt und ganz in den Aufguss übergeht. Das Kaffee-infusum, welches man täglich trinkt, hat also nebst Wasser folgende Körper als Bestandtheile aufzuweisen: das empyreumatische Oel, Caf-feïn, veränderte Kaffeegerbsäure, Caramel, die löslichen Salze der Kaffeebohnen und sogenannte Extractivmaterien. — Nach v. Bibra [141]) entweichen beim Rösten der Kaffeebohnen: das ätherische Oel der rohen Bohnen, eine Huminverbindung, empyreumatisches Oel, fettähn-liche Körper, Essigsäure, Assamar, Caffeïn, flüchtiges Oel vom Geruche des gerösteten Kaffee; ein Körper, welcher Silber- und Goldsalze reducirt; Wasserdämpfe.

Vor Entwickelung der physiologischen Verhältnisse des Kaffee-aufgusses scheint es uns nöthig zu sein, die physikalischen Eigenschaften der Kaffeebohnen mit kurzen Worten anzudeuten. Heinrich Sparschuch [142]) sagt von den Kaffeebohnen: „Semina solitaria, cartilaginea, hinc convexa, inde plana, margine altero longiore involuto intra alterum et reflexo in paribus contrario modo." Im Allgemeinen schmecken die Kaffeebohnen süsslich-herbe, kaum bitter [143]), zeigen in grösseren Mengen einen schwachen, eigenthümlichen Geruch, sind sonst schwer, zwischen 60 und 70° C. hingegen sehr leicht zu zerstossen [144]), haben die Eigenschaft, durch längeres Lagern eine hellere Farbe anzunehmen. Der rohe Kaffee nimmt leicht den Geruch jener Körper an, welche sich in seiner Nähe befinden, und es ist auch sehr häufig beobachtet worden, dass, wenn Zucker in der Nähe von Kaffee lagert, dieser alsbald unangenehmen Geschmack annimmt [145]), und Moseley theilt mit, dass durch einige Säcke, so Pfeffer enthielten, die ganze Kaffeeladung am Bord eines Ostindienfahrers verdorben sei. — Die Güte der rohen Kaffeebohnen, gleichgültig welcher Kaffeesorte sie angehören, erweist sich im Allgemeinen durch Gleichmässigkeit in Grösse, Farbe und Gewicht; durch grösseres specifisches Gewicht als Wasser; durch den den Kaffeebohnen eigenthümlichen Geruch und Geschmack; durch Mangel jeden fremden Geruches beim Rösten; durch die Eigenschaft, beim Liegen im Wasser diesem citrongelbe Farbe zu ertheilen. Wir werden weiter unten Gelegenheit nehmen, die Verunreinigungen und Verfälschungen, welchen der Kaffee unterworfen wird, ausführlich zu besprechen.

141) v. Bibra, Der Kaffee etc. pag. 47 u. fg.
142) Linné, C., Amoenitates academicae. Bd. VI. [2. Aufl. — Erlangen. 1789.] pag. 169.
143) Wiggers, a. a. O. pag. 326.
144) Rochleder, Die Genussmittel etc. pag. 15.
145) Mac Culloch, a. a. O. Bd. II. pag. 20.

Die physiologischen Wirkungen des Kaffeeaufgusses hängen in qualitativer Hinsicht von den chemischen Bestandtheilen desselben, in Hinsicht der In- und Extensität von der Menge des genossenen Infusums und von dessen Temperatur ab; wir müssen mit Rochleder anerkennen, dass als die wirksamen Principien des Kaffeegetränkes das Caffeïn, das empyreumatische Oel und die modificirte Kaffeegerbsäure zu bezeichnen sind. Wie diese Körper wirken, wird aus dem Folgenden erhellen. Ueber die physiologischen Wirkungen des Caffeïn's wie des Kaffeeaufgusses sind in neuerer und neuester Zeit Untersuchungen gemacht worden von Hannon [146]), Böcker, Rochleder [147]), Van den Corput [148]), C. G. Lehmann [149]), Cogswell [150]), Phöbus [151]), Albers [152]), Julius Lehmann [153]), Stuhlmann [154]), Hoppe [155]), Falk [156]), und weiter von Hoppe [157]) und Justus Liebig [158]). Die älteren Beobachtungen über die physiologische Wirkung des Kaffee sind ohne wissenschaftliches Interesse, so wichtig sie auch in praktischer, diätetischer, ätiologischer und anthropologischer Hinsicht sein mögen. Van den Corput und Hannon vindiciren dem Caffeïn die Eigenschaft, die Secretion der Galle und die Ausscheidung des Harnstoffs zu vermehren; die Organe des Denkens in eigenthümlicher Weise anzuregen, Anfangs jedoch ein Gefühl von Beklommenheit des Kopfes zu verursachen; nährend zu wirken [159]);

---

146) Neue medicinisch-chirurgische Zeitung. 1850. No. 30.
147) Journal für praktische Chemie. (Bd. XXXIX. der ganzen Reihe.) Jahrgang 46. Bd. III. pag. 367 u. fg.
148) Gazette des Hôpiteaux. 1850. No. 76.
149) Lehmann, C. G., Physiol. Chem. Bd. II. pag. 387.
150) The Lancet. London. 1852. (November.)
151) Vierteljahrsschrift für praktische Heilkunde. Prag. 1853. Bd. IV. (Bd. XL. d. ganz. Folge.) pag. 145 u. fg.
152) Deutsche Klinik. 1852. (No. 51.) pag. 577 u. fg.
153) Allgemeine medicinische Central-Zeitung. 1856. No. 6. — Annalen der Chemie und Pharmacie. Bd. LXXXVII. pag. 205 u. fg. pag. 275 u. fg.
154) Stuhlmann, J., Beiträge zur Kenntniss der Wirkungen des Coffeïn. Inaugural-Dissertation. Marburg. 1856.
155) Hoppe, J., Die Nervenwirkungen der Heilmittel. Leipzig. 1855—1856. Heft 3. pag. 69 u. fg. pag. 87 u. fg.
156) Virchow, Archiv für pathol. Anatomie und Physiologie und für klinische Medicin. Bd. XI. pag. 324 u. fg.
157) Froriep's Notizen aus dem Gebiete der Natur- und Heilkunde. 1859. Bd. IV. (No. 3.) pag. 33 u. fg.
158) Liebig, J. v., Die organische Chemie in ihrer Anwendung auf Physiologie und Pathologie. Braunschweig. 1842. pag. 183 u. fg.
Liebig, J. v., Chemische Briefe. 4. Aufl. Leipzig u. Heidelberg. 1859. Bd. II. p. 183.
159) Indirect, indem es den Stoffwechsel verlangsamt.

bei Anwendung grösserer Dosen die Gallensecretion in der Weise zu vermehren, dass Erbrechen und Laxiren veranlasst werden. Während Hannon Vermehrung der Menge des Harnstoffes im Harne zu beobachten Gelegenheit hatte, geht aus den Untersuchungen Böcker's hervor, dass nach Genuss des Kaffee's das Umgekehrte der Fall sei, und C. G. Lehmann fand keine Verminderung des Harnstoffs, sondern im Gegentheile Vermehrung. Nach J. Lehmann wurde bei Gebrauch des reinen Caffeïn's [vier Gran täglich], nachdem längere Zeit vorher jeder Kaffeegenuss unterblieb, Verminderung der Harnabsonderung und des Gefühles der Nüchternheit wahrgenommen, und bei Einverleibung grösserer Dosen [acht Gran täglich] beobachtete Lehmann Harnzwang, vermehrte Pulsfrequenz und Herzthätigkeit, Zittern, grosse Aufregung der Phantasie, Visionen und schliesslich tiefen Schlaf. Schon C. G. Lehmann sah nach Caffeïngebrauch geschlechtliche Aufregung erfolgen, und ich mache seit einigen Jahren bereits an mir selbst die Beobachtung, dass der Kaffeeaufguss sexuelle Erregung und Vermehrung der Harnausscheidung hervorbringt, dass sogenannter starker Kaffee, spät Abends getrunken, wollüstige Träume und Pollutionen verursacht, wesshalb ich mich nur noch eines verdünnten Aufgusses und dieses spätestens fünf Stunden vor dem Schlafengehen bediene. — Bleiben wir noch einige Augenblicke lang bei der Aufzählung der sehr interessanten Ergebnisse der Bemühungen des Julius Lehmann. Dieser Forscher nahm zwei Männer, welche er durch einige Zeit mit den nöthigen Mengen gut zubereiteter Nahrungsmittel versah, um ihre Organismen daran zu gewöhnen; alsdann liess er dieselben durch einige Zeit Kaffee geniessen, während er ihnen später denselben entzog; die Resultate der Beobachtungen waren nun, dass die Männer zur Zeit, wo ihnen der Kaffee entzogen wurde, Gefühl von Schwäche, Nüchternheit verspürten und keine Lust zur Arbeit hatten, indess umgekehrten Falles sich dieselben lustig, heiter und kräftig zeigten, die Arbeit nicht scheuten; zu bemerken ist, dass der Experimentator in jener Periode, wo kein Kaffee verabfolgt wurde, die festen Harnbestandtheile vermehrt, zur anderen Zeit bedeutend vermindert fand. Er stellte auch Versuche an mit dem durch Destillation der gerösteten Kaffeebohnen mit Wasser erhaltenen flüchtigen Oele und fand [nach dem Gebrauche einer vier Loth Bohnen entsprechenden Menge] Verminderung des Quantums der festen Harnbestandtheile, zumeist den Harnstoff und die Phosphate betreffend; angenehme Aufregung; Erhöhung der geistigen Thätigkeit, und zwar mehr des Verstandes als der Phantasie (!?); Verminderung des Gefühles des Hungers, dagegen grössere Intestinalthätigkeit.

Ehe wir daran gehen, die Schlüsse anzudeuten, welche Lehmann aus seinen Untersuchungen zog, wollen wir der Erfahrun-

gen Anderer gedenken. Rochleder schreibt dem Caffeïn Einwirkung auf die Muskel-, sonderlich auf die Herzthätigkeit zu.
Cogswell sah, nachdem er einem Frosche einen Gran Caffeïn ver-
abreicht hatte, jenen etwa 12 Minuten nach der Application in
Krämpfe verfallen und nach einer Stunde sterben: er war ganz steif
und in den Blutgefässen der Hinterextremitäten stockte das Blut.
Albers experimentirte an Fröschen und Kaninchen mit reinem und
citronensaurem Caffeïn und fand, dass Caffeïn, wie seine Verbindung mit Citronensäure, in grösseren Dosen Starrkrampf erregt, der
sich als hartnäckiger, entwickelter und gleichmässiger erweist als der
nach Application des Strychnin's; dass die Einwirkung des Caffeïn's
auf das Herz eine sehr bedeutende ist, und das in Rede stehende
Alkaloïd auf kaltblütige Thiere bei Weitem heftiger wirkt als auf
warmblütige. Die Untersuchungen von Falk und Stuhlmann zählen
gleich denen Lehmann's zu den bedeutendsten auf diesem Gebiete,
und wir theilen die Ergebnisse derselben im Folgenden mit. Da das
Caffeïn sich als ein unter Convulsionen tödtendes Agens erweist —
vorausgesetzt, dass es in der erforderlichen Menge einverleibt wurde —,
zählt es nicht zu den Nahrungsmitteln, sondern zu den Giften; es
bringt schon in verhältnissmässig kleinen Gaben den Tod, und zwar
tödtet es nicht durch Blutzersetzung, sondern durch Lähmung des Nervensystems; es unterdrückt dieses Alkaloïd keine Secretion, und verursacht unter gewissen noch nicht näher erforschten Verhältnissen
oberflächliche Entzündung der Darmschleimhaut. Die Angaben anderer Forscher über die Beeinflussung der Herz- und Nerventhätigkeit
durch das Caffeïn werden durch Falk und Stuhlmann bestätigt.
Aus seinen Untersuchungen über das Caffeïn und den Kaffee zieht
Hoppe folgende Schlüsse: das Alkaloïd verstärkt die Herzthätigkeit
und schwächt sie; es gibt dem Darme des Frosches schwache Impulse,
stärkere dem Magen; es wirkt sehr heftig auf die Muskel und Sehnen des abgetrennten Froschschenkels, erweitert bei Kaninchen die
Gefässe und verlangsamt die Flimmerbewegung sehr. Es ist das Caffeïn ein Impulsmittel für alle Nerven, besonders für die Gefässnerven
und die Nerven der willkürlichen Muskeln; des Caffeïn's Eigenschaft,
auf alle Nerven lähmend einwirken zu können, lässt der grosse Experimentator von der Gefässwirkung des Alkaloïdes abhängen. Es
regt die Gefässthätigkeit vorherrschend nur in einem Grade an, der
eine die Ernährung befördernde und verlängernde Schwellung der feinen Gewebsgefässe veranlasst, und als muskelbelebendes Mittel macht
es, wie Hoppe sagt, seine Wirkung durch die Impulse, die es den
abgetrennten Muskeln gibt, sehr anschaulich und danach auch seine
belebende Kraft im genossenen Kaffee sehr begreiflich. — Die Versuche von J. F. H. Albers führten zu dem Ergebnisse, dass das

Caffeïn ein Gift ist, welches bei Fröschen (weniger bei Kaninchen)
heftiger auf die Bewegung wirkt als das Strychnin; dass die Wirkung des Caffeïn auf das Herz von jener der sämmtlichen Alkaloïde
verschieden ist; der Wirkung nach ist das Caffeïn gerade der Gegen-
satz vom Coniin, welches seine Eigenthümlichkeit vorzugsweise in unmittelbar eintretender Lähmung zeigt.

Aus allen Untersuchungen, welche über die Wirkung des Kaffee's
und seiner Bestandtheile gemacht wurden, geht mit Bestimmtheit hervor, dass die Wirkungen des Kaffeeaufgusses nicht nur vom Caffeïn,
sondern auch von dem empyreumatischen Oele, welches darin enthalten,
von der Menge, der Concentration und der Temperatur des Infusums,
ihre Sonderlichkeiten auch grossentheils von der Zeit und Art des
Genusses und der Individualität des Geniessenden abhängen; dass der
Kaffee Verlangsamung des Stoffwechsels bewirkt, doch aber auch Erregung des Gefäss- und gesammten Nervensystems veranlasst; dass
dem Caffeïn die Einwirkung auf das Herz, die übrigen Muskeln, auf
die Harnorgane und gewisse Theile des Nervenapparates, dem flüchtigen Oele die Beeinflussung anderer Nervenregionen, theilweise die
Beschränkung des Stoffumsatzes, die Wirkung auf Schweissdrüsen und
Alimentarcanal zuzuschreiben ist. Der Kaffee vermindert das Bedürfniss nach fester Nahrung und beschränkt oder hebt ganz die Neigung
nach Spirituosen auf: echte Kaffeetrinker sind weder Vielfrässe noch
Säufer. — Ueber das Verhältniss des Kaffeegetränks zu den geistigen
Thätigkeiten wurde viel gesprochen und geschrieben; zunächst hören
wir, was Moleschott [160] sagt: „Während der Thee vorzugsweise
die Urtheilskraft erweckt und dieser Thätigkeit ein Gefühl von Heiterkeit zugesellt, wirkt der Kaffee zwar auch auf das Denkvermögen
erregend, jedoch nicht ohne zugleich der Einbildungskraft eine viel
grössere Lebhaftigkeit zu ertheilen. Die Empfänglichkeit für Sinnes-
eindrücke wird durch den Kaffee erhöht, daher einerseits die Beobachtung gesteigert, auf der anderen Seite aber auch die Urtheilskraft
geschärft, und die belebte Einbildungskraft lässt sinnliche Wahrnehmungen durch Schlussfolgerungen rascher bestimmte Gestalten annehm-
men. Es entsteht ein Drang zum Schaffen, ein Treiben der Gedanken und Vorstellungen, eine Beweglichkeit und eine Gluth in den
Wünschen und Idealen, welche mehr der Gestaltung bereits durch-
dachter Ideen, als der ruhigen Prüfung neu entstandener Gedanken
günstig ist." — Wie sich der Kaffeegenuss zu den Verdauungsthätig-
keiten verhalte, darüber sind die Meinungen verschieden: hier heisst
es, der Kaffee beschränke die Verdauung; dort sagt man, er unter-

[160] Moleschott, J., Lehre der Nahrungsmittel. 3. Aufl. Erlangen.
1858. pag. 140.

stütze dieselbe; beiderlei Meinungen gründen sich theils auf die oben
zum grössten Theile angedeuteten Versuche, theils auf die sogenannte
praktische Erfahrung. Uns scheint aus Allem, was über diesen Gegenstand geforscht und geschrieben wurde, und aus unseren eigenen
Beobachtungen hervorzugehen, dass bei allen jenen Menschen, welche
sich an den Kaffeegebrauch nach Einnahme der Mahlzeit gewöhnt haben, der Kaffee die Verdauung nicht nur nicht beschränke, sondern
geradezu unterstütze, theils indem er auf die Verdauungsorgane selbst
wirkt, theils indem er fröhliche Stimmung und allgemeine Aufheite-
rung hervorbringt.

Wir müssen noch einiger früheren Meinungen, Erfahrungen und
Beobachtungen über die physiologische Wirkung des Kaffee's gedenken, ehe wir daran gehen, die hygieinische und ätiologische Seite
der Lehre vom Kaffee zu berühren. Philipp Fermin [161]) sagt, man
behaupte, der Kaffee verursache wegen seiner salzigen, flüchtigen
und schwefeligen Bestandtheile in dem Blute eine Gährung, welche
wohlbeleibten, phlegmatischen oder mit der Migraine behafteten Leuten
zuträglich sei. Johann Ludwig Leberecht Löseke [162]) meint, dass das
von den rohen Kaffeebohnen gemachte Decoct oder Infusum, obgleich
es von Einigen als erweichendes und linderndes Mittel gerühmt werde,
doch zuviel rohe, schleimige und erdige Theile enthalte, welche sehr
leicht den Magen beschweren; es sei daher stets der Aufguss der
gerösteten Bohnen vorzuziehen, welcher sich dadurch auszeichne, dass
er die Verdauung befördere, Blähungen fortschaffe, auf den Harn wirke
und den Magen stärke, welche Kräfte sonderlich in dem „feinen
empyrevmatischen Oele stecken". Cornelis Bontekoe [163]) vindicirt
dem Kaffeegetränke die Eigenschaft, die Trockenheit im Munde aufzuheben, den Durst zu löschen, das Blut zu verdünnen und zu bewegen — d. h. Wallungen hervorzubringen —, den Mund zu reinigen,
in diesem antiseptische und antiscorbutische Wirkungen zu entfalten,
den Geruch der Ausathmungsluft zu verbessern, den Magen zu stärken, die Verdauung zu befördern, die Blutwärme zu vermehren. Er
zählt eine grosse Anzahl von Tugenden des Kaffee auf und gelangt
endlich zu dem Schlusse, dass der Kaffee ein Heil- und Präservativ-
mittel gegen alle Leiden sei, welche ihren Grund im Blute haben,
und sich auch als gutes Mittel gegen Epilepsie, Lähmung, gegen Ka-

---

161) Fermin, P., Ausführliche historisch-physikalische Beschreibung der
Kolonie Surinam. Berlin. 1775. Bd. II. pag. 46.
162) Löseke, J. L. L., Materia medica oder Abhandlung von den aus-
erlesenen Arzneymitteln. 4. Aufl. von J. F. Zückert. Lucern. 1776. p. 243.
163) Bontekoe, C., a. a. O. pag. 256 u. fg

tarrhe u. s. w. erweise. Leidenfrost [164]) schreibt dem kalten Kaffee, welcher nicht mit Zucker und Milch versetzt wurde, die Fähigkeit zu, Erbrechen zu bewirken, den Hunger zu benehmen, durch sein brenzliches Oel zu erhitzen, Wallungen, Herzklopfen u. dgl. zu erzeugen und das Blut zu verdicken. H. Sparschuch [165]) sagt vom Kaffee: „Coffea utpote usta, nihil confert nutrimenti, sed ut naturae inimica expellitur, omnes promovet excretiones, corpus exsiccat, humores spissos et lentos attenuat, immo fibras strictiores facit, systemaque enervat nervosum; quod igitur Coffeae potus diaeteticus, optimus non sit, satis patet, nec facilis aliis expedita, nisi obesis, vaporosis, sedentariis, gulosis. Torpidos erigere, et stupidiores acuere videtur, verum cerebrum et systema nervosum exsiccando, corpus debilitat, et praecocem parit senectutem." Hahnemann [166]) lässt durch Kaffeegenuss den Geschmackssinn feiner, die sexuellen Triebe grösser werden, und F. X. Metzler [167]) behauptet, dass heisser Kaffee „hässlich mache". Sundelin [168]) hält den Kaffee für ein Mittel, welches die Verdauungsorgane erregt und „stärkt", und A. F. Günther [169]) lässt die Verdauungsapparate durch Kaffee „belebt werden". Hahnemann nennt den Kaffee eine „blos arzneiliche Substanz". Wenn ein des Kaffee's Ungewöhnter, sagt er unter Anderem, eine mässige und ein an Kaffee Gewöhnter eine (relativ) übermässige Portion Kaffee trinkt, so wird während der ersten Stunden das Gefühl seiner Existenz, seines Lebens lebhafter. Der Vater der Homöopathie liefert eine sehr ausführliche Beschreibung der Wirkung des Kaffeeaufgusses, und meint auch: „zehn bis funfzehn Jahre zu früh wird der Geschlechtstrieb schon im zartesten, unreifsten Alter bei beiden Geschlechtern durch den Kaffee erregt; eine Verfeinerung, die auf unsere Moralität und Mortalität den sichtbarsten Einfluss hat — der hieraus fliessenden früheren Impotenz hier nicht zu gedenken."

Zweier Eigenschaften wegen hat der Kaffee besondere Berühmtheit erlangt: seine schlafvertreibenden Wirkungen werden von allen Jenen geschätzt, welche Nachtwachen zu halten genöthigt sind; und

164) Schlözer, A. L., Briefwechsel. Bd. VIII. pag. 114 u. fg.
165) Linné, C., Amoenitates academicae. Bd. VI. pag. 177.
166) Hahnemann, S., Der Kaffee und seine Wirkungen. Leipsig. 1803. Hahnemann, S., Kleine medicinische Schriften. Von Ernst Stapf. Dresden & Leipzig. 1829. Bd. II. pag. 52 u. fg.
167) Metzler, F. X., Diätetik für bürgerliche Mädchenschulen. Carlsruhe. 1810. pag. 100.
168) Sundelin, C., Handb. d. allg. u. speciell. Krankheitsdiätetik. Berlin. 1820. pag. 100.
169) Günther, F. A., Lehrb. d. Physiologie des Menschen. Fortgesetzt von O. Funke. Leipzig. 1845—53. Bd. II. Abtheil. 1. pag. 115.

seiner Eigenthümlichkeit wegen, den Rausch zu verscheuchen, steht er bei Säufern und Schlemmern in hohem Ansehen.

Es gibt Personen, bei denen Idiosynkrasie gegen den Kaffee besteht, und wir hätten viel zu thun, wenn wir alle Fälle aufführen wollten, die zur Beobachtung gelangten. Göthe [170]) machte an sich die Beobachtung, dass Kaffee nicht nur nicht aufheiternd und aufregend, sondern gerade gegentheilig wirkte: „durch eine unglückliche Diät verdarb ich mir die Kräfte der Verdauung; das schwere Merseburger Bier verdüsterte mein Gehirn; der Kaffee, der mir eine ganz eigne triste Stimmung gab, besonders mit Milch nach Tische genossen, paralysirte meine Eingeweide und schien ihre Functionen völlig aufzuheben, so dass ich desshalb grosse Beängstigungen empfand, ohne jedoch den Entschluss zu einer vernünftigeren Lebensart fassen zu können." Rochleder [171]) lernte mehrere Personen kennen, welche Kaffee- und Theegenuss wegen darauf folgender Harnblasenkrämpfe zu vermeiden genöthigt waren. Ich kenne Menschen, die nur schwarzen Kaffee zu trinken im Stande sind; Leute, welche versüssten Kaffee nicht zu geniessen vermögen, u. s. w.

Was Justus Liebig [172]) lehrte, werden, so weit es hierher gehört, die folgenden Zeilen in kurzen Umrissen bringen. Mit Recht sagt er, dass es immer unerforschlich bleiben werde, wie die Menschen auf den Genuss eines heissen Aufgusses von Blättern gewisser Stauden oder der Abkochung [resp. des Aufgusses] gerösteter Samen gekommen sind; es muss eine Ursache geben, meint der grosse Chemiker, welche erklärt, wie der Kaffee ganzen Nationen zu einem Lebensbedürfnisse geworden ist. Und in der That versucht Liebig eine chemische Erklärung zu geben, die indessen wie alle Rechenexempel dieser Art bisher an der Fülle der Naturerscheinungen Schiffbruch litten; ich glaube, wir sind in der Kenntniss der chemisch-physiologischen Verhältnisse des Organismus noch nicht so weit gekommen, als dass wir berechtigt wären, eine wissenschaftliche Erklärung der Art zu liefern. Es ist nicht zu läugnen, dass die Ursache der so grossen und wohl auch raschen Ausbreitung der narkotischen Genussmittel nur in chemisch-physikalischen Momenten und Beziehungen des Organismus und seines Stoffwechsels liege: allein erklären können wir heutzutage noch nichts. — Wenn Liebig weiter sagt, dass wir Thee und Kaffee ursprünglich nur bei Nationen antreffen, die vorzugsweise

170) Göthe, Aus meinem Leben. Dichtung und Wahrheit. Tübingen. 1811—22. Bd. II. pag. 281.

171) Rochleder, F., Genussmittel und Gewürze. pag. 53.

172) Liebig, J. v., Die organ. Chemie in ihr. Anwend. auf Physiol. u. Pathol. pag. 183 u. fg.

vegetabilische Nahrung geniessen, so können wir nicht umhin, an der
Wahrheit dieser Aussage einiger Maassen zu zweifeln. Für den Thee
später unsere Belege bringend, reden wir jetzt nur vom Kaffee. Die
Urheimath dieses Getränkes wie des Baumes, dessen Bohnen zur Bereitung des Aufgusses verwendet werden, ist Aethiopien. Wir wissen
von den alten Aethiopiern durch Strabo [173]), von den Abyssiniern
durch Bruce [174]), Rüppel [175]), Lobo [176]), Salt [177]) und viele andere
Reisende, dass diese Völkerschaften keineswegs vorzugsweise vegetabilische Speisen assen, respective essen, sondern nicht unbedeutende
Fleischmengen verzehren!

J. Liebig [178]) schreibt dem Kaffee die Eigenschaft zu, wegen
seines Gehalts an empyreumatischen Substanzen diejenigen Processe
der Auflösung und Zersetzung, welche durch Fermente eingeleitet und
im Gange erhalten werden, aufzuheben. Er sagt, dass Personen mit
schwachen oder empfindlichen Verdauungsorganen bei Anwendung einiger Aufmerksamkeit leicht zu der Wahrnehmung gelangen, dass eine
nach Tische getrunkene Tasse starken Kaffee's die Verdauung augenblicklich aufhebt, und man erst nach Aufsaugung und Entfernung des
Kaffee's aus dem Magen wieder Erleichterung fühlt; er meint weiter, dass der Kaffee für Leute mit starken Verdauungsorganen nach
dem Essen aus demselben Grunde diene, um die durch Wein und
Gewürze über eine gewisse Gränze hinaus erhöhte Thätigkeit zu mässigen; diese hemmenden Wirkungen auf die Verdauung besitze der
Thee nicht, indem er im Gegentheile die peristaltische Bewegung der
Eingeweide erhöhe. — Den Hinweis auf Personen mit „schwachen"
oder „empfindlichen" Verdauungswerkzeugen und auf eine Tasse
„starken" Kaffee's können wir unmöglich als wissenschaftlich bezeichnen, und halten dafür, dass der von Liebig gebrachte Beweis für
die Verdauung beschränkende Wirkung des Kaffeegetränks kein über-
zeugender ist.

---

173) Strabonis Geographica. Liber XVII. Cap. II. 2. [: „κρέασι δὲ
χρῶνται καὶ αἵματι καὶ γάλακτι καὶ τυρῷ." (porro carnibus et sanguine et lacte
et caseo utuntur.)] — Müller, C., et F. Dübner, Strabonis Geographica.
Parisiis. 1853. pag. 697.

174) Bruce, a. a. O. Bd. III. pag. 292 u. fg.

175) Rüppel, E., Reise in Abyssinien. Frankfurt a. M. 1838—40.
Bd. I. pag. 198 u. fg.

176) Lobo, H., Reise nach Habessinien und zu den Quellen des Nil.
Zürich. 1793—94. Bd. II. pag. 98 u. fg.

177) Salt, H., Neue Reise nach Abyssinien. Weimar. 1815. pag. 276.

178) Liebig, J. v., Chemische Briefe. 4. Aufl. Leipzig u. Heidelberg.
1859. Bd. II. pag. 183 u. fg.

Dass der Kaffee wirklich nährende Eigenschaften besitzt, geht,
ganz abgesehen von dem, was wir über seine physiologischen Verhältnisse wissen, schon aus der Betrachtung seiner Zusammensetzung hervor, und namentlich muss man den mit Milch versetzten Kaffeeaufguss
als nahrhaft bezeichnen. Nach Payen, welcher sich sehr für die
nährenden Eigenschaften des Kaffee ausspricht, enthält der Milchkaffee,
dessen man sich in der Regel zum Frühstück bedient, — in der Voraussetzung, dass ein Liter der Flüssigkeit aus gleichen Theilen Kaffee
und Milch besteht —, sechsmal so viel feste Stoffe und dreimal so viel
stickstoffhaltige, als Bouillon.

Es wurde oben schon vielfach gezeigt, wie sehr man sich zu den
verschiedensten Zeiten bemühete, die Schädlichkeit des Kaffee zu beweisen und welche Ansichten und Absichten diesen Bestrebungen zu Grunde
lagen. Ausser den oben angeführten Männern schrieben in älterer
Zeit A. de St. Yon und Le Clerc[179], Irenicus[180], Alberti[181],
Platz[182], Weidenbusch[183], Ottleben[184], de Meza[185], Ovelgün[186], Leporati[187], v. Bötticher[188] Fernelhuis und de la
Grive[189] u. A. über die Schädlichkeit des Kaffee. Friedrich Hoff-

179) de St. Yon, A., & Le Clerc, Ergo ab immoderato potu decocti
Coffeae sterilitas. Parisiis. 1695.

180) Irenicus, Beweis, dass der Missbrauch des Caffeetrankes so ad
morbos exanthematicos, als fluxum haemorrhoidalem disponire. Nürnberg. 1761.

181) Alberti, M., Dissertatio de Coffeae potus usu noxio. Halae. 1730.

182) Platz, A. W., Dissertatio de potus Coffeae abusu, catalogum morborum augente. Lipsiae. 1733. 4.

183) Weidenbusch, N., De noxis ex abusu potus Coffeae. Moguntiae.
1796.

184) Ottleben, F. B., Dissertatio de potus Coffeae ex seminibus parati
noxio effectu. Helmstadii. 1781. 4.

185) De Meza, S. T., Epilepsia ex saturatissimo potu Coffée lethalis. —
Vergl. Societatis Medicinae Havniensis Collectanea. Bd. I. No. 19. pag. 154 u. fg.

186) Ovelgün, R. F., Cariei dentium causa, a multis minus hactenus
observata, dataque per occasionem opportuna; simul nonnulla circa usum et
abusum potus herbae Thé et Caffée. — Vergl. Nova Acta Academiae Naturae
curiosorum. Bd. II. pag. 178 u. fg.

187) Leporati, W. A., Dissertatione, se il Caffe, che ha fra altre pro-
prieta etc. etc., sia pericoloso alle femmine gravide. — Vergl. Reuss, J. D.,
Repertorium commentationum a societatibus litterariis editarum. Bd. 10. (Göttingen. 1813.) pag. 321.

188) de Bötticher, J. G., Vertigo satis vehemens, a nimio potu Coffée,
aliisque in diaeta commissis erroribus. — Vergl. Acta Academiae Naturae
Curiosorum. Bd. VI. pag. 158 u. fg.

189) Fernelhuis, J. B., & J. de la Grive, An a potu Coffeae frequen-
tior apoplexia. Parisiis. 1718.

mann[190]) sprach den Satz aus, es sei durch den Gebrauch des Kaffee eine neue Pestilenz, der Friesel, in die Welt gekommen; wir haben wohl nicht nöthig die Bodenlosigkeit dieser Behauptung darzuthun und uns unter Anderem darauf zu stützen, dass der Leibarzt und Geograph Carl's II., Robert Sibbald[191]), vom epidemischen Vorkommen des Friesels und anderen acuten Exanthemen zu einer Zeit spricht, wo man in Schottland vom Kaffee noch nichts wusste. Linné[192]) bezeichnet den Kaffee als schädlich für die Augen, für nervöse, hypochondrische und hysterische Leute und für Melancholiker. Der früher erwähnte Reisende P. Fermin[193]) hält den starken Gebrauch des Kaffee für Schwangere sehr nachtheilig, indem er leicht zu frühe Niederkunften zu Stande zu bringen vermag, und unser Beschreiber von Surinam meint, dass der Kaffee für alle Jene schädlich sei, welche von „empfindlicher, trockener, hitziger und gallereicher Leibesbeschaffenheit" sind; und wir müssen dem Manne in Bezug auf den zweiten Theil seines Satzes Recht geben. Durch seine die „Gefässthätigkeit steigernde und die venöse Blutbildung begünstigende, mit der der Gewürze sehr übereinstimmenden Wirkung" wird der Kaffee dem berühmten K. W. Stark[194]) besonders jungen, blutreichen, an Hämorrhoïden und Hypochondrie leidenden Menschen schädlich; er bewirkt ihm Hitze, Unruhe, Wallungen, Herzklopfen, Beängstigung, Schwindel, Schlaflosigkeit, Gliederzittern, Plethora abdominalis, Blutflüsse, Schlagfluss; wir werden weiter unten sehen, dass all' diese Erscheinungen die Folgen des Gebrauchs verhältnissmässig zu grosser Mengen concentrirten Kaffeeaufgusses sind.

J. G. Zimmermann[195]) sagt, dass der mässige Gebrauch des besten levantischen Kaffee's gesunden Leuten von allen Temperamenten wenig schade, ja zur Verdauung und zur Ermunterung des Gemüths beitrage. „Eine junge schweizerische Dame," erwähnt der grosse Arzt, „von welcher Johann Jakob Rousseau sagt, sie verbinde mit dem Kopfe eines Leibnitz die Feder eines Voltaire, schrieb mir einst sie hätte ohne Kaffee den Verstand einer Auster." Zimmermann trank, wie er selbst erzählt, täglich zweimal Kaffee, aber nicht mehr.

---

190) Hoffmann, F., Exercitatio acromatica de acidi et viscidi insufficientia pro stabiliendis 'omnium morborum caussis etc. Francofurti. 1689. 8.

191) Sibbald, R., Scotia illustrata. Edinburgi. 1684. fol. Partis primae Prodromi Historiae Naturalis Scotiae pag. 51 u. fg.

192) a Linné, C., Materia medica. Editio quarta auctior curante J. C. D. Schrebero. Lipsiae et Erlangae. 1782. pag. 68.

193) Fermin, P., a. a. O. Bd. II. pag. 47.

194) Stark, Allgemeine Pathologie oder allgemeine Naturlehre der Krankheit. Leipzig. 1838. pag. 553 u. fg.

195) Zimmermann, J. G., Von der Erfahrung in der Arzneykunst. Zürich. 1763—64. Bd. II. pag. 345 u. fg.

als zwei Tassen anf einmal, denn ein Uebermaass habe ihn entkräftet, ihm „hypochondrische Wallungen, Zittern in den Gliedern, Schwindel, und eine gewisse unerträgliche Furchtsamkeit verursacht. Er sagt von den schädlichen Wirkungen des Kaffeemissbrauches: „der Kaffee treibt das Blut durch die Nase, die Lungen, die Mutter und die Goldadern, er stürzt in langsame Husten, endlich in eine gänzliche Abzehrung, und mit derselben in die äuserste Munterkeit des Gemüthes, und den Tod." Der Missbrauch des Kaffee hat nach Zimmermann weit gefährlichere Folgen, als der des Thee. Nach Thierry soll Kaffee mit Milch oft plötzlich weissen Fluss bewirkt habeu [wer weiss, was den weissen Fluss bewirkte?], und der grosse Linné erzählt von zwei alten Weibern in Upsala, die sehr heftig geplagt waren von hysterischen Zufällen; als sie das seit vielen Jahren gewöhnte Kaffeetrinken unterliessen, wurden sic von dem Leiden befreiet; einige ihrer Freundinnen aber, die zu den ausgemachtesten Kaffeeschwestern zählten, drangen darauf, dass sio sich wieder des Kaffee's bedienten; gleich am folgenden Tage sollen jene Zufälle wieder erschienen sein.

Nach Tissot [196]) wird die Gesundheit der Gelehrten durch den Kaffee beeinträchtigt. Dieser Arzt erklärt den Kaffee für ein Arzneimittel, aber man müsse den täglichen Gebrauch desselben, der wirklich schädlich sei, verbannen. „Denn diese tägliche Reizung der Fasern des Magens zerstört endlich ihre Stärke," meint Tissot; „sein Schleim verliert sich," sagt er weiter, „die Nerven werden gereizt, sie bekommen eine ganz besondere Beweglichkeit, die Kräfte vergehen, und man verfällt in schleichende Fieber und in eine Menge von Krankheiten, deren Ursache nur gar zu oft man sich selbst zu verbergen sucht, und dio um so viel schwerer zu heben sind, da die mit einem Oele verbundene Schärfe des Kaffee nicht nur die flüssigen Theile anzustecken, sondern auch an die Gefässe selbst sich anzuhängen scheint." Seltener Kaffeegenuss sei heilsam, läutere die Begriffe und schärfe den Verstand, wenn man den Gelehrten glaubon dürfe, die auch einen grossen Gebrauch davon machen. Von den Wirkungen des Kaffee's bei häufigem Genuss sagt Tissot, sie bestehen in allgemeiner heftiger Bewegung, Herzklopfen, zuweilen tiefer Traurigkeit und wahrer Verzweiflung, und seien somit denen gerade entgegengesetzt, welche der Kaffee entfaltet, wenn er zuweilen nur zur Nachmittagszeit getrunken wird. Der in Rede stehende Arzt sah im Elsass eine Frau, die an Engbrüstigkeit litt; schon eine kleine Menge Kaffee's verursachte ihr Traurigkeit, Angst, Beklemmung, sonderlich in der Herzgegend, Trockenheit im Munde und Schlunde, Schlingbeschwerden etc.; und so erzählt Tissot noch eine Menge derartiger Fälle, und es

---

196) Tissot, S. A. D., Sämmtliche zur Arztneykunst gehörige Schriften. Von J. C. Kerstens. Leipzig. Bd. II. [1780.] p. 183 f. Bd. IV. [1781.] p. 49 f.

kommt stets darauf hinaus, dass der Kaffee eine krankmachende Potenz
sei. Benjamin Rush[197]) schuldiget die Ausdünstungen des faulenden Kaffee als eine von den Ursachen des gelben Fiebers an.

Alles, was in älterer und neuerer Zeit die Erfahrung lehrte, zusammengenommen, gelangt man zu dem Schlusse, dass auch unverfälschter
Kaffee die Gesundheit zu gefährden vermag, und zwar: *a.* wenn das
Infusum einen gewissen Concentrations- und Temperaturgrad über-
schreitet; *b.* wenn das Quantum des genossenen Kaffeegetränkes ein
im Verhältnisse zur Individualität des Kaffeetrinkers zu grosses ist;
c. wenn man sich des Aufgusses zur ungeeigneten Zeit bedient. Laut
der täglichen Erfahrung können die Nachtheile des unhygieinischen
Kaffeegebrauches folgende sein[199]): Unruhe, Angst, Schwindel, Zittern
der Glieder, grosse Hitze, Herzklopfen, Wallungen, und es sind Fälle
von Schlagfluss beobachtet worden. Die Erscheinungen chronischen
Erkrankens durch den unhygienischen Kaffeegenuss können sein chro-
nisches Herzklopfen, solches Gliederzittern, Reizbarkeit und beständige
Aufregung des Nervensystemes, insonderheit der Phantasie, Congestionen nach Kopf, Lunge und den Unterleibsorganen, Unterleibsplethora.

Es war schon im ersten Bande mehrfach davon die Rede, wie
der Kaffee bei den Orientalen zubereitet wird, und wollen wir hier
noch Einiges über die Darstellung des Kaffeegetränkes nachtragen. Als
der Gebrauch desselben allgemeiner zu werden anfing, bemüheten sich
die Hausfrauen, es so schmackhaft als möglich und so vollkommen
als möglich darzustellen: hier kochte Eine die gebrannten, ungemah-
lenen Kaffeebohnen, dort wollte eine Andere wissen, dass man die
Kaffeekörner weich kochen müsse, eine Dritte nahm grosse Wassermengen, eine Vierte versetzte den Kaffee mit Schmalz. Die Koch-
künstler erzeugten aus Kaffee eine ganze Reihe von Speisen, denen
sie mitunter allerhand barbarische Namen beilegten; wir verweisen
auf Weitenweber[199]), der mehrere dieser Speisen beschreibt, und
auf die Lehrbücher der Kochkunst. Für unseren Gegenstand sind noch
folgende Bemerkungen von Wichtigkeit. Smithson[200]) hat ein uns
sehr praktisch erscheinendes Verfahren zur Kaffeeerzeugung vorgeschlagen, welches darin besteht, dass man das Pulver der Kaffeebohnen in
einer Flasche mit kaltem Wasser übergiesst, die Flasche im Wasser-

---

[197]) Rush, B., A account on the bilious remitting yellow fever, as it
appeared in the city of Philadelphia in the year 1793. Philadelphia. 1794.
[198]) Reich, E., Lehrb. d. allgem. Aetiol. u. Hyg. Erlangen. 1858. pag. 176.
[199]) Weitenweber, M. R., Der arabische Kaffee. 2. Aufl. Prag, Leit-
merits & Teplitz. 1837. pag. 83 u. fg.
[200]) Annals of Philosophy. 1823. Julius. pag. 30. — Dingler, Polytechn.
Journ. Bd. 12. pag. 123.

bade erhitzt und ihren Inhalt nach erfolgter Extraction des Kaffee filtrirt. Zum Gebrauche wird das Fluidum erhitzt. Werden diese Manipulationen mit Umsicht und Vorsicht unternommen, so ist gewiss, dass vollständige Extraction der Bohnen und keinerlei Verlust an Arom stattfindet. Nach Pleischl[201]) wird der Kaffee weit concentrirter und wohlschmeckender, wenn man bei seiner Bereitung dem Wasser kohlensaures Natron zusetzt, in dem Verhältnisse, dass auf ein Loth gebrannten Kaffee's zwei und ein halber Gran krystallisirten kohlensauren Natrons kommen. Die grössere Concentration beruht in diesem Falle auf der Eigenschaft der Soda, das Fett der Kaffeebohnen zu lösen, somit die Einwirkung des Wassers auf diese letzteren zu erleichtern, die Extraction vollständiger zu machen.

Wie wir von mehreren Orient-Reisenden wissen, und wie auch G. A. Wallin[202]) in neuester Zeit mittheilte, wird der Kaffee besonders in der Wüste und in Mesopotamien mit verschiedenen Gewürzen versetzt, worunter Nelken und Cardamomen die gewöhnlichsten; seltener sind Ingwer und Cocosnuss, wovon ein kleines Stück in die Pfanne gethan wird, nachdem der Kaffee gekocht ist. Zuweilen setzt man, wenn der Kaffee recht fein sein soll, ein wenig Muskus zu, „um dem Getränke einen feinen Duft zu geben." Auf seinen Reisen würzte Wallin manchmal den Kaffee mit Vanille, und die Araber erachteten das Getränk als ungemein schmackhaft. In Egypten gebraucht man diese Würzen seltener, räuchert aber die Tassen vor dem Eingiessen des Kaffee mit Mastix und Libàn ein. Wallin theilt auch einen Gesang der Wüsten-Araber in deutscher Uebersetzung mit, worin es unter Anderem heisst:

„Mein Sohn, der Du unter den Jünglingen wie eine Kerze hervorleuchtest,

stopfe mir die Pfeife mit gereinigtem Tabak aus Alrawr;

„Denn lieber als jedweden Mädchens Küsse ist mir die mit ihrem Rohre

von Bein,] wenn sie mir die Nacht hindurch den Schlummer verjagt

„Bei einem Kaffee, der duftend von Cardamomen und Cocusnuss oder gewürzt mit zwanzig Nelken, die das rechte Maass sind, genossen wird" etc.

Der sogenannte Sultans-Kaffee wird im Oriente nur von hohen Personen getrunken. Wir haben darüber Nachricht erhalten durch

---

201) Medicinische Jahrbücher des österreichischen Staates. 1843. October. pag. 23.

202) Zeitschrift der deutschen morgenländischen Gesellschaft. Bd. VI. pag. 373. pag. 377.

La Roque[203]), Niebuhr, Andentungen durch Geoffroy[204]). Es wird der Sultans-Kaffee auf folgende Weise bereitet; man röstet die äussere Hülse oder das getrocknete Mark der Frucht des Kaffeestrauches und infundirt das so geröstete Pulver mit kochendem Wasser, Etwas von der innern Hülse hinzusetzend. Es soll dieser Kaffee, den die Araber jedem andern vorziehen, sehr guten und angenehmen Geschmack haben, und es soll nicht nöthig sein, Zucker hinzuzusetzen, da das Infusum keinerlei Bitterkeit zeigt. Am Hofe zu Yemen soll kein anderer, als Sultans-Kaffee getrunken worden sein.

Auf seiner Reise von Scherm nach dem Sinai trank Wellsted[205]) vortrefflichen Kaffee, den die Beduinen bereitet hatten; er gibt an, dass die Wüsten-Araber die Kaffeebohnen nicht mahlen, sondern mittelst zweier Steine stossen, und zwar nur eine solche Menge, als sie eben trinken wollen. Fast jeder Beduine führt seinen Kaffeeapparat mit sich, und es besteht eine solche Vorrichtung aus einem kleinen Topfe und einer kreisrunden Eisenplatte, auf welcher die Bohnen geröstet werden.

In Bezug auf die Bereitung und das Rösten des Kaffee ist noch einiger Angaben von Cunningham[206]) zu gedenken; diesen zufolge beträgt der Verlust, den der Kaffee durch das Rösten erleidet, im Allgemeinen 19 bis 25 % vom Gewichte der Bohnen; auch fand jener Forscher, dass, wenn man Kaffee vor dem Rösten einige Zeit und etwa durch Aetzkalk trocknet: a. der Verlust beim Rösten geringer ist, b. keine so hohe Temperatur zu dieser Operation erfordert wird, c. der vor dem Rösten getrocknete Kaffee ein wohlschmeckenderes Infusum gibt, als anderer.

Die in der französischen Armee allgemein verbreitete Ansicht, dass der Kaffee für Soldaten im Kriege ein unentbehrliches Unterstützungsmittel der Kräfte sei, ein Mittel, welches bei keiner Mahlzeit fehlen dürfe, glaubt Perrin[207]) mit Nachdruck widerlegt zu haben. Er - bemerkte nämlich nach Kaffee, wenn dieser nüchtern genossen wurde, ermüdende Aufregung, Stechen in der Haut, oft profusen Schweiss, Schwindel, unangenehme Völle des Magens, wodurch die Verdauung des Frühstücks beeinträchtigt wurde, zuweilen noch Schmerzen im

---

203) La Roque, Voyage d'Arabie heureuse. Amsterdam. 1716. p. 243 u. f.
204) Geoffroy, S. F., Tractatus de Materia medica. Paris. 1741. Bd. II. pag. 435.
205) Wellsted, J. R., Reisen in Arabien. Deutsch von E. Rödiger. Halle. 1842. Bd. II. pag. 64 u. fg.
206) Archiv der Pharmacie. 2. Reihe. Bd. 44. (Hannover. 1845) p. 195.
207) L'Union médicale de Paris. 1857. Nr. 103. 104. — Schmidt, Jahrbücher der in- und ausländischen gesammten Medicin. Bd. 97. pag. 163.

Unterleibe und mehrere seröse Stühle. Einige Offiziere vertauschten desshalb den Kaffee mit Thee, welcher diese unangenehmen Folgen nicht gehabt haben soll. Die besprochenen Wirkungen traten bei den gemeinen Soldaten weniger hervor, theils weil letztere im Allgemeinen weniger nervös erregbar sind, theils auch wegen der Zubereitung des Kaffee, den sie·nicht als Aufguss, sondern als Abkochung, wie Suppe, zu sich nahmen; und dennoch soll sich der Fall nicht selten ereignet haben, dass bei der Rückkehr aus der Tranchee, wo in der Regel Kaffee gereicht wurde, dieser Aufregung mit nachfolgender Abspannung und sogar Ohnmachtserscheinungen verursachte. Perrin hält Kaffeegenuss bei nüchternem Magen im Kriege für unzweckmässig, und räth dafür den Gebrauch des Thee an.

Die Orientalen trinken den Kaffee niemals nüchtern, und es geht bei ihnen das Sprüchwort, dass man, wenn man nichts zu essen hätte, sich einen Knopf vom Rocke abbeissen und jenen verschlucken.sollte, ehe man es unternehme, Kaffee zu trinken. Es hat diese Gewohnheit der Araber und anderer Völker des Orients darin ihren Grund, dass diese den Kaffee ohne Zucker und Milch trinken, und schwarzer, concentrirter Kaffee nüchterne Verdauungsorgane unangenehm berührt.

Auch in neuerer Zeit haben sich Stimmen gegen den Gebrauch des Kaffee's erhoben. F. W. Böcker [208]), davon redend, was wohl an Stelle des Branntweins, zu setzen wäre, hält dafür, dass auch der Kaffee nicht zum Ersatze tauge, und meint, es sei sehr zu bezweifeln, ob ein überhandnehmender Kaffeegenuss sehr wünschenswerth, wenn man seine Wirkung auf den Organismus und den Umstand in's Auge fasse, dass jährlich ohnehin Tausende für dieses ausländische Product ausgeführt werden. Er beruft sich in Hinsicht der schädlichen Wirkung des Kaffee auf die Arbeiten von Schultz [209]) und sagt endlich, „dass das verkohlte Empyreuma des Kaffee's, wie alle kohligen Substanzen, die Decomposition der Stoffe und die Verdauung hindert, eine Art Balsamirung hervorbringt [210]).“

Es entsteht nun die rein hygieinische Frage: wie soll man den Kaffee zum Behufe der Erhaltung der Gesundheit gebrauchen? Die Antwort hierauf lässt sich, in Anbetracht des schon oben Entwickelten, in folgende Worte kurz zusammenfassen. Man soll: 1. echten Kaffee trinken; 2. sich dieses Getränks nur mässig bedie-

---

208) Boecker, F. W., Ueber eine Ursache des Branntweingenusses. Braunschweig. 1845. pag. 73 u. fg.
209) Schultz, C. H., De alimentorum concoctione experimenta nova. Berolini. 1834. pag. 35.
210) Wie kann ein Arzt in der Mitte des neunzehnten Jahrhunderts solchen Kohl schwätzen?

nen; 3. zu concentrirten, wie zu verdünnten und zu heissen Kaffee
meiden; 4. den Genuss der Zeit und den Individualitätsverhältnissen
anpassen; 5. schwarzen, ungezuckerten Kaffee nicht bei nüchternem
Magen zu sich nehmen; 6. mit Ausnahme der Kaffeeblätter alle anderen Surrogate verwerfen. — Man gestatte mir dazu folgende Inter-
pretation. Echter Kaffee ist aus doppeltem Grunde anzurathen; einmal, weil er die später zu erwähnenden Nachtheile der Surrogate
nicht in sich schliesst, und weiter, weil er verhältnissmässig billiger
ist; echter Kaffee ist „Kaffee" und entspricht den an dieses Genussmittel gestellten hygieinischen Anforderungen: Surrogate sind kein
Kaffee, so sehr man sich auch bemühen möge, sie zu solchem zu
stempeln. Der mässige Genuss ist der Ausdruck des physiologischen
Verhältnisses zwischen dem Quantum des Genussmittels und der Individualität des Menschen; da diese letztere aber so unendlich diffe-
rirt, so muss man den allgemeinen Satz aufstellen: solche Mengen
sind die geeigneten, bei deren Aufnahme das Wohlbefinden keinerlei
Störung erleidet. Wie der concentrirte Kaffee zu schaden vermag,
wurde schon früher gesagt; dass derjenige Kaffee keinerlei Nutzen
bringe, welchen man im gemeinen Leben als zu verdünnten bezeichnet, bedarf wohl keiner Auseinandersetzung; kalter Kaffee ist weit
davon entfernt, den diätetischen Anforderungen gerecht zu werden,
und heisser Kaffee ist schädlich. Bei mit Geschick unternommener
Bereitung des Kaffeeaufgusses liefert das Verhältniss von Wasser 25
und gemahlenen Kaffeebohnen 1 Gewichtstheil ein Getränk von ganz
vorzüglicher Güte, in der Voraussetzung, dass die Bohnen gut von

---

Anmerkung. Sehr trefflich spricht sich Schouw *) über die national-
ökonomischen Verhältnisse des Kaffee's aus, indem er sagt: „Wenn man be-
denkt, dass Dänemark jetzt jährlich für ungefähr 400,000 Speciesthaler Kaffee
verbraucht, so könnten vielleicht die Anhänger der alten staatsökonomischen
Schule — nach welcher es als ein Unglück für ein Land angesehen wird, wenn
es viel Geld für fremde Producte ausgibt — etwas beunruhigt werden. Diese
Furcht ist indessen ohne Grund. Umsonst bekommen wir unsern Kaffee freilich nicht von den Fremden; dass die Fremden unsere Gold- und Silbermi-
nen erschöpfen sollten, ist jedoch nicht zu befürchten. Unsere Gold- und Sil-
berminen sind Korn und Fettwaaren, und je mehr wir hiervon absetzen können, desto besser! Kann also unser Landmann sein Korn und seine Fettwaaren so sehr vermehren und verbessern, dass das Land dadurch in den Stand
gesetzt wird, mehr Kaffee vom Auslande zu kaufen, so wollen wir ihm mit
Freuden diesen Kaffee als Lohn seines grösseren Fleisses gönnen." Und weiter sagt er: „Die vermehrte Production aber bringt den Kaffee zum Fallen,
und der niedrigere Preis verschafft wieder neue Kaffeetrinker, vermehrt also
den Kaffeestrom und dadurch die Production. Eine Herabsetzung des Zolls
kann als eine neue Schleuse betrachtet werden, die dem Strome geöffnet wird."

*) Schouw, J. F., Naturschilderungen. Kiel. 1840. pag. 128 u. fg.

Qualität und sorgfältig gebrannt waren. Das diesem Verhältnisse entsprechende Fluidum kann als Normalmaass für die Concentration des Kaffee angenommen werden. — Manchen Menschen verursacht der Gebrauch des Kaffoe's zu gewissen Stunden Beschwerden, während er zu anderer Zeit vortheilhaft auf sie einwirkt. Jedermann muss nun auch in dieser Hinsicht Aufmerksamkeit auf sich verwenden und den Gebrauch des Kaffee's in jene Stunde verlegen, zu welcher derselbe ihm gut bekommt. Im Allgemeinen sei jedoch empfohlen, dass man unter den gewöhnlichen Verhältnissen mindestens vier Stunden zwischen der letzten·Kaffeeeinnahme und dem Schlafengehen verstreichen lasse, wenn man nicht unruhig schlafen will; aus diesem letzteren Grunde ist es auch gut, den Abendkaffee im Zustande minder grosser Concentration einzunehmen.

In heissen Sommern leistet schwarzer Kaffee, mit frischem Trinkwasser vermischt getrunken, gute Dienste als Erfrischungsmittel.

Ueber die hygieinische Bedeutung des Kaffee (und des Thee) spricht sich Oesterlen [211]) sehr vortrefflich aus, und wir können nicht umhin, Einiges wörtlich mitzutheilen. „Die Erfahrung lehrt, dass Thee, Kaffee von Tausenden und Tag für Tag mit entschiedenem Behagen, selbst mit positivem Nutzen, oder doch ohne nachweisbare Benachtheiligung ihrer Gesundheit getrunken wird. Ihr mässiger Genuss wird daher oft zu empfehlen, jedenfalls nicht kurzweg zu verbieten sein. Vor Allem gilt dies für die Bewohner feuchtkalter sumpfiger Länder, z. B. in Nord-Europa, Britannien, Holland, zumal wenn sie, wie fast immer, von Jugend auf an deren Genuss gewöhnt sind; ja in England, Nord-Amerika und andern Ländern ist Thee, bei uns Kaffee sogar bei armen Volksklassen, Arbeitern ein wesentlicher Bestandtheil des täglichen Brods geworden. Und leistet zumal der Kaffee auf Seefahrten und Reisen, im Felddienst, Bivouak, überhaupt wenn der Mensch jeder Witterung, oft bei rauher, schwerverdaulicher oder kärglicher Kost, bei Mangel an gutem Trinkwasser u. dgl. ausgesetzt ist, wirkliche, fast unersetzliche Dienste; so kann auch dem Thee im Salon, überhaupt im geselligen Leben, wie es einmal unsere Zeit, unsere Sitten mit sich bringen, ein wesentlicher Nutzen nicht abgesprochen werden. Man bedenke, dass solchen Getränken jedenfalls im Vergleiche zu andern ihr Verdienst zukommt, dass durch ihren Genuss Tausende von demjenigen anderer, entschieden gefährlicherer Getränke abgehalten werden, seien es nun je nach Umständen geistige oder kaltes Wasser, Eis, wie z. B. bei erhitzten Tän-

---

211) Oesterlen, F., Handbuch der Hygieine, der privaten und öffentlichen. 2. Aufl. Tübingen. 1857. pag. 366 u. fg.

zern, Tänzerinnen.'' Wie Klemm [212]) mittheilt, wurde im Schleswig-
schen Feldzuge vom Jahre 1849 von den sächsischen Soldaten der
Kaffee dem Branntwein vorgezogen, und der Erfolg in Bezug auf die
gesundheitlichen Verhältnisse der Truppen war der erwünschteste.
Wollte man von allen Aerzten und Nichtärzten sprechen, welche
den Kaffee als Heilmittel anpriesen, so würde man sehr viel zu thun
haben. Wir werden uns damit begnügen, auf den bedeutenderen
Theil der Aelteren hinzuweisen und werden den Neueren insoweit
Aufmerksamkeit schenken, als es zur Sache gehört. Schon der alte
Prosper Alpinus, der alte Leonhard Rauwolf, Linné, Geoffroy
und viele Andere reden von den Heilwirkungen des Kaffee. Male-
branche [213]) erzählt von einer Frau, sie sei durch mehrere Kaffee-
klystiere vom Schlagflusse befreit worden; Dufour.[214]) redet von einer Frau in Paris, welche durch Kaffee von sehr heftiger Hemikra-
nie befreit wurde; nach Mollenbroccius diente der Kaffee bei Hol-
ländern, Schweden und Dänen als Antiscorbuticum; Lanzoni [215]) erzählt Fälle von Heilung verschiedener Arten von Diarrhöe; Hahnemann [216]) erklärt und empfiehlt den Kaffee als Antidot gegen Niese-
wurz. In neuerer Zeit wurde der Kaffee von mehreren Aerzten als
Heilmittel gerühmt; so von Carrère [217]) bei eingeklemmten Leisten-
brüchen, gegen welche man denselben nach der Versicherung von
Durand in Havannah allgemein gebrauchen soll; von Czernicki [218])
in denselben Fällen. C. Girtanner [219]) (der Verfasser der „antiphlogistischen Chemie'') [220]) empfiehlt den Gebrauch des Kaffee's bei
Kindern mit scrophulöser Diathese oder wirklicher Scrophelkrankheit
als Heil- und hygieinisches Mittel; Bidder [221]), L. Strohmeyer und
Andere wandten ihn in der Cholera an, C. Mellin [222]) gegen Schwin-

---

[212]) Klemm, G., Allgemeine Culturwissenschaft. Bd. I. [Leipzig.
1855.] pag. 349.
[213]) Mémoires de l'Academie des Sciences à Paris. 1702. pag. 29 u. fg.
[214]) Dufour, a. a. O. pag. 148 u. fg.
[215]) Acta Academiae Naturae Curiosorum. Bd. I. pag. 44.
[216]) Hahnemann, S., Kleine medicinische Schriften. Herausgegeben
von E. Stapf. Dresden & Leipzig. 1829. Bd. I. pag. 110 u. fg.
[217]) l.'Union médicale de Paris. 1857. No. 90.
[218]) Medic.-chir. Monatshefte. 1858. Bd. II. pag. 358.
[219]) Girtanner, C., Abhandlung über die Krankheiten der Kinder und
über die physische Erziehung derselben. Berlin. 1794. pag. 382.
[220]) Girtanner, C., Anfangsgründe der antiphlogistischen Chemie.
3. Aufl. Wien. 1801. 8.
[221]) Rust, J. N., Magazin für die gesammte Heilkunde. Bd. 36. (Berlin. 1833.) Heft 1.
[222]) Mellin, C. J., Die Hausmittel. 1786. pag. 65.

del, **Rasori** das Pulver der ungebrannten Bohnen gegen Wechselfieber, ebenso J. T. C. **Bernstein** [223]); **Bobillier** [224]) will auf Morea die guten Wirkungen des Kaffeegetränks bei Typhuskranken beobachtet haben; u. s. w. — Um kurz zu sein, erwähnen wir, dass man sich heutigen Tages des Kaffeeaufgusses bedient: als Antidot gegen Narkotica, als Mittel gegen Wechselfieber, gegen die Seekrankheit, die Trunkenheit und den Katzenjammer; bei gewissen Durchfällen und in der indischen Cholera; gegen Zuckerharnruhr, wie B. **Schuchardt** [225]) angibt; gegen Keuchhusten, andere Krampf- und viele Nervenkrankheiten, namentlich solche, die mit Anämie auftreten; bei Solchen, die durch irrespirable Gase in Lebensgefahr geriethen; endlich gegen gewisse katarrhalische Zustände. — Der Kaffee ist von sehr vielen Laien als Heilmittel gepriesen worden, und, genauer erwogen, hat man allen Grund, ihn vielen Mitteln aus der Apotheke vorzuziehen.

Die **Verunreinigungen** und **Verfälschungen** des Kaffee's beziehen sich in der Regel auf dessen gemahlene Bohnen. Sollten aus irgend einer Masse fabricirte Bohnen dem Kaffee beigemengt sein, so lassen sich jene von den echten Bohnen durch die mikroskopische Untersuchung unterscheiden. Es ereignet sich öfter, dass man die grüne Farbe der Kaffeebohnen zu verbessern oder hervorzuheben trachtet, oder nicht grüne Bohnen grün färbt, um ihnen den Anschein einer besseren Qualität zu geben. Solche Färbungen werden meist auf zweierlei Weise bewerkstelligt, nämlich entweder mittelst Grünspan, oder, indem man die Bohnen mit der Lösung des Indigo in Schwefelsäure, mit Eisenvitriol und Kohlenpulver schüttelt, abklopft, alsdann mit verdünntem Ammoniak behandelt und endlich an der Luft trocknet. Nur die Färbung mit Grünspan macht den Kaffee zur ätiologischen Potenz. Man erkennt diese Fälschung indem man die verdächtigen Bohnen mit der Lösung des Blutlaugensalzes behandelt: werden sie braun, dann ist der Beweis der Fälschung mit Kupfersalzen überhaupt geliefert. Das Pulver der gerösteten Kaffeekörner wird verfälscht durch Cichorienpulver, durch Mehl, mit gebranntem Zucker [226]) und mehreren gerösteten Kaffeesurrogaten. **Orfila** [227]) erkennt die Fälschung durch Cichorienpulver auf folgende Weise: er feuchtet den

---

223) **Bernstein**, J. T. C., Kleine medicinische Aufsätze. Frankfurt a. M. 1815. pag. 52.

224) **Froriep**, Notizen aus dem Gebiete der Natur- und Heilkunde. Bd. XXXVI. (Erfurt. 1833.) No. 3.

225) **Schuchardt**, B., Handb. d. allgem. u. speciell. Arzneimittellehre und Receptirkunst. Braunschweig. 1858. pag. 585.

226) **Cannstatt**, Jahresbericht etc. für 1851. Bd. VII. pag. 29.

227) **Orfila**, Traité de Médecine légale. Quatrième édition. Paris. 1858. Bd. III. Abtheilung 2. pag. 982.

verdächtigen Kaffee an und rollt ihn zwischen den Fingern; lässt sich die Masse kneten und in Form von Kügelchen bringen, so ist dies ein Beweis für die Gegenwart der Cichorie, da ja reiner Kaffee seine pulverförmige Beschaffenheit beibehält; auch gehört zu den Unterscheidungsmitteln des Kaffee von der Cichorie das specifische Gewicht und der Geschmack: Cichorie ist specifisch schwerer als Wasser, und schmeckt bitter-säuerlich. Fälschung des Kaffee mit Mehl oder mit dem Pulver gerösteter Cerealien wird durch die chemische Analyse, und zwar durch die Jod-Stärke-Reaction, nachgewiesen, wie auch durch die mikroskopische Untersuchung, welche über alle anderen Verfälschungen Aufschluss gibt; es bleibt uns in Bezug auf angedeutete Untersuchung nur noch übrig auf die trefflichen Arbeiten von Klenke [228]), Chevallier [229]) und Duflos [230]) zu verweisen. Nach dem Journal des Connaissances usuelles vom Jahre 1831 erkennt man die Verfälschung des Kaffee's mit Cichorie auf folgende Weise [231]): man wirft eine Prise des fraglichen Kaffeepulvers in ein mit kaltem Wasser gefülltes kleines Glasgefäss; ist der Kaffee rein, so bleibt das Wasser ungefärbt; enthält er Cichorie, so wird das Wasser röthlich und es fallen kleine rothe Theilchen zu Boden.

Unter Overbeck's Leitung untersuchte jüngst Hayn [232]) eine blaue Flüssigkeit, welche ein Kaufmann durch absichtliches Abspülen des Kaffee erhalten hatte. Keine schädliche Stoffe darin entdeckend, glaubte er das blaue Pigment für den Farbestoff der Crozophora tinctoria halten zu können, womit namentlich die Holländer verschiedene Handelswaaren färben.

Eine Pflicht der Gesundheits-Polizei ist es, den Verkauf des Kaffee's mit der grössten Strenge zu überwachen; Fälschungen und Verunreinigungen dieses ungemein wichtigen Genussmittels zu verhindern, Fälscher exemplarisch zu bestrafen, vor dem Gebrauche der Surrogate im Allgemeinen zu warnen und über den richtigen Gebrauch des reinen Aufgusses öffentliche Belehrungen ergehen zu lassen.

---

228) Klenke, H., Die Verfälschung der Nahrungsmittel und Getränke, der Colonialwaaren, Droguen und Manufakte, u. s. w. Leipzig. 1858. pag 88.

229) Chevallier, A., Wörterbuch der Verunreinigungen und Fälschungen der Nahrungsmittel, etc. Göttingen. 1856—57. Bd. II. pag. 3 u. fg.

230) Duflos, A., Die wichtigsten Lebensbedürfnisse etc. 2. Aufl. Breslau. 1846. 8.

231) Dingler, Polytechnisches Journal. Bd. XLII. pag. 75.

232) Archiv der Pharmacie. 2. Reihe. Bd. LXXXVI. pag. 155 u. fg.

Die Surrogate des Kaffee.

Ein wirkliches Surrogat des Kaffee's existirt — wenn man die Kaffeeblätter aus dem-Spiele lässt — nicht, weil keiner von jenen Stoffen, die man als Ersatzmittel des Kaffee's hinstellte, in der chemischen Zusammensetzung Gleichheit mit diesem, oder doch wenigstens Analogie erweiset: keiner dieser Körper enthält Caffeïn oder einen Verwandten des Alkaloïds, obgleich in der Mehrzahl derselben, wo nicht in allen, Röstbitter und empyreumatisches Oel enthalten ist.

Wie kam man dazu, an Surrogate zu denken und diesen eine so ungeheure Ausbreitung zu verschaffen? Man wurde dazu genöthigt durch die verkehrten national-ökonomischen Anschauungen der verschiedenen Regierungen, durch jene natur- und vernunftwidrigen Ansichten, in deren Folge es zu Hemmnissen im Kaffeehandel, zu Verboten des Kaffeegenusses, Auflagen, Zöllen auf den Kaffee und zu anderen verkehrten Institutionen kam. Man gewann dem Kaffee schon sehr früh Geschmack ab, und der Eindruck, welchen der braune Aufguss auf unsere Vorfahren machte, war um so günstiger, je mehr der Kaffee als „verbotene Frucht" galt. Da nun der echte Kaffee einmal zu theuer und weiter schwer zu beschaffen war, so sann man darüber nach, wie man denn das herrliche Genussmittel durch andere billigere Substanzen ersetzen könne. Und es kam zur Einführung der Kaffeesurrogate, deren wahrer Cultus aber erst durch die grosse Continentalsperre begründet worden zu sein scheint. In den letzten Decennien schossen eine Menge von Kaffee-Surrogats-Fabriken gleich Pilzen aus dem Erdboden hervor, um die Länder mit ihren elenden Producten zu überschütten; und es ist leider so weit gekommen, dass Tausende und aber Tausende sich fast ausschliesslich jener schlechten Surrogate bedienen.

Wir haben der neueren Zeit die schätzenswerthesten Aufschlüsse über die chemischen Beziehungen der Kaffee-Surrogate zu danken, und ausser Payen [233]) waren es Stenhouse, Graham und Campbell [234]), ganz vorzüglich aber v. Bibra [235]), welche in dieses Gebiet wahres Licht brachten. Die physiologischen Verhältnisse der Kaffeesurrogate sind uns aber heutzutage noch sehr dunkel; es fehlt gänzlich an wirklich exacten Beobachtungen. Man hat viel über die Kaffeesurrogate zusammengeschrieben und den Regierungen nicht sel-

---

[233]) Comptes rendus. T. XXII. pag. 724. T. XXIII. pag. 244.
[234]) Quaterly Journal of the Chem. Society. Bd. IX. pag. 33 u. fg.
[235]) v. Bibra, Der Kaffee und seine Surrogate. München. 1858. 8. pag. 67 u. fg.

ten recht viel Stoff zum Nachdenken gegeben: allein wissenschaftlichen
Werth haben die meisten dieser diätetischen und staatswissenschaft-
lich-medicinischen Abhandlungen nicht. Von den älteren Schriften
über Surrogate im Allgemeinen bezeichnen wir die folgenden: M. F.
Lochner [236]), J. G. Siegesbeck [237]), J. Serer [238]), P. Kalm [239]),
T. Weichard [240]), G. H. Piepenbring [241]), Roehler [242]), Juch [243]),
Cavander [244]), C. Medicus [245]), Laubender [246]), Heim u. A. m.

Die Untersuchungen von Bibra und jenen drei Briten sollen zunächst Gegenstand der Besprechung sein, und zwar in so weit sie
sich auf die Surrogate im Allgemeinen beziehen. Bibra fand in den
gerösteten Wurzeln und Samen, welche man an Stelle des Kaffee gebraucht, stets empyreumatisches Oel und Röstbitter, bei zweien Samen
nur eine Gerbsäure; es zeigen jene Empyreumata keinerlei Aehnlichkeit
mit denen des Kaffee. Mit Bibra müssen wir als einen Grund der
so grossen Verbreitung vieler Surrogate den Umstand bezeichnen,
dass in einigen der Zuckergehalt nicht unbedeutend ist und man demgemäss beim Gebrauche derselben Zucker erspart; so ist es bei den
Cerealien, bei der Cichorie und einigen anderen Surrogaten. Bibra
bringt die Surrogate, indem er deren äussere Form zum Maasstabe
macht, in folgende Abtheilungen: a. Geröstete und gemahlene Substanzen in noch reinem pulverförmigem Zustande; hierher die Cichorie, die Eicheln, die Cerealien und die verschiedenen Rüben. b. Geröstete und gepulverte Substanzen, durch irgend einen Zusatz zusam-

---

236) Lochner, M. F., De novis et exoticis Theae et Coffeae succedaneis, Chenopodio ambrosioïde, herba de Palos de Paraguay et aliis. Norimbergae. 1717. 4.

237) Siegesbeck, J. G., Einige Anmerkungen vom Thee, Coffee und
Chocolate, wie nicht weniger von verschiedenen Simplicibus, so statt jener
gebraucht werden. — Becker, J. H, Versuch einer Literatur und Geschichte
der Nahrungsmittelkunde. Stendal. 1810—12. Abtheil. II. pag. 935.

238) Serer, J., Lettera sopra la bevanda del Caffé Europaea. Verona.
1730.

239) Kalm, P., Tankar om Coffee och de inhemska wäxter, som pläga
brukas i des ställe. Åbo. 1755. 4.

240) Weichard, T., Epistola de succedaneorum Coffeae inveniendorum
regulis. Lipsiae. 1774. 4.

241) Piepenbring, G. H., Deutscher Caffee und Thee. Hannover. 1798.

242) Deutscher Reichs-Anzeiger. 1799. No. 13.

243) Scherer, Allgemeines Journal der Chemie. 1800. (Heft 28.) p. 516.

244) Becker, a. a. O. II. p. 938.

245) Medicus, F. C., Kleine ökonomische Aufsätze. Mannheim. 1804.
No. 2.

246) Laubender, B., Der Caffee, und seine bisjetzt bekannten 42 Surrogate. Nürnberg u. Altdorf. 1806. 8.

mengehalten und fast compact gemacht; hierher Cerealien, Cichorie und Rüben, die man mit Syrup versetzte, um ihnen einen süsseren Geschmack zu geben [welche Operation mit dem Namen des Fettmachens belegt wird]. c. Mehr oder weniger spröde harzartige Massen, meist in ein gröbliches Pulver gebracht oder in kleine Stücke zerschlagen. d. Essenzen; die indessen ungemein selten vorkommen und in der Regel aus geröstetem Syrup bestehen. Betreffend die erste Kategorie der „käuflichen Surrogate", geht aus den Forschungen Bibra's [247]) hervor, dass, wenn sie rein im Handel vorkommen, Cichorien und Rüben sich äusserlich durch ihre Eigenschaft kennzeichnen, bei längerem Liegen oder bei feuchtem Wetter in Folge der Wasseraufnahme zusammenzukleben und ein grösseres specifisches Gewicht anzunehmen; im concentrirten Aufgusse der Getreidearten lässt sich, da sie in den bei Weitem meisten Fällen nicht in dem Maasse geröstet sind, als dass das ganze Stärkemehl in Dextrin übergegangen, das Amylum leicht durch Jod erkennen. In den Eicheln ist Gerbsäure enthalten; ein Umstand, welcher sie dem Kaffee näher bringt.

Für die Gesundheitspolicei von ganz besonderer Wichtigkeit ist die von Bibra angegebene Entdeckungsweise der Kaffeefälschungen: alle Röstproducte der Cichorie, der Rüben, der Cerealien, der Eicheln, Kastanien u. s. w. fallen zu Boden, wenn man das fragliche Pulver in einem hohen Cylinderglase mit kaltem Wasser schüttelt und durch einige Zeit der Ruhe überlässt; alle Sorten des echten Kaffee steigen an die Oberfläche des Wassers.

Aus den Untersuchungen von Stenhouse, Graham und Campbell geht hervor, dass die gerösteten Samen von Iris pseudo-acorus ein Arom aufweisen, welches dem der gerösteten Kaffeebohnen am nächsten kommt. Die drei Engländer belehren uns über die Zuckergehalte und die Bestandtheile der Asche der verschiedenen Kaffeesurrogate, und wir theilen die Resultate ihrer Forschungen im Folgenden mit.

A. Tabelle, betreffend den Zuckergehalt (in Procenten).

Surrogat:	Vor dem Rösten	Nach dem Rösten	Surrogat:	Vor dem Rösten	Nach dem Rösten
Ausländische Cichorie . .	23,76	11,94	Bouka	—	5,82
Gurresey-Cichorie	30,49	15,96	Eicheln . . .	3,64	2,70
Englische Cichorie . . .	35,23	17,98	Braunes Malz	8,58	—
Englische Cichorie (Yorkshire)	32,06	9,86	Schwarzes Malz	—	1,66
Mangoldwurzel	23,63	9,96	Pferdebohnen .	—	1,62
Mohrrüben	31,93	1,53	Graue Erbsen .	—	1,08
Turnips	30,48	9,65	Mais	—	0,82
Rothe Rüben	24,06	7,21	Roggenmehl .	—	1,96
Löwenzahnwurzel	21,96	9,06	Brodkrumen .	—	1,78
Pastinaken	21,70	6,98	Lupinen . . .	—	0,74

---

247) Es muss auf die Forschungen v. Bibra's das grösste Gewicht gelegt werden, weil sie wirklich epochemachend sind.

B. Tabelle, betreffend den Gehalt der Asche an Mineralbestandtheilen.

Surrogat:	Kali	Natron	Kalk	Magnesia	Eisenoxyd	Schwefelsäure	Chlor	Kohlensäure	Phosphorsäure	Kieselsäure	Sand	Summe
Schwarze Cichorie (Yorkshire)	33,48	8,12	9,38	5,27	3,81	10,29	4,93	1,78	10,66	3,8	9,32	100,55
EnglischeCichorie	24,88	15,10	9,60	7,22	3,13	10,53	4,63	2,88	11,27	2,61	8,08	99,98
Fremde Cichorie	29,56	2,04	5,00	3,42	5,32	5,38	3,23	2,50	7,06	12,75	23,10	100,66
Guernsey . .	32,07	3,81	5,31	3,85	3,52	6,01	4,56	3,19	6,65	10,52	20,19	99,68
Lupinen . .	33,54	17,75	7.75	6,18	—	6,-0	2,11	0,56	25,53	0,87	—	101,09
Eicheln . .	54,93	0,63	6,01	4,32	0,54	4,79	2,51	13,69	11,15	1,01	—	99,58
Mais . . .	30,74	—	3.06	14,72	0,84	4,13	0,50	—	44,50	1,78	—	100,27
Pastinaken .	56,54	—	6,85	6,49	0,53	4,07	2,09	11,44	13,84	0,75	—	102,42
Löwenzahn .	17,95	30,95	11,43	1,31	1,27	2,37	3,84	6,21	11,21	11,26	—	97,80

Es unterscheiden sich also, wenn man sich des Früheren erinnert, die Aschen der Kaffeesorten von denen der Surrogate dadurch, dass sie viel Kohlensäure, kein Natron und keine Kieselsäure enthalten.

Exacte Untersuchungen über die physiologischen Wirkungen der Kaffeesurrogate sind bisher noch nicht vorgenommen worden; Alles, was wir über die Wirkungen dieser Stoffe wissen, ist Resultat der sogenannten praktischen Erfahrung. In neuerer Zeit hat Deutsch [248) einige seiner Beobachtungen über die schädlichen Wirkungen der Kaffeesurrogate [namentlich der Cichorie] der Oeffentlichkeit vorgelegt, und wir entnehmen daraus, dass viele dieser Substanzen, in ihrer Eigenschaft als empyreumatische Stoffe, Sodbrennen und cardialgische Beschwerden, Appetitlosigkeit, sauren Geschmack im Munde, Uebelkeit und Brechreiz im nüchternen Zustande, Stuhlverstopfung, die unterbrochen wird durch zeitweilige, mit Kolik verbundene Diarrhöen, hervorbringen; werden sie im höheren Grade schädlich, so zeigt sich bedeutende Muskelschwäche, Zittern der Hände, unruhiger und traumreicher Schlaf, es treten weiter krampfhafte Empfindungen in den Unterschenkeln auf, häufiges sogenanntes Einschlafen der Glieder, Schwindel, rauschartige Umnebelung der Sinne, ja sogar schwarzer Staar. Alle diese Phänomene sollen sich am besten beobachten lassen bei alten Weibern, welche den Surrogatkaffee als Hauptnahrungsmittel gebrauchen, im Genusse desselben schwelgen.

Ohne weitere allgemeine Erörterungen über die Surrogate des Kaffee vorzunehmen, gehen wir an die Beleuchtung der einzelnen dieser Substanzen und beschliessen alsdann die Unterhaltung mit dem wichtigsten Surrogate, nämlich mit der Cichorie.

Die Getreidearten, sonderlich der Roggen, erfuhren schon im siebenzehnten Jahrhundert Verwendung als Kaffeesurrogate; Dil-

---

248) Canstatt, Jahresbericht etc. für 1851. Bd. IV. pag. 289.

lcnius[249]), Dodart[250]), Aignan[251]) reden davon; im achtzehnten und zu Anfange des neunzehnten Säculums handeln von diesen Surrogaten besonders Nonne[252]) und mehrere Journale[253]), von denen eines den Roggen, das andere die Gerste, das dritte die vom Prediger Disandt (in Dammendorf bei Leipzig) als Surrogat empfohlenen Haferkörner bespricht. In den dreissiger Jahren bezeichnete W. England[254]) den Genuss dieser Surrogate als eine der Ursachen des Abortus. Der Roggen war als Kaffeesurrogat in Vergessenheit gekommen, und ein Mann aus Heide in Böhmen, Namens Grohmann[255]), brachte ihn wieder zu Ehren. Bibra[256]) gebührt das Verdienst die Cerealien in ihrer Eigenschaft als Kaffeesurrogat zuerst genau erforscht zu haben. Der „Mercure technologique" lässt das Surrogat aus Roggen auf folgende Weise bereiten: man koche gereinigte Roggenkörner mit Wasser so lange, bis sie weich sind (und verhüte deren Aufspringen), trockne sie an der Sonne oder mit Vorsicht im Ofen, röste und mahle sie; zum Behufe des Gebrauches lasse man eine Abkochung bereiten. Der Geschmack dieser letzteren soll dem des echten indischen Kaffee gleich sein — wozu Dingler bemerkt, wie Holzbirnen einer Ananas —, man soll zwei Dritttheile echten Kaffee's und sehr viel Zucker ersparen.

Das sogenannte Kölner Kaffee-Surrogat wurde durch geraume Zeit sehr theuer verkauft und man konnte (wahrscheinlich, weil durch das zu starke Rösten die Form der Gerste zerstört wurde) dessen Zusammensetzung nicht ermitteln; vor nunmehr elf Jahren veröffentlichte F. Höhing[257]) die Bereitungsweise dieses Surrogates, die wir im Folgenden mittheilen. Man kocht ein Pfund sehr stark gerösteter Gerste mit zwei Pfunden holländischen Syrups, der vorher mit zwei Messerspitzen Weinsteinsäure versetzt worden, in einem Kessel unter stetem Umrühren so lange, bis die Masse schwarz ist und bitter schmeckt;

---

249) Dillenius, J. J., De Cahve, Arabico et Germano-Europaeo. — Haller, A. v., Bibliotheca botanica. Tiguri. 1771—72. T. II. pag. 124.

250) Memoires de l'Académie Royale des Sciences de Paris. 1692.

251) Aignan, Le prêtre medecin, avec un traité du Thée et du Caffé de France. Paris. 1696. 12.

252) Nonne, G. P., De Secalis tosti decocto. Erfurt. 1764. 4.

253) Hannöversches Magazin 1768. No. 18. 21. 97. — Oekonomische Hefte. 1806. pag. 331. — Magazin aller neuen Erfindungen. Bd. VIII. p. 59.

254) England, W., Observations on the functional disorders of the kidneys. London (and Norwich). 1830.

255) Mercure technologique. 1835 April. pag. 109. — Dingler, Polytechn. Journ. Bd. XVII. pag. 258 u. fg.

256) Bibra, a. a. O. pag. 99 u. fg.

257) Gewerbeblatt aus Würtemberg. 1849. pag. 306. — Dingler, Polytechn. Journ. Bd. CXIV. pag. 238 u. fg.

nun wird diese auf einem mit Fett bestrichenen Bleche dem Auskühlen überlassen, alsdann fein gepulvert und in die betreffenden Behältnisse gefüllt.

Die Erfahrung hat gelehrt, dass es gut ist, die Getreidearten vor dem Rösten durch einige Zeit mit kaltem oder kochendem Wasser zu behandeln und, nachdem sie aufgequollen, an der Sonne oder im Ofen zu trocknen. Diese Manipulationen haben den Zweck, das Stärkemehl der Getreidekörner zu lockern und dadurch einen grösseren Aufwand von Hitze beim Rösten unnöthig zu machen, weiter die Möglichkeit der leichteren Extrahirbarkeit der Körner durch Wasser zu bewerkstelligen. Nach Bibra beträgt der Gewichtsverlust, den die Getreidearten durch das Rösten erfahren, beim Roggen 21,42 bis 22,38%, beim Weizen 19,16 bis 19,70%, bei der Gerste 27,34 bis 28,55%, beim Hirse 18,30 bis 18,40% vom ursprünglichen Gewichte. Der Fettgehalt wurde vor dem Rösten geringer gefunden, als nachher, und das nach dem Rösten extrahirte Fett erwies beim Roggen einen an Mehl erinnernden, bei der Gerste einen schwachen Malzgeruch.

Vom hygieinischen Standpunkte aus betrachtet sind die Getreidearten diejenigen Surrogate, welche allen anderen vorgezogen werden müssen. Die Hauptbestandtheile ihrer Abkochungen sind empyreumatische Stoffe und Dextrin. Es ist dringend anzurathen, sich diese Surrogate selbst zu bereiten, da sie im Handel niemals im geeigneten Zustande vorkommen, und man dieselben durch Selbsterzeugung viel besser, reiner und billiger herstellt.

Die Eicheln, bekanntlich die Früchte von Quercus robur L., nach Herodot (I. 66.) schon von den alten Arkadiern verspeiset, nach Plinius (XVI. 5. 6.) den Reichthum vieler Völker ausmachend, werden von Ebn Baithar [258] als „nützend bei Feuchtigkeiten des Magens und als Verhinderungsmittel des Umsichgreifens der Aphthen und fressenden Geschwüre" bezeichnet, von M. J. Marx [259] als Kaffeesurrogat erfunden und im Jahre 1784 von ihm als solches angepriesen, indessen schon 1774 von demselben Arzte als Mittel gegen die Auszehrung beschrieben [260]; zwei Anonymi [261] publicirten 1782 Schriften, worin

---

258) Abu Mohammed Abdallah Ben Ahmed aus Malaga, bekannt unter dem Namen Ebn Baithar, Grosse Zusammenstellung über die Kräfte der bekannten einfachen Heil- und Nahrungsmittel. A. d. Arab. von J. v. Sontheimer. Stuttgart. 1840—42. 8. Bd. I. pag. 166.

259) Marx, M. J.; Geschichte der Eicheln. Dessau. 1784. 8.

260) Hannöversches Magazin. 1774. pag. 1634.

261) Abgemüssigte Vorstellung und Bitte an das menschliche Geschlecht abseiten des Geschlechts der Schweine um Abstellung des Gebrauchs des Eicheltranks. Cassel. 1782. 8. Sammlung von Nachrichten den Nutzen der Eicheln überhaupt, besonders den Eichelnkaffee betreffend. Cassel. 1782. 8.

der Eichelkaffee ausführlich besprochen wird. Chemische Untersuchungen der Eicheln wurden vorgenommen von Braconnot[262]), Dessaignes, Bennerscheidt, Brande, G. J. Mulder[263]), der gerösteten von Bibra. In neuester Zeit beschäftigte sich Ziurek[264]) mit Untersuchung der Hülsen, worin der Eichelkaffee verpackt vorkommt, und fand dieselben (in Berlin) frei von giftigen Metallverbindungen. Nach Braconnot bestehen die Eicheln aus Stärkemehl 36,94; Gerbsäure und stickstoffhaltiger Materie 15,82; Zucker 7,00; Pflanzenfaser 1,90; Wasser 31,80;· phosphorsauren Kalk und Kali 0,27 und 0,15; Gyps 0,19; Chlorkalium 0,91; Spuren von Kieselsäure und Eisenoxyd. Der in den Eicheln enthaltene Zucker, Quercit, ist krystallisirt und wurde von Dessaignes [Compt. rend. Bd. XXXIII. pag. 308.] darin gefunden, der auch die Gegenwart von Citronensäure nachwies; Bennerscheidt entdeckte ätherisches Oel und Mulder fand in den Eicheln 7,3% Eiweiss und 13,78% Wasser; Löwig wies 5% Harz und 6,4% Gummi nach. Brande fand in den Eicheln: Stärke 20,28%; Gluten 18,00%; Gerbsäure 2,86%; Faser 7,15; Extractivmaterien, Wasser (und Verlust) 51,71%; und Bibra in den bei 80⁰ R. getrockneten Eicheln: Fett 3,85%; Harz 2,00%; Spuren ätherischen Ocles; Gerbsäure 7,05%; Zucker 8,13%; Stärke 34,94%; Pflanzenfaser, Pflanzenleim, Gummi, unbestimmte Stoffe 44,03%; er fand dass die Eicheln beim Rösten 20,45 bis 21,43% ihres Gewichtes verlieren, und gibt als die wirksamen Bestandtheile des sogenannten Eichelkaffee Röstbitter, empyreumatische Oele und Gerbsäure an.

Der Eichelkaffee ist mehr Heil- als hygieinisches Mittel, und K. A. Zwierlein[265]) will, angeblich auf achtundvierzigjährige Erfahrung gestützt, den Eichelkaffee bei Darrsucht, Zehrfieber, Scrophelsucht, Rhachitis u. s. w. angewandt wissen. Pereira[266]) meint mit Recht, dass man ihn bei scrophulösen Kindern, „ohne hinreichenden Grund" dazu zu haben, an Stelle des echten Kaffee anwendet, und ich kann dem nur beitreten. Wenn Werber[267]) vom grossen Nutzen der Eicheln in der Scrophulose, Chlorose, Anämie, Amenorrhoe, atonischen Ver-

---

262) Annales de Chimie et de Physique. T. L. pag. 381.

263) Donders & Berlin, Archiv für die holländischen Beiträge zur Natur- und Heilkunde. Bd. I. pag. 415 u. fg.

264) Archiv der deutschen Medicinalgesetzgebung und öffentl. Gesundpflege. 1859. pag. 116. (Nr. 15.)

265) Zwierlein, K. A., Deutschlands Eichbaum mit seinen höchst wirksamen Heilkräften, vorzüglich in den Früchten. Leipzig. 1824. 8.

266) Pereira, J., Handb. d. Heilmittellehre. Von R. Buchheim. Leipzig. 1846—48. Bd. II. pag. 182.

267) Werber, W. J. A., Specielle Heilmittellehre. Bd. II. Abtheilung 2. (Erlangen. 1856.) pag. 32.

dauungsschwäche, Rhachitis u. s. w. spricht, so liefert er hiermit den Beweis, dass er weder die Eicheln noch deren wahre Wirkung kennt. Die Runkelrüben, Wurzeln von Beta vulgaris Linné, bekanntlich schon von den Alten als Nahrungsmittel benutzt und von Theophrastus, Dioskorides, Suetonius, Galenus, später von den Arabern Ebn Sina, Elgäfaki u. A. erwähnt und in ihren Heil- und diätetischen Kräften geschildert, werden unsers Wissens als Kaffeesurrogat zuerst von Wehner[268]) und v. Burgsdorf[269]) empfohlen. In der Wirthschafts-Verordnung Kaiser Karl des Grossen (Capitulare de villis vel curtis Imperatoris)[270]) wird den Beamten auch der Anbau der Mangoldwurzel empfohlen, welche Wurzel in England seit 1570 cultivirt wird; sie wurde aus den Küstengegenden der iberischen Halbinsel, ihrer eigentlichen Heimath dorthin verpflanzt. Wir lesen[271]), dass im Jahre 1830 die Cichorienkaffee-Fabrikanten in der Nähe von Valenciennes die Runkelrüben und deren Abfälle — 1000 Pfund für 5 bis 6 Franken — zusammenkauften, um daraus ein Kaffeesurrogat zu bereiten. Der Runkelrübenkaffee, den Schreger[272]) als das nach dem Cichorienkaffee erträglichste Kaffeesurrogat bezeichnet, soll sich auch im Geschmacke vom Cichorienpräparate, womit ihn die Fabrikanten mischen, unterscheiden. Unter den chemischen Untersuchungen, denen die Runkelrüben unterzogen wurden, haben für uns besonders Werth die von Payen[273]), Michaelis[274]), Buchner[275]), Meier[276]), Sprengel und Etti[277]). Von Bibra[278]) wurde die Zuckerrübe, Beta altissima, auf ihren Werth als Kaffeesurrogat geprüft. Wir theilen die Resultate aller dieser Forschungen kurz im Folgenden mit. Payen, dessen Untersuchungen die interessantesten sind, fand in den Rüben ein ätherisches Oel und sonst folgende Substanzen: Wasser 83,5 %;

268) Hannöversches Magazin. 1793. Stück XXXVI. pag. 575.
269) Oekonomische Hefte. 1799. Junius. pag. 567.
270) Anton, K. G., Geschichte der teutschen Landwirthschaft. Görlis. 1799—1802. Bd. I. pag. 235.
271) Dingler, Polytechnisches Journal. Bd. 41. pag. 78 u. fg.
272) Ersch & Gruber, Encyclopädie der Wissenschaften und Künste. Bd. 18. [Leipzig. 1828.] pag. 193 u. fg.
273) Comptes rendus. T. 24. pag. 909 u. fg. pag. 985 u. fg.
274) Dingler, Polytechnisches Journal. Bd. 125. pag. 57 u. fg.
275) Buchner, J. A., Repertorium für die Pharmacie. 2. Reihe. Bd. 45. pag. 175 u. fg.
276) Buchner, J. A., Repertorium für die Pharmacie. 2. Reihe. Bd. 45. pag. 1 u. fg.
277) Handwörterbuch der reinen und angewandten Chemie. Von Liebig, Poggendorff und Wöhler. 11. Aufl. Bd. II. Abtheilung 1. [Braunschweig. 1859.] pag. 1027.
278) Bibra, Der Kaffee etc. pag. 83 u. fg.

Zucker 10,5 %; Zellensubstanz und Pectose 0,8 %; Stickstoffsubstanzen
1,5 %; Salze, Pectin etc. 3,7 %. Nach Michaelis bestehen die organischen Säuren der Rüben in Citronensäure, Pectinsäure und einer noch
nicht näher bekannten organischen Säure, wogegen Buchner's Angaben für die Existenz von Apfelsäure sprechen, und nach Meier die
Milch- und Buttersäure, wie auch zwei von ihm als Erythrobetinsäure
und Xanthobetinsäure bezeichnete Säuren Bestandtheile der Mangold-
wurzeln bilden. Sprengel und Etti untersuchten die Asche, und
Braconnot, Polouze, Peligot und andere Chemiker den Zucker
unserer Wurzeln. Nach Bibra verhalten sich Zucker-, gemeine und
Mohrrübe sehr ähnlich und es gilt für jene beiden fast ganz das, was
wir von der Mohrrübe sagen werden. (Ritthausen [279]) lieferte vor
wenigen Jahren eine sehr interessante Arbeit über die Runkelrübe.)

Bereits im vorigen Jahrhunderte empfahl man die Mohrrübe oder
Möhre, Wurzel von Daucus Carota L., als Kaffeesurrogat. Schon den
Alten bekannt und in Gärten cultivirt, spielte die Möhre zu allen Zeiten die Rolle eines sogenannten Hausmittels. Vauquelin [280]), Wackenroder [281]), Sprengel [282]), Bibra, Rebling, Schmidt und Bran-
dis erforschten die chemische Qualität dieser Wurzeln. Wir wissen
aus den Bemühungen jener Männer, dass Wackenroder und Vauquelin in der Wurzel fettes und flüchtiges Oel, den krystallinischen
Körper Carotin, Zucker, Stärkemehl, Apfelsäure, Pektinsäure, harziges
Pigment, Pflanzenfaser, Salze u. s. w. entdeckten, und nach Rebling
24 % Traubenzucker in den Wurzeln enthalten sind; Wackenroder
untersuchte den ausgepressten und eingedickten Saft, Vauquelin
die frische Wurzel, und letzterer hielt den Zucker für Schleim- und
Mannazucker, während ersterer ihn nur als Schleimzucker bezeichnet.
Nach Schmidt [Annal. d. Chem. u. Pharm. Bd. LXXXIII. pag. 325.]
enthalten die Caroten 7,19 bis 8,07 % Rohrzucker und 1,43 bis 2,38
% Eiweisskörper. Bibra fand in der frischen Wurzel 87,39 % Wasser und 12,61 % trockener Substanz, und lufttrockne Möhren, wie
solche käuflich sind, zeigten bei 80° R. einen Wassergehalt von funfzehn Procent. Wir haben bereits im ersten Bande die Resultate der
Bibra'schen Analyse gegeben, und haben wir nur noch zu erwähnen,
dass der Genannte im Aufgusse der gerösteten Möhren Zucker, Röstbitter und empyreumatische Oele nachwies; er hielt die gerösteten
Rüben für das beste Kaffeesurrogat, weil sie Empyreuma, Röstbitter

---

279) Journal für praktische Chemie. Bd. 65. pag. 1 u. fg. — Chemisches
Centralblatt für 1855. pag. 483 u. fg.
260) Annales de Chimie et de Physique. Bd. 41. pag. 46 u. fg.
281) Magazin für Pharmacie. Bd. XXXIII. (Heidelberg. 1831.) pag. 148.
282) Pharmaceutisches Central-Blatt für 1832. pag. 443.

.und Zucker enthalten. So weit meine Erfahrungen (nur aus Oberhessen reichen, kann ich nicht umhin, geröstete Rüben für das schlechteste aller Surrogate zu erklären, und wenn ich, ein Feind der Surrogate überhaupt, mich bewogen fühlen sollte, einem Ersatzmittel des Kaffee das Wort zu reden, so würde ich nur die gerösteten Cerealien empfehlen.

In Bezug auf diejenigen Surrogate, welche nicht Cichorie sind, können wir uns nunmehr recht kurz fassen, da sie weniger Anhaltepunkte bieten.

Es sind dies zunächst die Kastanien, welche W. A. Lampadius [283]), der seine Untersuchungen auch in einer eigenen Schrift niederlegte, zuerst als Kaffeesurrogat empfahl. Die von Lampadius angegebene Bereitung des Kastanien-Kaffee's ging in eine französische Zeitschrift und aus dieser in Dingler's Polytechnisches Journal [284]) über, aus welchem wir folgende Vorschrift entnehmen: Man zerschneidet Kastanien und Runkelrüben in kleine Würfel, röstet vorsichtig und setzt während dieser Operation sehr reines frisches Oel zu; gleich nach dem Abkühlen wird die Masse gepulvert und in wohl verschlossenen Gefässen aufbewahrt. Mit der Zeit verliert das Surrogat an Güte, wahrscheinlich wegen des Ranzigwerdens des Oeles, was sich, da Luftzutritt unvermeidlich, nicht leicht verhindern lässt.

Die Rosskastanien wurden in dieser Richtung durch Bibra geprüft. Er fand den Aufguss der gerösteten nicht unangenehm von Geschmack, zieht aber doch den Eichelkaffee dem aus gerösteten Rosskastanien bereiteten Getränke vor. Diese Pflanzenstoffe verlieren beim Rösten 24 bis 27% von ihrem Gewichte und es scheint, als ob schon durch gelindes Rösten deren ganzes Stärkemehl in Dextrin überginge, da nach dem Rösten das Infusum keinerlei Amylumgehalt zeigt. Dasselbe enthält Röstbitter, Empyreuma und Dextrin, nebst den löslichen Salzen der Rosskastanien.

Die Samen von Astragalus baeticus L., spanischem Wirbelkraut [285]) oder spanischem Traganth, wurden zu Anfang dieses Jahrhunderts unter dem Namen des schwedischen, des Astragal- oder Continental-Kaffee's als Kaffeesurrogat empfohlen [286]). Beim Rösten sollen die Samen 19% von ihrem Gewichte verlieren, und man soll sie Behufs des Gebrauchs mit echtem Kaffee vermengen. Nach T. Schre-

---

283) Archiv der teutschen Landwirthschaft. 1809. Januar. pag. 65 u. fg. — Lampadius, W. A., Stärkezucker und Kastanienkaffee. 2. Aufl. Freiberg. 1812. 8.

284) Dingler's Polytechnisches Journal. Bd. 49. pag. 76.

285) Oken, Allgemeine Naturgeschichte. Bd. III. Abtheilung 3. Stuttgart. 1841. pag. 1627.

286) Trommsdorf, Almanach der Fortschritte. 13. Jahrgang. pag. 969.

ger soll dieses Surrogat nicht nur das beste und unschädlichste aller Ersatzmittel des Kaffee's, sondern auch im Geschmacke von gutem Kaffeeaufgusse kaum zu unterscheiden sein (?).

Die Menschen sind unerschöpflich in Erfindungen: auch die gerösteten Weintraubenkerne empfahl man als Kaffeesurrogat im Jahre 1827 [287]) und der würzburger Professor Pickel [288]) schlug später den allgemeinen Gebrauch dieses Surrogats vor.

Malevergne [289]) sagt, dass die gerösteten Dattelkerne vor allen anderen Kaffeesurrogaten den Vorzug verdienen. Mit Kaffee gekocht, sollen sie ein angenehmes Arom bekommen. Pajot de Charmes [290]) pries als Kaffeesurrogat die gerösteten Samen einer Pflanze, welche die Franzosen Genêt des bois und Genêt des jardins nennen. Es wurde vor diesem Ersatzmittel des Kaffee mit Recht gewarnt, da die Erfahrung lehrte, dass einige dieser Pflanzen giftig sind und der Genuss des Aufgusses ihrer gerösteten Samen übele Folgen nach sich ziehe.

Die Erdmandeln, Wurzelknollen von Cyperus esculentus L., werden schon von Theophrastus [291]) und Plinius [292]) als Nahrungsmittel bezeichnet und beschrieben. Nach Ersterem wachsen dieselben auf sandigem Boden in der Nähe der Flüsse Egyptens, werden von den Menschen gesammelt und zum Behufe der Vermehrung der Süssigkeit in Gerstenbier gekocht, und auch als Nachtisch gegessen; Letzterer erwähnt die Zubereitung dieser Wurzelknollen durch Rösten. J. L. Christ [293]) und J. D. Krämer [294]) waren die Ersten, welche den Gebrauch der Erdmandeln als Kaffeesurrogat vorschlugen und anpriesen. Besonders war es Christ [295]), der die Erdmandeln und auch die Erdnüsse, Wurzelknollen von Lathyrus tuberosus L., als Kaffeesurrogat zur Geltung zu bringen suchte. Christ nannte die Erdmandeln den „besten deutschen Stellvertreter des indischen Kaffee" und

---

287) London Mechanics Magazine. 1827. (No. 201.) pag. 416.

288) Dingler, Polytechnisches Journal. Bd. 107. pag. 240.

289) Dingler, Polytechnisches Journal. Bd. 62. pag. 439.

290) Dingler, Polytechnisches Journal. Bd. 30. pag. 233.

291) Histor. plantarum. IV. 8. 12.

292) Histor. Natur. XXI. 15. 52. — C. Plinii Secundi, Naturalis historiae libri XXXVII. Recensuit et commentariis criticis indicibusque instruxit Julius Sillig. Hamburgi & Gothae. 1851—58. Bd. III. pag. 394 u. fg.

293) Christ, J. L., Der neueste und beste Stellvertreter des indischen Caffee's, oder der Caffee aus Erdmandeln. 2. Aufl. Frankfurt a. M. 1801. — Nachtrag zu dieser Schrift. Ibidem. 1803. 8.

294) Teutscher Reichs-Anzeiger. 1805. pag. 2746 u. fg.

295) Christ, J. L., Noch ein neuer und vortrefflicher teutscher Stellvertreter des indischen Caffee's, oder der Caffee von der Erdnuss, Erdeichel, Lathyrus tuberosus L. Frankfurt a. M. 1801. 8.

empfahl dieselben „zur Ersparung vieler Millionen für Deutschland und längerer Gesundheit für Tausende von Menschen." Derselbe Christ liess auch im Jahre 1803 eine Schrift zu Frankfurt am Main erscheinen, welche folgenden Titel führte: „Aufruf an die Landleute und Bekanntmachung eines vortrefflichen, gesunden und wohlfeilen Caffee's, der so gut, wo nicht besser ist, als der Caffee, der übers Meer kommt." Aber schon im Jahre 1804 wurden Artikel gegen den Gebrauch der Erdmandel als Kaffeesurrogat gerichtet[296]). Bibra[297]) kam zu dem Ergebnisse, dass die Erdmandeln 17 % Aetherauszuges ergeben, welcher aus einem angenehm aromatisch riechenden ätherischen Oele besteht, und einen Gehalt von 8 bis 10 % Zucker, ferner Stärkemehl, eisenschwärzenden Gerbestoff und mindestens zwei organische Säuren als Bestandtheile aufweisen; er hält sie, etwa in Mengung mit Cerealien, für ein gutes Kaffeesurrogat.

Beissenhirz[298]) und Hasenbalg[299]) beschrieben und empfahlen die Spargelsamen als Kaffeesurrogat; der Erstere beschrieb sie unter dem Namen des Stolle'schen Kaffee's und der Letztere spricht davon als von einem „völlig gesunden und wohlfeilen Kaffeesurrogate." Obgleich Delaville[300]), Vauquelin und Robiquet[301]), welche bekanntlich im Jahre 1805 das Asparagin entdeckten, Herapath[302]) und einige Andere chemische Untersuchungen verschiedener Theile der Spargelpflanze vornahmen, so blieb es doch Bibra überlassen, uns Aufschlüsse über die Zusammensetzung der Spargelsamen und deren Werth als Kaffeesurrogat zu geben; er bezeichnet sie als ein sehr gutes Surrogat und thut dar, dass in dem reifen Samen von keinerlei Asparagingehalt die Rede ist. Bibra zog durch Aether 15,22 % aus, welches Extract sich als licht gelbliches, sehr weiches Fettgemenge, dem ätherisches Oel und eine Wenigkeit Harzes anhängend war, erwies; der Alkoholauszug betrug 8 % und besteht aus Fett und einer organischen Säure; durch Wasser wurden 10,2 % extrahirt; in der Asche der Kerne wurden 80 % in Wasser löslicher und 20 % in diesem Menstruo unlöslicher Salze gefunden. Der geröstete Spargelsamen soll in Bezug auf Wohlgeruch guten Kaffeesorten sehr nahe kommen, und es soll dieses Surrogat alle anderen an Güte übertreffen. Bereitet

296) Teutscher Reichs-Anzeiger. 1804. pag. 577.
297) Bibra, Kaffee. pag. 84 u. fg.
298) Teutscher Reichs-Anzeiger. 1804. pag. 3948 u. fg.; 1805. p. 1291 f.
299) Becker, a. a. O. Abthl. II. pag. 947.
300) Allgemeines Journal der Chemie. Von A. N. Scherer. Bd. X. [Berlin. 1803.] pag. 436 u. fg.
301) Französische Miscellen. Bd. XV. pag. 46.
302) Pharmaceutisches Central-Blatt für 1849. pag. 666.

man den Aufguss aus frisch geröstetem Spargelsamen, so ist der Geschmack ölig; wählt man aber solche, welche schon einige Zeit vorher geröstet wurden, so ist, selbst wenn sich die Körner in verschlossenen Gefässen befanden, der Geschmack wirklich angenehm und, weil weniger süss, besser als jener der Cichorie u. s. w. Als Hauptbestandtheile des Infusums der gerösteten Spargelsamen wurden erkannt: Röstbitter und Empyreuma; Zucker war in geringen Mengen vorhanden.

Die Hagebutten, Früchte von Rosa canina L., waren schon im Alterthume bekannt; bei Theophrastus von Eresus finden wir sie als Κυνόςβατος. Der Araber Ebn Baithar[303]) führt sie als Dschulnisrin auf, wie auch unter den Namen Ullaikelkalb und Nisrin, und spricht und lässt arabische, wie alte griechische Aerzte von den Heilwirkungen sprechen. Mitsching[304]) und Frenzel führten die Hagebutten als Kaffeesurrogat ein. Biltz[305]) unterzog dieselben der chemischen Untersuchung und fand in den von den Samen und Haaren befreiten: Schleimzucker 30,600 %; stickstoffhaltiges Gummi 25,000 %; citronen-, apfel- und mineralsaure Salze und Verlust 12,865 %; Apfelsäure 7,776 %; Citronensäure 1,950 %; weiches Harz 1,419 %; rothgelbes hartes Harz 0,463 %; eisengrünenden Gerbestoff 0,260; fettes Oel 0,005; Myricin 0,050 %; Spuren ätherischen Oeles. Bibra zog aus den Samen der Hagebutten 8,78 % Fett aus, und fand das ätherische Oel dieser Früchte vom Geruche nach Vanille; er wies Zucker und unter den organischen Säuren eine Gerbsäure nach, welche Eisensalze grün färbt. Der Gewichtsverlust, den die Samen beim Rösten erfuhren, betrug 15,60 bis 12,73 %. Der Geschmack des Aufgusses des gerösteten Samen soll nicht unangenehm sein, jedoch soll der demselben vindicirte Geschmack nach Vanille eine ziemlich untergeordnete Rolle spielen.

Taraxacum coffee[306]). Man röstet die Löwenzahnwurzeln in Trommeln unter Zusatz von etwas Speck, um sie weniger hygroskopisch zu machen. Verfälscht werden sie (im gemahlenen Zustande) häufig gefunden mit Erbsen- und Bohnenmehl, schlechtem Korn, Kaffeeabgängen, und werden gefärbt mit Eisenroth. — Ausser den genannten Substanzen wurden noch als Kaffeesurrogate empfohlen: Wacholderbeeren [zuerst von Handel[307]) und Guldberg[308])]; die Samen von Berberis vulgaris L.

303) Ebn Baithar, Grosse Zusammenstellung über die Kräfte etc. Bd. I. pag. 254. Bd. II. pag. 206. pag. 553 u. fg.
304) Teutscher Reichs-Anzeiger. 1798. pag. 690.
305) Archiv der Pharmacie. Bd. XIII. [der 1. Reihe.] pag. 193 u. fg.
306) Archiv der Pharm. 2. Reihe. Bd. 43. p. 73.
307) Teutscher Reichs-Anzeiger. 1800. pag. 2827.
308) Trommsdorf, Almanach der Fortschritte. Jahrgang 13. pag. 968.

[von Juch[309])]; die Vogelkirschen [von Schroka[310]); Brod-
krumen, Scorzoneren Wurzeln; Bucheckern [von Appum[311])];
die Ruscus-Samen [von Zannichelli[312])]; die Kartoffeln; die
Mandeln [in Preussen schon zu Ende des siebenzehnten Jahrhunderts
unter dem Namen des Damen-Kaffee]; den Mais [von Eckert[313]);
endlich die Samen von Iris pseudo-acorus, Ricinus communis, Heli-
anthus annuus, von mehreren Galium-Arten, die Stachel- und Johannes-
beeren, Hanfsamen, Samen von Cornus mascula, weiter Erbsen, gemeine und Sau-Bohnen, Salep, Flieder, Buchweizen, Wallnüsse u. s. w.
u. s. w., vor Allem aber

die Cichorie, das ist die Wurzel von Cichorium intybus L.
Die Cichorie war schon den Alten bekannt; Theophrastus[314]),
Varro[315]), Virgil, Galenus, Horatius[316]), Columella[317]), Di-
oskorides[318]), Plinius[319]) u. A. reden davon und beschreiben sie.
Sprengel[320]) hält das מרור des Talmud für Cichorium intybus. Die
Araber Mosih Rhazes, Ebn Baithar Elisraili, Elbrasi, Eltha-
bari, Hobaisch, Ebn Sina, Ishak Ebn Amran u. A. reden von
den diätetischen und therapeutischen Beziehungen der Cichorienwurzel.
Zu Anfange des sechszehnten Jahrhunderts bildet der strassburgische
Wundarzt Hieronymus Brunschwyg (Braunschweig)[321]) die Cichorie in seinem Destillirbuche ab. Schon um die Mitte des vorigen
Jahrhunderts wurde die Cichorie als Kaffeesurrogat empfohlen; A.
Chevallier[322]) glaubt, dass der Cichorienkaffee aus Holland stamme,
seine Bereitung bis 1801 ein Geheimniss blieb, und er dann von
d'Orban in Lüttich und Giraud in Hornaing eingeführt wurde.

---

309) Juch, Beiträge zur Chemie, Oekonomie und Technologie. Nürnberg.
1808. pag. 63.
310) Schroka, Prunus avium fructu nigricante, oder die Vogelkirsche;
auch ein Stellvertreter des indischen Kaffee. Breslau. 1801. 12.
311) Neues Hannöversches Magazin. 1795. pag. 733 u. fg.
312) Zannichelli, J.H., De Rusco ejusque praeparatione. Venetiis. 1727.
313) Oekonomische Hefte. Bd. XV. pag. 339 u. fg.
314) Historia plantarum. VII. 11. 3—4.
315) De re rustica. III. 10. 5.
316) Oden. I. 31. 16—17. [Cichorien, leichte Malven und Oliven — Sei'n
meine Kost.]
317) De re rustica. X. 111.
318) Materia medica. II. 159.
319) Histor. natur. ·XIX. 8., XX. 8. etc.
320) Sprengel, K., Geschichte der Botanik. Bd. I. pag. 20.
321) Liber de arte destillandi, von der Kunst der Destillirung, colligiert
von Hieronymo Brunschwyck. Strassburg. 1500. Fol. — Vergl. Haller, A. v., Bibliotheca botanica. Tiguri. 1771—72. Bd. I. pag. 242 u. fg.
322) Dingler, Polytechnisches Journal. Bd. 112. pag. 387 u. fg.

Parmentier theilte im Jahre 1806 das Verfahren zur Bereitung des fraglichen Surrogats mit. Indessen schrieb schon im Jahre 1773 G. G. Förster[323]) eine Geschichte des Cichorienkaffee's, und v. Benkkendorf, G. B. Bülfinger, Hildebrandt, Taylor, Drechsler, N. Massa, Hellenius[324]) u. A. handeln ebenfalls noch im vorigen Jahrhundert von der Cichorie und theils auch von deren Verwendung als Kaffeesurrogat. Wir dürfen nicht vergessen zu bemerken, dass schon Kaiser Karl der Grosse seinen Beamten die Anpflanzung der Cichorie empfahl. Im Capitulare de villis vel curtis Imperatoris findet man die Cichorie mit dem Namen Intubus belegt, welchen Anton[325]) mit Hindläufte übersetzte. — Mit der chemischen Untersuchung der Cichorienwurzel haben sich John, Planche, Waltl, Chevallier[326]), Payen[327]), Stenhouse, Graham und Campbell, mit der Untersuchung der Cichorienblätter Anderson[328]), mit der Prüfung der Cichorienkaffee's auf Verunreinigungen und Fälschungen ausser Chevallier noch J. L. Lassaigne[329]), Dubois[330]), Wislin und Ziurek[331]), mit der chemischen Betrachtung in Bezug auf ihren Werth als Surrogat ganz vorzüglich Bibra[332]) beschäftigt. Doch ehe wir an die Darlegung der Resultate aller dieser Forschungen schreiten, seien uns einige anderweite Andeutungen über den Cichorienkaffee erlaubt.

Im vorigen Jahrzehnte belief sich nach der Angabe Chevallier's die Cichorienconsumtion auf sechs Millionen Kilogramme. In Berlin werden jährlich zehntausend, in Halberstadt und Braunschweig zwanzigtausend Centner fabricirt. F. C. Knapp[333]) bemerkt hierzu, dass die Möglichkeit solcher Thatsachen auf Armuth und Unwissenheit beruhe, die in plumper Selbsttäuschung die Farbe für den Gehalt nimmt; und sagt weiter, es möchte·kaum zu bezweifeln sein, dass die Cichorienfabriken mit der Aufklärung des Publicums über den wahren Werth des Kaffee's alsbald eingehen würden. Mit Recht deutet er

---

323) Förster, G. G., Geschichte von der Erfindung und Einführung des Cichorien-Caffees. Bremen. 1773. 8.

324) Hellenius, C., Dissertatio de Cichorio. Åbo. 1792. 4.

325) Anton, K. G., Geschichte d. teutschen Landwirthschaft. Bd. I. p. 235.

326) Annales d'Hygiène publique. 1849. April.

327) Payen, a. a. O.

328) Chemisch-pharmaceutisches Central-Blatt für 1855. pag. 325 u. fg.

329) Journal de Chimie médicale. 3. Reihe. Bd. 10. pag. 424 u. fg.

330) Journal de Chimie médicale. 2. Reihe. Bd. IV. pag. 233.

331) Archiv der deutschen Medicinalgesetzgebung und öffentlichen Gesundheitspflege. 1859. pag. 107 u. fg.

332) Bibra, a. a. O. pag. 69 u. fg.

333) Knapp, F. C., Die Nahrungsmittel in ihren chemischen und technischen Beziehungen. Braunschweig. 1848. 8. pag. 93.

darauf hin, dass das unkundige Publicum zwischen schwarzem und
starkem Kaffee keinerlei Unterschied mache. — Nach Mac Culloch[334])
war der Cichorienkaffee noch in den dreissiger Jahren in ganz Grossbritannien mit einem Zolle von 20% belegt.

John[335]) fand in der Cichorienwurzel: 25% bitteren Extractes,
3% Harzes und 72% Zucker, Salmiak und Pflanzenfaser; Planche
erkannte die Gegenwart von Salpeter, Chlorkalium und schwefelsaurem Kali; Waltl wies darin 12,5% Inulin — welches bekanntlich
im Jahre 1804 von Rose[336]) entdeckt wurde — nach. Von einigen
Untersuchungen der Cichorie war schon oben die Rede; wir können
daher sogleich zur Besprechung der Bibra'schen übergehen und alsdann diesen Theil der Unterhaltung mit der Beleuchtung der von
Chevallier, Lassaigne, Ziurek angestellten schliessen. Bibra
wies den chemischen Unterschied zwischen cultivirter und wilder Cichorie nach; zunächst zeigt sich solcher in Bezug auf den Zuckergehalt, wie auch in Hinsicht der Menge des Inulin's, indem, wenn in
der cultivirten Wurzel die Zahl 100 den Zuckergehalt andeutet, dieser in der wilden durch die Zahl 171 ausgedrückt wird, und 100
Theilen Inulin in der cultivirten 52 desselben Stoffes in der wilden
entsprechen. Der Unterschied zwischen beiden Arten von Cichorie
geht noch deutlicher aus der Vergleichung der Analysen beider hervor; in 100 Theilen der cultivirten sind enthalten: Fett 0,068; Spuren von ätherischen Oelen (von denen Bibra wenigstens zwei gefunden zu haben glaubt); in Alkohol und Aether lösliches Harz 0,791;
in Aether unlösliches Harz 0,053; nur durch Bleiessig fällbare organische Säure 1,010; durch Bleiessig und Bleizuckerlösung fällbare organische Säure 2,542; Zucker 22,080; Inulin 19,121; Albumin 0,124;
Eisensalze schwärzende Gerbsäure in Spuren; Pflanzenfaser 54,211;
und in der wilden Cichorie: Fett 0,466; Spuren von ätherischen Oelen; in Alkohol und Aether lösliches Harz 0,894; in Aether unlösliches Harz 0,077; nur durch Bleiessig fällbare organische Säure
1,181; durch Bleiessig und Bleizuckerlösung fällbare organische Säure
2,515; Zucker 37,812; Inulin 10,900; Albumin 0,150; Spuren eisen-
schwärzender Gerbsäure; Pflanzenfaser 46,005. In 100 Theilen der
frischen cultivirten Wurzel fand der Analytiker 72,07 Wasser und
27,93 trockene Substanz; in derselben Quantität der frischen wilden
73,80 Wasser und 26,20 trockene Substanz. Als Bestandtheile des
wässerigen Aufgusses der gerösteten Cichorienwurzel erkannte unser

---

334) Mac Culloch, a. a. O. Bd. I. pag. 356.
335) John, J. F., Chemische Tabellen der Pflanzenanalysen. Nürnberg.
1814. fol.
336) Neues Jahrbuch der Pharmacie. Bd. II. [Berlin. 1804.] pag. 283 u. fg.

Analytiker Zucker, Röstbitter, jene oben angedeuteten organischen Säuren, einen Silber- und Goldsalze reducirenden Stoff und empyreumatisches Oel; den Geschmack des Cichorieninfusums fand er schlecht und widerwärtig, drei bis vier Tassen von demselben genossen, erregten Uebelkeit und Ekel, bisweilen Schwindel, und er vermuthet, dass dem flüchtigen Oele und dem Bitterstoffe, als narkotischen Substanzen, die weite Verbreitung der Cichorie als Kaffeesurrogat theilweise zuzuschreiben sei. Gemahlener gebrannter Kaffee unterscheidet sich von allen Pulvern, mit denen er gefälscht werden kann, dadurch, dass eine Probe, in ein Weinglas voll Wasser geschüttet, lange oben bleibt und die Flüssigkeit kaum färbt; nur ganz allmälig zieht er Wasser an, färbt dann die Flüssigkeit weingelb und sinkt zu Boden. Cichorien fallen rasch nieder und färben die Flüssigkeit gleich rothbraun; geröstetes Korn ergibt ausserdem die Jod-Stärke-Reaction. Auch das in England in Zinnbüchsen als Refining-powder verkaufte und stark consumirte Kaffeesurrogat, ein rothbraunes, mit glänzenden Schüppchen vermengtes, nach Caramel riechendes, bitterlich schmeckendes, in der Hitze schmelzendes, sich aufblähendes und dann verbrennendes Pulver, fällt gleich zu Boden und färbt das Wasser roth [337]).

Der Apotheker Dubois hatte einmal Gelegenheit, ein Pulver zu untersuchen, welches unter dem Namen Pulvis Cichorii im Handel vorkam; er gelangte zu dem Ergebnisse, dass darin neben Cichorie fremde Substanzen enthalten waren, welche mittelst Wasser leicht abgesondert werden konnten; jene fremden Beimengungen bestanden aus erdigen Materien, Sand und Ziegelmehl.

Das Pulver der gebrannten Cichorie, also der sogenannte Cichorienkaffee, wird mit weit mehr Stoffen verfälscht, als oben angedeutet wurden, und A. Chevallier hat uns die Mittel an die Hand gegeben, die grösste Anzahl dieser Fälschungen zu erkennen. Er erkannte folgende Verfälschungen: a. mit Ziegelmehl, Ocker, Erde und kleinen Würzelchen; hundert Gramme reiner Cichorienwurzel geben vier bis fünf Procente Rückstand, wogegen eine grössere Menge dieses letzteren Verfälschungen andeutet; Würzelchen erkennt man mit Hülfe des Mikroskops; b. mit gerösteten Eicheln; es wird deren Gegenwart durch Jodwasser, wie auch durch Eisenvitriol constatirt, indem ersteres dem damit versetzten Decocte des verdächtigen Cichorienkaffee eine deutlich blaue, alsbald wieder verschwindende Farbe ertheilt, und der Eisenvitriol unter denselben Verhältnissen schwarze Färbung bedingt; c. mit Kaffeesatz; ist eine der am häufigsten vorkommenden Fälschungen, die man leicht durch Prüfung auf das specifische Gewicht erkennt; man wirft nämlich eine Probe auf Wasser, und bemerkt, dass

---

[337]) Arch. d. Pharm. Bd. XLIII. der 2. Reihe. pag. 73 u. fg.

Reich, Nahrungs- und Genussmittelkunde. Bd. II. Abthl. I. 10

das Cichorienpulver untersinkt, der Kaffeesatz dagegen an der Oberfläche bleibt; d. mit geröstetem Brode, mit Ueberresten von Nudel-
mehl und Fadennudeln; es lassen sich diese Fälschungen in der Abkochung des fraglichen Surrogats durch die Jod-Stärke-Reaction erkennen; e. mit gerösteten Erbsen, Schmink- und Weissbohnen; zu
entdecken mittelst Jodwasser und Eisenvitriol auf die unter b. angegebene Weise, wie man denn auch durch das erstere Reagens in's Klare
kommt, ob das ¦Cichorienpulver gefälscht ist; f. mit den gerösteten
Samen der Grasarten. Die Fälschung mit gerösteten gelben und Run-
kel-Rüben konnte nicht dargethan werden. — Lassaigne und Chevallier wurden von der Regierung zur Untersuchung der Cichorie
aufgefordert, da die Verfälschung des Cichorienkaffee bis zu einem
sehr hohen Grade gestiegen war; man fand in Frankreich Cichorien-
kaffeesorten, die mehr als vierzig Procente an Ocker u. dgl. enthielten. Die beiden Chemiker bestimmten die Aschengehalte vieler Cichorien, gewaschener, getrockneter, gerösteter, geschälter u. s. w.,
und sprachen sich dahin aus, dass wenn man für die geröstete, fa-
brikmässig zubereitete Cichorie 9 bis 10% Aschengehalt — der aber
im Mittel etwa nur 6% beträgt — dulde, damit das Interesse der
Fabrikanten wie der Consumenten vertreten sei.

Ziurek's Untersuchungen haben ganz besondere Wichtigkeit für
die Gesundheitspolicei. Auf seine Erfahrung gestützt, dass beim Zu-
sammenkommen von Wasser mit Cichorienkaffee in diesem letzteren
häufig eine Art Gährung eintritt, suchte er zu ermitteln, ob die zum
Verpacken des fraglichen Surrogates angewandten und oft mit giftigen Farben gefärbten Papiere ihre Pigmente an feuchten Cichorienkaffee abgeben. Er fand, dass dies wirklich der Fall ist, und bezeichnet mit Recht die mit giftigen Substanzen gefärbten Papiere als
untauglich zur Verpackung, und als besonders gesundheitsgefährlich.

Wir halten den Cichorienkaffee, ob in giftigen oder ungiftigen
Papierhülsen befindlich, für absolut verwerflich, und es ist die Pflicht
des Staates, durch Belehrung wie durch Maassregeln auf Beschränkung und endlich Aufhebung des Gebrauchs und der Erzeugung des
Cichorienkaffee hinzuwirken!

Kaffeeblätter.

Der Vorschlag, die Kaffeeblätter den Theeblättern zum Behufe
der Bereitung eines Getränks zu substituiren, geht von Dr. Gardner
in London aus [338]), und Blume [339]) aus Leyden legte der Versamm-

---

338) Pharmaceutical Journal and Transactions. Bd. XIII. pag. 382 u. fg.
839) Archiv der Pharm. Bd. XLIII. 2. Reihe. pag. 356.

lung deutscher Naturforscher und Aerzte in Bremen Kaffeeblätter vor, berichtend, dass deren Benutzung als Infusum auf Sumatra und Java schon seit langer Zeit stattfinde. In den vierziger Jahren wurden auf Java in Gegenwart von Theekostern Versuche angestellt, welche den Beweis lieferten, dass der Aufguss der Kaffeeblätter für das Infusum des Souchong-, Pekin-, Congo-, Schin-Thee's genommen werden könne. Die präparirten Kaffeeblätter sollen, heisst es in dem Berichte [340]), woraus wir diese Angaben schöpfen, in Bezug auf Geruch, Geschmack und Aussehen jenen des Thee gleich sein, und auf Java und Sumatra bedienen sich namentlich die niederen Volksklassen fast allgemein der Kaffeeblätter als Theesurrogat. Nach van den Corput [341]) sind die Kaffeeblätter ein vortreffliches Surrogat für den Thee und sind viel billiger als dieser. Die brasilianische Regierung soll die Fabrikation verschiedener Theesorten aus. den Kaffeeblättern unterstützen. Nach Daniel Hanbury [342]) gehört der Genuss des Aufgusses der gerösteten Kaffeeblätter zu den wichtigsten Lebensbedürfnissen der Bewohner von Sumatra, welche die Blätter den Kaffeebeeren vorziehen und behaupten, sie enthielten mehr Bitterstoff und seien nahrhafter. Sie rösten die Blätter über freiem Bambusfeuer, wodurch ihre Farbe tiefbraun und der Geruch sehr stark wird, dem einer Mischung von Kaffee und Thee ähnlich ist. Das durch heisses Wasser erhaltene Infusum ist braun von Farbe, klar, und liefert mit Zucker und Milch ein angenehm schmeckendes Getränk.

Stenhouse [343]) unterzog die getrockneten Kaffeeblätter der chemischen Analyse. In den Kaffeeblättern ist der Caffeïngehalt bedeutender als in den Bohnen; Stenhouse wies in jenen 1,15 bis 1,25% Caffeïn nach, woraus hervorgeht, dass die Kaffeeblätter in Anschung des Gehalts an Caffeïn zwischen den Kaffeebohnen und den Theeblättern und mit dem Paraguaythee in einer Linie stehen. Auch an Kaffeesäure sind die Blätter reicher als die Bohnen, enthalten aber keinen Zucker; sie sind Gerbsäure-haltig. Das Infusum hat mehr die Eigenschaften des Thee als die des Kaffee, und ist nach Allem, was wir darüber wissen, als ein wirkliches Surrogat für den Thee zu betrachten. Da die Theeblätter noch immer zu den theueren Waaren

[340]) Journal de Chimie médicale etc. 1845. pag. 347. — Dingler, Polytechnisches Journal. Bd. XCVII. pag. 78.

[341]) Journal de Médecine, de Chirurgie et de Pharmacologie, publié par la Société des sciences médicales et naturelles de Bruxelles. 1851. Octobre. — Canstatt, Jahresbericht über die Fortschritte in der Pharmacie etc. für 1852. Abtheilung 1. pag. 50.

[342]) Archiv der Pharmacie. Bd. LXXX. 2. Reihe. pag. 62.

[343]) Pharmaceut. Journ. and Transactions. Bd. XIII. pag. 382 u. fg. — Chemisch-Pharmaceutisches Central-Blatt für 1854. pag. 174 u. fg.

gehören, die Kaffeeblätter aber durch Billigkeit sich auszeichnen, ihr Infusum, mit Zucker und Milch versetzt, als wohlschmeckend geschildert wird, so wäre, auch wenn sich keine Gelegenheit zu physiologischen Versuchen darbieten sollte, die Anwendung dieser Blätter an Stelle des Thee zu empfehlen.

Thee.

Thea centum modis obest, solum oculis prodest.

(Des Pater Basilus lateinische Uebersetzung eines Sprüchwortes der Chinesen.)

Die Legende meldet: der fromme Priester Darma, der dritte Sohn des indischen Königs Kosjuwo, kam auf Schilf stehend über Flüsse und Meere geschwommen und landete im Jahre 519 nach Christus in China, um den Chinesen, dem Volke der Erkenntniss Gottes, wie sie der heilige Mann genannt, seine Religion zu lehren, die er für die allein seligmachende hielt. Wie alle Ascetiker trachtete auch er dahin, das eingebildete höchste Wesen ununterbrochen zu verehren, seine ganze Zeit und sich selbst Gott zu weihen, durch Kasteiung und Entbehrung Gott wohlgefällig zu werden: zu diesem Behufe lebte er beständig unter freiem Himmel, zähmte die Leidenschaften, peitschte seinen Körper, durchwachte Nächte, und war Willens nimmer zu schlafen, was er auch durch ein Gelübde bekräftigte. Doch die Natur macht alle Gelübde zu Schanden; der fromme Büsser wurde einmal vom Schlafe überwältigt! Erwachend empfand er tiefe Reue über sein vermeintliches Verbrechen, geschlafen zu haben, und schnitt sich beide Augenlider, die er gleichsam als Werkzeuge des Verbrechens betrachtete, ab, und warf sie zürnend weg; aus diesen seinen Augenlidern wuchs die Theestaude empor, und der Religionsstifter bewunderte sie und genoss ihre Blätter, welche ihn lebhaft und fröhlich machten, und ihm Kräfte verliehen zur ununterbrochenen Beschauung Gottes. Darma empfahl den Gebrauch der Theeblätter seinen Jüngern und diese verbreiteten die Kunde vom Thee und seinen herrlichen Wirkungen durch das Reich des Volkes der Erkenntniss Gottes. — So erzählt Engelbert Kämpfer [1]), der berühmte Japan-Reisende, dem diese Theesage von den Japanesen mitgetheilt ward.

---

1) Kämpfer, E., Geschichte und Beschreibung von Japan. Herausgegeben von C. W. Dohm. Lemgo. 1777—79. 4. Bd. II. pag. 443 u. fg.

Kaempfer, E., Amoenitatum exoticarum politico-physico-medicarum fasciculi V. Lemgoviae. 1712. 4. pag. 605 u. fg.

Nach ihnen landete Darma im Jahre 519 in China, während die Original-Untersuchungen von Abel Remusat [2]) zu dem Ergebnisse führten, dass der fromme Büsser schon im Jahre 495 nach Christus verstarb.

Nach P. Gaubil [3]) findet sich in den Annalen der Periode der Tang-Dynastie beim Jahre 793 nach Christus, dass im ersten Monde des genannten Jahres der Thee zum ersten Male mit Zoll belegt wurde. Im neunten Jahrhundert bereisten die Araber Wahab und Abuseid, bewogen durch die Nachrichten der Nestorianer [4]), China, wo sie das Christenthum ausgebreitet fanden; sie besprechen das — ihnen bislang völlig unbekannte — Theetrinken und liefern eine Beschreibung der Theestaude, die sie mit dem Namen Tsa belegen. Ihre Reisebeschreibung übersetzte Renaudot [5]) in's Französische, und man findet an einer Stelle der Uebersetzung [pag. 31.], dass der chinesische Kaiser seine Abgaben von dem Salze und einem Gewächse erhielt, welches die Chinesen Sah nannten und von dessen Blättern eine Abkochung bereitet wurde, die sie heiss tranken; das Getränk wird als Heilmittel verschiedener Uebel bezeichnet, und es wird noch davon bemerkt, dass man es in allen Städten in grosser Menge verkaufte.

Kämpfer lässt den Thee von den Japanesen Tsjaa, von den Chinesen Theh nennen; jene zwei Araber geben die Namen Sa und Za an; der Jesuit Maffei [6]) führt den Thee unter dem Namen Chia auf; nach J. B. du Halde [7]) heisst der Thee in der Provinz Fo-kien Thee, in allen anderen Provinzen China's Tcha, und nach Song [8]) nennen die Chinesen den im Frühjahre eingesammelten Thee Tcha, den von der Herbsternte Ming.

Die Europäer gelangten spät zur Kenntniss des Thee; er wird zuerst angeführt von Ramusio, der ihn Chiai Catai nennt [9]), spä-

---

[2]) Ritter, C., Die Erdkunde von Asien. Bd. II. [Berlin. 1833.] pag. 233.

[3]) Mémoires concernant l'histoire, les sciences, les arts, les moeurs, les usages, etc. des Chinois, par les Missionaires de Pe-kin. Bd. XVI. [Paris. 1814. 4.] pag. 141.

[4]) Sprengel, K., Geschichte der Botanik. Altenb. u. Leipz. 1817—18. Bd. I. pag. 205.

[5]) Renaudot, Anciennes relations des Indes et de la Chine de deux voyageurs mahometans. Paris. 1718.

[6]) Maffei, J. P., Historiarum Indicarum libri XVI. Coloniae Agrippinae 1589. fol. pag. 108. 242. 410 u. f.

[7]) Du Halde, J. B., Ausführliche Beschreibung des Chinesischen Reichs und der grossen Tartarey. Rostock. 1747—49. 4. Bd. III. pag. 506 u. fg.

[8]) Du Halde, a. a. O. Bd. III. pag. 507.

[9]) Ramusio, Giovanni Battista, Navigationi et Viaggi. In Venetia.

ter von Maffei, und im Jahre 1590 (respective 1671) von Giovanni Botero [10]). Um das Jahr 1633 beschreibt Adam Olearius [11]) den Thee und das aus seinen Blättern bereitete Infusum; er nennt den Thee Chaa und Chia, und deutet auf das Theegetränk als auf ein schwarzbraunes Wasser hin. In den letzten Jahren des vierten Decennium des siebenzehnten Jahrhunderts trank Johannes von der Behr [12]) zu Batavia den Thee, von welchem er sagt, dass er warm getrunken werde, gute Dienste thue, wenn der Magen mit Speise und Trank überladen sei, das Gedächtniss stärke und den Verstand schärfe. Vor Olearius und Behr spricht van Linschotten [13]) vom Thee, denselben Chaa nennend; er handelt von den Japanesen und deutet bei der Gelegenheit an, dass jene ein Wasser trinken, welches sie aus dem Pulver des Krautes Chaa erzeugen; sie schätzen, heisst es im Itinerario, das Getränk hoch, und bewirthen damit ihre Gäste. 1615 beschreibt der Jesuiten-Pater Trigault [14]) den Thee unter dem Namen Cia, und redet von der Bereitung und Benutzung dieses Getränks.

Im Jahre 1667 liefert der Jesuit Athanasius Kircher [15]) in seinem Werke über China eine Beschreibung des Thee; er führt die Pflanze auf als Chà oder Cià, nennt die Provinz Kiang-nan als den vorzüglichsten Pflanzort der Theestaude, und erörtert die Wirkungen und den Gebrauch des Theeaufgusses, diesem Heiltugenden vindicirend. — Um die Mitte des siebenzehnten Jahrhunderts wurde der spanische Dominikaner Navarette [16]) von seinem Orden mit der Mission nach China betraut; er berichtet von Fu-tsye-hyen, einer Stadt dritten Ranges, dass deren Boden vortrefflichen Thee producire, der

---

[Bd. I. 3. Aufl. 1563. Bd. II. 1574. Bd. III. 1565.] Bd. II. [Dichiaratione etc.] fol. 15. b.

10) Botero, G., Relationi universali. Diuise in Quattro Parti. In Venetia. 1671. 4. pag. 190.

(Botero führt den Thee unter dem Namen Chia auf.)

11) Des weltberühmten Adami Olearii colligirte und viel vermehrte Reise-Beschreibungen, etc. Hamburg. 1696. 4. pag. 315.

12) von der Behr, J., Neunjährige Ost-Indianische Reise. Frankfurt. 1689. pag. 178.

13) van Linschotten, J. H., Itinerario. Voyage ofte Schipvaert naer Oost of Portugael Indien, etc. Amstelredam. 1596. fol. pag. 36.

14) Trigautii, N., De Christiana Expeditione apud Sinas suscepta ab Societate Jesu. Augustae Vindelicorum. 1615. 4. pag. 16 u. fg.

15) Kircheri, A., China monumentis quà sacris quà profanis, nec non variis naturae et artis spectaculis, aliarumque rerum memorabilium argumentis Illustrata. Amstelodami. 1667. fol. pag. 179 u. fg.

16) Allgemeine Historie der Reisen zu Wasser und zu Lande; oder Sammlung aller Reisebeschreibungen. Bd. V. [Leipzig. 1749. 4.] pag. 441.

nach Peking und durch ganz China versandt werde. In seiner 1685
erschienenen „Beschreibung von Tunkin" redet Baron [17]) auch vom
Thee; er beschuldigt den Reisenden Tavernier eines grossen Irr-
thums, weil derselbe den japanischen Thee dem chinesischen vorzieht.
Aus Baron's Abhandlung über diesen Gegenstand entnehmen wir
noch, dass sich die Vornehmen von Tunkin des Thee's wohl bedienten, dem Aufgusse aber nicht viel Heilkräfte zuschrieben; sie benutzten besonders einen nur aus Blättern bestehenden Thee, den sie Chia
Bang nannten; eine andere Thee-Art bestand aus Knospen und Blüthen eines gewissen Baumes, und wurde mit dem Namen Chia Way
belegt; diese letztere Sorte trocknete man und röstete die Blätter,
und Baron beschreibt die in Tunkin gebräuchliche Abkochung derselben als ein sehr angenehmes Getränk.

Um die Mitte desselben Jahrhunderts schreibt auch der Jesuit
Martini [18]) über den chinesischen Thee, den er Cha nennt; er hält
den südlichsten Theil von Kiang-nan für den Ort, wo der beste Thee
wachse, und sein „Atlas Sinensis" ist als eine Quelle zu betrachten,
aus welcher Athanasius Kircher viel schöpfte, aus welcher spätere Chinabeschreiber viel abschrieben. Johann Albrecht von Mandelslo [19]), der um die Mitte des siebenzehnten Jahrhunderts das Morgenland bereiste, sagt von den Persern, dass sie bei ihren Zusammen-
künften ein „schwarzes Wasser" trinken, welches sie aus dem Kraute
„Thee" bereiten. Das Trinken dieses „Thee-Wassers" ist ihm in Indien gar gemein, und Indier so gut wie Holländer und Engländer
lieben und nutzen es. Dampier [20]) sagt, dass man auf den Märkten
der chinesischen Städte Weiber antreffe, welche ein braunröthliches
Getränk bereiten, das den Namen Chau führe; er hält es für eine
Art von Thee.

Der Thee kam nach Europa zu Anfang der zweiten Hälfte des
siebenzehnten Jahrhunderts, und die holländisch-ostindische Compagnie
hat sich das Verdienst der Einführung dieser Anfangs so theuren
Waare in das Abendland erworben. Zur Zeit, als der damalige Hof-
meister der Gesandtschaft an den chinesischen Kaiser und nachmalige
Statthalter Johann Neuhof seinen Reisebericht [21]) herausgab, be-

[17]) Allgemeine Historie der Reisen. Bd. X. [Leipzig. 1752. 4.] pag. 105.
[18]) Martinii, M., Novus Atlas Sinensis. Amstelodami (apud Ioan-
nem Blaeu). 1655. fol. pag. 107.
[19]) Des Hoch-Edelgebohrenen Johann Albrechts von Mandelslo Morgenländische Reise-Beschreibung. Herauss gegeben durch Adam Olearium.
Hamburg. 1696. 4. pag. 28 u. fg.
[20]) Dampier, W., Neue Reise um die Welt. Leipzig. 1701—03. Bd. II.
pag. 58.
[21]) Neuhof, J., Die Gesantschaft der Ost-Indischen Geselschaft in den

nutzte man schon in Europa das Theegetränk; Neuhof liefert davon, wie auch von den Wirkungen des Aufgusses und von der Theepflanze umständlichen Bericht, und fühlt sich veranlasst, das von den Chinesen Cha oder The genannte Getränk seiner äusseren Erscheinung wegen als Bohnen-Suppe zu bezeichnen [22]. Unter Anderem meldet Neuhof vom Thee: „Im Anfang der Mahlzeit ward den Gesandten ein Geträncke geschencket, von den Sinesern Cha oder The, von mir aber, seinem eusserlichen ansehen nach, in dieser Reiso-Beschreibung Bohnen-Suppe genant. Solcher Tranck wird von dem Krautc Cha oder The folgender massen zugerichtet: Man nimpt eine halbe Hand voll des gemeldeten Krauts, lässet es in reinem Wasser woll kochen, seiget es hernach durch ein Tuch, und geust etwa ein viertel so viel süsser Milch darunter, thut auch ein wenig Saltzes dazu. Das schlurffet man dan so heiss, als man es vertragen kan, hinein. Und halten die Sineser diss Geträncke ja so hoch, als die Alchimisten oder Goldmacher ihren Lapidem Philosophorum, oder Aurum Potabile, etc. Dannenhero es auch geschieht, dass, wan grosse Herren und fürnehme Personen alda jemand auffs herrlichste tractiren wollen, gemeiniglich von diesem Geträncke der Anfang muss gemacht werden." — Wir wissen durch Lettsom und Ellis [23], dass die Lords Arlington und Ossory im Jahre 1666 den Thee von Holland nach England, nach Aussage Anderer dagegen zum ersten Male direct aus Ostindien nach England brachten, indessen nur in kleiner Menge; nach den Berichten Hanway's soll damals ein Pfund Thee sechszig Schillinge gekostet haben. Schon früher kam der Thee durch Vermittlung der Holländer nach England, und Thomas Short [24] meldet davon, dass das Theegetränk in den Kaffeehäusern nicht selten gewesen sei, und man im Jahre 1660 den Thee mit einer Abgabe von acht Pence für eine jede Gallone, die in den Kaffeelocalen veräussert wurde, belegte. Wenn nun schon vor dem Jahre 1660 der Theeaufguss in den Kaffeehäusern nichts Seltenes gewesen sein soll, wie verhält es sich dann in Bezug auf die Richtigkeit der Angabe, nach welcher der Thee so selten war, dass 1664 die ostindische Compagnie zwei Pfund und zwei Unzen Thee zusammenkaufen

Vereinigten Niederländern an den Tartarischen Cham, und nunmehr auch Sinisohen Keiser, verrichtet durch die Herren Peter de Gojern, und Jacob Keisern. Amsterdam. 1666. 4. pag. 347 u. fg.

[22] Neuhof, a. a. O. pag. 57. 117.

[23] Lettsom, J. C., u. J. Ellis, Geschichte des Thees und Koffees. Leipzig. 1776. pag. 23.

[24] Short, T., Natural history of Tea. London. 1731. pag. 13.

Short, T., Discourse on Tea, Sugar, Milk, made wines, spirits, Punch, Tobacco, etc. London. 1750. — Vergl.: Haller, A., Bibliotheca botanica. Bd. II. pag. 243.

lasson musste, um sie dem Könige von England zu präsentiren? — Im
Jahre 1667 wurde einem englischen Schiffe von Seiten der ostindischen
Compagnie der Befehl ertheilt, hundert Pfund Thee mitzubringen;
der Auftrag, den Thee zu besorgen, erging an einen Agenten der
Compagnie in Bantam auf der Insel Java [25]).

Nach Dänemark kam der Thee zu Ende des sechsten Decenniums
des siebenzehnten Jahrhunderts, wie man bei dem berühmten Botaniker
Schouw [26]) u. A. lesen kann. Der Botaniker Simon Pauli aus
Rostock, später Professor und königlich dänischer Leibarzt, trat in einer
Schrift [27]) als ziemlich grosser Gegner des Thee, den er für Galium
boreale L. hielt, auf; auch dem Könige Friedrich III. fiel er mit
Vorstellungen gegen den Thee lästig und jener, ein grosser Verehrer
des Thee, antwortete dem Leibarzte: „Credo te non esse sanum,"
worauf Pauli wohl nichts entgegnet haben dürfte.

Die Russen machten die erste Bekanntschaft mit dem Thee im
Jahre 1638, und es kam der Thee früher nach Russland, als nach
England. Dem Gesandten am Hofe der Altyn Khane (am Upsa-See),
Starkow, wurden, wie Fischer [28]) meldet, bei der Abschieds-Audi-
enz zweihundert Packete (Bach-Tscha) Thee als Tribut an den Mos-
kow-Czaar aufgenöthigt, was die Gesandschaft mit Unwillen aufnahm,
da sie den Thee, den man an jenem Hofe Tschai nannte, als werthlos
betrachtete; als man aber wieder in Moskau ankam und den Thee
offerirte, kam dieser in Aufnahme und fand alsbald Verbreitung. Obi-
ges Theequantum wurde von den Mongolen in Bezug auf den Werth
hundert Zobeln gleich erkannt.

Von der Verpflanzung der Theestaude und der Ausbreitung der
Theecultur weiter unten handelnd, erwähnen wir zunächst, dass sich
der schon früher erwähnte Bontekoe, als eifriger Lobredner des
Thee, grosse Verdienste um die Verallgemeinerung dieses Getränkes
erwarb. Er lässt der Vorrede seines Buches [29]) ein grosses Lobgedicht auf den Thee folgen, welches so beginnt: „Wanneer ik wierd
versogt om Indisch Thee te drinken," etc.; wir werden später die

[25]) Berghaus, H., Allgemeine Länder- und Völkerkunde. Bd. III.
[Stuttgart. 1838.] pag. 212.

[26]) Schouw, J. F., Naturschilderungen. A. d. Dänischen. Kiel. 1840.
pag. 160.

[27]) Paulli, S., Commentarius de abusu Tabaci Americanorum veteri, et
herbae Thee Asiaticorum etc. Editio secunda. Argentorati. 1681. pag. 16 u. fg.

[28]) Fischer, J. E., Sibirische Geschichte von der entdekkung Sibiriens
bis auf die eroberung dieses Landes durch die Russischen waffen, etc. St.
Petersburg. 1768. 8. Bd. II. pag. 697.

[29]) Bontekoe, C., Tractaat van het Excellenste Kruyd Thee. 's Gravenhage. 1679. pag. XXXIII u. fg.

Tugenden aufzählen, die Bontekoe dem Thee vindicirte. Der Arzt
Jacobus Bontius [30]) gibt in seinem Buche über die Medicin der
Indier Nachrichten vom Thee, in Form eines Zwiegespräches, wo er
und Andr. Duräus als Redner auftreten. Bontius erklärt dem fra-
genden Duräus die Bereitung des Theetrankes, erwähnt des chinesi-
schen Gebrauches, Gäste mit Thee zu bedienen und deutet endlich die
Schlaf vertreibende und andere Wirkungen des Thee an. Nach Philippe
Sylvestre Dufour's [31]) und L. F. Meisner's [32]) Mittheilung beschreibt
der Pater de Rhodes die Theestaude, die in Hinsicht der Blätter dem
Granatbaume nahe stehe; nur zwei Provinzen liefern den besten Thee,
Nanquin nämlich, wo man den Thee mit dem Namen Cha belege, und
Chincheau. Der amsterdamische Arzt und Bürgermeister Tulpius [33])
erzählt, es sei bei den Bewohnern Ostindiens nichts gewöhnlicher, als der
Trank, den man aus einer Pflanze bereite, welche die Chinesen Thée,
die Japanesen T'chia nennen; er beschreibt nun Theepflanze und bezeichnet die Blätter der chinesischen grünlichgelb oder schwärzlich, die der
japanesischen lichtgelb, und nennt den Geschmack der letzteren einen
mehr anmuthigen, einen besseren, wesshalb er auch mit den Japanesen
dem japanischen Thee den Vorzug gibt vor dem chinesischen. Caspar Bauhinus [34]) führt in seinem „Pinax" den Thee unter dem
Namen Chaa auf, denselben zu den Arten des Fenchels zählend; das
Decoct, welches man aus dem Pulver jenes japanischen Krautes bereite,
werde den ansehnlichen Gästen dargereicht. Aller Wahrscheinlichkeit
nach entlehnte Bauhinus diese Angabe grösstentheils dem van Linschotten.

Doch fassen wir wieder die Verbreitung des Thee ins Auge. Die
Holländer, welche wir schon oben als die Einführer des Thee nach
Europa kennen lernten, kauften weder den Chinesen noch den Japanesen den Thee ab, sondern tauschten denselben gegen Salbei-Blätter
ein, welche damals von jenen Völkern sehr gesucht waren; diese lieferten für ein Pfund Salbei-Blätter zwei Pfund Thee. Indessen trat an
die Stelle dieses Tauschverkehrs bald der eigentliche Einkauf der

---

30) Bontii, J., De Medicina Indorum libri IV. Lugdum Batavorum.
1642. 12. pag. 97 u. fg.

31) Dufour, P. S., Traités nouveaux et curieux du Café, du Thé et du
Chocolate. A la Haye. 1685. pag. 199 u. fg.

32) Meisneri, L. F., De Caffe, Chocolatae, herbae Thee ac Nicotianae
Natura, Usu et Abusu Anacrisis Medico-Historico-Diaetetica. Norimbergae.
1721. pag. 71.

33) Tulpii, N., Observationes medicae. Amstelredami. 1652. 8. (Lib. IV.
Cap. LIX.) pag. 400 u. fg.

34) Bauhinus, C., Pinax theatri botanici, sive index etc. Basileae. 1671.
8. pag. 147.

Theesorten, da die Chinesen und Japanesen aufhörten, für den Salbei begeistert zu sein.

Man hat sich bemüht, den Theestrauch von China und Japan aus nach verschiedenen Ländern zu verbreiten, und wir werden sehen, inwieweit dies gelungen ist. Obgleich der Thee schon im Jahre 1635 nach Paris gebracht worden sein soll, so wurde doch erst 1658 durch Dionysius Jonquet[35]) die Theestaude in dem königlichen Garten gepflanzt. — Am 7. December des Jahres 1765 publicirte Petrus C. Tiläus zu Upsala eine Abhandlung über den Thee, welche Linné[36]) in seinen Amoenitatibus academicis mittheilte. Wir finden darin einige wichtige Data in Hinsicht der Verpflanzung der Theestaude, und werden so viel als nöthig daraus mittheilen. Der grosse Linné gab sich viel Mühe, die Pflanzung des Thee in Schweden zu versuchen; doch wegen der schlechten Beschaffenheit des Samen, welcher durch die lange Reise verdorben, oder schon beim Ankaufe schlecht war, misslangen seine ersten Versuche. Auch der ältere Gmelin konnte der Bitte Linné's, Samen aus China auf dem Landwege besorgen zu lassen, nicht willfahren, weil die russischen Kaufleute von den Chinesen sehr streng bewacht wurden, weiter auch die Reise sehr lange (nämlich zwei Jahre) dauerte. Der schwedische Prediger Osbek kam in China in den Besitz eines Theostrauches, den er nach der Heimath zu bringen gedachte: allein diesseits des Cap's der guten Hoffnung überlieferte ein Wirbelwind die Pflanze dem Meere. Der schwedische Commerzien-Rath Langerström übergab dem botanischen Garten zu Upsala zwei Stauden, die man allgemein für Thee hielt: allein als Blüthen erschienen, gelangte man zur Erkenntniss, dass Langerström nicht Thee, sondern Camellia brachte und von dem Handelsmanne in China betrogen worden war. Einige Zeit später brachte ein Schiff eine wirkliche Theestaude nach Gothenburg; die Schiffsmannschaft stellte die Pflanze einstweilen auf einen Tisch in der Cajüte, um sie später nach der Stadt zu bringen; während der Abwesenheit des Schiffspersonals zernagten aber die Ratten den Strauch, so dass er alsbald zu Grunde ging. Erst am 3. October 1763 überreichte C. G. Eckeberg dem Linné einen wahrhaften Theestrauch, den der grosse Botaniker im. botanischen Garten zu Upsala pflanzte. — Doch weiss man ja, dass die Theestande, wenigstens im nördlichen und mittleren Europa, niemals mehr als eine Treibhauspflanze werden wird.

Der Thee fand allmälige Ausbreitung als Getränk und auch Verpflanzung nach verschiedenen Gegenden der Erde. Als man sich seiner

35) (Jonquet, D.,) Hortus Regius Parisinus. Parisiis. 1665. Fol.
36) Linné, C. a, Amoenitates academicae. Bd. VII. [Holmiae. 1769.] pag. 236 u. fg., pag. 251 u. fg.

in England schon lange bediente, hatte man davon in Schottland und
Irland keinerlei Kenntniss; es wird gemeldet [37]), dass im Jahre 1685
die Wittwe des unglücklichen Herzogs von Monmouth ein Pfund Thee
an eine ihrer Verwandten nach Schottland schickte, ohne jedoch irgend welche Gebrauchsanweisung beizugeben; man liess dort die Theeblätter in Wasser kochen, das Decoct aber wegschütten und die so
gekochten Blätter als Gemüse zurichten und auftragen. — Man verbrauchte anfänglich nur sehr kleine Mengen von Thee, weil der Preis
desselben ein sehr grosser, durch Abgaben an den Staat, durch Monopole u. s. w. erhöhter war; in den Jahren 1784 und 1785. nahm der
Theeverbrauch in England fast plötzlich zu, welchen Umstand Mac-
Culloch [38]) mit Recht der Verminderung der Theeabgabe in jenen
Jahren zuschreibt. Die Ermässigung der Theesteuer wurde im Jahre
1784 durch Pitt als sehr wünschenswerth bezeichnet, auf Grund der
Thatsache hin, dass der Schleichhandel mit Thee bereits in sehr grossem Maasstabe betrieben wurde (und wahrscheinlich auch die Theeverfälschungen keine unbedeutenden gewesen sein mochten); der Vorschlag
Pitt's ging dahin, die Steuer von 119 auf $12\frac{1}{2}$ % herabzusetzen.
Als vom Jahre 1795 an die Abgabe wieder erhöht wurde und endlich
im Jahre 1819 auf 100% stieg, nahmen Schleichhandel und Verfälschungen wieder zu und der Verbrauch wurde verhältnissmässig geringer. Man sieht also auch hieraus, wie gemeinschädlich sich zu hohe
Steuern erweisen.

Ehe wir weiter gehen, erlauben wir uns noch einige Notizen über
die Verpflanzung des Theestrauches nach andern Ländern zu machen.
Im Jahre 1832 meldete „Recueil industriel" (pag. 249) [39]), auf der Prinz
Wallis-Insel (Pulo Penang im ostindischen Archipelagus) werde der
Thee schon seit einiger Zeit cultivirt, und zu St. Paul in Brasilien
besitze Herr Rose Arouche de Toledo allein eine Pflanzung von
einunddreissigtausend Theestauden. Zu Ende der vierziger Jahre dieses
Jahrhunderts war die ostindische Compagnie bemüht, die Theecultur
im Himalaya-Gebirge zu betreiben, und es kamen vortreffliche Muster
des dort gezogenen Thee's nach England [40]). In der am 13. December
1838 abgehaltenen Sitzung der Asiatischen Gesellschaft in London
wurde eine Probe Souchong-Thee's vorgelegt, der in Britisch-Ostindien
cultivirt worden war. Wilson [41]) gab an, dass nach Moorcroft

---

[37]) Krünitz, J. G., Oekonomisch-technologische Encyklopädie. Bd.
CLXXXIII. [Berlin. 1844.] pag. 9.

[38]) Mac Culloch, J. R., Handbuch für Kaufleute. Bd. II. [Von C. F.
E. Richter. Stuttgart & Tübingen. 1834.] pag. 822.

[39]) Dingler, Polytechnisches Journal. Bd. XLV. pag. 475.

[40]) Journal de Pharmacie et de Chimie. Paris. 1848. Novemberheft.

[41]) Archiv der Pharmacie. 2. Reihe. Bd. XVII. [1839.] pag. 248 u. f.

dieser Thee in den Bergen um Bischapur wachse und in Klein-Tibet
(wo man, obgleich der Thee von keiner vorzüglichen Beschaffenheit
sei, viel davon trinke) einen bedeutenden Handelsartikel ausmache.
Royle erklärte, dass in allen Theilen des Himalaya, von Sylhet bis
an den Sutlatsch, chinesische Theepflanzen gefunden wurden; indessen
geht aus Royle's Aussagen hervor, dass die von Moorcroft u. A. erwähnte Pflanze, deren Blätter in Nipal zur Bereitung eines Infusums (das
man als Getränk benutzt) verwendet werden, keine wirkliche Theestaude sei.
Der Regierung von Bengalen wurde durch den Oberaufseher der
Theepflanzung in Assam, Herrn Bruce, ein umständlicher Bericht
erstattet [42]), von dem für uns etwa Folgendes von Bedeutung ist. Die
in Assam wachsende Theepflanze ist identisch mit der chinesischen;
sie soll im Allgemeinen in der Nähe kleiner Flüsse und Bäche, und
an Orten, welche durch Regengüsse beinahe überschwemmt werden,
am besten gedeihen; sie soll nicht an der Einwirkung des Sonnenlichtes
ausgesetzten, sondern an schattigen Stellen am besten fortkommen, wo
sie gegen Bäume, Sträucher u. dgl. zu kämpfen hat und schlank in die
Höhe wächst; Bruce sah Theestauden, deren Höhe 43 und einen
halben Fuss, deren Durchmesser vier Spannen betrug; indessen erscheinen Pflanzen von dieser Dimension nur selten. Wurden Theestauden
unter Einfluss des Sonnenlichtes belassen, so starben sie entweder ab,
oder verkümmerten. — Ganz Ober-Assam soll fast wie ein einziger
Theegarten erscheinen [43]) und die Theepflanze soll der chinesischen
nicht nachstehen. Im Jahre 1841 erntete man in Assam 10212 Pfund
Thee. — Die Theedistrikte Ostindiens sind unermesslich, und sie sollen
sich nach allen Seiten hin, bis nach China und Birma erstrecken.
Wichtig sind die Mittheilungen von William Jameson [44]) über
die Theepflanzungen der Engländer in Ost-Indien. (Jameson war
zur Zeit der Mittheilung [1853—54] Director der botanischen Gärten
der nordwestlichen Provinzen von Britisch-Ostindien.) Zuerst existirten
im Kangra-Thale zwei kleine Theepflanzungen, welche indessen so gute
Resultate lieferten, dass der General-Gouverneur Auftrag gab, den
Thee in grossem Maassstabe zu cultiviren. Es wurde nun eine grosse
Plantage in günstiger Lage in einer Höhe von 3500 bis 4000 Fuss
über dem Spiegel der See mit gutem Erfolg angelegt, und es hat
allen Anschein, als ob der Theecultur in jenen Theilen Ost-Indien's
eine grosse Zukunft blühete. — Im Jahre 1847 brachte die „Calcutta
Gazette" [45]) eine von den Directoren der ostindischen Compagnie
eingesandte Nachricht, der zufolge das Dhoonthal und die daran grän-

[42]) Archiv der Pharmacie. 2. Reihe. Bd. XVIII. [—1839.—] pag. 210 f.
[43]) Archiv der Pharmacie. 2. Reihe. Bd. XXI. [—1840.—] pag. 351.
[44]) Edinburgh new Philosophical Journal. Bd. LVII. pag. 76 u. fg.
[45]) Dingler, Polytechnisches Journal. Bd. CVI. pag. 80.

zenden Districte zum Anbaue des Thee sehr geeignet sind. Die Einführung der Theecultur im nordwestlichen Englisch - Ostindien ist
vorzüglich das Verdienst der Bemühungen des oben genannten
Jameson. Die englischen Theemakler sollen den in bezeichneten
Theilen Indien's producirten Thee dem chinesischen gleich gefunden
haben, und zwar soll er mit den besseren Sorten des letzteren rivali-
siren; er besitzt, so berichtet die Calcutta Gazette, den Geruch des
orangenfarbenen Pekoe, ist aber stärker, als dieser; die Kosten seines
Anbaues sollen geringer sein, als die der Cultur des chinesischen Thee's.

Auf Veranlassung des Handelsministeriums von Frankreich wurde
gegen Ende des Jahres 1838 der Botaniker Guillemin nach Brasilien geschickt, um dort die Cultur des Thee's (der zwanzig Jahre früher aus China importirt wurde) zu studiren, und um weiter eine hin-
reichende Anzahl junger Theepflanzen nach Frankreich zu bringen,
deren Pflanzung im Grossen man an einigen dazu geeigneten Orten
versuchen wollte. Aus seinem auf Befehl des Ministers gedruckten
Berichte [46]), ist Folgendes hier zu erwähnen. In Brasilien, namentlich
in der Umgegend von Rio Janeiro, in der Provinz Minas Geras und
sonderlich in der Gegend von St. Paul, cultivirt man den Thee in
grösserem Umfange; Guillemin spricht von einem Gutsbesitzer, Namens Feyo, welcher etwa zwanzigtausend Theesträuche cultivirte; die
schönsten und grossartigsten Pflanzungen sollen die des Obersten
Anastasio sein, auf dessen Facienda bei St. Paul funfzig- bis sechszig-
tausend Exemplare in bester Vegetation anzutreffen sind.

Wir müssen auch noch der Theecultur in Asien gedenken. Aus
den Forschungen der aus Mac Clelland, Wallich und W. Griffith bestehenden Commission zur Untersuchung des Terrains für den
Theestrauch in Ober-Assam geht hervor [47]), dass der Thee am besten
gedeihe bei fruchtbarem, feuchtem Boden zwischen 27⁰ und 30⁰ N.B.,
dagegen nicht gedeihe an solchen Orten, wo Schnee fällt und der
Boden zur Winterszeit gefriert [eine Bemerkung, die mit den Angaben
über den Theebau im Norden China's nicht übereinstimmt]. Griffith
traf den Theebau an fünf Orten, nämlich zwischen 27⁰ 25' und 26⁰
N. B. und 96⁰ bis 94⁰ O. L., stets in Gebüschen, deren grösster
Umfang sich auf eine halbe englische Meile belief. — Ueber Theecultur in Cochinchina vergleiche man besonders Crawfurd [48]), der

---

[46]) Journal de Chimie médicale. 2. Reihe. Bd. VI. pag. 164 u. fg.
[47]) Berghaus, H., Annalen für Erd-, Völker- und Staatenkunde. 1843.
(Januar.) pag. 53.
[48]) Crawfurd, J., Tagebuch der Gesandtschaft an die Höfe von Siam
und Cochinchina. Weimar. 1831. 8.
Crawfurd, J., Journal of an Embassy of the Courts of Siam and Cochin
China. London. 1828. 8.

über diesen Gegenstand umständlich berichtet. Schon im Jahre 1666 soll man im Lande der Cochinchinosen den Thee cultivirt haben, wenn den Berichten des Pater de Morini zu trauen ist.

Auch nach Süd-Carolina kam der Thee, und es soll dort seine Cultur nicht ohne Vortheil betrieben werden [49]. Ueber den Theehandel in der Kürze Folgendes. Nach der Berechnung von Meyen [50]) beträgt für die Jahre bis 1830 die durch die Europäer aus dem Hafen von Canton alljährig ausgeführte Theemenge fünfundvierzig Millionen Pfund. Im India-Hause zu London bot man Ende November 1829 nicht weniger als acht Millionen Pfund Thee aus, also um zweimalhunderttausend Pfund mehr als jemals zu Markte kamen [51]). Der Theeconsum in England wird gleich sechsunddreissig bis achtunddreissig Millionen Pfund jährlich angegeben [52]); man rechnet in neuester Zeit jährlich auf den Kopf: in England zwei, in Frankreich 0,014 Pfund Thee; in England 1,25, in Frankreich 1,65 und in Deutschland 3,1 Pfund Kaffee [53]). Den Nachrichten zufolge, die der Kaufmann Houssaye über diesen Gegenstand sammelte, führte man 1840 in England vierzehn Millionen Kilogramm Thee ein, in den Vereinigten Staaten von Nordamerika neun, in Holland 450000, in Frankreich 124498 Kilogramm; 1842 wurden nach Frankreich 231880 Kilogramm Thee gebracht. Die fünf Theegärten Assam's lieferten im Jahre 1838 an zweiundvierzig, im Jahre 1839 etwa dreiundfunfzig Centner Thee; im Jahre 1840 producirte Assam zehntausend, 1841 dagegen vierzigtausend Pfund Thee [54]).

Die Verhandlungen über die verschiedenen Theesorten, deren Bereitung und Verfälschung, sind nicht gut von einander zu trennen, und es wird die Betrachtung der chemischen Verhältnisse der Theeblätter erst den Angaben über jene drei Gegenstände folgen.

Schon Johann Baptista du Halde [55]) gibt in seiner Beschreibung des chinesischen Reiches eine Uebersicht und Beleuchtung der verschiedenen Theesorten in China; er unterscheidet folgende vier Sorten: Song lo tcha, Vou y tcha, Pou eul tcha, Lo nyae

---

[49]) Das Ausland. Eine Wochenschrift etc. 1848. pag. 1080.
[50]) Meyen, F. J. F., Reise um die Erde. Ausgeführt etc. in den Jahren 1830, 1831 und 1832. Berlin. 1834—35. Bd. II. pag. 382 u. fg.
Meyen, F. J. F., Grundriss der Pflanzengeographie. Berlin. 1836. pag. 461.
[51]) Dingler, Polytechnisches Journal. Bd. XXXI. pag. 157 u. fg.
[52]) Archiv der Pharmacie. 2. Reihe. Bd. XXII. pag. 117.
[53]) Canstatt, Jahresbericht üb. d. Fortschr. d. gesammt. Med. f. 1856. Bd. VII. pag. 75.
[54]) Archiv der Pharmacie. 2. Reihe. Bd. XXXVII. pag. 124 u. fg.; Bd. XXII. pag. 117.; Bd. XLIII. pag. 356.
[55]) du Halde, a. a. O. Bd. I. pag. 25 u. fg.; Bd. III. pag. 508 u. fg.

tcha; er gibt die Cultur dieser verschiedenen Sorten an und sagt, dass die erste der genannten Gattungen unserem grünen Thee entspreche; der allerbeste Thee, heisst es bei du Halde, der heutzutage gesammelt wird, ist für den Kaiser bestimmt, und man nennt ihn Wachsthee, La tche. Kämpfer[56]) spricht von drei Sorten japanischen Thee's; die erste dieser Arten besteht aus den jüngsten Blättchen der Theestaude, und man nennt sie Ficki Tsjaa, auch nach den Orten, wo die Blätter gesammelt werden, Udsi Tsjaa und endlich Tacke sakki tsjaa; es ist dies die beste Sorte des japanischen Thee's. Die zweite Art, Chinesen-Thee oder Too tsjaa genannt, bereitete man aus älteren Blättern; die dritte Sorte stellte man aus zerbrochenen und beschädigten Blättern her, belegte sie mit der Bezeichnung Ban Tsjaa und präparirte sie nur einiger Massen zum Gebrauch der Landleute und des gemeinen Mannes. Geoffroy[57]) stellt drei Theesorten auf (sie als Blätter eines und desselben Strauchs bezeichnend), die sich von einander nur durch die Zeit des Sammelns und die Art der Zubereitung unterscheiden. Die erste Sorte ist ihm der sogenannte grüne Thee, die zweite der Kaiser-Thee und die dritte der Bohe (oder schwarze Thee). Bengt Bergius[58]) unterscheidet zwei Hauptsorten, grünen und schwarzen Thee, nennt vom grünen zwei Unterarten, vom schwarzen eben so viele. Die des grünen sind Poucul und Songlo, die des schwarzen Long-an und Wou-y; den Poucul theilt er in Hysantschu, Hysant und Hysant-skin, den Songlo in Bing oder Kaiserthee, Tungkay und (eigentlichen) Songlo; den Long-an in Sout-Cong, Congo, Litchi-ching und Peco; endlich bezeichnet er den Wou-y oder Bohe als die schlechteste aller Sorten. Der schon oben erwähnte schwedische Prediger Osbek[59]) nimmt einen grünen und schwarzen, Voltelen einen grünen und schwärzlichen Thee an; Voltelon nennt den Boheathee eine Unterart des schwärzlichen und die schlechteste aller Theesorten. W. H. Medhurst[60]) theilt in der von ihm besorgten Ausgabe des Werkes eines englischen Missionärs über China Folgendes, die Unterscheidung der Theesorten betreffend, mit. Er zählt vom grünen Thee sechs, vom schwarzen sieben Unterarten auf; den schwar-

---

[56]) Kämpfer, a. a. O. Bd. II. pag. 447 u. fg.

[57]) Geoffroy, S. F., Tractatus de Materia medica. Bd. II. [Paris. 1741.] pag. 274 u. fg.

[58]) Bergius, B., Ueber die Leckereyen. Aus dem Schwedischen mit Anmerkungen von J. R. Forster und K. Sprengel. Halle. 1792. Bd. II. pag. 281 u. fg.

[59]) Osbek, P., Dagbok öfwer en Ostindisk resa. Stokholm. 1757. 8.

[60]) Medhurst, W. H., China, seine Zustände und Aussichten in besonderer Rücksicht auf die Verbreitung des Evangeliums, etc. Stuttgart. 1840. 8. pag. 88 u. fg.

zen oder braunen Thee benennt er: Wu-i, Moje oder Thee-Bou, der in der Provinz Foh-kien wächst; Kien-pei oder Campae (bedeutet: am Feuer gedörrten Thee); Kang-fu oder Con-go (bedeutet: Arbeiter-Thee); Pih-hao oder Pecco (bedeutet: weissen Flaumthee); Pao-tschong oder Poutschong (bedeutet: eingewickelten Thee; diese Bezeichnung hat ihren Grund darin, weil man diesen Thee in Papierstücke einhüllt); Seaou-tschong óder Soutschong (bedeutet: kleinsamigen Thee); Schwang-tschi, Soutschi oder Kaper (deutet doppelt zusammengesetzten Thee an). Den grünen Thee theilt er ein in: Songlo oder Singlae (zu deutsch: Tannenzapfen-Thee); Hi-tschon oder Haysan (zu deutsch: Thee der glücklichen Quelle); Pi-tscha oder Haysanskin (zu deutsch: Hautthee); Ton-ki oder Twankay (wird übersetzt mit: Stromstations-Thee); Tschu-tscha oder Tio-Thee (Perl- oder Schiesspulver-Thee); Yutsien, Autschain oder Junger-Haysan (deutet an: vom Regen gesammelten Thee). Medhurst erklärt als wahrscheinlich, dass der grüne Thee, den man vorzüglich in der Provinz Tsche-kieng, und der schwarze Thee, den man zumeist in der Provinz Foh-kien cultivire, von einer und derselben Pflanze stammen.

Die beste und, wie anzunehmen, begründetste Unterscheidung der Theesorten ist wohl die, welche in neuester Zeit der belgische Hospitals-Apotheker H. Bonnewyn [61]) vornahm. Er bleibt bei der herkömmlichen Eintheilung des im Handel vorkommenden Thee's in eine grüne und eine schwarze Sorte, erkennt aber als Unterarten a. des grünen Thee's: Hayswen-Skin oder Hyswin-Thee (eine Ausschussorte); Songlo oder Sonbo (schlechte Sorte); Tonkay (verdient vor dem Songlo den Vorzug); Hayswen-Thee, welcher die feinste aller Unterarten des grünen Thee ist; die Blätter dieses Thee sind graugrün, etwas in das Bläuliche spielend, sind gross, gut gerollt, ohne Staub und von angenehmem Geruch; der Perlthee ist grau von Farbe, fast silberglänzend, und besteht aus den jungen Blättern der Theestaude; der Tschulan oder Tehulan kommt selten im Handel vor, zählt zu den feinen Sorten und ist mit den Blüthen von Olea fragans parfumirt; der Schiesspulverthee hat angenehmen Geruch und milden Geschmack, kleine, zarte, zu Körnern zusammengerollte Blätter, und es werden seine besseren Qualitäten als Kaiserthee verkauft; der Kaiserthee, der auch den Namen Bin führt, ist eine seltene Waare; b. des schwarzen Thee's: Pekao oder Peko, auch Peking-Thee genannt, wird von den Russen sehr geschätzt [ist eine feine Sorte, deren schönste Blätter als Lintchessin-

---

61) Bonnewyn, H., Considérations sur le thé et sur son acclimatement en Belgique. Gand. 1856.

Thee verkauft werden, dessen Wohlgeruch aber von wenig Haltbarkeit; Suschong, Suchon oder Saotschaon, ist eine von den Chinesen sehr geschätzte Theeart, deren Blätter Melonengeruch haben, gross, gut gerollt, wenig staubig und von bräunlicher, ins Violette spielender Farbe sind (eine Spielart dieses Thee's ist der Paotschaon); Congothee, Congfu, Camphuy oder Campui; Thee Bu oder Thee Bui, welcher die am meisten benutzte Sorte vorstellt. Zu Anfang der vierziger Jahre legte Christison [62]) der Royal Society zu Edinburgh verschiedene Theemuster vor, deren Untersuchung das Ergebniss neuerer Forschungen in Indien bestätigte, nach welchen die verschiedenen Sorten des grünen und schwarzen Thee von den Blättern einer und derselben Pflanzenspecies gemacht werden, die man zu diesem Behufe zu verschiedenen Zeiten ihrer Entwickelung sammelt. Die unausgebreiteten Blattknospen und ganz jungen Blätter geben den Pakao und den jungen Hyson; die völlig entwickelten, jedoch noch jungen Blätter den Souchong, Campui, Kaiser- und Schiesspulver-Thee; ältere und härtere Blätter den Congo, Twankay und Hyson-Skin; die ältesten und gröbsten Blätter den Thee Bu oder Bohea. Die Richtigkeit der zuerst angeführten Angaben Christison's wurde durch die Forschungen von Fortune (damals Abgeordneter der Londoner Gartenbau-Gesellschaft) und Samuel Ball (Thee-Inspector der Ostindischen Compagnie) bestätigt [63]); ebenso auch von R. Fortune [64]), dessen Bericht hierüber von 1852 durch Royle [65]) der Versammlung der englischen Naturforscher-Gesellschaft vorgelesen wurde. Auch Fortune kam zu dem höchst interessanten Ergebnisse, dass der grüne Thee nicht ausschliesslich aus den Blättern der Thea viridis, der schwarze nicht ausschliesslich aus den Blättern der Thea Bohea gemacht, sondern dass aus beiden Varietäten der Theepflanze grüner und schwarzer Thee erzeugt werde; in den nördlichen Districten benutzt man die Thea viridis, in der Gegend von Canton die Thea Bohea.

Ehe wir die Zubereitung der Theesorten in's Auge fassen, wollen wir noch des Ziegelthee oder Ziegelsteinthee erwähnen. P. S. Pallas [66]) hat diesen Thee zuerst näher beschrieben; auch Běrg-

---

[62]) Edinburgh new Philosophical Journal. 1843. (Januar.) pag. 176 u. fg.

[63]) Journal de Pharmacie et de Chimie. 1848. Novemberheft.

[64]) Fortune, R., Dreijährige Wanderungen in den Nord-Provinzen von China. Nach der 2. Aufl. aus dem Engl. von E. A. W. Himly. Göttingen. 1853. pag. 141.

[65]) Botanische Zeitung. Redig. v. H. v. Mohl und D. F. L. v. Schlechtendal. 10. Jahrgang. [Berlin. 1852.] pag. 831.

[66]) Pallas, P. S., Reise durch verschiedene Provinzen des Russischen Reichs. St. Petersburg. 1771—76. Bd. III. pag. 152. Anm.

mann [67]), Timkowski [68]), Hyakinth [69]) u. A. berichteten darüber.
Nach Pallas belegen die Russen den Ziegel - oder Backsteinthee mit
dem Namen Kirpitschnoi Tschai; dieser Thee erscheint in Tafeln,
welche zwei Spannen lang, eine Spanne breit und einen starken Zoll
dick sind, und wird bereitet in den nördlichsten Provinzen China's,
zumeist für Mongolen, Buräten und viele jener Russen, welche am
Baikalsee wohnen; diese Völkerschaften können ohne den Ziegelthee
nicht leben, weil er, wie besonders Hyakinth für die Mongolen
nachwies, ihr wichtigstes oder doch wenigstens eines ihrer häufigsten
Nahrungsmittel ausmacht. Man bereitet ihn aus den schlechtesten
Theesorten, nach Pallas aus den Blättern eines Strauches, die fast
dem Laube der Vogelkirsche gleichen, mittelst Blut von Rindern und
Schafen. Er wird nicht infundirt, sondern gekocht und mit Milch,
Butter, Mehl u. dgl. zubereitet. Man rühmt ihm nach, stark zu sättigen, besonders wenn er mit jenen Nahrungskörpern vermischt wurde
(dann sättigen wohl diese weit mehr als der Thee). Die fastenden
Russen versetzen den Backsteinthee mit Oel und Mehl. Die Chinesen
pflegen einer jeden solchen Theetafel einen gedruckten Zettel beizule-
gen, auf welchem der Ort, wo der Thee verfertigt wurde, nebst einem Lobspruche zu lesen ist. Nach Pallas lautet die Uebersetzung
eines derartigen Zettels: „Aus der Fabrik Jun Zen Zedsi in der Statt-
halterschaft Nanshin; Im zweiten Frühlingsmonat, zur Zeit wenn die
Thaue fallen, gesammelter frischer, wohlschmeckender, gutartiger, und
gepriesener Thee, der die besten Theesorten, Suulu, Pejoan, Fynsu,
Sjupan, Luidsän, übertrifft."

Sehr viele der von uns genannten Reisenden und Schriftsteller haben die Art
der Zubereitung des käuflichen und des für den chinesischen Kaiser bestimmten Thee's ausführlich beschrieben; da dieser Gegenstand der uns gestellten
Aufgabe ferner liegt, so werden wir denselben nur andeuten. — Im nördlichsten China ist es für den Theestrauch zu kalt, im südlichsten zu warm, und
nur im mittleren wird die Staude mit grösstem Vortheile cultivirt; man bringt
die Bäume drei bis fünf Fuss weit von einander an und lässt sie, um die
Blätter bequem sammeln zu können, nicht hoch wachsen [70]). Man sammelt
die Blätter viermal des Jahres, und zwar liefert die erste Ernte (d. i. die zu
Anfang des Frühjahres vorgenommene) den besten Thee, die letzte Ernte den
schlechtesten. Man legt die gesammelten Blätter in leichte, weite Körbe und

[67]) Bergmann, B., Nomadische Streifereien unter den Kalmücken in
den Jahren 1802 und 1803. Riga. 1804—05 Bd. IV. pag. 236 u. fg.

[68]) Timkowski, G., Reise nach China durch die Mongoley in den Jahren 1820 und 1821. Von J. A. E. Schmidt. Leipzig. 1825—26. Bd. II.

[69]) Hyakinth, Denkwürdigkeiten über die Mongolei. Aus dem Russischen von K. F. v. Borg. Berlin. 1832. pag. 128.

[70]) Register of Arts. 1829. (No. 37.) pag. 142. — Dingler, Polytechnisches Journal. Bd. XXXI. pag. 402 u. fg.

trocknet sie von Morgen bis Mittag in mildem Sonnenscheine oder Winde, oder aber in luftigen Scheunen, wirft alsdann die getrockneten Blätter in Massen von zehn bis zwölf Unzen auf flache Pfannen aus Gusseisen, die über ein mit Holzkohlen geheiztes Oefchen gehalten werden, rührt sie mit einem kurzen Handbesen zwei bis drei Mal schnell um, und kehrt sie nun wieder in die Körbchen, in welchen sie von den Arbeitern sorgfältig zwischen den Fingern gerollt werden [71]). Nach Beendigung dieses Geschäfts kommen die Blätter, jedoch in grösseren Mengen, in dieselben Pfannen über schwächeres Feuer und werden, nachdem sie von diesem entfernt, wieder gerollt. Man breitet sie auf Tischen aus, um die Sortirung und Entfernung der noch feuchten Blätter vorzunehmen. Behufs der Vornahme der Operation des Sengens oder Hitzens werden die Blätter der beiden ersten Theeernten in noch frischem Zustande in die Pfannen geworfen, wie angegeben behandelt, nun gerollt, in dünne Schichten ausgebreitet, ausgelesen, durch Sieben sortirt und nochmals zwei bis drei Male erhitzt, ehe man sie zu Markte bringt. — Dies so im Allgemeinen die Zubereitung. Im Besonderen aber unterscheidet man die Bereitung des schwarzen Thee von der des grünen, und wir folgen in Bezug hierauf ganz sonderlich den Angaben von A. Hausmann [72]), Attaché der französischen Gesandtschaft in China. Zum Zwecke der Erzeugung des schwarzen Thee röstet man die gut getrockneten Blätter in eisernen Becken, welche, auf einem langen Ofen stehend, starker Hitze ausgesetzt sind, durch eine halbe Stunde lang unter beständigem Umrühren; alsdann wird das gerollte und erhärtete Blatt in einem von Bambus geflochtenen Korbe zum zweiten Male ausgetrocknet, indem man den Korb über ein Loch stellt, welches in ein grosses, mit Gluth gefülltes Steingutgefäss gemacht ist. Will man grünen Thee erzielen, so setzt man die Blätter einer bei Weitem geringeren Hitze aus, lässt sie aber länger über dem Feuer; man lässt es bei einmaliger Röstung bewenden. Auch Hausmann spricht davon, dass die Chinesen dem Thee mittelst Chromgelb und Berlinerblau eine schöne grüne Farbe ertheilen, durch welche Farbe sich vielleicht die Wirkung erklären liesse, welche der grüne Thee auf das Nervensystem vieler Menschen entfaltet [wenn schon in jener Farbe allein die Wirkung nicht zu suchen ist, sondern auch im Caffeïn und der Gerbsäure]. Die Chinesen bedienen sich nur des schwarzen Thee's; der grüne wird zumeist nach Amerika ausgeführt. Diejenigen Sorten, deren sich der Kaiser bedient, sind nicht käuflich, und es sollen auf den Bohihügeln deren wachsen, von denen ein Kilogramm mehr als tausend Franken werth ist.

Nach Guillemin [73]) geht man in Brasilien bei der Theebereitung folgender Maassen zu Werke; man trocknet die Theeblätter in flachen Pfannen von polirtem Eisen über lebhaftem Feuer, und zwar so lange, bis sie eine gewisse weiche Consistenz erlangt haben und sich ohne zu zerbrechen zu Kügelchen rollen lassen. Nun werden die Blätter, um den scharfen grünlichen Saft aus-

---

[71]) Hierzu bemerkt das Dingler'sche Journal: „Es ist fürwahr der Mühe werth, die menschliche Thorheit am Theetische zu beobachten und alle die Zierereien bei einer Hand voll Blättchen zu sehen, die ein schmutziger Chinese in seinen stinkenden Händen gewalkt hat."

[72]) Dingler, Polytechnisches Journal. Bd. CV. (1847.) pag. 467 u. fg.

[73]) Journal de Chimie médicale, etc. 2. Reihe. Bd. VI. pag. 165 u. fg.

15

zupressen, auf Bambusmatten mit weiten Maschen geknetet, indem man sie
etwa eine halbe Stunde lang nach allen Richtungen herumrollt. Alsdann bringt
man sie wieder in jene Eisen-Pfannen, worin man sie unter beständigem Umrühren mit Vorsicht trocknet. Ist dies geschehen, dann wird der Thee gesiebt
und auf diese Weise sortirt. Der Thee vom ersten Sieben ist der Kaiser-
oder Uchin-Thee, der vom zweiten der feine Hyson, der vom dritten
der Familien-Thee, den man in zwei Untersorten fabricirt: Chato und
Chuto. Unmittelbar nach dem Trocknen ist der Geruch des brasilianischen
Thee's krautartig, und erst mit der Zeit nimmt dieser Thee ein angenehmes
Arom an, welches immer mehr hervortritt, in dem Maasse, dass der Thee
nach Ablauf eines Jahres wirklich brauchbar ist. Die Ursache der bleigrauen
Färbung der brasilianischen Theesorten liegt darin, dass man die Blätter, ehe
man sie in Büchsen einschliesst, leicht röstet. Beachtenswerth ist das Ein-
schliessen des Thee in Büchsen, welches desshalb vorgenommen wird, um die
Blätter vor Einwirkung von Luft und Licht zu bewahren. — Eine gute Beschreibung der Theebereitung in China lieferte auch Fortune [74]).

Ueber das Parfumiren des Thee liegen aus neuerer Zeit mehrere Berichte vor; wir halten uns zunächst an die von Fortune [75]). Weiber und
Kinder, so melden die Berichte, werden damit beschäftigt, die Stiele aus den
Blättern zu lesen und Männer sortiren den entstielten Thee, indem sie ihn
sieben, und trennen das Brauchbare von dem Unbrauchbaren. Der gereinigte
und getrocknete Thee wird nun vollständig vermischt mit entwickelten frischen
Orangen- oder Jasminblüthen, und man nimmt vierzig Pfund von diesen Blüthen auf hundert Pfund Thee. Man lässt den Thee durch vierundzwanzig
Stunden mit den Blüthen in Berührung, trennt alsdann beiderlei und trocknet
den Thee wieder mit Vorsicht. Der Geruch des Thee ist Anfangs nur schwach
und entwickelt sich allmälig. Ausser den Orangen- und Jasminblüthen verwendet man zum Parfumiren des Thee noch die Blüthen von Olea fragans
[diese ganz vorzüglich], von Rosa indica, Prunum plenum, Aglaia odorata,
Gardenia florida, u. A. m.

Das Färben des Thee gehört schon in das Bereich der Fälschungen. Die Chinesen färben den Thee nur wegen Vorurtheils; in
der Regel bedienen sie sich hierzu eines innigen Gemenges von drei
Theilen Indigo und einem Theile gebrannten Gypses, welches sie auf
den dörrenden Thee streuen, in dem Verhältnisse, dass auf vierzehn
Pfund Theeblätter eine Unze jenes Farbengemenges kommt [76]). Durch
Robert Warington [77]) wurde eine Probe grünen Thee's untersucht,
welchen das Zollamt wegen verdächtigen Aussehens confiscirte; Wa-

74) Fortune, a. a. O. pag. 143 u. fg.
75) Journal des connaissances médicales pratiques et de Pharmacologie
1856. (Paris.) Februar. — Canstatt, Jahresbericht der Medicin für 1856.
Bd. VII. pag. 75 u. fg. — Archiv der Pharmacie. 2. Reihe. Bd. LXXXVII.
pag. 260 u. fg. — Petermann, A., Mittheilungen aus J. Perthes geogra-
phischer Anstalt über wichtige neue Erforschungen auf dem Gesammtgebiete
der Geographie. Gotha. 1855. pag. 167.
76) Dingler, Polytechnisches Journal. Bd. CXV. [1850.] pag. 79.
77) Chemical Gazette. 1844. No. 36.

rington fand, dass das Pigment den Blättern mechanisch anhing, und schloss, dass man es auf den Thee gestreut haben müsse. Die mikroskopische und chemische Untersuchung liess den Farbekörper als ein Gemenge von Berlinerblau mit einem orangegelben und einem weissen Stoffe erscheinen, und es lag sehr nahe, die orangegelbe Substanz für einen Pflanzenfarbestoff, die weisse theils für Gyps, theils für Kaolin zu halten. Einige Theesorten, z. B. der Twankay, waren dicht bestreut mit jenem Farbengemenge, nach dessen Entfernung der Thee schwarz aussah, ohne indessen das dem schwarzen Thee eigenthümliche runzelige Aeussere zu zeigen.

Färbungen des Thee mit Indigo, Gyps, Kaolin, ja selbst kleineren Mengen von Berlinerblau, schaden der Gesundheit nicht, da sich diese Stoffe theils unschädlich verhalten, theils als un- oder doch sehr schwerlöslich in Wasser erweisen; wenn sie auch im Wasser, respective im Theeaufgusse suspendirt sind, so erwächst daraus kein Nachtheil. Kaolin ist unlöslich in Wasser, Gyps löset sich bei 35°C. übersteigender Temperatur in sehr geringen Mengen [bei 35° C. erfordert 1 Theil Gyps 393 Theile Wassers zur Lösung], Indigo ist unlöslich und Berlinerblau löset sich nur in chemisch reinem Wasser. Dagegen sind jene Theesorten gesundheitsgefährlich, ja giftig, welche mit Chromgelb versetzt wurden; das Chromgelb ist bekanntlich unlöslich in Wasser, vertheilt sich aber leicht in diesem, und darin liegt der Grund, warum dem Genusse des mit chromsaurem Bleioxyde verfälschten Thee's die Erscheinungen der Bleiintoxikation folgen. Hierher ein Fall, der sich im Jahre 1843 in Frankreich ereignete. In diesem Jahre scheiterte in den Gewässern von Calais ein Schiff [78]), und man fing ausser den Trümmern desselben viele Kisten auf, in welchen sich Thee befand. Es waren schwarze Sorten, und sie erlitten durch das Seewasser merkliche Verschlechterung. Um sie zu höheren Preisen zu verkaufen, färbte man sie mit Chromgelb und Berlinerblau, grüne Sorten daraus machend, die für zwei bis drei Franken per Pfund umgesetzt wurden. Der Umstand, dass zwei Arbeiter an Blei-Kolik erkrankten, führte zur Entdeckung und Bestrafung des Betrugs.

Simonin fand die grünen Farben, mit denen manche Theesorten versetzt waren, aus Berlinerblau und einer gelben Farbe bestehend, welche Curcumawurzel-Pulver zu sein schien, und Marchand [79]) fand in vielen Theesorten Chromgelb, und erkannte, dass derartiger Thee eine ziemlich grosse Anzahl schlecht gerollter und zerrissener Blätter, Stielstücke und Thesaamen enthielt, dass seine Farbe mehr

---

78) Archiv der Pharmacie. 2. Reihe. Bd. XXXVII. pag. 250.
79) Pharmaceutisches Central-Blatt für 1844. No. 28.

blauschwarz wár, oder man deutlich gelbgrüne, schwarzblaue oder schwarze Theilchen unterscheiden konnte.

Im Jahre 1844 legte Robert Warington [80]) im Philosophical Magazine eine höchst wichtige Arbeit, betreffend die Untersuchung der im Handel vorkommenden grünen Theesorten, nieder, und wir theilen im Folgenden die uns berührenden Resultate mit.

Es werden viele Theesorten schon im verfälschten Zustande nach England gebracht, wie an Proben von Kaiserthee, Hyson, Schiesspulverthee und Twankay, die aus Originalkisten entnommen wurden, nachgewiesen worden ist. Ein englischer Grosshändler, dem Warington die Mittheilung jener Theeproben verdankte, stellte an den Chemiker die Frage, ob er schon unglasirte Theesorten untersucht habe; Warington kannte derartige Sorten noch nicht. Er untersuchte nachher glasirten und unglasirten Thee, und seinen Bemühungen hat man die erste und genauere Kenntniss dieser Arten zu verdanken. Aus dem Ganzen geht hervor,' dass der unglasirte Thee solcher ist, der nur mit Gypspulver und der glasirte solcher Thee ist, der mit Gypspulver und Berlinerblau (Kupfer- und Bleipräparaten, Indigo, Curcuma u. dgl.) versetzt wurde. Nach Warington's Mittheilungen aus dem Jahre 1852 [81]) werden gewisse Theesorten künstlich dargestellt, und es enthalten einige gefärbte Theearten an Stelle von Berlinerblau Indigo. Was den ersteren Punkt betrifft, so bereitet man jenen künstlichen Thee aus Theestaub, Sand, Gyps, Reismehl, Gummi u. dgl., woher es denn kam, dass in demselben 45,5% an Asche gefunden wurde, während der Aschengehalt echter Sorten nur 4%, höchstens 5% vom Gewichte des Thee beträgt. — Die Chinesen verstehen unter Lügen-Thee solche Sorten, welche sie durch Vermischung echter Theearten mit künstlich erzeugtem Thee gewinnen; Warington fand im Lügenthee 5 bis 45,5% Asche.

Ist der Thee durch Kupfersalze grün gefärbt, so ist dies bekanntlich leicht nachzuweisen. Dagegen ist die Nachweisung eines Gemenges von Berlinerblau und Chromgelb schwieriger, und in dieser Hinsicht leitet uns Duflos [82]) auf den richtigen Weg. Duflos bindet einige Loth der verdächtigen Theeblätter lose in sehr feine, reine Leinwand und knetet sie darin in einer mit reinem Wasser gefüllten Schüssel sorgfältig aus; bringt dann die Flüssigkeit in ein Becherglas, lässt sie ruhig stehen, gut sedimentiren, und behandelt das Sediment, nach-

---

[80]) Dingler, Polytechnisches Journal. Bd. XCIII. pag. 272 u. fg.
[81]) Quaterly Journal of the Chem. Society. Bd. IV. [London. 1852] pag. 252 u. fg. — Chemical Gazette. 1852. pag. 238.
[82]) Duflos, A., Die wichtigsten Lebensbedürfnisse etc. 2. Aufl. Breslau. 1846. pag. 163.

dem er es gewaschen, mit caustischem Ammoniak, filtrirt das Fluidum, neutralisirt mit Essigsäure und versetzt mit einigen Tropfen von Eisenchlorid: war Berlinerblau dem Thee beigemischt, so zeigt sich in der Flüssigkeit ein blauer Niederschlag oder doch eine solche Färbung. Den von der Ammoniakflüssigkeit nicht gelösten Rückstand behandelt man mit Aetzkalilauge und leitet alsdann in das Medium Schwefelwasserstoffgas: war der Thee mit Chromgelb gefärbt, so scheidet sich jetzt schwarzes Schwefelblei aus.

Englische Berichte aus dem Jahre 1851 [83]) geben Aufschluss über mehrere Theefälschuugen; sie erwähnen der Verfälschungen des Thee durch die Blätter von Chloranthus inconspicuus, Camellia sasanqua, von Weiden, Pappeln, Platanen, Eichen, Hagedorn, Schlehen, Birken, Hollunder und Ulmen. Auch frischte man (und thut es leider noch) die schon gebrauchten Theeblätter auf, indem man sie mit Gummilösung mischte und alsdann trocknete; man liess jene schon benutzten Blätter durch eigens dazu bestimmte Subjecte in öffentlichen und Privathäusern sammeln und aufkaufen. Sollten die Blätter schwarzen Thee geben, so versetzte man sie mit Graphit; das verlorengegangene Gerbsäurequantum wurde durch Catechu ersetzt, eine Substanz, welche dem Theeaufgusse dunklere Farbe ertheilt und, in grösseren Mengen anwesend, durch Erzeugung von Verstopfung schädlich wird. Graphit ist eine völlig unschädliche Beimischung. Ausser mit Gummi versetzt man den schon gebrauchten Thee mit Stärkemehl; die Chinesen mischen dem Thee öfters Reisstärkemehl, in einigen Fällen auch Graphit bei. Echter, ungebrauchter Thee zeigt einen Gehalt von 45 % Gerbsäure; im aufgefrischten ist die Gerbsäuremenge geringer, das Quantum von Gummi und Lignin grösser. — In einigen Fällen setzen Betrüger dem Thee Eisenvitriol zu, um dadurch dem Infusum eine dunklere Farbe zu ertheilen; man würde sich indessen sehr irren, wenn man bei qualitativer Analyse einen Eisengehalt des Thee in Verfälschung durch Eisenvitriol begründet zu erkennen glaubte; denn wie Bley [84]) nachwies, sind Spuren von Eisen im grünen wie im schwarzen Thee enthalten. Nur ein beträchtlicheres Eisenquantum deutet Verfälschung an. Gesetzt auch, man tränke mit jeder Tasse Thee den vierten Theil eines Granes Eisenvitriols, so schadet dies der Gesundheit so viel wie gar nicht. Sowerby [85]) fand den Thee verfälscht mit eisenhaltigem Sande,

---

83) Canstatt, Jahresbericht der Medicin für 1851 Bd. VII. pag 29 u. fg. [The analytical sanitary Commission. Lancet.]

84) Archiv der Pharmacie. 2. Reihe. Bd. XL. [1844.] pag. 311.

85) Archiv der Pharmacie. 1. Reihe. Bd. XVIII. pag. 279.

Clarke [86]) mit Bleierz, Doepp [87]) mit den Blättern von Epilobium angustifolium.

Sonst wird noch der Thee verfälscht mit Campecheholz und kohlensaurem Kalke, um die Schönheit der Farbe zu erhöhen [versetzt man den Aufguss solchen Thee's mit einem Alkali, so nimmt die Flüssigkeit beim Stehen an der Luft eine rothe Farbe an]; mit Talk, Walkererde, chinesischem Thone [Alles erkenntlich durch die mikroskopische Untersuchung], Mineralgrün und anderen Kupferfarben, kohlensaurer Magnesia und Kalk.

Man fand, dass vom schwarzen Thee nur die Conchos- und Souchong-Sorten von China aus echt bezogen werden, während die anderen Theearten durch Theestaub, Gummi, Sand, Berlinerblau u. dgl. verfälscht vorkommen; dass die grünen Sorten, mit Ausnahme der in Assam in englischen Faktoreien gewachsenen und präparirten, fast sämmtlich und nicht selten mit schädlichen Stoffen verfälscht sind. Mit Recht wurde desshalb der Antrag gestellt, den Theezoll zu verringern. —

Die ersten chemischen Untersuchungen des Thee's, welche wirklich diesen Namen verdienen, sind die von J. Frank [88]), Davy [89]) und Cadet [90]). Frank und Davy fanden, dass der Gehalt an Gerbsäure im schwarzen Thee grösser sei als im grünen; was auch Brande bestätigte. Frank wies in hundert Theilen Thee nach: a. im schwarzen Thee: 40,6% Gerbsäure, 6,3% Gummi, 44,8% Holzfaser, 6,3% glutenartige Substanz, 2,0% flüchtige Materie (und Verlust); b. im grünen Thee: 34,6% Gerbsäure, 5,9% Gummi, 51,4% Holzfaser, 5,7% glutenartige Substanz, 2,5% flüchtige Materie (und Verlust). Cadet prüfte die verschiedenen Theesorten auf ihren Gehalt an Gallussäure, Tannin, Harz, Schleim und Extractivstoff. Thomson [91]) will aus dem Thee ein fettes Oel erhalten haben, welches ihm aus Elaïn 75% und Stearin 25% besteht. Im Jahre 1827 entdeckte Oudry [92]) das Theïn, welches später durch Jobst [93]) und

86) Archiv der Pharmacie 2. Reihe. Bd. XIV. pag. 187.
87) Archiv der Pharmacie. 2. Reihe. Bd. XXIX. pag. 237.
88) Berlinisches Jahrbuch für die Pharmacie etc. Jahrgang 1798. No. V. pag. 154 u. fg.
89) Philosophical Transactions. 1803. pag. 268.
90) Cadet, C. L., Le Thé est-il plus nuisible qu'utile? ou histoire analytique de cette plante, etc. Paris. 1808. pag. 21 u. fg.
91) Pharmaceutisches Central-Blatt für 1837. No. 12.
92) Magazin für die neuesten Erfahrungen, Entdeckungen und Berichtigungen im Gebiete der Pharmacie. Von G. F. Hänle und P. L. Geiger. Bd. XIX. [Carlsruhe. 1827.] pag. 49 u. fg.
93) Annalen der Pharmacie. Vereinigte Zeitschrift u. s. w. von Liebig. Bd. XXV. pag. 63 u. fg.

Mulder [94]) als identisch mit dem Caffeïn erklärt wurde. Später beschäftigten sich viele Chemiker mit dem Caffeïn — ein Gegenstand, dessen Erörterung Sache der Chemie ist. Die Analysen, welche in neuerer und neuester Zeit durch Mulder [95]), E. Marchand [96]), Peligot [97]), Stenhouse [98]), Liebig [99]), Rochleder [100]), Fleitmann [101]), Lehmann [102]), und im Cambridge-Laboratorium zu Harward, in den nordamerikanischen Freistaaten, von Spooner, Tevis, Hague und Homer [103]) ausgeführt wurden, sind diejenigen, welche eigentlichen Aufschluss geben über die chemischen Verhältnisse des Thee; wir lassen die Resultate dieser Forschungen folgen. Mulder fand:

Theesorten :	Aetherisches Oel.	Caffeïn.	Gerbsäure.	Wachs.	Harz.	Gummi.	Chlorophyll.	Extractivstoff.	Extractabauit.	Extract, ausgezogen mit Salzsäure.	Pflanzenalbumin.	Cellulose.	Asche.
Haysan China	0,79	0,43	17,80	0,28	2,22	8,56	2,22	22,88	Spuren	23,60	3,00	17,08	5,56
aus Java	0,98	0,60	17,56	0,32	1,64	12,20	3,24	21,68	Spuren	20,36	3,64	18,20	4,76
Congo China	0,60	0,46	12,88	0,00	3,64	7,28	1,84	19,88	1,48	19,12	2,90	28,32	5,24
aus Java	0,65	0,65	13,80	0,00	2,41	11,08	1,28	18,64	1,64	18,24	1,29	27,00	5,36

Mulder entdeckte im chinesischen Congo-Thee Spuren von Manganoxyd, und Fleitmann wies geringe Mengen Manganoxyduls im Aufgusse des Peccothee's nach, in welchem er auch Eisenoxyd entdeckte: das Infusum von siebenzig Grammen jener Theesorte zeigte einen Gehalt von 0,20 Grammen Manganoxyduls und 0,104 Grammen Eisenoxydes. In Hinsicht der Aschenbestandtheile ergeben die Mulder'schen Untersuchungen folgende Verhältnisse: a. Chlorkalium, kohlensaures, phosphorsaures und schwefelsaures Kali zu 3,40 in den japanesischen, zu 2,84 in den chinesischen Theearten; b. kohlensaurer, phosphorsaurer und schwefelsaurer Kalk, kohlensaure Magnesia und

---

94) Archiv der Pharmacie. 2. Reihe. Bd. XV. pag. 73 u. fg.

95) Pharmaceutisches Central-Blatt für 1838. No. 26. No. 31.
     Mulder, G. J., Scheikundige onderzoekingen. Bd. II. [Rotterdam. 1845.] pag. 211 u. fg.

96) Archiv der Pharmacie. 2. Reihe. Bd. XL. pag. 311.

97) Archiv der Pharmacie. 2. Reihe. Bd. XXXVII. pag. 124 u. fg.

98) Pharmaceutisches Central-Blatt für 1843. No. 54. — Spätere Untersuchungen: Chemisches Central-Blatt für 1857. pag. 464.

99) Liebig, J. v., Chemische Briefe. 4. Aufl. Bd. II. pag. 180 u. fg.

100) Annalen der Chemie und Pharmacie. Bd. LXIII. pag. 202 u. fg.

101) Liebig, a. a. O. pag. 182.

102) Ebendas. pag. 182.

103) Archiv der Pharmacie. 2. Reihe. Bd. LXXIX. pag. 107.

Eisenoxyd zu 1,64 in den japanesischen, zu 1,72 in den chinesischen; c. Kieselsäure zu 0,32 in den japanesischen, zu 0,68 in den chinesischen Theearten. Nach Lehmann enthalten hundert Gewichtstheile der Asche des Souchongthee's: Kali 47,45; Natron 5,03; Kalk 1,24; Magnesia 6,84; Eisenoxyd 3,29; Phosphorsäure 9,88; Schwefelsäure 8,72; Kieselsäure 2,31; Kohlensäure 10,09; Manganoxyd 0,71; Kochsalz 3,62; Kohle und Sand 1,09. Jene drei Amerikaner wiesen in der Asche der Theeblätter nach:

Theesorten:	Bestandtheile:								
	Kali.	Natron.	Kalk.	Magnesia.	Eisenoxyd.	Phosphorsäure.	Schwefelsäure.	Chlornatrium.	Kieselsäure.
Souchong	3,70	25,46	11,63	9,59	8,42	12,62	10,14	2,40	16,04
Souchong	44,96	1,70	8,77	8,41	6,80	11,46	6,96	2,15	8,79
Oolong	12,38	40,00	7,68	6,17	7,18	8,26	8,27	2,25	7,81
Jung-Haysan	33,95	9,26	8,17	6,79	4,75	16,64	4,89	4,66	10,89
Ninyong	28,38	12,88	8,39	—	19,31	17,44	4,76	3,25	2,59

Nach Justus v. Liebig [101]) geben hundert Gewichtstheile der Blätter des Souchong-Thee's mit kochendem Wasser extrahirt 15,536 Gewichtstheile trockenen Extractes, in welchem 3,06 Theile Asche enthalten sind. — Dass durch Trocknen des Thee's bei 100° C. dieser seines ätherischen Oeles und seines Wassergehaltes verlustig gehe, wurde auf experimentalem Wege zuerst durch Mulder festgestellt, welcher ausserdem fand, dass der javanische Hyson durch Trocknen bei jener Temperatur 4%, der chinesische 4,44%, der javanische Congo 3,88%, der chinesische 4,48% seines ursprünglichen Gewichtes verliert. Bemerkenswerth ist, dass die Asche der chinesischen Theesorten eine weit mehr rothe Farbe hat als die der Arten des Thee von Java.

Unterziehen wir die wichtigeren Thee-Bestandtheile einer kurzen Betrachtung. Stenhouse fand in gutem schwarzem Thee 2,13%, im schwarzen Kemaou-Thee 1,97% Caffeïn; Peligot wies im Kugelthee 6%, im besseren Gunpowder 4,10%, in minderem Gunpowder 3,50%, im Kaiserthee, Caper und Peko 2,70% Caffeïn nach. Stenhouse fand im grünen wie schwarzen Thee, neben einem besonderen Eisenoxydulsalze bläulich schwarz fällendem Gerbestoffe, eine kleine aber constante Menge von Gallussäure. [Man glaubte, dass der Thee oft mit Gallussäure verfälscht vorkomme, doch trat Tre-

---

101) Liebig, J. v., a. a. O. p. 182.

v e t [105]) mit Entschiedenheit gegen diese Ansicht auf.] Sehr wichtige
Aufschlüsse über die im Thee enthaltenen Säuren verdankt man
R o c h l e d e r. Er fand im Thee neben Gallussäure sehr geringe Mengen einer eigenthümlichen Säure von der Zusammensetzung $2\,HO$.
$C_{14}H_8O_{10}$, welche er Boheasäure nannte und ausführlich beschrieb,
und Spuren zweier anderen organischen Säuren. Von dem Tannin-
gehalte der Theeblätter wurde schon oben gesprochen. — Obgleich schon F r a n k im Destillate der Theeblätter Spuren ätherischen
Oeles nachwies, so war es doch erst M u l d e r, welcher dieses Oel
als ein citronengelbes, leicht erstarrendes, sehr nach Thee riechendes, jedoch nicht adstringirend schmeckendes Liquidum beschrieb.
Die Untersuchungen, welche M a r q u a r t [106]) über das Theearom anstellte, sind ebenfalls sehr wichtig. Weiter unten kommen wir nochmals auf das flüchtige Theeöl zurück. — P e l i g o t machte wahrscheinlich (d. h. glaubte, wahrscheinlich gemacht zu haben), dass im gewöhnlichen Thee 14 bis 15% einer stickstoffhaltigen Substanz, die er
für identisch mit dem Käsestoffe der Milch erklärte, enthalten seien;
er stützte sich auf seine eigenen Untersuchungen und betrachtete den
Inhalt eines Briefes, den V i c t o r J a c q u e m o n t aus Indien schrieb,
als kräftigen Anhaltepunkt. In diesem Briefe heisst es, dass man in
der Tartarei aus dem Thee mit Milch, Butter, Kochsalz und einem alkalischen Salze ein Getränk von bitterem Geschmack bereite; ist es nun
nicht klar, meint P e l i g o t, dass der Zusatz des alkalischen Salzes zum
Behufe der Lösung und damit besseren Vertheilung des Cascïns geschehe?
An einem Orte [107]) wird vom Kleber (!) des Thee gesprochen, und es
soll jener ebenso nahrhaft sein wie der Kleber der Getreidearten. Doch
der Gehalt an Proteïnsubstanzen ist viel zu unbedeutend, als dass
man von Nahrhaftigkeit des Thee sprechen könnte. In der Quantität
des flüchtigen Oeles allein kann unserer Ansicht nach der Werth des
Thee's nicht liegen; die Wirkung des Aufgusses hängt von mehreren
Factoren ab, von denen nur einer das flüchtige Oel ist.

An diese Erörterungen knüpfen sich die Fragen, warum man die
Theeblätter infundire, warum nicht koche, und woraus das gewöhnliche Theegetränk bestehe. Wir wollen zuerst die letzte Frage beantworten, weil aus dieser Lösung die Beantwortung der ersten Frage
fliessen wird. Im Theeinfuse sind enthalten: das ätherische Oel, die
Gerb-, Gallus- und Boheasäure, das Alkaloïd und die löslichen Salze,
nebst Gummi und Extractivmaterien. Beim Kochen des Aufgusses

---

[105])   Journal des connaissances usuelles. 1833. Februar. pag. 97 u. fg.
[106])   Archiv der Pharmacie. 2. Reihe. Bd. X. pag. 22 u. fg.
[107])   C a n s t a t t, Jahresbericht der Medicin für 1856. Bd. VII. pag. 75.

entweicht das ätherische Oel: und desshalb bereiten gebildete Völker den Thee durch Infundiren und nicht durch Kochen der Blätter. Die von Chatin [108]) untersuchten Sorten des Javathee's scheinen den übrigen Theearten in Bezug auf Qualität nachzustehen. Die physiologische Wirkung des Theegetränkes ist abhängig vom Caffeïn, von dem ätherischen Oele des Thee, von den Gerbsäuren, und endlich von der Temperatur des Aufgusses. Schon unter Kaffee wurde von der Wirkung des Caffeïn gesprochen, wesshalb wir hier nicht mehr darauf zurückkommen. Bemerkenswerth ist nur noch, dass das Caffeïn, obgleich es auf die Absonderung des Harns hinwirkt, doch im Harne selbst nicht mehr nachgewiesen werden konnte. C. G. Lehmann [109]) stellte Untersuchungen mit dem fraglichen Alkaloïde an, und fand, dass dasselbe, sowie das ihm sehr nahe stehende Theobromin, heftige Aufregung im Gefäss- und Nervensystem hervorbrachte, den Harnstoffgehalt des Harnes vermehrte; er will jedoch nicht entscheiden, ob die Vermehrung des innerhalb einer Ephemera entleerten Harnstoffes von der Zersetzung jener Alkaloïde oder dem Ergriffensein des ganzen Organismus bedingt war. Nach unserem Dafürhalten rührt die Harnstoffvermehrung jedenfalls von beiderlei Ursachen her.

Böcker [110]) stellte an sich selbst Versuche mit dem Theeaufgusse an; er folgert aus deren Ergebnissen, dass durch den Theegenuss die Ausscheidung der Kohlensäure aus den Lungen nicht verändert werde, dass aber, trotz Einfuhr proteïnreicher Nahrung, trotz stärkerer körperlicher Bewegung die Ausscheidung des Harnstoffes eine merklich geringere sei; dass endlich auch die Excretion der Darmcontenta Verminderung erfahre. — Das flüchtige Theeöl erregt, für sich allein genommen, Kopfweh und Schwindel, und Theekoster und Theepacker sollen dem Einflusse der fraglichen Substanz den Unfall, vom Schlagflusse häufig betroffen zu werden, verdanken [111]). Wir werden unten weiter über diesen Punkt sprechen. — Die Forschungen von Falk [112]) haben gelehrt, dass eine der Wirkungen des Thee Vermehrung der Urinsecretion ist, eine Thatsache, an welche man schon lange glaubte, die aber erst neuerdings durch den Genannten wirk-

---

[108]) Journal de Pharmacie et de Chimie. 3. Reihe. Bd. XXIII. pag. 432 u. fg.

[109]) Lehmann, C. G., Lehrb. d. physiol. Chemie. 2. Aufl. Bd. I. pag. 151. Bd. II. pag. 367.

[110]) Archiv des Vereins für gemeinschaftliche Arbeiten zur Förderung der wissenschaftlichen Heilkunde. Bd. 1. pag. 213 u. fg.

[111]) Canstatt, Jahresbericht der Medicin für 1856. Bd. VII. pag. 75.

[112]) Deutsche Klinik. Berlin. 1855. pag. 401 u. fg.

lich festgestellt wurde. Schon Linné [113]) sagt unter Wirkung des
Thee: „exsiccans, corroborans, diuretica;" Zimmermann [114])
spricht von der harntreibenden Wirkung des Thee; Olearius [115])
führt unter den Theewirkungen auch die auf, dass unser Aufguss den
Stein vertreibe; Bontekoe [116]) schreibt hierüber eine nicht unbeträchtliche Abhandlung; Meisner [117]) nennt den Thee diuretisch, ebenso
Tiläus [118]), Geoffroy [119]) und viele Andere.

Versuche und Erfahrung und Beobachtung berechtigen zu folgen-
dem Zusammenfassen der Theewirkungen: der warm getrunkene Thee
wirkt mehr auf das Nervensystem hin als der Kaffee; er befördert
die Hauttransspiration und die Harnausscheidung, erhöht die Anzahl
der Puls- und Herzschläge, führt zu allgemeinem Wohlsein und zu
heiterer Aufregung, befähigt zu tieferem Nachdenken, und vermehrt,
wie ich schon anderwärts sagte [120]), das Bestreben zur guten geistigen Verarbeitung der Einflüsse der Aussenwelt. Ob der Thee mehr
den Verstand, der Kaffee mehr die Phantasie anrege, ist eine Frage,
die man bisher nicht entscheidend zu beantworten im Stande war,
weil man des Hauptstützpunktes, des Experimentes, gerade in dieser
Hinsicht am meisten entbehrte; mit Recht sagt Bibra [121]): „Es ist
überhaupt schwierig, die Wirkungen zu schildern, welche in dieser
Beziehung der Thee, so wie alle analoge Mittel hervorbringen, ohne
vielleicht auf der einen Seite in ein überschwengliches Lob zu verfallen, auf der andern vielleicht aber wieder auch allzunüchtern zu
erscheinen, selbst wenn man gewohnt ist, den Verlauf solcher Einwirkungen an sich selbst zu beobachten und zu studiren." — Eine
Hauptwirkung des Thee ist die, den Schlaf zu vertreiben; es war
diese die erste Wirkung, welche den Chinesen bekannt wurde, der
Grund, warum man vom Thee Gebrauch zu machen anfing; wollten
wir die Namen derjenigen nennen, welche diese Wirkung andeuteten,
besprachen oder umständlicher erörterten, wir müssten mehrere Seiten

---

[113]) Linné, C. a, Materia medica. Edit. quart. edid. Schreber.
pag. 157.

[114]) Zimmermann, J. G., Von der Erfahrung in der Arzneykunst.
Bd. II. pag. 334.

[115]) Des weltberühmten Adami Olearii etc. Reise-Beschreibungen etc.
pag. 315.

[116]) Bontekoe, C., Tractaat van het etc. Thee. pag. 227 u. fg.

[117]) Meisneri, L. F., De Caffe, Chocolatae, Herbae Thee etc. 84.

[118]) Linné, Amoenit. academ. Bd. VII. pag. 248.

[119]) Geoffroy, S. F., Tractatus de Materia medica. Bd. II. pag. 278.

[120]) Reich, E., Lehrb. d. allg. Aetiol. u. Hyg. pag. 182.

[121]) Bibra, E. v., Die narkotischen Genussmittel und der Mensch.
pag. 79.

anfüllen. — Noch Einiges aus der älteren Theeliteratur. Johann Albrecht
von Mandelslo[122]) sagt vom Theegetränke, es solle allen faulen Schleim
ausführen, den Magen wärmen und die Verdauung befördern; Olearius schreibt dem Aufgusse zusammenziehende Wirkung zu und spricht
unter Anderem: „Es wird diesem Wasser von den Persern, Chine-
sern, Japanern und Indianern eine fürtrefliche Kraft und Wirckung
zugeschrieben: Es soll den Magen, Lung und Leber, dem Geblüte,
ja allen visceribus des Menschen heilsam seyn, selbige reinigen, stär-
cken, den Stein vertreiben, das Hauptwehe und alle übrige Feuchtigkeiten, wodurch der Mensch träge und schläfferig wird, benehmen.
Einer, der diss Wasser fleissig gebrauchet, soll etliche Nacht munter
und wachsam, ohne Beschwerung des Schlaffs, sitzen, und Kopfarbeit
mit Lust verrichten können. Wenn es mässig genossen wird, soll es
den Menschen nicht alleine allzeit bey guter Gesundheit erhalten, sondern auch zu einem hohen Alter bringen." Du Halde [123]) bezeichnet das Theeblatt als bitter, aber doch nicht unangenehm schmeckend,
seiner Natur nach kühlend und keinerlei schädliche Eigenschaften er-
weisend, und vindicirt dem Thee noch folgende Tugenden: den Durst
zu stillen, die Neigung zum Schlafe zu verringern, munter zu machen,
das Herz zu erregen, die Verdauung zu befördern, den Leib offen zu
erhalten, die Augen zu stärken und das Gehirn zu reinigen. Der chinesische Schriftsteller Tsang-ki sagt von dem Thee, man müsse ihn
warm trinken, denn trinke man ihn kalt, so erwecke er den Schleim;
trinke man ihn, fährt der Chinese fort, mit dem Blatte Fi — den
Cypressenblättern ähnlich und nahe stehend — so mache er den Leib
schwer. Nach Li-ling-fi muss man sich hüten, den Thee bei nüchternem Magen zu trinken. Martinus Martini [124]) hält den Theewirkungen eine Lobrede; er führt unter jenen die Eigenschaft auf,
gegen Podagra und Stein zu helfen, die Verdauung zu befördern, Un-
verdaulichkeit zu verhindern, den Schlaf zu vertreiben, gegen den
Rausch zu wirken, etc. Auch Athanasius Kircher [125]) beleuchtet
mit grosser Eloquenz die Tugenden des Theegetränkes, welches er
dann mit Kaffee und Chocolade in der Weise vergleicht, dass das
Lob stets dem Thee zufällt; doch lassen wir den berühmten Jesuiten-

---

122) Des Hoch-Edelgebohrnen Johann Albrechts von Mandelslo
Morgenländische Reise-Beschreibung. Herauss gegeben durch Adam Olearium. Hamburg. 1696. pag. 28 u. fg.

123) Du Halde, J. B., Ausführliche Beschreibung des Chinesischen
Reichs. Bd. III. pag. 509.

124) Martinii, M., Novus Atlas Sinensis. Amstelodami. 1655. [Blaeu.]
pag. 108.

125) Kircheri, A., China monumentis etc. illustrata. Amstelodami.
1667. pag. 180.

Pater selbst sprechen: „Et quamvis Turcarum Cave, et Mexica-
norum Cocolata eundem praestent effectum, Cià tamen, quam non-
nulli quoque Te vocant, ea multùm superat, tum quia temperatioris
naturae est, tum quia Cocolata temporibus calidis plus aequo inflam-
mat, Cave verò bilem quoque accendat; Cià verò semper nullo ad
tempus respectu habito et innoxia est, et mirificè proficua, non ut
dixi, semel sumpta, sed centies etiam in die." Kämpfer [126]) lässt
durch den Thee das Blut reinigen, die Verstopfungen in den Gedär-
men zertheilen, die gichtische und Stein-Materie auflösen, welch' letztere Wirkung er aus der Beobachtung erschloss, wonach er in
Japan unter Theetrinkern niemals solche fand, welche an Podagra
oder an Steinbeschwerden litten; weiter schreibt er den Theeblättern
eine betäubende, die Lebensgeister in unordentliche Bewegung setzende
Kraft zu. Aehnlich sprechen sich Neuhof u. A. aus.

In Bezug auf den Nahrungswerth des Thee's bemerken wir
Folgendes: Der reine Theeaufguss, als dessen wirksamste Bestandtheile wir ätherisches Oel, Caffeïn, Gerbsäuren und, wenn man will,
einige Salze kennen lernten, ist nicht nahrhaft; er ist ein Genussmittel im engeren Sinne, also zum Leben keineswegs nothwendig, doch
wegen Gewöhnung für einen guten Theil der Völker nicht entbehr-
lich. Nennt man mit Liebig und Bibra den Kaffeegenuss durch In-
stinkt bedingt, so muss man dasselbe auch für den Genuss des Thee
aussprechen. Dagegen ist das von vielen asiatischen Völkern ge-
brauchte Decoct des Thee, sonderlich des Ziegelthee, ein Glied aus
der grossen Kette der Nahrungsmittel. Der von den Europäern, Ame-
rikanern u. s. w. getrunkene Theeaufguss wird erst dann nahrhaft,
wenn er Zusatz von Zucker und Milch erfährt.

Aussor bei den schon erwähnten Männern findet man noch Betrachtungen über die Wirkungen u. s. w. des Theeaufgusses bei Simon de Molinariis [127]), J. N. Pechlinus [128]), J. J. Waldschmidt [129]), Albin [130]), J. G. Harrichen, P. Petit [131]), J. Abra-

---

[126]) Kämpfer, E., Geschichte und Beschreibung von Japan. Von
Dohm. Bd. II. pag. 457.

[127]) Simon de Molinariis, Ambrosia Asiatica. Genuae. 1672. 12.

[128]) Pechlini, J. N., Theophilus bibaculus, sive de potu herbae Theae
dialogus. Kilonii & Francofurti. 1684. 4.

[129]) Waldschmidt, J. J., De Thea. Marpurgi Cattorum. 1685. 4.

[130]) Albini, B., Dissertatio de Thea. Francofurti ad Viadram. 1686. 4.

[131]) Petit, P., Thea, seu de Sinensi herba carmen ad Huëtium.
Lipsiae. 1685. 4.

ham von Gehema [132]), Markus Mappus [133]), J. C. Schröer [134]),
G. Emmerich [135]), J. Ovington [136]), Wedel [137]), Cohausen [138]),
J. C. Lettsom [139]), H. F. Delius [140]) u. A. m.

Unter gewissen Bedingungen wird der Thee zur Schädlichkeit, und kann man sagen, dass derselbe umsomehr die Gesundheit zu bedrohen im Stande ist, je empfänglicher das Individuum, je concentrirter, je heisser und je grösser das Theequantum; grüner Thee wird leichter zur krankmachenden Potenz als
schwarzer, aus Gründen, welche aus der täglichen Erfahrung, aus
· der Beobachtung und aus der Betrachtung der chemischen Verhältnisse klar werden. Die krankhaften Erscheinungen, welche aus dem
Genuss des Thee's resultiren, können sein: Schlaflosigkeit, Schwindel, Wallungen, Herzklopfen, beschwerliches Athmen, Zittern der Glieder; bei längerem Missbrauche des Getränkes Krämpfe, allmälige Abnahme der Verdauungsthätigkeit und des Muskeltonus, nervöse Reizbarkeit. Es ist keineswegs ausgemacht, ob der Missbrauch des Kaffee oder jener des Thee zu grösserer nervöser Reizbarkeit führe; es
scheint uns die Grösse und Intensität dieser von mehreren Umständen abzuhängen, als welche wir die Gewohnheit, die dadurch modificirte individuelle Reizempfänglichkeit, die Qualität, Quantität und Temperatur des Theegetränks, die Zeit, um welche, und die individuellen
Verhältnisse, unter welchen diese Flüssigkeit getrunken wurde, hinstellen. Würde man zwei gleich starke, gesunde Männer den Thee
und zwei ebenso beschaffene männliche Subjecte den Kaffee missbrauchen lassen, so wäre es nicht unwahrscheinlich, dass jene, welche unhygieinischen Gebrauch vom Theegetränke machten, mehr Beweise
von jener nervösen Reizbarkeit lieferten, als die beiden Kaffeemissbraucher.

132) Abrahamus a Gehema, Wettstreit des chinesischen Thees mit
dem warmen Wasser. Berlin. 1686. 8.
133) Mappi, M., Tractatus de potu Theae. Argentorati. 1691. 4.
134) Schroeer, J. C., Gedanken über das gewöhnliche Theetrinken.
Frankfurt a. d. O. 1696. 8.
135) Emmerich, G., Theelogia, ejusque infusum. Regiomonti. 1698. 4.
136) Ovington, J., Essay upon the nature and qualities of Tea. London. 1699. 12.
137) Wedel, J. W., De Thea. Jenae. 1707. 4.
138) Cohausen, H., Neue eingerichtete, medicinische Theetafel. Osnabrück. 1716. 8.
139) Lettsom, J. C., Observationes ad historiam Theae pertinentes.
Leidae. 1769. 4.
140) Acta Academiae Caes. Leop.-Carol. Naturae Curiosorum. Bd. VI.
pag. 399 u. fg.

Wir dürfen nicht vergessen, die auf diesen Gegenstand bezüglichen Beobachtungen, Erfahrungen und Angaben älterer Aerzte zu erwähnen, weil sie Licht verbreiten über die Meinungen, welche man früher in der medicinischen Welt hegte. Lettsom führt an, ein sehr beschäftigter Arzt London's hätte ihm die Versicherung gegeben, dass er bei mehreren Personen, welche der Einwirkung des Theestaubes längere Zeit hindurch ausgesetzt waren, Blutspeien (Lungenblutungen) beobachtete, bei Anderen heftiges Nasenbluten auftreten' sah. Lettsom erzählt weiter von einem Kaufmanne, der sehr viel mit dem Versuchen der Theesorten zu thun · hatte: derselbe war eines Tages in sehr ausgedehntem Maasse damit beschäftigt, und roch nach beendigter Arbeit stark nach Thee; anderen Tages wurde er von heftigem Schwindel, solchen Kopfschmerzen und allgemeinen Krämpfen befallen, verlor Sprache und Gedächtniss; er konnte nicht mehr hergestellt werden und soll, nachdem er ganz lahm geworden, nach einiger Zeit verstorben sein. Wer liefert den Beweis, dass das Thcearom die alleinige Ursache der Krankheit und des Todes des englischen Kaufmanns war? — Ein Kaufmannsdiener [die Individualität wird nicht beschrieben] soll in Folge derselben Einwirkungen vom Schlagflusse befallen worden sein. Ein junger Mensch von zarter Körperconstitution soll durch unmässigen Theegenuss fast in Melancholie verfallen sein; Lettsom empfahl ein anderes Getränk an Stelle des Thee, wonach jenes Individuum wieder gesund wurde.

Cole [141]) glaubt, dass der Theegebrauch die Ursache des häufigeren Vorkommens der Herzkrankheiten sei. Boerhaave [142]) glaubte den Genuss des warmen Thee's als den Grund der zu seiner Zeit in Holland häufig vorgekommenen Erhärtung jener unter dem Oesophagus gelegenen Lymphdrüsen bezeichnen zu müssen, wie er auch, gleich van Swieten und Anderen, dem allgemeinen und häufigen Theegebrauche die Erzeugung der seit Einführung des Theegetränks beim weiblichen Geschlechte in grösserer Menge aufgetretenen Nervenleiden, Menstruationsanomalien, weissen Flüssen u. dgl. m. zuschreibt. Zimmermann [143]) lässt durch den Thee die festen Theile unseres Körpers geschwächt, die flüssigen „einiger Maassen erdünnert" werden; er erzählt, wie er zur Zeit seines Aufenthalts in Göttingen übermässig Thee getrunken habe, um wach zu bleiben; „mein Kopf blieb freilich munter", sagt Zimmermann, „Aber nach zweyen Jahren besuchte der Schlaf eine lange Zeit meine Augen nicht wieder, meine

141) London medical Gazette. 1833. April.
142) Boerhaave, H., Institutiones medicae. Lugd. Batav. 1708. 8.
143) Zimmermann, J. G., Von der Erfahrung in der Arzneykunst.
Bd. II. pag. 238 u. fg.

Kräfte verliessen mich, und mein Kopf war so schlapp als mein Magen". Er spricht von einem Edelmanne, der sich in der Schweiz aufhielt: der Mann wusste sich ein in jeder Hinsicht königliches Ansehn zu geben; auf den guten Rath und die Vorstellung verschiedener Leute hin, es sei sehr majestätisch, wenn um einen König herum Alles blass aussehe, „liess er seinen Dienern alle Monate eine Ader öffnen, indess da er jede einzelne Person zwang, alle Tage funfzig Schalen Thee zu saufen". Sehr charakteristisch ist es, wenn Zimmermann [144]) vom Thee als von „dieser chinesischen Lauge" spricht. Derselbe Arzt will als übele Folge des Theegenusses den weissen Fluss beobachtet haben, in welcher Hinsicht seine Beobachtungen und Erfahrungen, die sich auf die Schweiz beziehen, mit denen Boerhaave's u. A. übereinstimmen. — Doch liegt die Ursache des seit Einführung des Thee häufiger vorkommen sollenden weissen Flusses gewiss nicht ausschliesslich im Thee, sondern in tausend anderen Bedingungen, welche tiefer in unseren socialen Verhältnissen wurzeln, in unserem ganzen Treiben, Thun und Lassen; die Verweichlichung einerseits, das sehr gedrückte und an Entbehrungen reiche Leben vieler Volksklassen anderseits, endlich die Unmöglichkeit der regelmässigen und hygieinischen Verrichtung des Beischlafs bei nicht Verehelichten: in diesen Momenten suche man die Ursachen des weissen Flusses etc. — Stark [145]) und Andere vindiciren dem Thee Erzeugung von Unfruchtbarkeit. Nicolaus Grimm [146]) sah Leute, welche übermässigen Gebrauch vom Thee machten, in Harnruhr und allgemeine Erschlaffung verfallen. — Noch trat als einer der heftigsten Gegner des Thee im Jahre 1705 Duncan [147]) auf, von dem wir schon unter Kaffee redeten, und machte sich ein Anonymus über den Thee in einer Schrift lustig [148]), die im Jahre 1721 unter dem Titel „Der profitable Apotheker Tod in dem frembden Kräutlein Thee sammt seiner medicinischen Sackpfeife. Von Septimus Podagra." erschien. Auch zu den Giften rechnete man den Thee; so findet sich bei C. G. Wallerius [149]) die Theepflanze unter den giftigen Gewächsen.

[144]) Zimmermann, J. G., a. a. O. Bd. II. pag. 540.

[145]) Stark, K. W., Allgemeine Pathologie. Leipzig. 1838. pag. 551.

[146]) Geoffroy, S. F., Tractatus de Materia medica. Bd. II. pag. 280.

[147]) Duncan, Avis salutaire à tout le monde, contre l'abus des choses chaudes, etc. Rotterdam. 1705. pag. 69 u. fg.

[148]) Klemm, G., Allgemeine Culturwissenschaft. Bd. I. Leipzig. 1855. pag. 374.

[149]) Wallerius, C. G., Anmärkningar om Förgiftiga Wäxter J Gemen. Åbo. 1773. 4. — Marx, K. F. H., Geschichtliche Darstellung der Giftlehre. Göttingen. 1827—29. Abtheilung II. pag. 239.

Den Angaben über die Art und Weise, wie man sich des Theegetränks bedienen solle, um gesund zu bleiben, schicken wir Bemerkungen darüber voraus, in welchen Formen dies Getränk zum Genusse kam und noch kommt. Golownin [150]), der sich bekanntlich
längere Zeit hindurch bei den Japanern als Gefangener aufzuhalten
genöthigt war, sagt, dem Japaner gehe nichts über Thee und Tabak;
er rauche beständig sein Pfeifchen und schlürfe dabei den Thee in
sich; die Japanesen trinken den Thee zur Löschung des Durstes, und
bedienen sich zu diesem Behufe des — sehr schlechten — Aufgusses
der schwarzen Sorten, während sie mit dem aus den grünen Arten
bereiteten Aufgusse nur ihren Gästen aufwarten. Auch deutet Golownin an, dass der beste japanesische Thee im Fürstenthume Kioto
— worin sich die Residenzstadt des geistlichen Kaisers befindet —
wachse, und dessen Sorten zum Gebrauche für beide Kaiser ausge-
wählt werden.

Nach Olearius [151]) kochen die Perser den Thee mit klarem
Wasser und setzen der Abkochung Anis, Fenchel, auch Gewürznel-
ken zu; zum Gebrauche versüsst man das Getränk durch Zusatz von
Zucker. Der berühmte Reisende schreibt auch den Persern die Gewohnheit zu, ihre Gäste mit Thee zu bewirthen, und nennt die zum
Theekochen bestimmten Gefässe „sonderlich und gar sauber". — In
seiner Beschreibung von Malacca nimmt Dampier [152]) Gelegenheit,
vom Thee zu sprechen; er meldet, dass in diesem Lande von einigen
chinesischen Kaufleuten Theehäuser gehalten werden, worin man
für einen Stüver [= 5 Cents holländisch] fast eine Choppine [= ein
halb Quart] Thee nebst einem Löffel von Zuckerkand, oder, auf Verlangen, andere Confituren bekomme. — Die Chinesen trinken den
Thee ohne Zucker und Milch, häufig während ihrer Mahlzeiten und
unter Tags; und die Japanesen stehen nach Golownin's Bericht des
Nachts für wenige Minuten auf, um eine Tasse Thee zu trinken und
etwas Tabak zu rauchen. Die chinesische Noblesse lässt aus den
Blättern der besten Theesorten Kugeln bereiten und diese mittelst eines geschmacklosen Gummi zusammenfügen und in Schalen abreiben;
es werden diese Massen zur Darstellung des Aufgusses benutzt. Aus
dem schon früher angedeuteten Briefe Victor Jacquemont's geht
unter Anderem hervor, dass man in der chinesischen Tartarei den

---

[150]) Golownin, Begebenheiten in der Gefangenschaft bei den Japanern
in den Jahren 1811, 1812 und 1813. A. d. Russischen von C. J. Schultz.
Leipzig. 1817—18. Bd. II. pag. 91. pag. 101 u. fg.

[151]) Olearius, a. a. O. pag. 315.

[152]) Dampier, W., Neue Reise um die Erde. Leipzig. 1701—03.
Bd. II. pag. 306.

Thee auf dem Wege der Kochung als Speise herstellt; man lässt
nämlich die Blätter durch eine oder durch zwei Stunden lang kochen,
giesst das Wasser ab, und richtet die so präparirten Blätter durch
Zusatz von ranziger Butter, von Mehl und gehacktem Ziegenfleische an.
Der Jesuiten-Pater Trigault [153]) sagt, dass die Japanesen den
Thee bereiten, indem sie das Pulver der Blätter in Bechern mit heissem Wasser übergiessen (vermischen), die Chinesen hingegen die Theeblätter in ein mit heissem Wasser gefülltes Gefäss thun; es läuft
also bei beiden Nationen immer auf das Infundiren hinaus. — Kämpfer [154]) redet von einer dreifachen Art der Bereitung des Theegetränks. Als erste nennt er die chinesische, welche dieselbe ist, die
Trigault beschrieb. Nach der zweiten Art wird der Thee auf einer
(aus schwarzem Serpentinstein bestehenden) Mühle in das feinste Pulver verwandelt und dieses nun mit heissem Wasser vermischt; man
schöpft alsdann den Thee wie einen dünnen Brei ab, und nennt ihn
dicken Thee, Koi Tsja. Dieses Verfahren ist das in Japan einge-
schlagene. Bei japanesischen Tafeln bringt man das Theepulver, welches in eine Büchse eingeschlossen, auf den Tisch und thut einem jeden Gaste ein gewisses Quantum Theepulver auf den vor ihm befindlichen Teller, der mit heissem Wasser angefüllt ist; mit Hülfe eines
eigenen Instruments rührt man dann das Theepulver so lange im Wasser,
bis dasselbe schäumt, und überreicht nun man den Teller dem Gaste,
der sich ohne Weiteres an das Einschlürfen des dicken Thee's macht.
Als dritte Art der Bereitung des Theegetränks führt uns Kämpfer
das Kochen auf, welches bei den niederen Ständen üblich sei. Ueber
die Art und Weise der Theebereitung bei Japanesen und Chinesen
schrieb schon Neuhof [155]) um die Mitte des siebenzehnten Jahrhunderts, und wenige Jahre früher beschrieb der Jesuit Johann Petrus
Maffeus [156]) die japanesische Bereitungsmethode.

Nach Cullen [157]) soll der Thee durch Zusatz von Feldkümmel
seine schädlichen Eigenschaften verlieren, wesshalb jener Arzt den
Gebrauch dieses Krauts als Zusatz zum Thee empfahl. — Zusätze zum

---

[153]) Trigautii, N., De christiana expeditione apud Sinas suscepta ab
Societate Jesu. Augustae Vindelicorum. 1615. 4. pag. 17.

[154]) Kämpfer, E., Geschichte u. Beschreib. v. Japan. Bd. II. pag.
455 u. fg.

[155]) Neuhof, J., Die Gesantschaft der Ost-Indischen Geselschaft in den
Vereinigten Niederländern, an den Tartarischen Cham, etc. Amsterdam. 1666.
pag. 346.

[156]) Maffeii, J. P., Historiarum Indicarum libri VI. Coloniae Agrippinae. 1639. pag. 410.

[157]) Cullen, W., Lectures on the Materia medica. Dublin. 1773. pag.
213 u. fg.

Thee sind im Allgemeinen beliebt; so pflegt man in der Regel Zimmt-
rinde beizufügen, nicht selten auch Vanille, Rum u. dgl. m. Hier-
durch werden die Wirkungen des Thee oft sehr beträchtlich modificirt; Gewürze machen den Thee zu einer mehr auf die Gefäss- als
auf die Nerventhätigkeit wirkenden Potenz, erhöhen seine Einwirkung
auf die Phantasie und auf das Geschlechtsleben, vermindern seine Fähigkeit, den Stoffwechsel zu verlangsamen. Je mehr der Thee an
Rum oder anderen Spirituosen enthält, desto mehr nähert er sich in
Hinsicht der Wirkung den geistigen Getränken; aber er wird niemals,
auch im alkoholreichsten Punsche nicht, zu einem wahren Gliede dieser Kette, weil er wegen des Caffeïn, des Theearom und der Gerbsäuren seine Grundeigenthümlichkeiten beibehält.

Es entsteht nun die Frage, ob es denn nothwendig sei, den Thee
mit Gewürzen oder Spirituosen zu versetzen; weiter, ob der Gebrauch
des Thee aus einer wirklichen Nothwendigkeit resultire; endlich wie
man sich dieses Getränkes bedienen müsse, um gesund zu bleiben. —
Menschen, welche den Strapazen grösserer Märsche, grösserer Reisen
zu Wasser oder zu Lande, welche den Einwirkungen bedeutender
Hitze- oder Kältegrade ausgesetzt sind, können — in der Voraussetzung, dass sie keinerlei Anlage zum Schlagflusse, zu habituellem
(durch grössere Blutquanta bedingten) Herzklopfen, zu Blutspeien u. s. w.
haben und nicht von acuten Krankheiten befallen sind — ohne Schaden für ihre Gesundheit mässigen Gebrauch von jenem versetzten Thee
machen; ebenso kann dieser unter gewissen Bedingungen alten Leuten und Reconvalescenten empfohlen werden; jungen Leuten aber,
Weibern, Kindern, Kranken, Menstruirenden, Wöchnerinnen u. dgl.
Personen mehr, ist der mit Gewürzen oder Spirituosen versehene Thee
in der Regel absolut schädlich, aus Gründen, die wohl einem jeden
unserer Leser geläufig sein dürften.

Wiewohl man als Ursache des Gebrauches des Thee an einen
Instinct [156]) appellirte und zum Beweise dafür chemische Rechenexempel demonstrirte, so ist mit nichts weniger als mit wissenschaftlicher Genauigkeit die Existenz eines solchen Instinctes festgestellt;
die Wahrscheinlichkeit, dass ein solcher bestehe, gewinnt wohl immer
mehr Stützpunkte: allein zwischen Wahrscheinlichkeit und Wirklich-
keit liegt noch eine grosse Kluft. — Die schon unter Kaffee theilweise besprochene Erklärung Liebig's, nach welcher in der Urheimath des Kaffee und Thee die Nahrung der Menschen eine zumeist
vegetabilische sei, findet auch für den Thee dahin ihre Berichtigung,

---

[156]) Wer hat eine wahrhaft naturwissenschaftliche Definition von „Instinct" geliefert, wer diesen Begriff festgestellt? — Bisher noch Niemand!

dass, nach der übereinstimmenden Aussage aller China-Beschreiber und Bereiser und der Berichterstatter über Japan, die Chinesen und Japanesen thierische Nahrungsmittel in demselben Maasse verzehren, als wie pflanzliche. —

Wer bei Theegenuss gesund bleiben will, der möge Folgendes beachten und beherzigen. Er darf, ausserordentliche Veranlassungen ausgenommen, nicht mehr als einmal in vierundzwanzig Stunden Thee trinken. Er muss sich entweder nur der schwarzen Sorten oder doch nur eines Gemisches der grünen und schwarzen Arten bedienen; dagegen das Infusum des unvermischten grünen Thee's womöglich ganz meiden. Er thut sehr wohl daran, den Thee mit grösseren Mengen von Zucker und Milch zu versetzen, etwa auf ein Pfund Theeaufguss ein halbes Pfund Milch und ein Fünftel eines Pfundes von Zucker zu nehmen. Die Temperatur des Aufgusses darf im Allgemeinen fünfundvierzig Centesimalgrade nicht überschreiten, sollen dem Genusse nicht übele Folgen nachkommen. Ein zu diluirter Thee erfüllt nicht die an „Thee" gestellten Anforderungen; ein zu concentrirter schadet; also muss der Grad der Concentration ein mittelmässiger sein, d. h. er muss im hygieinischen Verhältnisse stehen mit Alter, Geschlecht, Constitution, Temperament, Klima, Nahrungsweise, Gewohnheit, Beschäftigung, Krankheitsanlage und dem augenblicklichen Zustande des Gesammtorganismus. Das Verhältniss von 100 Gewichtstheilen Wasser auf 5 Gewichtstheile grüner und auf 7½ Gewichtstheile schwarzer Theeblätter scheint das im Allgemeinen passendste zu sein. — Pleischl verbesserte auch den Thee, ähnlich und aus nahezu demselben Grunde wie den Kaffee, durch Zusatz sehr geringer Mengen kohlensauren Natrons. — ·

Nebst den bisher angeführten älteren und neueren Autoren schrieben noch über rein hygieinische Verhältnisse des Thee: P. Morisset und J. de Manvillain [159]), J. Thiele [160]), C. Falconet und J. F. Bertin [161]), J. F. Couthier und A. Garnier [162]), Belchingen und

---

[159]) Morisset, P., et J. de Mauvillain, Ergo Thea Chinensium menti confert. Parisiis. 1648. 4.

[160]) Thiele, J., Theologia medica, sive de usu et abusu potus calidi cum herba Thea. Wittembergae. 1687. 4.

[161]) Falconet, C., et J. F. Bertin, Non ergo potus Theae ad sanorum diaetam pertinet. Parisiis. 1739. 4.

[162]) Couthier, J. F., et A. Garnier, Dissertatio ergo Parisinis frequens potus Theae frequenti potu Coffeae salubrior. Parisiis. 1794. 4.

J. A. Cope [163]), Nisbet [164]), Beddoes [165]), Kortum u. A. m.

Für welche Nationalitäten passt denn der Thee am besten, und welche Lebensweise entspricht dem Theegenusse am meisten? Unter welchen Bedingungen wird der Thee und dessen Gebrauch als Getränk Object der Polizei? Welche Formen gab man, ausser den schon oben erläuterten, dem Genussmittel Thee? Welche Körper empfahl man als Surrogate des Thee? Spielt endlich der Thee auch eine Rolle als Heilmittel und Gegengift? — Die Beantwortung all' dieser Fragen bildet den Schlusspunkt der Lehre vom Thee.

Diejenigen Nationalitäten, welche den Theecultus im grössten Umfange betreiben, also die Chinesen, Japanesen, Engländer, Anglo-Amerikaner, Russen und Holländer, scheinen für diesen Genuss auch am meisten disponirt zu sein, denn sonst hätte dieser, wenn er mit der Constitution und der Lebensweise der bezeichneten Völker unvereinbar wäre, unmöglich eine solche Ausbreitung zu finden vermocht; es deucht uns, als ob ganz vorzüglich die Lebensweise der oben angeführten abendländischen und östlichen Nationen als die gewichtigste Ursache des Theegenusses anzuerkennen sei, als ob im Allgemeinen der umfangreichere Gebrauch animalischer Nahrungssubstanzen mit dem Gebrauche des Thee und der Spirituosen stärkerer Concentrationsgrade, der umfangreichere Gebrauch pflanzlicher Alimente mit der Benutzung von Kaffee, Chocolade, Sorbets, Eis und verdünnten Spirituosen in einem gewissen Zusammenhange stände, und wir stützen diese unsere Vermuthung auf die — schon weiter oben entwickelten — Thatsachen, die über die Nahrungsweisen der verschiedenen Völker bekannt sind. Für uns Deutsche scheint der Kaffee besser zu passen als der Thee; nur nicht zu vergessen, dass der sächsische [166]) und

[163]) Belchingen et J. A. Cope, An essay on the virtues and properties of the Ginseng Tea. London. 1786. 8.

[164]) Teutscher Reichs-Anzeiger. 1801. pag. 4192 u. fg.

[165]) Beddoes, T., Observations on the medical and domestic menagement of the consumption. Bristol. 1801. 8.

[166]) In einer Conditorei Jena's wurde mir einmal durch Verwechselung eine Tasse Kaffee's vorgesetzt, von dem man mir nachträglich sagte, er sei für das arbeitende Personale bestimmt gewesen: ich habe in meinem Leben schon viel schlechten Kaffee getrunken, aber ein so impertinent schlechtes Gesäufe kam mir noch niemals vor; ich konnte anfänglich nicht in's Klare kommen, ob das Getränk in der Nähe von Kaffeebohnen gestanden, oder ob es aus Stiefelwichse und Milchwasser fabricirt wurde. — Wie kann man ein solches elendes Getränk, solch' eine schädliche Potenz zum Gebrauche für Leute bestimmen, welche den Tag über von anstrengenden Arbeiten in Anspruch genommen sind? Kann man glauben, dass solcher Kaffee ein Mittel zur Beförderung der Mässigkeit sei?

der Surrogat-Kaffee von uns unter keiner Bedingung als „Kaffee" anerkannt werden! Zunächst wird der Thee Object der Sanitäts-Polizei, wenn er verunreinigt oder verfälscht ist. Es kommt dem Institute der Polizei zu, eine genaue Ueberwachung des Theehandels und strenge Bestrafung der Theefälscher einzuleiten und zu veranstalten; aber es ist auch nöthig, dass die Polizei die Mühe nicht scheue, die Einführung des Kaffee, des Thee und der Chocolade als Ersatzmittel für die geistigen Getränke zu versuchen, wobei ihr natürlich auch in der Weise unter die Arme gegriffen werden müsste, dass man Zölle und Abgaben für jene narkotischen Genussmittel gänzlich abschaffte. — Die Polizei muss nicht nur den Thee, sondern auch dessen Behältnisse und Papierhülsen im Auge behalten.

Wir haben schon mehrere Formen kennen gelernt, in denen der Thee als Genussmittel gebraucht wird; man erinnere sich des Aufgusses, Decoctes, des dicken Thee's der Japanesen und der Zubereitungen des Ziegelthee. Ausser diesen erfand und empfahl man noch das **Theebrod**, den **Theesyrup**, das **Theeextract**, den **aromatischen Theesyrup** und den **reformirten Thee**. Von den Formen des Theeaufgusses sind noch zu nennen der **musikalische** und **ästhetische Thee**, über die wir v. Bibra [167]) sprechen lassen. „Die beiden „etc." werdon meist aus geringen Theesorten bereitet und mit Milch, Zucker und sehr kleinen Quantitäten Backwerk, vorzugsweise in Deutschland, eingenommen. Sie bringen das Gefühl ;der Nüchternheit hervor, und erregen häufig schwer zu unterdrückendes Gähnen, verbunden mit dem Drange das Weite zu suchen." — In England machte Routh für ein neues Nahrungsmittel Propaganda, welches er Theebrod nannte; es besteht dieses aus alten, schon benutzten Theeblättern und Mehl, und muss zum Gebrauche gekocht werden; wir brachen schon an einem anderen Orte den Stab über das Theebrod. — Der Theesyrup, das Theeextract und der aromatische Theesyrup wurden zu Anfang des Jahres 1833 von G. Trevet [168]) besprochen, welcher, wenn auch nicht der Erfinder — denn schon Percival [169]) und Lettsom [170]) reden von der Anwendung des Theeextractes —, doch der Verbesserer dieser Präparate ist. Trevet stellt den einfachen Theesyrup in der Weise dar, dass er gereinigte Theeblätter mit heissem Wasser infundirt, sie damit durch zwölf Stunden digerirt, nun die Flüssigkeit von den Blättern trennt, diese aus-

---

167) v. Bibra, E., Die narkotischen Genussmittel und der Mensch. p. 62.
168) Journal des connaissances usuelles. 1833. [Februar.] pag. 97 u. fg.
169) Percival, T., Essays medical and experimental. Bd. I. pag. 23.
170) Lettsom & Ellis, a. a. O. pag. 100.

drückend, dann jene in einen Kessel abziehend und mit dem doppel-
ten Gewichte Zuckers versetzend; man lässt so lange über Feuer, bis
das Fluidum, ohne jedoch jemals in's Kochen gerathen zu sein, Sy-
rupsconsistenz erlangt hat. Der Theesyrup hat angenehm süssen Thee-
geschmack und liefert, mit lauwarmem Wasser versetzt, Theegetränk.
Der aromatische Theesyrup wird auf dieselbe Weise, jedoch unter
Zusatz von Sternanissamen bereitet. Verdampft man das Theeinfusum
vorsichtig, so resultirt das Theeextract, von welchem fünfzehn Gran
auf eine Pinte Wasser ein gutes Theegetränk liefern sollen. — Der
reformirte Thee endlich wird nach J. Clarus [171]) Angabe bereitet, indem man einen Theelöffel voll grünen Thee's mit Citronenschalen und
Zimmt in Milch kocht und mit sechs Eidottern abquirlt.

Wir kommen nun zur Betrachtung derjenigen Körper, welche
man als Surrogate des Thee in Vorschlag und in Anwendung
brachte. D. Don [172]), Botaniker am Herbario des Grafen Lambert
in London, lieferte im Jahre 1825 eine Uebersicht der im Handel als
Thee vorkommenden Gewächse. Wir entnehmen daraus Folgendes,
was für die Angabe an diesem Orte geeignet ist. In Mexiko und
Guatemala bedient man sich als Thee der Blätter der Psoralea glan-
dulosa, in Neu-Granada der Blätter von Alstonia theaeformis Mutis,
Symplocos Alstonia Humboldt & Bonpland, die so gut sein sollen
wie chinesischer Thee. In Nord-Amerika soll man „sehr gesunden" Thee aus der Gaultheria procumbens und aus Ledum latifo-
lium bereiten, und es sind die Blätter der zweiten Pflanze als Labrador-Thee bekannt; zu bemerken ist, dass auch die Blätter von Ledum palustre als Labrador-Thee gebraucht werden. Von dem in Süd-
Amerika so weit verbreiteten Paraguay-Thee wird weiter unten ausführlich geredet werden. In Neu-Holland dienen die Blätter von
Corraea alba und auf den Kurilen die Blätter von Pedicularis lanata
Pallas als Thee.

Unter dem Namen Bush-tea [173]) kam an das Haus Donald
Gray in London ein Thee vom Cap der guten Hoffnung; derselbe
bestand, wie die Untersuchungen William Hooker's ergaben, aus
den Blättern der Cyclopia latifolia De Candolle, welche zu den Legu-
minosen gehört und auf dem Cap der guten Hoffnung einheimisch ist.
Ein dieser Pflanze verwandtes Gewächs, die Cyclopia genistoides,

---

[171]) Clarus, J., Handbuch der speciellen Arzneimittellehre. Leipzig.
1852. pag. 20.

[172]) Edinburgh Philosophical Journal. 1825. (October.) pag. 379 u. fg.

[173]) Journal de Pharmacie et de Chimie. 3. Reihe. Bd. XXV. pag. 49.
Chem.-Pharmaceut. Central-Blatt für 1854. pag. 288.

wird als Infusum sowohl wie als Decoct von den Capbewohnern als Heilmittel (Resolvens) gebraucht.

Ueber einige Theesurrogate empfangen wir auch durch Pallas [174]) Belehrung. Derselbe berichtet zunächst vom Tschagirschen Thee, dessen man sich in Sibirien allgemein bediene; man lernte Gebrauch und Bereitung desselben von den sibirischen Tartaren und Mongolen, die ihn aus den Blättern der Saxifraga crassifolia bereiten, welche Pflanze Pallas in den Höhlen am Inä fand. Der Gebrauch des Tschagirschen Thee's in Sibirien verdankt dem Umstande seine Entstehung, dass im vorigen Jahrhundert der Handel mit China lange Zeit hindurch unterbrochen war. Auch noch andere Theesurrogate fand Pallas; so sah er bei den muhammedanischen Tartaren, welche das Dorf Kaltai bewohnen, die Wurzel der Tormentilla erecta, die Stengel und Wurzeln der wilden Rosen, bei anderen Tartaren und sibirischen Bauern die Potentilla fruticosa — unter dem Namen Kurilskoi Tschai —, die Potentilla rupestris — unter dem Namen Wiesen-Thee, Pelowoi Tschai — als Theesurrogat benutzen.

Unter dem Namen des abyssinischen Thee's benutzt man die Blätter der Catha edulis, und unter der Bezeichnung des australischen Thee's die Blätter verschiedener Myrrhen als Ersatzmittel des chinesischen Thee [175]).

Von dem Getränke aus der Kath-Pflanze, welches man auch als Surrogat des Thee bezeichnen muss, wird weiter unten gehandelt werden.

Die Fahan-Blätter, oder der Fahan-Thee, sind die Blätter einer Schmarotzerpflanze, welche botanisch Angraecum fragrans heisst und in verschiedenen Theilen von Afrika zu Hause ist. Viele Afrikaner bedienen sich des Aufgusses der Blätter theils als eines Heilmittels, theils benutzen sie jenen Aufguss als Getränk, welchem sie manchmal Zucker zusetzen. Giraudy [176]) lernte die Blätter durch einen Kauffahrer des südlichen atlantischen Oceanes (äthiopischen Meeres) kennen, stellte später damit Versuche bei Kranken an — Lungenschwindsüchtigen soll der Thee sehr wohl bekommen [!?] — und posaunte die Ergebnisse seiner Untersuchungen aus. Gobley [177]) unterwarf die Fahanblätter der chemischen Analyse und kam zur Erkenntniss, dass darin Cumarin vorkomme und einen wesentlichen Bestandtheil der Blätter ausmache.

Zum völligen Abschlusse der vorletzten von den oben gestellten Fragen erübrigt noch die Angabe über den wichtigeren Theil der

---

174) Pallas, P. S., Reise durch verschiedene Provinzen des Russischen Reichs. St. Petersburg. 1771—76. Bd. 11. pag. 565 u. fg. 654 u. fg.

175) Canstatt, Jahresbericht etc. für 1856. Bd. VII. pag. 75 u. fg.

176) Archiv der Pharmacie. Bd. XXV. pag. 58. Bd. XXVI. pag. 341.

177) Archiv der Pharmacie. 2. Reihe. Bd. LXV. pag. 316.

Schriften über Theesurrogate und über diejenigen dieser Substanzen,
welche man in Europa in Vorschlag und theils auch in Aufnahme
brachte. In neuester Zeit empfahl v. Kletzinsky [178]) die Erdbeerenblätter, doch ist er nicht der erste Empfehler, denn schon zu Ende
des vorigen Jahrhunderts handeln mehrere Blätter, darunter s. B.
das Wittenbergische [179]) und mehrere andere Organe, von diesem Theesurrogate. Kletzinsky nennt das Infusum der Erdbeerenblätter eine
dem echten Theegetränke ähnliche Flüssigkeit, welche man ebenso wie
jenes mit Zucker, Milch und Rum geniessen könne. Einige Fälle sollen existiren, in welchen dem Gebrauche des Erdbeerenblätter-Thee
der Vorzug vor dem des echten Thee zu geben ist: wo die durch
den chinesischen Thee bedingte Aufregung und Schlaflosigkeit aus Gesundheitsrücksichten vermieden werden muss.

Ein anderes Surrogat des echten Thee sind die Blätter von
Ilex aquifolium, deren Decoct man in den Gegenden des Schwarz-
waldes geniesst. Die Blätter dieser Pflanze, welche schon Theophrastus von Eresus [180]) kennt und unter den Namen κήλαστρον
und ή κήλαστος beschreibt, welche Columella [181]) als „Ilex, quae
spinas habet" anführt, wurden von Lassaigne [182]) und Reithner [183])
[der letztere untersuchte deren Asche] analysirt, und Deschamps [184])
und Lebourdais [185]) beschäftigten sich mit der Erforschung des in
den Blättern enthaltenen Bitterstoffs Ilicin. Nach Lassaigne sind
in den Blättern enthalten: Ilicin, gelbes Pigment, Chlorophyll, wachs-
artiges Fett, Gummi, apfelsaure, schwefelsaure, phosphorsaure Kali-
und Kalksalze und Chlorkalium. Mohl [186]) stellte einen Versuch mit
der Abkochung der fraglichen Blätter an, und es geht daraus hervor,
dass die Flüssigkeit als Theesurrogat beachtenswerth ist.

Die Salbeiblätter, von deren Stammpflanze schon der Priester

---

[178]) Schmidt, Jahrbücher der in- und ausländischen gesammten Medicin. Bd. LXXXVII. [Leipzig. 1855.] pag. 28.

[179]) Becker, J. H., Versuch einer Literatur und Geschichte der Nahrungsmittelkunde. Stendal. 1810—12. Abtheilung II. pag. 980.

[180]) Theophrasti, Historia plantarum. Liber III. Caput 4. Lib. IV.
Cap. 1. Lib. V. Cap. 7.

[181]) Columellae, De re rustica libri XII. Liber VI. 3. 7.

[182]) Berlinisches Jahrbuch für die Pharmacie etc. Bd. XXV. pag. 192.

[183]) Vierteljahrsschrift für praktische Pharmacie. Von Wittstein. Bd.
IV. pag. 382.

[184]) Buchner, J. A., Repertorium der Pharmacie. Bd. XLI. [Nürn-
berg 1833.] pag. 230.

[185]) Annalen der Chemie und Pharmacie. Bd. LXVII. pag. 253.

[186]) Monatsschrift des Gewerbevereins zu Köln. 1856. Februarheft. —
Chemisches Central-Blatt für 1856. pag. 448.

des klarischen Apoll: Nikander von Kolophon [187]) spricht, sie als ἱλελίσφαχος ἀλθήτις aufführend, wurden zum Getränk und als Theesurrogat schon empfohlen von F. Afforty und J. de Tournefort [188]), F. J. Hunauld [189]), C. G. Stenzel [190]), J. Hill [191]), A. E. Ettinger [192]), Thomas Short u. A. m. Chemisch untersucht wurden die Blätter der Salvia officinalis durch Ilisch, aus dessen Analysen folgendes Verhältniss der Bestandtheile hervorgeht: ätherisches Oel $0,16\%$ [nach Bartels $0,456\%$]; grünes Harz $2,90\%$; Extractivmaterien und Salpeter $2,12\%$; Gummi und Extractabsatz $1,51\%$; Eiweiss $0,43\%$; Pflanzenfaser $15,87\%$; Wasser $75,00\%$. Unter Geschichte des Thee erwähnten wir eines wichtigen Factums, die Salbeiblätter betreffend. Wir fühlen keinerlei Veranlassung, den Gebrauch des Salbei zu empfehlen.

Unter dem Namen des Jesuiten-Thee's, auch mexikanischen Thee's, empfahl man das mexikanische Traubenkraut, Chenopodium ambrosioides L., als Theesurrogat. Unseres Wissens geschieht dieser Pflanze zuerst Erwähnung bei Caspar Bauhinus in dessen Pinax theatri botanici, und als Theesurrogat wird sie zu Anfang des vorigen Jahrhunderts zuerst empfohlen, und zwar von Michael Friedrich Lochner [193]) [der sie und andere Vegetabilien auch dem Kaffee substituiren will], und von J. A. Göritz [194]), der gleich Anderen sie Thée Romano nennt. Die chemische Qualität derselben erforschte ganz sonderlich Bley [195]), welcher in dem getrockneten Kraut fand: ätherisches Oel 0,35; grünes Weichharz 7,60; Stärkemehl 1,40; Gummi mit salpeter-, schwefel- und oxalsaurem Kali 21,00; Holzfaser 23,28; Extractivstoff mit apfel- und oxalsaurem Kali 4,55; stickstoffhaltige, kleberartige Materie 23,95; lösliches Eiweiss

---

[187]) Theriaca. 84.

[188]) Afforty, F., & J. de Tournefort, Ergo potus a Salvia salubris. Parisiis. 1695. 8.

[189]) Hunauld, F. J., Discours physique sur les propriétés de la Sauge et sur le reste des plantes aromatiques. Paris. 1698. 12. — Hier wird von der Analyse des Salbey gehandelt und es werden die Blätter als Surrogat des Thee's und Kaffee's empfohlen.

[190]) Stenzel, C. G., Dissertatio de Salvia in infuso adhibenda, hujusque prae Thea chinensi praestantia. Wittembergae. 1723. 4.

[191]) Hill, J., The virtues of Sage in lengthening human life. London. 1765. 8. Deutsch: Altenburg. 1778. 8.

[192]) Ettinger, A. E., Commentatio de Salvia. Erlangae. 1777. 4.

[193]) Lochner, M. F., De novis et exoticis Theae et Coffeae succedaneis. Norimbergae. 1717. 4.

[194]) Haller, Bibliotheca botanica. Bd. II. pag. 156.

[195]) Trommsdorf, J. B., Neues Journal der Pharmacie. Bd. XIV. Stück 2. [Leipzig. 1827.] pag. 28.

4,40; Essigsäure 0,05; weinsteinsaueres Kali 1,12; apfelsauere Magnesia 0,75; Chlorkalium 4,60; Chlorcalcium 0,43; Spuren von Schwefel; Wasser 7,50. Die Wirkung des Aufgusses ist die einer gewürzigen Substanz, welche auch auf die Nerventhätigkeit anregend wirkt, und dieser Umstand ist als die Ursache der Empfehlung des mexikanischen Traubenkrautes als Kaffeesurrogat anzusehen.

Auch der Ehrenpreis, Veronica officinalis L., musste als Theesurrogat herhalten; er wurde als solches von J. Frank [196]), N. Hanniel [197]), Friedrich Hoffmann [198]), Nicolaus Andry [199]) und mehreren Anderen gerühmt. Ausser den bisher besprochenen Pflanzen machte man Gebrauch oder suchte doch als Theesurrogate folgende einzuführen: Alstonia theaeformis L. durch Mutis unter dem Namen Thee von Bogota; Teucrium verum L., Gamander; Mentha piperita L., Pfefferminze; die Samen von Sternanis, welche Deslongrois [200]) recommandirte; die Blätter des Pfirsichbaumes, der Preusselbeeren, der Rainweide und der Rosen, u. A. m.

Mit Ausnahme des Paraguay-Thee's und der Kaffeeblätter, welche beide man schon wegen ihrer chemischen Constitution als Theesurrogat zu betrachten gemüssigt ist, verdient kein Körper den Namen eines Surrogats des chinesischen Thee, weil keine Substanz die Eigenthümlichkeiten des echten Thee besitzt, weder die chemischen noch die physiologischen. — Im Allgemeinen sind die Substanzen, welche wir unter dem Namen der Theesurrogate kennen lernten, der Gesundheit weit weniger nachtheilig, als eine nicht unbeträchtliche Anzahl von Kaffeesurrogaten; doch dies bestimmt uns noch nicht, den Theesurrogaten das Wort zu reden.

Auch als Heilmittel benutzte man den echten Thee. Und gewiss ist diesem Mittel, welches leichter und billiger zu beschaffen ist als manche Arznei, in einer Reihe von Fällen der Vorzug zu geben. Ich bin weit davon entfernt, irgend ein Gewicht auf die Lobpreisungen zu legen, die man dem Thee als Heilmittel angedeihen liess, aber ich muss es entschieden tadeln, wenn man ähnlich wirkende Arzneien

---

[196]) Frank, J., Polychresta herba Veronica. Ulmae. 1690. 12.

[197]) Hanniel, N., Die preiswürdige Veronica oder Europäischer Thee, wie selbiger anstatt des Indianischen mit Fug gebraucht werden kann. Düsseldorf. 1692. 4.

[198]) Hoffmann, F., De infusi Veronicae efficacia praeferenda herbae Theae. Halae. 1694. 4.

[199]) Andry, N., Le thé de l'Europe ou les propriétés de la Veronique. Paris. 1712. 12.

[200]) Deslongrois, Dissertatio ergo nebuloso tempore seminis Badian usus. Parisiis. 1777.

lieber anwendet als Thee, und diesen in Krankheiten verwirft. Und warum wollen so viele Praktiker nichts wissen von den Heilmitteln unter den Nahrungs- und Genusskörpern? 1. Weil sie zu wenig hygieinische Bildung haben, als dass sie im Stande wären, den wahren Werth der Nahrungsstoffe, ihr Verhältniss zum gesunden und kranken Organismus einzusehen und zu würdigen. 2. Weil sie in den bei Weitem meisten Fällen nur das Pulsfühlen, Auscultiren, Percutiren und Receptschreiben üben und zu diesem Handwerke erzogen werden. 3. Weil Apotheker in nicht unbeträchtlicher Anzahl existiren und sammt ihren Familien leben wollen, und diese wie jene hungern müssten, wenn nicht die Jünger Aeskulaps den Profanen möglichst viele, möglichst lange und möglichst theuere Recepte verschrieben. — Nur der Staat kann diesem Jammer abhelfen, und er kann es nur unter zwei Bedingungen, wenn er 1. die Aerzte und das Publicum tüchtig hygieinisch bilden lässt, und wenn er 2. dem Institute der Polizei eine solche Einrichtung gibt, die den Anforderungen des Zeitgeistes, der Vernunft und der physischen wie psychischen Gesundheitspflege vollkommen Genüge leistet. — Doch zum Thee als Heilmittel!

Du Halde [201]) rühmt den Thee: in Kopfschmerzen; bei „Entkräftigung der Lebensgeister"; bei krankhaftem Stuhlzwange; gegen altes eingewurzeltes Herzwehe (!); gegen allerhand eingesogenes Gift; weiter, wenn sich im Halse allerlei schädlicher Schleim angesetzt hat; bei Anomalien der Menstruation, namentlich Retention. Du Halde hält dafür, dass der Thee schwangeren Weibern schädlich werden könne, wesshalb er diesen den Theegenuss widerräth.

Sundelin [202]) hält den Gebrauch einiger Tassen warmen Thee's, besonders mit einem geringen Zusatze von Wein, Rum, Arrak oder Franzbranntwein für indicirt bei feuchtem Wetter, in frisch entstandenen Katarrhen und anderen, leichtgradigen Erkältungskrankheiten. Pereira [203]) wandte den Thee mit gutem Erfolge an in fieberhaften und einigen Entzündungs-Krankheiten, nachdem schon früher Percival das Getränk zu solchem Behufe empfohlen; ich weiss aus eigener Erfahrung und aus der Praxis, dass in vielen fieberhaften Zuständen Thee von entschiedenem Nutzen war. Clutterbuck lässt den Theeaufguss in typhösen Fiebern zur Milderung des Stupors gebrauchen. Abra-

---

201) Du Halde, a. a. O. Bd. III. pag. 509 u. fg.

202) Sundelin, C., Handb. d. allgem. u. speciell. Krankheitsdiätetik. Berlin. 1826. 8. pag. 101.

203) Pereira, J., Heilmittellehre. Von Buchheim. Bd. II. pag. 716.

ham Therart [204]) betrachtet den Thee als Heilmittel der Gicht, de Gehema [205]) lässt durch dessen Anwendung Wassersucht verschwinden, und Frisius [206]) redet von den Wirkungen des Thee als eines antiarthritischen Mittels. Man erinnere sich der alten Reisenden in China und der Beschreiber dieses Reiches, und man wird den Thee auch angepriesen wissen gegen die Steinkrankheit. Kämpfer [207]) erhielt von einem alten chinesischen Arzte folgende auf Erfahrung beruhende Mittheilung: Derjenige, welcher den ganzen Tag hindurch starken Thee trinkt, greift die Grundkraft seines Lebens an, die in dem gehörigen Verhältnisse der warmen und feuchten Theile besteht. Dasselbe thut, aber aus dem gerade entgegengesetzten Grunde, Derjenige, welcher täglich fette Speisen, besonders Schweinefleisch, geniesst. Wer aber beiderlei verbindet wird nicht nur nicht krank, sondern hat darin das zuverlässigste Mittel, Leben und Gesundheit zu erhalten. Dies wurde durch folgende Geschichte erläutert: Eine Frau, die ihres impotenten Mannes überdrüssig war, wollte diesen los werden, und wandte sich zu diesem Behufe an einen Arzt mit der Bitte, ihr ein Mittel an die Hand zu geben. Der Medicus rieth ihr, den Mann ein ganzes Jahr lang mit Schweinefleisch und anderen Fettigkeiten reichlich zu versehen; nach Ablauf jener Zeit müsse dann der Ehemann sterben. Diesem misstrauend, ging sie zu einem anderen Arzte mit derselben Bitte; der zweite Heilkünstler rieth, den Mann durch ein ganzes Jahr lang mit starkem Thee zu tractiren. Sie that Beides, und siehe da — der Mann wurde gesund!

Man bedient sich heutzutage des Theeanfgusses als Antidot bei Vergiftungen mit Narkoticis und den Verbindungen der schweren Metalle, als eines guten schweisstreibenden Mittels in fieberhaften und einigen inflammatorischen Leiden, als eines Diureticums in gewissen Fällen von Wassersucht, und als Antiemeticum. Die Benutzung des Thee im Sopor der Typhösen und in vielen jener Fälle, wo man sich des starken schwarzen Kaffee's bedient, zeigte günstige Erfolge.

Unter den Gedichten, welche über den chinesischen Thee gemacht wurden, ist jenes des Bontekoe das an Lobeserhebungen reichste, das des Bischofs Huetius [208]) das schönste. — Zum Beschlusse

---

[204]) Therart, A., Ergo confert curandae arthritide The Sinensium. Parisiis. 1657.

[205]) de Gehema, J. A., Thee curirt, aber verursacht nicht die Wassersucht; Sendschreiben an Dankelmann. Stade. 1687. 4.

[206]) Frisius, H., Dissertatio quod Thea arthritidi conveniat. Trajecti ad Rhenum. 1684. 4.

[207]) Kämpfer, E.', Geschichte und Beschreibung von Japan. Bd. II. pag. 458.

[208]) Huetii, Commentar. de rebus ad se pertinentibus. pag. 304.

der Abhandlung über den Thee sei noch einer Mittheilung Kurt Sprengel's [209]) gedacht, welche für die Geschichte der Verbreitung des Theetrinkens von Interesse ist. Nach Sprengel waren es vorzüglich zwei Ursachen, welche den Thee in der Mitte und gegen das Ende des vorigen Jahrhunderts so allgemein machten, nämlich die Herrschaft der Sylvischen Schule [210]) und die Kunstgriffe der holländischen Kaufleute in Amsterdam, in deren Sold Bontekoe und andere Theeanpreiser ohne Zweifel standen.

Endlich dürfen wir nicht unerwähnt lassen, dass J. G. Houssaye [211]) zu Anfang der vierziger Jahre eine umfassende Abhandlung über den Thee publicirte, in welcher er das Geschichtliche, Botanische, Medicinisch-hygieinische und die Darstellung dieses Nahrungsmittels in sehr anschaulicher Weise bringt; würde seine Schrift einen grösseren gelehrten Apparat in sich schliessen, so dürfte sie wohl den ersten Rang unter den Fachschriften behaupten.

Paraguay-Thee.

Dieser Thee ist ein Gegenstand von grosser Bedeutung für Paraguay und seine Nachbarländer. Wie schon im ersten Bande bemerkt, wird derselbe aus den Blättern von Ilex paraguayensis gewonnen, einer Pflanze, deren Vaterland Süd-Amerika, insonderheit aber Paraguay ist. Die Ersten, welche vom Paraguay-Thee schreiben, sind Hieronymus Benzoni [212]) und Don Antonio d'Ulloa [213]),

---

209) Bergius, B., Ueber die Leckereien. Aus dem Schwed. mit Anmerk. von J. R. Forster und K. Sprengel. Halle. 1792. Bd. II. p. 285.

210) Welche bekanntlich lehrte, dass die Mehrzahl der Krankheiten aus der Verdickung der Säfte vermittelst der Säure entstehe, und dass deshalb Laugensalze und verdünnende diaphoretische Mittel die Remedien der Krankheiten seien.

211) Houssaye, J. G., Monographie du Thé. Paris. 1843. 8.

212) Benzoni, H., Istoria del mondo nuovo libri III. In Venetia. 1565. 8.

Benzoni, H., Novae novi orbis historiae: i. e. rerum ab Hispanis in India occidentali gestarum libri III. Ex italico latine facta opera Urbani Calvetonis. Genevae. 1578. 8. — Dasselbe Werk deutsch von dem Pfarrer Abel Scherdiger. Helmstädt. 1591. 4. — Man vergleiche auch:

Raynal, G. T., Histoire philosophique et politique des établissemens et du commerce des Européens dans les Indes. Amsterdam. 1770—72. 8. Bd. IV. pag. 187.

213) Ulloa, A. de, Noticias americanas; entretinimentos physicos sobra la America meridional y la septentrional-oriental; comparacion de los territorios, climas y produciones vegetales, animales, minerales, de cuerpos marinos, de las antiguedades, etc. Madrid. 1772. 4.

doch gebührt erst A. St. Hilaire [214]) das Verdienst, eine genaue Bestimmung und Beschreibung der Stammpflanze gegeben zu haben. Man
findet den Paraguay-Thee unter den verschiedensten Namen aufgeführt;
als Maté [215]); Peruaner- oder Südsee-Thee [216]); St. Bartholo-
maeuskraut nach Frezier [217]); Caa nach dem Pater del Techo [218]);
bei den Hispano-Amerikanern führt das Kraut den Namen Yerba Matè.
Der Paraguay-Thee war schon zu Zeiten der Eroberung seiner Stamm-
länder durch die Spanier ein Gegenstand bedeutenden Handels, und
er wurde für diejenigen, welche diesen Handel betrieben, zur Quelle
des Reichthums. Ulloa unterscheidet zwei Hauptarten des Paraguay-
Thee's, und nennt die erste Caa oder Caamini, die zweite Caacuys
oder Yerva de Palos; wogegen aber der oben namhaft gemachte
Pater del Techo angibt, man müsse drei Arten unterscheiden, nämlich Caacuys, Caamini und Caaguazu, und auch noch weiter bemerkt, dass man unter dem Namen Caamini solche Blätter verstehe,
welche vor dem Rösten von ihren Rippen und Strünken befreit wurden und dass im Falle des Zurückbleibens der beiden Letzteren das
Product Caaguazu oder Palos genannt werde.

August de Saint-Hilaire hat angegeben, dass der echte Paraguay-Thee von den Blättern des Ilex paraguayensis abstamme, und
die Cassine Gongonha Martius nur falsche Sorten des Maté lie-
fere. Man nannte auch früher den Paraguay-Thee Cassine, seine
Stammpflanze Ilex Cassine.

In Hinsicht der Herstellung des Paraguay-Thee's, d. h. der Zubereitung der rohen Blätter des Strauches, bemerken wir nach den
Berichten von Ulloa, Meyen [219]), Spix und Martius [220]), vorzüglich
aber nach den von J. J. Virey [221]), dass die Blätter stets in einem
langen, cylindrischen Ofen — Barbaque genannt —, auf dünnen
Hürden getrocknet werden. Ein Arbeiter — genannt Quayno —

---

[214]) Annalen der Pharmacie. Bd. VI. [Lemgo & Heidelberg. 1833.]
pag. 234.

[215]) Frezier, Rélation du voyage de la Mer du Sud aux côtes du Chili,
du Perou, et du Brésil. Fait pendant les années 1712, 1713 & 1714. Amsterdam. 1717. 12. Bd. II. pag. 443.

[216]) Krünitz, J. G., Oeconomische Encyklopädie. Bd. VII. Berlin.
1776. pag. 710.

[217]) Frezier, a. a. O. Bd. II. pag. 443.

[218]) Del Techo, N., Historia provinciae Paraquairiae, Societatis Jesu.
Leodii. 1673. fol.

[219]) Meyen, Reise um die Erde.

[220]) v. Spix, J. B., & L. F. P. v. Martius, Reise in Brasilien. München. 1823—31.

[221]) Journal de Pharmacie. Bd. XVIII. pag. 137 u. fg. — Annalen der
Pharmacie. Bd. II. 1832. pag. 238 u. fg.

ist mit dem Zurichten und Trocknen der Blätter beschäftigt, und man
verlangt von ihm, dass er täglich an fünfundzwanzig Pfund zubereite.
Die getrockneten Blätter lässt man in der Regel durch Neger in
baumwollene Säcke füllen. Ueber den Paraguay-Thee, seine Pflanzung, seine Zubereitung u. s. w. hat auch Faldermann [222]) einen
sehr interessanten Artikel geliefert.
Ehe Dr. Francia Dictator der Republik Paraguay war, verführte
man von dort aus den Paraguay-Thee nach anderen Ländern: allein
Francia verbot im Interesse seiner Politik, die theilweise darauf
hinauslief, der Industrie zu einem guten Emporblühen zu verhelfen
(wenn auch auf Kosten des Handels nach Aussen), die Ausfuhr des
Thee's [223]), und dieser Umstand scheint wohl einer der Gründe zu
sein, wesshalb der Paraguay-Thee keine grössere Ausbreitung über
die Erde erfuhr. — Hinsichtlich seines Consums mögen hier folgende
Angaben Platz finden. v. Bibra [224]) hält dafür, dass sich zehn
Millionen Menschen des Trankes des Maté bedienen; Meyen [225])
glaubt, es werden jährlich fünfzehn Millionen Pfund der Blätter zur
Bereitung jenes Theegetränks verwendet; nach J. J. Virey [226]) gewinnt man jährlich zweimalhunderttausend Arroben, das ist: fünf Millionen Pfund [ein jedes Pfund zwölf Unzen gleich gesetzt] Paraguay-
Thee. In Buenos-Ayres führte man im Jahre 1814 zwanzigtausend Ballen (jeder zu zweihundertundzehn bis zweihundertundsiebzen-
zig Pfund) Paraguay-Thee aus [227]).
Virey [228]) sagt in seiner Abhandlung über den Paraguay-Thee,
dass die Hispano-Amerikaner denselben Yerva de palos nennen, während er von den Indianern mit den Bezeichnungen Caa-Cuys, Caa-
mimi und Caa-guazu belegt werde; aus diesem kann man nun
zwiefach schliessen, nämlich: a. die Indianer unterscheiden drei Sorten, welchen jene Namen entsprechen, oder b. sie kennen nur eine
Sorte und belegen diese je nach Verschiedenheit des indianischen Dia-
lectes mit jenen drei Bezeichnungen. Bibra [229]) sagt uns, er hätte

---

[222]) Seminario de Buenos-Ayres d'Azzara. Bd. IV. pag. 394. 403.
[223]) Berghaus, H., Allgemeine Länder- und Völkerkunde. Stuttgart.
1837 - 46. Bd. VI. Abtheilung I. pag. 506.
[224]) v. Bibra, E., Die narkotischen Genussmittel und der Mensch.
Nürnberg. 1855. pag. V.
[225]) Meyen, a. a. O.
[226]) Virey, a. a. O. Bd. XVIII. pag. 137 u. fg.
[227]) Schneider, K. F. R., Handbuch der Erdbeschreibung und Staatenkunde in ihrer Verbindung mit Natur- und Menschenkunde. Glogau und
Leipzig. (1847—)1857. Bd. II. Abtheilung II. pag. 1207.
[228]) Virey, a. a. O.
[229]) v. Bibra, a. a. O. pag. 97.

weder in Brasilien, noch in Chili, Peru und Bolivia je eine andere Sorte des Paraguay-Thee gesehen oder selbst getrunken, als jene Art, welche man aller Orten Matè nennt.

Chemische Untersuchungen über den Paraguay-Thee wurden gemacht von Trommsdorf [230]), Stenhouse [231]), Lenoble [232]), Rochleder [233]) und in neuester Zeit von der schon mehrerwähnten englischen Commission [234]), die aus Stenhouse, Graham und Campbell bestand. Aus allen diesen Analysen ergeben sich folgende Resultate. Der Paraguay-Thee enthält Caffeïn, welches Stenhouse darin zuerst nachwies [in neuester Zeit gab dieser Chemiker das Caffeïnquantum des Matè auf 1,20 % an [235])]; ein Umstand, welcher dem Paraguay-Thee nun mit Bestimmtheit seinen Platz neben dem Kaffee und dem Thee einräumt. Dies wird noch mehr befestigt durch Rochleder's Angabe, der zu Folge im Matè Kaffeegerbsäure enthalten ist. Die Untersuchung Lenoble's ist ohne Werth gegenüber den Analysen von Stenhouse und Rochleder; Lenoble glaubte das im Paraguay-Thee enthaltene Caffeïn [man weiss nicht, ob er hiervon Kenntniss hatte] als einen eigenthümlichen Stoff bezeichnen zu müssen, welchem er den Namen Psoraleïn beilegte; ausser diesem fand er in den Blättern: Gerbsäure, flüchtiges Oel, Eiweiss, Extractivmaterien und andere gewöhnliche Pflanzenbestandtheile. Trommsdorf wies in den Blättern unseres Krautes mehrere Harze, gelbfärbenden Extractivstoff und Tanningensäure nach. Selbstverständlich nun ist das ätherische Oel, das Caffeïn und die Kaffeegerbsäure als das Wirksame des Aufgusses der Paraguaykraut-Blätter zu bezeichnen.

Man hegt allgemein die Meinung, dass sich auch gut präparirte Blätter nicht länger als zwei Jahre erhalten lassen, und in Südamerika verwendet man ältere Blätter nicht zur Bereitung eines Getränks, sondern zur Fabrikation von — Dinte.

Die Wirkung des Paraguay-Thee's auf den Organismus haben zuerst Ulloa, Moyen, Virey u. A. in's Auge gefasst: allein erst

---

[230]) Annalen der Pharmacie. Bd. XVIII. [Heidelberg. 1836.] pag. 90 u. folg.

[231]) The Chemical Gazette. London. 1843. pag. 233. [In No. 9.] — Archiv der Pharmacie. 2. Reihe. Bd. XXXV. [Hannover. 1843.] pag 75.

[232]) Journal de Pharmacie et de Chimie. 3. Reihe. Bd. XVIII. pag. 199 u. fg.

[233]) Rochleder, F., Die Genussmittel und Gewürze in chemischer Beziehung. Wien. 1852. pag. 48.

[234]) The Quaterly Journal of the Chemical Society. Bd. IX. [London. 1856.] pag. 33 u. fg.

[235]) Annalen der Chemie und Pharmacie. Bd. CII. [Leipzig & Heidelberg. 1857.] pag. 126 u. fg.

Bibra's Angaben haben auf diesem Felde einiges Licht verbreitet. Schon die älteren Berichte lassen durch übermässigen Genuss des Paraguay-Thee's eine der Trunkenheit ähnliche Aufregung und Gliederzittern entstehen, ähnlich der Wirkung von Spirituosen. Aber nicht allein dem Aufgusse, sondern auch den rohen Blättern hat man schädliche Eigenschaften zugeschrieben; diejenigen Leute, welche den Paraguay-Thee in den Wäldern einsammeln und weiter denselben zubereiten, fanden während dieser Beschäftigungen nicht selten ihren Tod; in der Anstrengung allein scheint wohl die Ursache jener Todesfälle nicht zu liegen, und man hat die Meinung aufgestellt (so Bibra), es dürfte ein beim Trocknen der Blätter entweichender narkotischer Duft den Arbeitern schädlich werden. Ob jene der Trunkenheit ähnliche Aufregung, welche übermässigem Genusse des Matè-Aufgusses folgen soll, dem Caffeïn oder dem flüchtigen Oele allein, oder beiden zugleich, oder einem bisher ungekannten Bestandtheile zuzuschreiben, dies ist eine Frage, welche heute noch nicht bestimmt beantwortet werden kann. — Bescheidene Mengen des Matè-Getränks erzeugen leichte und angenehme Aufregung, und wirken, gleich Kaffee und Thee, auf die Harnabsonderung, diese vermehrend. Eine andere Eigenschaft, welcher von neueren Reisenden zuerst Meyen gedenkt, ist die Verminderung und Stillung des Hungers; Meyen meinte, es habe das Getränk etwas ausserordentlich Angenehmes und Aufregendes, und stille — wie es ihm schien — auf einige Zeit den Hunger. Die Verminderung des Hungergefühls ist eine allgemeine Eigenschaft aller ähnlichen Getränke, und diese Eigenthümlichkeit ist theilweise auch der Grund des Gebrauchs des Paraguay-Thee's bei den Indianern Süd-Amerika's, gleichgültig ob sie von dieser Wirkung eine bestimmte Vorstellung hatten oder nicht. Meyen gehört zu den Lobrednern des Matè, denn er sagt, man brauche selbst nach der schlaflosesten Nacht nur einige Züge von dem Getränke einzunehmen, um sich wie neugeboren zu fühlen.

Bibra glaubt dem Paraguay-Thee den Rang zwischen dem Kaffee-Getränk und dem Aufgusse der Blätter des chinesischen Thee anweisen zu müssen, und aus den an sich selbst angestellten Beobachtungen schliesst er, dass Matè dem Kaffee näher stehe als dem Thee, denn er fühlte sich nach dem Gebrauche in dem Zustande einer mehr an den Kaffee, als an den Thee erinnernden Heiterkeit. Ueber die Wirkung grösserer Mengen des Paraguay-Thee spricht er sich folgender Maassen aus [236]: „Unmässigkeit im Genusse des Paraguay-Thee's brachte ein Gefühl von Abgeschlagenheit hervor, das ich mit dem vergleichen möchte, welches sich einstellt, wenn man eine etwas starke

---

[236] Bibra, a. a. O. pag. 100.

Dosis Opium genommen hat und nicht in der Lage ist, der Ruhe pflegen zu können; eine gewisse, schwer zu bezeichnende Unruhe, verbunden
mit Müdigkeit und dem instinctartigen Drange, irgend Etwas zu nehmen, was dieser Abspannung entgegen wirkt, was indessen, neben-
her gesagt, durch Spirituosen nicht gelingt."

Bibra konnte bisher keine Beeinflussung der Harnabsonderung
und der Darmthätigkeit, sowie Verminderung des Hungergefühls, Aufhebung der Nüchternheit durch den Genuss des Matè wahrnehmen;
indessen bemerkt er andererseits, dass Menschen, welche sich des
Thee's bedienen, nur sehr wenig Nahrung zu sich nehmen; Beobachtungen, welche sich auf Süd-Amerika beziehen. Mit Recht sagt er
am Schlusse dieser Angaben, dass es ohne genauere Versuche schwierig sein dürfte, zu bestimmen, wie viel von dieser durchschnittlich
vorherrschenden Mässigkeit auf Rechnung des Paraguay-Thee's und
wieviel auf Rechnung des wärmeren Klima's zu schreiben.

Schon Frezier [237]) berichtet umständlicher über die Herstellung
des Aufgusses des Paraguaykrauts und über die Art des Trinkens,
liefert auch auf Tafel XXX. eine bildliche Darstellung dazu. Man
thut das gepulverte Kraut in eine aus Flaschenkürbis (Calebasse) gemachte, Silber beschlagene Schale, setzt Zucker zu, und giesset nun
heisses Wasser auf. Damit man beim Trinken keine Bruchstücke der
Blättchen in den Mund bekomme, bedient man sich eines Röhrchens,
Bombilla genannt, mittelst dessen man das Fluidum in sich hinein-
zieht. Anstatt des Röhrchens dient auch ein silberner Durchschlag,
Apartador geheissen. Früher war ein einzig Röhrchen zum Gebrauche für eine ganze Gesellschaft bestimmt; doch fing man auf Veranlassung der Franzosen an, zum Behufe des Trinkens gläserne Pfei-
fen einzuführen, deren ein Jeder seine eigene besass. Klemm [238])
beschreibt und bildet ab ein Saugröhrchen aus neuerer Zeit [welches
sich in seiner Sammlung zu Dresden befindet]; es hat dieses eine
Länge von sieben und einem halben Zoll, und besteht aus einem starken Grashalme, dessen mittlerer Theil mit dunkelbrauner Rohrrinde
zierlich umflochten ist, die zugleich einen Ring am Halme festhält,
der als Henkel dient; am untersten Theile des Schaftes befindet sich
eine diesem korbartig angeflochtene hohle Kugel von Pflanzenfasern,
deren Stärke etwa einen Zoll beträgt.

In Süd-Amerika liebt man den Paraguay-Thee leidenschaftlich;
in Bolivia, Peru, Paraguay, den La Plata-Staaten u. s. w. sieht man
fast stets den Theetopf auf dem Feuer, und alle ankommenden Frem-

---

237) Frezier, a. a. O. pag. 444.
238) Klemm, G., Allgemeine Culturwissenschaft. Bd. I. [Leipzig.
1855.] pag. 348.

den werden mit Maté bewirthet. Ein und dieselben Blätter werden in der Regel mehrmals infundirt, und man versetzt den Aufguss nicht nur mit Zucker, sondern auch mit Citronensaft.

Die Frage, ob der Gebrauch des Paraguay-Thee's auch in Europa empfehlenswerth sei, lässt sich nicht beantworten, bevor man nicht mit grösseren Quantitäten auch bei uns ausgedehntere Versuche ange- stellt hat. An und für sich betrachtet gibt der Paraguay-Thee dem chinesischen nichts oder nicht viel nach.

Chocolade.

Ambrosia est Superum potus, Cocolata Virorum:
Haec hominum vitam protrahit, illa Deûm.

(M. A. R. Ambrosi [bei Giovanni Battista Anfossi]
am Schlusse seiner Rede an Pisani.)

Der Kaiser Montezuma war, wie Bernal Diaz[1]) erzählt, ein sehr grosser Verehrer der Chocolade, von welcher alltäglich funfzig Krüge für seinen Bedarf bereitet wurden; der Kaiser trank nur Cho- colade; diese war mit Vanille und anderen Gewürzen versetzt und so zubereitet, dass sie sich als Schaum von der Consistenz des Honigs präsentirte und im Munde allmälig schmolz; der Kaiser liess sich das Getränk in goldnen Bechern reichen und verzehrte es mit goldenen Löffeln oder zierlich geschnitzten Schildpattstreifen. Doch lange vor Montezuma kannte man in Mexiko die Chocolade, und es ist nicht unwahrscheinlich, dass man zur Zeit jenes Kaisers schon sehr weit in der Kunst der Chocolade-Bereitung vorgeschritten war. — Als die Spanier Mexiko eroberten, wurden sie mit den Eingebornen des Rei- ches, mit ihrer Lebensweise, ihren Sitten und Gebräuchen bekannt, und auch mit den Cacaobohnen und der daraus bereiteten Chocolade. Der erste Europäer, der darüber berichtet, ist Cortez[2]) in seinen Briefen an Kaiser Karl V. Er redet da von den Pflanzungen des Cacaobaumes, und erzählt u. A., es seien auf einem Pachthofe zwei- tausend Stämme des Baumes gepflanzt worden; die Früchte seien den Mandeln ähnlich und werden im gemahlenen Zustande verkauft; man schätze dieselben so, dass man sich ihrer als Münze bediene.

---

[1]) Prescott, W. H., Geschichte der Eroberung von Mexico. A. d. Engl. Leipzig. 1845. 8. Bd. I. pag. 480.
[2]) Koppe, C. W., Drei Berichte des General-Kapitains von Neu-Spa- nien Don Fernando Cortes an Kaiser Karl V. Berlin. 1834. pag. 84 u. fg.

Die alten Mexikaner bereiteten die Chocolade auf eine andere
Weise als wir heute zu thun pflegen; sie nahmen nämlich das Pulver
der Cacaobohnen, setzten Wasser hinzu, und vermengten das Fluidum
mit Piment zum Behufe der besseren Verdauung, und mit Orlean zum
Behufe der Färbung; oder aber, sie stellten, indem sie das Cacaopulver mit Maismehl und Vanille innigst vermengten, Tafeln her, und
verwandten erst diese zur Bereitung des Getränks. — Wir erwähnten oben der Benutzung der Cacaobohnen als Münze. Nach
der Zeit des Fernando Cortez haben hievon unter Anderen Franzesco Hernandez [3]), .Antonio de Herrera [4]) berichtet, und
in neuerer Zeit haben Alexander von Humboldt [5]) und Alfred
Mitscherlich [6]) den Gegenstand in sehr klarer und anschaulicher
Weise vorgetragen. Nachdem Mexiko in den Besitz der Spanier gekommen war, entsprachen tausend Cacaobohnen dem Werthe von fünf
spanischen Realen [7]); und schon lange vor der spanischen Zeit be-
zahlte man in Mexiko Steuern und Abgaben in Form von Cacaobohnen. Mit der Ausbreitung der spanischen Herrschaft nahm der Gebrauch derselben immer mehr und mehr ab, — aber auch die Cultur
des Cacaobaumes, und man ist in dieser Hinsicht so weit gekommen,
dass man heutigen Tages in Mexiko den Cacao aus anderen Theilen
Amerika's zu beziehen genöthigt ist. — Der erste Eindruck, welchen das Chocolade-Getränk auf die Söhne Iberiens machte, war
durchaus ein ungünstiger; mochte man es zu wenig gekannt haben,
oder entstand in Folge eines Vorurtheiles Widerwille dagegen:
kurzum die Europäer konnten sich anfänglich nicht damit befreunden,
ja holländische Corsaren warfen unter verächtlichem Gelächter einen
grossen Vorrath dieser Waare in's Meer, indem sie die Bohnen auf
schlecht Spanisch Cacura de camero [Schafsdreck] nannten [8]). Nur

3) Hernandez, F., De la naturaleça y virtudes de las arboles, plantas
y animales de la nueva España en special de la provincia de Mexico, de que
se aprovecha la medicina. Mexico. 1615. 4.

Hernandez, F., Rerum medicarum novae Hispaniae thesaurus. Romae. 1651. fol. pag. 79 u. fg.

4) Herrera, A. de, Historia general de los hechos de los Castellanos,
en las islas y terra firma del mar Oceano etc. Madrid. 1601—15. fol.

Herrera, A. de, Novus orbis, sive descriptio Indiae occidentalis.
Metaphraste C. Barlaeo. Amstelodami. 1622. fol.

5) Humboldt, A. v., Versuch über den politischen Zustand des Königreichs Neu-Spanien. Bd. III. [Tübingen. 1812.] pag. 122.

6) Mitscherlich, A., Der Cacao und die Chocolade. Berlin. 1859. 8.
pag. 105.

7) Ein Real [= 34 Maravedis] gilt 2 Sgr. 2 Pf.

8) Krünitz, J. G., Oeconomische Encyklopädie. Bd. VII. [Berlin.
1776.] pag. 502 u. fg.

allmälig gewann der Gebrauch des neuen Trankes bei den Spaniern Eingang, und man glaubt, dass erst nachdem der Gebrauch des Zuckers allgemeiner geworden, die Chocolade sich schnell zu verbreiten anfing [9]). Im Jahre 1520 kam die Chocolade zum ersten Male nach Spanien, und zwar in Form von Tafeln, deren Bereitung von den in Mexiko befindlichen Spaniern geheim gehalten wurde. Ein sinnreiches Bild, die Ueberschiffung der Chocolade von Amerika nach Europa bedeutend, ist der von Marcus Aurelius Severinus (geboren 1580 zu Tursi in Basilicata, war Professor in Neapel, und starb 1656 [10])) besorgten Uebersetzung der Chocoladeschrift des Antonius Colmenerus [11]) beigegeben: Ein am Meeresufer stehender Indianer übergibt dem Neptun, der auf seinem bis an den Strand gekommenen Wasserwagen eine aufrechte Stellung einnimmt, ein Kästchen mit Chocolade. — Bis zum Ende des sechszehnten, oder besser: fast bis zum Anfange des zweiten Decenniums des siebenzehnten Jahrhunderts blieb der Gebrauch und die Bereitung des Chocolade-Getränkes und der Chocolade auf die pyrenäische Halbinsel beschränkt; er war hierselbst im Laufe weniger Jahre sehr allgemein geworden und es entstanden bald grössere Fabriken, welche eine bessere Waare lieferten als die war, welche man aus Mexiko bekam, so dass man in Spanien auf die Sendung von fertiger Chocolade verzichtete und aus der neuen Welt nur die Cacaobohnen bezog.

Spanien hätte vielleicht noch lange Zeit hindurch die Chocolade für sich behalten, wenn sie nicht Franzesco Carletti [12]) in den ersten Jahren des siebenzehnten Jahrhunderts nach Italien, respective nach seiner Vaterstadt Florenz, gebracht hätte. Bei A. Mitscherlich heisst es Antonio Carletti; es scheint uns diese Angabe nicht richtig zu sein, da in dem Werke des Franzesco vom Cacao berichtet

---

[9]) Mitscherlich, a. a. O. pag. 106.

[10]) Sprengel, K., Versuch einer pragmatischen Geschichte der Arzneykunde. 3. Aufl. Halle. 1821—28. Bd. IV. pag. 268.

[11]) Colmeneri de Ledesma, A., Chocolata inda. Opusculum de qualitate et natura Chocolatae. Curante Marco Aurelio Severino. Norimbergae. 1644. 12. [Das spanische Original erschien in 4. unter dem Titel: Antonio Colmenero de Ledesma, Curioso tratado de la naturaleça y calidad del Chocolate. Madrid. 1631. — Im Jahre 1643 erschien eine von R. Moreau besorgte französische Uebersetzung zu Paris in 4.; sodann 1667 eine italienische von F. Tamagina zu Rom in 12.]

·12) Carletti, F., Raggionamenti fatti sopra il viaggio che fece in circondare il globo terraqueo da 1597 a 1606.

Carletti, F., Raggionamenti sopra le cose, da lui vedute, ne' suoi viaggi sì delle Indie occidentali ed orientali, come di altri paesi. Firenze. 1701. 8.

wird, und weiter Albrecht von Haller [13]) und G. H. Stuck [14])
den Franzesco bezeichnend anführen. Carletti brachte also den Cacao, die Chocolade und die Kunst der Chocoladebereitung nach Italien, und von hier aus gelangten jene drei nach dem übrigen Europa,
mit Ausnahme von Frankreich, wohin sie aller Wahrscheinlichkeit
nach von Spanien kamen. Italien gab nämlich für das nicht französische und nicht spanische Europa den Impuls zur Verallgemeinerung
des Gebrauches der Chocolade; bekannt war dieselbe schon, ehe sie
Carletti nach Italien brachte, denn schon Clusius [15]) berichtet davon im Jahre 1593. — Grössere Verbreitung erfuhr der Gebrauch
der Chocolade in Frankreich erst durch die Gemahlin Ludwig XIV.,
als sie im Jahre 1661 sich verheirathete; sie war eine Freundin des
neuen Getränkes, welches sie aus Madrid mitbrachte, und natürlich
waren es auch ihre Höflinge, und dem Hofe äffte bald ganz Frankreich und die ganze übrige abendländische Welt nach. Einer der
Offiziere der Königin, Chaillou, erhielt das Monopol des Chocolade-
Verkaufes, wobei er sich recht wohl befunden haben mag. In Bezug
auf Deutschland war es besonders Cornelis Bontekoe, welcher der
Chocolade Eingang verschaffte und sie empfahl; wir werden weiter
unten noch den Theil seiner Schrift berücksichtigen, welcher die Chocolade behandelt und den speciellen Titel „Een kort tractaat, van de
kragten en 't gebruyk van de Chocolate" führt. — Was England betrifft, so ist es ungewiss, durch wen die Chocolade zuerst dorthin gebracht wurde; man weiss nur, dass sie daselbst später Verbreitung
fand als der Kaffee. Gleich den Kaffeehäusern entstanden dort Anstalten, worin Chocolade ausgeschenkt wurde: Chocoladenhäuser,
und das „Ausland" [16]) meldet, man habe am 16. Januar des Jahres
1657 in dem zu London wöchentlich erschienenen „Public Advertiser"
gelesen, wie in deutscher Uebersetzung folgt: „In Bishopsgate Street
und Queens Hand Alley, in dem Hause eines Franzosen, ist ein herr-
liches, westindisches Getränk, Chocolade genannt, zu haben, wo man
es zu jeder Stunde bereitet oder auch ungekocht zu billigen Preisen
haben kann."
    Unter den Aerzten und Laien fand die Chocolade sowohl Lob-

---

[13])   Haller, A. v., Bibliotheca botanica. Tiguri. 1771—72. Bd. I. p. 396.
[14])   Stuck, G. H., Verzeichnis von ältern und neuern Land- und Reise-
beschreibungen. Von J. E. Fabri. Halle. 1784. 8   pag. 413 u. fg.
[15])   Clusii, C., Exoticorum libri decem: Quibus Animalium, Plantarum,
Aromatum, aliorumque peregrinorum Fructuum historiae describuntur. Antverpiae. 1605. fol.   pag. 55 u. fg.
[16])   Das Ausland. Eine Wochenschrift für die Kunde des geistigen und
sittlichen Lebens der Völker. 1833. pag. 576.

redner wie auch Feinde; der pariser Arzt Stephan Bachot [17]) [bei Mitscherlich heisst es „Buchot"; wahrscheinlich ein Druckfehler] publicirte im Jahre 1684 die unten citirte Schrift, worin es unter Anderem heisst, die Chocolade sei eine so edle Erfindung, dass sie mehr verdiene, Götterspeise zu sein, als Nektar und Ambrosia. Ein grosser Lobredner der Chocolade war auch der englische Mönch Thomas Gage [18]), welcher sich längere Jahre in der neuen Welt aufhielt, und eine Beschreibung des Cacao und der Chocolade lieferte. Er gibt an, er habe sich des Chocoladegetränks durch zwölf Jahre lang tagtäglich bedient und immer mit grossem Vortheile; es habe ihn munter und gesund erhalten; setzte er ein oder das andere Mal mit der Aufnahme des Getränkes aus Vergessenheit oder Nachlässigkeit aus, so empfand er Magenschmerzen und Verdauungsbeschwerden; er hält die Wirkung der Chocolade, den Stuhl anzuhalten, nur für die Folge unmässigen Genusses [19]).

[17]) Bachot, S., Quaestio medica, an Chocolatae usus salutaris? Parisiis. 1684. 4. — Haller, Bibliotheca botanica. Bd. I. pag. 626.

[18]) Gage, T., Survey of the Westindies. London. 1648. fol. — Vergl. auch: Dufour, P. S., Traitez nouveaux et curieux du Café, du Thé et du Chocolate. A la Haye. 1685. 12. pag. 331 u. fg.

[19]) Ehe wir weiter fortfahren in der Aufzählung der Freunde und Gegner der Chocolade, erwähnen wir eines Gespräches zwischen einem Arzte, einem Amerikaner (d. i. Indianer) und einem Bürger; ein Gespräch, welches man bei Dufour *) und Anderen findet; es scheint zu jener Zeit sehr bekannt gewesen zu sein; wir theilen es im Auszuge mit. — Arzt. In Spanien und Indien hat man ein Getränk, Chocolade genannt; wenn du willst, so reden wir über einige Eigenschaften desselben. Amerikaner. Jawohl. Die Frucht eines in Neu-Spanien wachsenden Baumes, dessen Blätter denen des Orangenbaumes gleichen, nur ein wenig grösser sind, kommt in Hinsicht ihrer Form mit den Gurken überein, und enthält eine grosse Menge kleiner Bohnen, welche man Cacao nennt; von diesen Bohnen unterscheidet man vier Sorten. Es ist nothwendig den Cacao im Schatten anderer Bäume zu pflanzen, damit sein Gedeihen durch die Hitze der Sonne nicht beeinträchtigt oder aufgehoben werde. Die Cacaobohnen werden unter allen Kaufmannsgütern am meisten geschätzt, weil sie überall Geldeswerth haben, und man weiter aus ihnen das Chocoladegetränk fabricirt. Arzt. Allerdings habe ich das Getränk gesehen und gekostet: allein soll ich dir die Wahrheit sagen, so muss ich bekennen, dass ich baarem Gelde den Vorzug gebe. Wohl ist es mir erinnerlich, dass ein grosser Arzt die Chocolade hoch erhob und ihr viele Heilkräfte vindicirte; indessen halte ich doch dafür, der Cacao sei, mit anderen Dingen gebraucht (also als Chocolade), von trocknender, zusammenziehender und kühlender Wirkung, wie alle stopfenden Arzneien, denen wir auch die scharfen und saueren zuzählen. Amerikaner. Ich kann die Chocolade niemals für ein kühlendes Arzneimittel halten, da ich weiss, dass man bei uns

*) Dufour, a. a. O. pag. 381 u. fg.

Ein eifriger Lobredner der Chocolade ist Johann Gottfried

in Indien Pfeffer, Zimmt, Nelken und andere Gewürze den gepulverten Cacaobohnen zum Behufe der Chocoladeerzeugung zusetzt. Bürger. Ich halte dafür, dass diejenigen, welche das Chocoladegetränk ihren Patienten verordnen,
die Wirkung desselben gar nicht kennen, da sie ja weder die Bestandtheile
erforschet, noch den rechten Begriff von der geeigneten Dose haben. Welche
Dreistigkeit (nämlich die Verordnung der Chocolade)! da doch alle gelehrten
Aerzte in Uebereinstimmung mit Galenos dafür halten, gepulverter Pfeffer
(nach Aussage des Indianers Bestandtheil der Chocolade) dürfe weder gesunden noch kranken Menschen zum Gebrauche angerathen werden, sondern es
sei nur der ganze zu gebrauchen, weil dieser die Verdauung befördere, nicht
aber wie jener Entzündung der Leber und anderer Eingeweide veranlasse; und
auch Zimmt und andere erhitzende Substanzen verordnen die gelehrten Aerzte
nur in Form der destillirten Wässer. — Amerikaner. Sagt mir doch, lieben Freunde, ist denn die Chocolade ebenso schädlich wie Tabak? Arzt.
Nein. Benzoni indessen, welcher das fragliche Getränk zu Nicaragua und
an anderen Orten Neu-Spaniens zurichten sah, meinte, es sei besser für
Schweine als für Menschen; aber doch gewöhnte er sich, da es an Wein man-
gelte, daran. — Das weitere Gespräch dreht sich nun um die Bereitung und
Anwendung der Chocolade bei den Indianern, um den täglichen Gebrauch als
Getränk, und der Arzt gibt in Form eines Receptes Anweisung zur Herstellung guter Chocolade, nachdem er vorher die Meinung entwickelt, der Wein-
mangel sei in der neuen Welt die Ursache der Erfindung der Chocolade gewesen, und schliesst endlich seine Rede mit der Bemerkung, es sei fast sträf-
lich, sich an den Genuss der Chocolade stark zu gewöhnen; worauf der Indianer
erwidert, dass er viele Leute kennen gelernt, die der Chocolade nicht mehr
entbehren konnten, so unter Anderem einen älteren Pfaffen, der so sehr an
das Getränk gewöhnt war, dass er eines Tages während der Messe einen Becher voll Chocolade, den ihm seine Dienstmagd überreichte, austrinken musste,
da er anderen Falles die Messe nicht hätte zu Ende bringen können. Arzt.
Diesen Geistlichen entschuldigt seine Schwäche: allein gesunde Menschen sollen sich nicht an den Genuss der Chocolade gewöhnen; und namentlich sollen
sich die Geistlichen derselben enthalten, weil sie uns in jeder Hinsicht mit gutem
Beispiele vorangehen sollen. Bürger. Ich sah in Amerika die Leute während des Gottesdienstes Chocolade trinken; worauf nun der Arzt in ein Jammergeschrei über solche Unsitte ausbricht, und alsdann abermals zur Wirkung
des Getränks kommt. Arzt. Ich halte dafür, dass die Chocolade unter Anderem Verstopfung des Leibes, blasse Gesichtsfarbe und Wassersucht hervor-
bringe, welche Zustände in Amerika so häufig sind; man ist gemüssigt, dieselben nur dem Cacao zuzuschreiben, denn dieser ist kalter und erdiger Natur. Bürger. Auch ich kenne das Getränk sehr wohl, und sage, gute Suppe
ist mir lieber. Amerikaner. Die Chocolade dürfte die Neu-Spanier wohl
in Armuth stürzen, da sie mehr kostet als alle anderen häuslichen Ausgaben
betragen. Bemerkenswerth ist, dass das Getränk wegen seiner allgemeinen
Ausbreitung den Weibern Gelegenheit gab, ihren Männern aus Eifersucht Gift
beizubringen, ein Verfahren, welches die Europäerinnen von den amerikanischen Weibern erlernten [!], die in derartigen Stücken wohl bewandert und
darin vom Satan selbst unterrichtet sind. Ein Jesuit, Prediger in der Stadt
Mexico, erzählte mir von vielen Mordthaten, die mit Hülfe des Chocoladege-

Kühne [20]) aus Breslau. Er schreibt dem Getränke einen hohen Grad von Nährkraft zu, unter Anderem sagend: „Unsere Chocolate nun, so aus Cacao und Waitz, die beide nahrhaffte Substanzen sind, bestehet, nähret starck, und zwar in einer kleinen Quantität, so viel Fleisch, und andere Dinge in einer grossen." Er sagt weiter, dieselbe sei leicht zu verzehren und beschwere den Magen nicht; getrunken, verändere sie sich geschwinde, ohne dem Magen wehe zu thun, mache aus sich selbst einen Saft, der feiner und bequemer sei zur Ernährung des Körpers als der grobe Saft, der von Fischen, Erdgewächsen, Früchten, ja selbst vom Fleische kämo und Magen und Gedärme beschwere und peinige, ehe er in das Blut gelange; die Chocolade mache weder Galle noch Schleim, noch Säure, noch Salz, noch Verstopfung, erhitze und erkälte nicht, sei nicht grob, nicht scharf, nicht dick, füttere wohl, geschwinde und sicher: kurz um, sie sei der „rechte nahrhafte Saft vor viel tausend Menschen". „Die Chocolade ist eine Nahrung, in welcher nichts ist, das einem Menschen schaden könnte, er mag kalt, gallicht, Phlegmatisch oder anders seyn." etc. Kühne rühmt die Chocolade als gutes Heilmittel in einer ganzen Legion von Krankheiten, mit deren Aufzählung wir unsere Leser verschonen wollen.

Cornelis Bontekoe [21]) definirt im ersten Hauptstück seiner Abhandlung über die Chocolade diese, und lehrt die Arten ihrer Bereitung; im zweiten Hauptstück redet er von den Wirkungen des indianischen Getränkes recht ausführlich, dabei in jene Lobeserhebungen und Anpreisungen verfallend, wie wir bei Thee und Kaffee sattsam zu bemerken Gelegenheit hatten. Irren wir nicht, so diente Bontekoe's und Stubbe's Abhandlung Kühne'n bei Anfertigung der seinigen vielfach als Vorbild.

Laurentius Seraphinus [22]), Franzesco Zeti [23]) und Lo-

---

tränkes verübt wurden. Desshalb sollten wir uns, abgesehen von allen anderen Misshelligkeiten, mit denen jener Genuss einhergeht, von der Chocolade gans enthalten, damit auf uns nicht der Verdacht der Gemeinschaft mit einem zauberischen und der Hexerei angeschuldigten Volke fiele. —

[20]) Kühne, J. G., Nachricht von der Chocolate, worinnen von derselben Ursprung, Nahmens-Benennung, herrlichen Ingredientien, Preissbarem Nutzen und Gebrauch, gründlich und unständlich gehandelt wird. Andere Auflage. Nürnberg. 1719. 8. pag. 34 u. fg.; 49 u. fg.

[21]) Bontekoe, C., Tractaat van het Excellenste kruyd Thee. s' Gravenhage. 1679. pag. 297 u. fg.

[22]) (Seraphini, L.,) Lettera in cui si esaminano la ragioni addotte dell' autore del primo parere intorno all' uso della Cioccolata. Firenze. 1728. 4.

[23]) F. C. C. S. J., Altro parere intorno alla natura ed all' uso della Cioccolata. Firenze. 1728. 4.

renzo Avanzini [24]) vertheidigten die Vortrefflichkeit der Chocolade
gegen die Schrift des Felici [25]), welcher den Gebrauch derselben nur
für schwache Leute und für Reconvalescenten geeignet erklärt, für
andere Menschen aber verwirft. — Der englische Arzt Henry Stubbe [26]) schrieb 1662 eine umfassende, sehr gelehrte Abhandlung über
die Chocolade, darin er sie „Indianischen Nektar" nennt; indem wir
auf die Schrift [befindet sich in der Göttingischen Universitäts-Biblio-
thek unter: 8⁰. Med. Diaet. 491. a.] verweisen, erwähnen wir nur,
dass Stubbe darin unter Anderem den Satz aufstellt, es gebe eine
Unze Chocolade mehr nährenden Saft als ein Pfund Fleisch; eine Behauptung, die er auf eigene Untersuchungen stützte. Die Lobeserhebungen, welche die Chocolade in dieser Schrift erfährt, geben denen,
welche Bontekoe derselben spendet, wohl nichts nach.

Etwas weniger gelehrt, doch aber respectabel, ist die Schrift
Giovanni Battista Anfossi's [27]). Dieser Chocoladefreund ergeht
sich weniger in fabelhaften Anpreisungen, als er vielmehr in umfas-
sender Weise, und doch möglichst kurz, das ganze zu seiner Zeit
über Chocolade, ιCacao, sowie Vanille, Zimmt und Zucker Bekannte,
insofern diese letzteren Ingredienzen der Chocolade sind, darstellt.
Auf pag. 85 u. fg. wird die Chocolade als Antidot gerühmt.

Als Feinde der Chocolade traten zunächst auf Benzoni [28]) und
der Pater Acosta [29]). Schon das Gespräch zwischen dem Arzte,
dem Bürger und dem Indianer dürfte dem Leser einigen Aufschluss
gegeben haben über die Meinung, welche Benzoni von der Chocolade entwickelte: sie sei besser für Schweine als für Menschen.
In der durch N. Höniger bewirkten deutschen Uebersetzung heisst
es: „Welches mich viel mehr eyn Sewträncke weder cynes Menschen Getranck duncket sein." Und bei Clusius: „Porcorum ea

[24]) Avanzini, L., Lezione Academica della Cioccolata. Firenze. 1728. 4.

[25]) Felici, J. B., Parere intorno alla Cioccolata. Firenze. 1728. 4.

[26]) Stubbe, H., The Iudian Nectar, or a discourse concerning Chocolata: wherein the Nature of the Cacao-nut, and the other Ingredients of that
composition, is examined, and stated according etc. etc. London. 1662. 8.

[27]) Anfossi, G. B., Dell' uso ed abuso della Cioccolata. In Venetia.
1779. 8.

[28]) Benzoni, H., Novae novi orbis historiae. Ex italico latine facta
opera Urbani Calventonis. Genevae. 1578. 8. — Erster Theil der Newen
Weldt vnd Indianischen Nidergängischen Königreichs, Newe vnd Wahrhaffte
History. Durch Hieronymum Bentzon von Meylandt . . . . in das Teutsch
gebracht durch Nicolaum Höniger von Königshofen an der Tauber. Basel. 1582. fol. pag. CXLV.

[29]) Acosta, C. d', De las droguas y medicinas de las Indias occiden-
tales. Caragoça. 1584. 4.

veriùs colluvies, quam hominum potio." Acosta meint, man müsse sich erst an den schwarzen Trank gewöhnen, um nicht schon beim Anblicke des obenauf schwimmenden Schaumes, der Aehnlichkeit habe mit dem Sedimente einer gährenden Flüssigkeit, in Ekel zu verfallen; jener Pater redet viel von der Leidenschaftlichkeit, mit welcher man in der neuen Welt die Chocolade geniesst, bezeichnet aber ganz sonderlich die Creolinnen als diesem Genusse am meisten ergeben. J. Franziscus Rauch [30]), ein deutscher Arzt, zog auch gegen die Chocolade zu Felde, und verdammte ganz sonderlich ihren Gebrauch bei Geistlichen und Mönchen; für die letzteren hielt er das Chocolade-Verbot für sehr nothwendig, und wäre solches früher erschienen, meint er, so wären viele Excesse in den Klöstern unterblieben; selbstverständlich, dass er sich die ganze Gesellschaft zum Feinde machte. Auch der spanische Arzt Caspar Caldera de Heredia [31]) entzweiete sich der Chocolade wegen mit der Geistlichkeit und fand seinen gewichtigsten Gegner in dem Cardinal F. M. Brancaccio [32]), welcher die Chocolade als ein Lebensbedürfniss bezeichnete, sie sowohl in Hinsicht der Verbreitung als ihres Werthes als Genussmittel dem Weine und Biere gleich stellte. Hierauf gestützt, sprach sich nun Brancaccio dahin aus, dass man den Gebrauch der Chocolade an Fasttagen eben so wenig verbieten könne, als den der Spirituosen; er verfehlte indessen nicht, Mässigkeit bei Benutzung des indianischen Getränks anzuempfehlen, und hielt eine Unze Chocolade für die Zeit eines Tages für genügend. Ueber den Streit, ob Chocolade gebraucht oder ob sie verworfen werden solle, wie über die allgemeinen diätetischen Verhältnisse dieses Genusskörpers, sehe man noch die Schriften von J. Cardenos [33]), Bartholomäus Marradan [34]), M. du

---

[30]) Rauch, J. F., Dissertatio de aëre et esculentis. Viennae. 1724. 4.
Rauch, J. F., Dissertatio de potulentis. Viennae. 1724. 4.
[31]) Casparis Calderae de Heredia, Medici ac Philosophi Hispalensis, Tribunal, medicum, magicum, et politicum. Lugd. Batav. 1658. fol. Bd. 1. pag. 467 u. fg.; 483 u. fg.: [Ueberschrift des Capitels: Quaestio medico-theologica an in Chocolate sub illa ratione potionis, potus ratio superet rationem alimenti, ut inde necessaria consequentia eliciatur, quod jejunium Ecclesiasticum non solvit.]
C. Calderae de Heredia, Tribunalis medici illustrationes et Observationes practicae. Accessit liber aureus de facile parabilibus. Antverpiae. 1658. fol. pag. 28 u. fg.
[32]) Brancaccio, F. M., De usu et potu Chocolatae diatribe. Romae. 1664. 4.
[33]) Cardenos, J., Del Chocolate che porvechos haya, y sies bebida saludable o no. Mexico. 1609.
[34]) Marradan, B., Del Tabago los dannos que cause, y del Chocolata. Sevilla. 1616. 8.

Pont und C. Brisset [35]), J. Bachaut und F. Fourault [36]), Heffter [37]), Eysel [38]), von Waltenhofen [39]), de Marco [40]) und Diejenigen unter Kaffee angeführten, welche neben diesem auch die Chocolade betreffen. Ausserdem sind von Chocolade-Schriftstellern älteren Datums noch zu nennen: Marcus Mappus [41]), Brookes [42]), J. J. Stahl [43]), Arisi [44]), Böckler [45]), Cartheuser [46]). Die unter Linné's Präsidio von A. Hoffmann [47]) am 18. Mai 1765 zu Upsala vertheidigte Schrift über das Chocoladegetränk ist eine, wenn ich so sagen soll, sehr wissenschaftliche Lobschrift; wir dürften wohl unten noch auf dieselbe zurückkommen. Cortez, namentlich aber einer seiner Pagen [der Gentil-hombre del gran Conquistador], verehrte die Chocolade ungemein; jener Page ruft aus, wer eine Tasse Chocolade getrunken habe, halte einen ganzen Tag lang auf der Reise, sonderlich in heissen Himmelsstrichen aus, ohne dass er nöthig habe, Speise zu sich zu nehmen; denn die Chocolade sei ihrer Natur nach kühlend [d'Aussy [48])]. Schon unter Kaffee und Thee wurde von Duncan [49]), dem grossen Gegner der warmen Getränke geredet; es ist demnach hier nur der Hinweis auf seine Schrift am Platze. —

---

[35]) Du Pont, M., & C. Brisset, Ergo salubris usus Chocolatae. Parisiis. 1661.

[36]) Bachaut, J., & F. Fourault, Ergo Chocolatae usus salubris. Parisiis.' 1684.

[37]) Heffter, De Chocolatae usu et abusu. 1694. 4. Vergl. Becker, a. a. O. II. 952.

[38]) Eysel, J. P., Dissertatio de Chocolatae usu et abusu. Erfordiae. 1694. 4.

[39]) de Waltenhofen, F. X.; in: Collectio dissertationum medicarum minus cognitarum, habitae in Academia C. R. Leopoldina Oenoponti. Oenoponti. 1793. 8.

[40]) de.Marco, J., De usu et abusu Chocolatae in re medica et morali. Malta. 1759. 4.

[41]) Mappi, M., Dissertatio de potu Chocolata. Argentorati. 1695. 4.

[42]) Brookes, R., Natural history of Chocolate. London. 1730. 8.

[43]) Stahl, J. J., De Chocolata Indorum, ejusque viribus medicis. Erfordiae. 1736. 4.

[44]) Arisi, F., Il Cioccolata. Trattenimento ditirambico. Cremona. 1736. 4.

[45]) Böckler, J., Dissertatio de Chocolata Indorum. Argentorati. 1736. 4.

[46]) Cartheuser, J. F., Dissertatio de Chocolata, analepticorum principe. Francofurti ad Viadram. 1763. 4.

[47]) Linné, C. a, Amoenitates academicae. Bd. VII. Holmiae. 1769. pag. 254 u. fg.

[48]) Le Grand d'Aussy, Histoire de la vie privée des Français. Paris. 1782. Bd. III. pag. 104 u. fg.

[49]) Duncan, a. a. O.

So viel über die Geschichte der Chocolade im Allgemeinen; nun aber zunächst zu den Cacaobohnen, der conditio sine qua non der Chocolade.

Die histologischen Verhältnisse der Cacaobohnen und das Botanische vom Cacaobaume findet man, grossentheils auf eigene Untersuchungen und Anschauungen gestützt bei Mitscherlich [50]), Berg [51]), Spach [52]), Descourtilz [53]), Humboldt und Bonpland [54]), Spix und Martius [55]), Gallais [56]), Sonnerat [57]), Joannes Veslingius [58]), William Hughes [59]), Quelus [60]), J. C. Spiess [61]), de Caille [62]), bei einem französischen Ungenannten, dessen Schrift in's Deutsche übersetzt und bei dieser Gelegenheit von C. C. Krausen [63]) bevorwortet wurde, bei Clusius, Hernandez u. A. m. Dem Zwecke dieses Werkes würde ein weiteres Eingehen auf histologische und botanische Beziehungen gewiss ferne liegen, wesshalb wir es für genügend erachten, auf die Schriften jener Männer hinzuweisen.

Die Verpflanzung des Cacaobaumes von seinem Vaterlande, Mittel-Amerika, nach anderen Gegenden des amerikanischen Continentes und nach den Inseln hat man theils den Engländern, theils den Spaniern, endlich auch anderen Europäern, zu verdanken. Auf den Antillen befand sich 1649 ein

50) Mitscherlich, a. a. O. pag. 47 u. fg.

51) Berg, O., Handbuch der pharmazeutischen Botanik. Berlin. 1855—58. [Bd. I. 3. Aufl. Bd. II. Theil 1. in 2. Aufl.] Bd. II. Theil 1. pag. 447 u. fg.

52) Spach, Histoire naturelle des végétaux. Bd. III. [Paris. 1834.] pag. 477. und im Atlas [Paris. 1846.] Pl. 25.

53) Descourtilz, Flore pittoresque et médical des Antilles. Bd. IV. [Paris. 1827.]

54) Humboldt, A. v., & A. Bonpland, Reise in die Aequinoctialgegenden der neuen Welt. Bd. III. pag. 197 u. fg. — Humboldt & Bonpland, Plantae aequinoctiales per regnum Mexico in provinciis Carracarum et novae Andalusiae etc. Tubingae. 1817. fol.

55) Spix & Martius, a. a. O. — Auch im: Repertorium für Pharmacie. Von Buchner. Bd. XXXV.

56) Gallais, Monographie de Cacao. Paris. 1827.

57) Sonnerat, P., Voyage à la nouvelle Guinée. Paris. 1776. 4.

58) Bartholini, Epistolae posthumae J. Veslingii. Hafniae. 1664. 8.

59) Hughes, W., American physician or a treatise of the roots plants trees etc. growing in the English plantations — with a discourse on the Cacao tree-and the ways of making Chocolate. London. 1672. 12. — Haller, Bibl. botan. Bd. I. pag. 551.

60) de Quelus, D., Histoire naturelle du Cacao et du Sucre. Paris. 1719. 12. — Haller, a. a. O. II. 158.

61) Spiess, J. C., Dissertatio de avellana Mexicana, vulgo Cacao. Helmstadii. 1721. 4.

62) de Caille, Histoire naturelle du Cacao et du Sucre. Amsterdam. 1719.

63) Bemerkungen über den Cacao und die Chocolade, worinnen etc. A. d. Franzöz. übersetzt. Nebst einer Vorrede C. C. Krausens. Naumburg & Zeitz. 1776. 8. pag. 1 u. fg.

einziger Cacaobaum; er wurde von einem Engländer im Garten gepflanzt, was der Brite nur aus Neugierde gethan haben soll. Es wird gemeldet, dass im Jahre 1655 die Karaïben dem Herrn du Parquet in den Wäldern der Insel Martinique, deren Besitzer er war, den ersten Cacaobaum zeigten; aber erst 1660 pflanzte ein Jude, der Benjamin (d'Acosta) hiess, zum ersten Male den Cacaobaum; Angaben, welche man bei Jaques Boyton [64]) vergebens sucht, wohl aber, irren wir nicht, zuerst bei Thibault de Chanvallon [65]) findet. Mehr als zwanzig Jahre nach Benjamin begann erst die Cacaocultur auf Martinique in grösserem Maassstabe: indessen zerstörte im Jahre 1727 ein Erdbeben sämmtliche Cacaoplantagen der Insel; man ersetzte oder erneuerte dieselben nicht mehr, sondern fing an, anstatt des Cacao Kaffee zu pflanzen. Ueber die Cultur des Cacao-Baumes auf den Antillen überhaupt spricht sich C. E. Meinicke [66]) aus wie folgt: ,,Wichtiger als alle früheren Culturen ist die des Cacao. Die ersten spanischen Colonisten gewannen die hier einheimische Frucht in grosser Menge, zumal seit das daraus bereitete Getränk ein Lieblingsgetränk der Colonisten wurde, was es seitdem bei den Südamerikanern und Westindiern geblieben ist. Allein sie gaben den Bau späterhin fast ganz auf, ausser in Trinidad, wo die Vorzüglichkeit des Cacao, der hier ganz dem berühmten von Caraccas gleichkam, ihn erhielt. Die englischen Colonisten haben stets wenig an seinen Anbau gewendet; selbst in Jamaica, wo sie ihn von den Spaniern erhielten und anfangs sehr stark anbaueten, ist diese Cultur jetzt als ganz eingegangen anzusehen. Desto grösseren Werth legten die Franzosen darauf, und noch um 1700 war Cacao nebst Indigo das Haupterzeugniss ihrer Colonien; allein die Zunahme des Zucker- und Kaffeebaues, sowie die Hindernisse, welche die Natur bereitete, hemmten seinen Anbau sehr, und er ist jetzt nur unbedeutend. — Ganz denselben Gang nahm die Cultur des Cacao in den holländischen Colonien. Jetzt liefert ihn in bedeutenden Quantitäten bloss Trinidad, ausserdem noch Surinam, Grenada und Cayenne.'' — Interessante Andeutungen über die Cacaocultur auf Jamaica liefert die Allgemeine Historie der Reisen [67]), wie auch der Pater Labat [68]) und du Tertre [69]), der gleichfalls Dominikaner war; alle aus älterer Zeit.

In Hinsicht der Verpflanzung des Cacaobaumes nach andern Orten werden wohl die folgenden Andeutungen genügen. In Caraccas begann die Cultur des Baumes im Jahre 1634; in Surinam und Französisch-Guyana um dieselbe Zeit [über die Cultur des Cacao in Surinam belehrt uns auch Philippe Fermin [70])]; auf den Philippinen 1670; auf der Insel Bourbon 1804. Auch

64) Boyton, J., Relation de l'etablissement des François depuis 1635 dans l'isle de Martinique, etc. Paris. 1640. 8.

65) de Chanvallon, T., Voyage à la Martinique. Paris. 1763. 4.

66) Meinicke, C. E., Versuch einer Geschichte der europäischen Colonien in Westindien, nach Quellen bearbeitet. Weimar. 1831. pag. 620 u. fg.

67) Allgemeine Historie der Reisen zu Wasser und zu Lande. Bd. XVII. [Leipzig. 1759.] pag. 592.

68) Labat, J. B., Nouveau voyage aux isles d'Amerique. Paris. 1722. 12. [6 Bde.] A la Haye. 1724. 12. [6 Bde.] und in 4. in 2 Bdn etc.

69) du Tertre, J. B., Histoire générale des Antilles habitées par les François. Paris. 1667—71. 4. [4 Bde.]

70) Fermin, P., Histoire naturelle de la Hollande equinoxiale: ou dé-

nach Java wurde der Baum durch die Holländer verpflanzt. In Mexiko, wo die Cultur früher so bedeutend war, ist es so weit gekommen, dass man die Cacaobohnen grösstentheils von auswärts beziehen muss. Ueber die Pflanzung und andere Verhältnisse des Cacaobaumes im Gebiete des Orinoco, sonderlich am Rio Apure, lese man den Jesuiten-Pater Joseph Gumilla [71]).

Vor Betrachtung der Arten der Cacaobohnen ist noch zu erwähnen, dass man sie das ganze Jahr hindurch erntet, denn stets finden sich reife Früchte mit unreifen, ferner mit Knospen und Blüthen zugleich auf einem Baume. Man hält in Brasilien die Haupternte im Januar und Februar, die andere im Juni und Juli ab, während man in Mexico in den Monaten März und April grössere, im October hingegen geringere Quanta von Cacaobohnen einsammelt. Die Sammlung der Bohnen des wilden Cacao [72]) verursacht viel Mühe und Arbeit, und die Kaufleute in den Hauptstädten constituiren zu jenem Behufe umfangreiche Expeditionen, an denen meist Indianer Theil nehmen. — Nicht unerwähnt lassen dürfen wir die Art der Trennung der Bohnen von dem übrigen Theile der Cacaofrucht und die nachherige Sortirung und Reinigung derselben. Es haben hiervon schon die älteren Schriftsteller umständlich berichtet, so Benzoni [73]) und viele Andere. In der Regel werden die den Bäumen entnommenen Früchte in Haufen zusammengeworfen, worauf man jene mit Hülfe eines aus Holz oder einem Knochenstücke angefertigten Werkzeuges öffnet und die Schale von dem Inhalte trennt, der aus Bohnen und einer süssen Pulpe [74]) besteht. Zum Zwecke der Befreiung der Cacaobohnen von jener weichen Masse bedient man sich entweder der Finger und Hände oder aber eines Siebes, wodurch indessen nur eine rohe Reinigung der Bohnen erzielt wird. Es werden letztere je nach ihrer Reife und Güte gesondert, dann die unbrauchbaren beseitigt, die brauchbaren dagegen an der Sonne oder in eigenen Trockenapparaten getrocknet, Abends in Haufen zusammengeworfen und mit grossen Blättern bedeckt, was in der Regel an Orten geschieht, welche durch ein Dach geschützt sind. Am besten werden die Bohnen und am leichtesten kann dann die schleimige Oberhaut entfernt werden, wenn man

---

scription des animaux, plantes, fruits, et autres curiosités naturelles, qui se trouvent dans la colonie de Surinam. Amsterdam. 1765. 8. pag. 158.

71) Gumilla, J., Histoire naturelle, civile et geographique de l'Orenoque. Trad. d. Espagnol par Eidous. Avignon & Marseille. 1758. 12. Bd. II. pag. 31 u. fg.

72) Der hinter dem cultivirten weit zurücksteht.

73) Benzon von Meyland, H., Erster Theil der Newen Weldt etc. pag. CXLV.

74) Nach Jacquin [N. J., Observationes botanicae. Viennae. 1764—71. fol. Theil I. pag. 3.] ist die Pulpe der Cacaofrüchte weich wie Butter, schmeckt säuerlich süss und ist von Farbe weisslich. Die Indianer geniessen jenen Brei roh; auch bereiten sie durch Auspressen desselben ein erfrischendes und, indem sie den Saft in Gährung versetzen, ein alkoholisches Getränk, wie schon Sir Hans Sloane [Catalogus plantarum, quae in Insula Jamaica sponte proveniunt, vel vulgò coluntur, adjectis aliis, quibusdam quae in Maderae, Barbados, Nieves, et S. Christophori Insulis nascuntur. Londoni. 1696. 8. pag. 134 u. fg.] meldet. Gage [a. a. O.] erzählt, dass Weibspersonen mit ganz besonderer Vorliebe den Saft aus den Cacaofrüchten saugen, ihn für eine Delicatesse haltend.

jene zum Behufe der Gährung in die Erde gräbt und nachher sorgfältig trocknet. In den Haufen tritt unter nicht unbedeutender Wärmeentwickelung Gährung ein, wodurch die Keimfähigkeit der Bohnen verloren geht. Die darnach wohlgetrockneten Früchte kommen in den Handel. — Die Erfahrung lehrt, dass die Cacaobohnen beim Trocknen oft mehr als 50% von ihrem Gewichte verlieren. — Jene oben angedeuteten Manipulationen, die man mit den Cacaobohnen vornimmt, um sie für den Handel und den Gebrauch bereit zu machen, werden unter dem Namen des Rottens begriffen.

Nicht alle Bohnen werden gerottet; diejenigen, welche diesen Operationen nicht unterzogen wurden, sind von geringem Werthe; sie sind minder braun und fest, aber etwas mehr herbe und bitterlich als die gerotteten. Was die Sorten der Bohnen betrifft, so halten wir uns bei deren Unterscheidung ganz an Wiggers [75]), der dieselben am richtigsten beurtheilte und würdigte. Die Bohnen des Cacao zerfallen nach ihm in zwei Hauptsorten, in gerottete nämlich, die man auch Erd-Cacao nennt, und in nicht gerottete, genannt Sonnen-Cacao. Zur ersten Hauptsorte zählen: der Soconuzco- [oder mexikanische Cacao], Esmeraldas-, Guatemala-, Caraccas-, Guayaquil, Berbica-, Surinam- und Essequebo-Cacao; zur zweiten: der brasilianische oder portugiesische Çacao [den man in den Para- oder Maranham- und in den Rio Negro- oder Maragnon-Cacao unterscheidet], der Cacao von Cayenne und der sogenannte Insel-Cacao. Unter dem letzteren versteht man die auf den Antillen wachsenden Sorten, also den Cacao von Martinique, Jamaica, Domingo etc. —

Ueber die statistischen Verhältnisse des Cacao haben der Pater Labat, Alexander von Humboldt [76]), Mac-Culloch [77]), Martius [78]), Ward [79]), Heller [90]), Boussingault [81]), Mühlenpfordt [82]), Richthofen [83]), Wagner und Scherzer [84]) und viele Andere gehandelt, und in neuester Zeit hat Mitscherlich [85]) die-

[75]) Wiggers, A., Grundriss der Pharmacognosie. 4. Aufl. Göttingen. 1857. pag. 497.

[76]) Humboldt, Neu-Spanien. Bd. III. pag. 121. — Humboldt & Bonpland, Reise in die Aequinoctial-Gegenden. Bd. III. pag. 206.

[77]) Mac-Culloch, a. a. O. Bd. I.

[78]) Spix und Martius, Reise nach Brasilien.

[79]) Ward, H. G., Mexico in 1827. London. 1828. Bd. I. pag. 78 u. fg.

[80]) Heller, C. B., Reisen in Mexico in den Jahren 1845—1848. Leipzig. 1853.

[81]) L'Institut. 1836. No. 182.

[82]) Mühlenpfordt, E., Versuch einer getreuen Schilderung der Republik Mejico. Hannover. 1844. Bd. I. pag. 123 u. fg.

[83]) v. Richthofen, E. K. H., Die äusseren und inneren Zustände der Republik Mexiko. Berlin. 1859. pag. 358 u. fg.

[84]) Wagner, M. & C. Scherzer, Die Republik Costa Rica in Central-Amerika mit besonderer Berücksichtigung der Naturverhältnisse und der Frage der deutschen Auswanderung und Colonisation. Reisestudien und Skizzen aus den Jahren 1853 und 1854. Leipzig. 1855. 8.

[85]) Mitscherlich, a. a. O. pag. 33 u. fg.

selben sehr vollständig und übersichtlich entwickelt. Nach Dieterici wurden in den Ländern des deutschen Zollvereins im Jahre 1847 eingeführt 1,143,500 Pfund Cacaobohnen; im Jahre 1855 1,718,200 Pfund; im preussischen Staate in der Zeit zwischen 1840 und 1852 jährlich durchschnittlich 600000 Pfund. Im österreichischen Staate führte man ein: im Jahre 1843 784822 Pfund und im Jahre 1851 742241 Pfund. In Frankreich im Jahre 1854 7,939,451 Pfund, im Jahre 1857 etwa 12,000,000 Pfund. In England zwischen 1840 bis 1852 jährlich im Mittel 3,400,000 Pfund. Spanien und nach diesem Italien und Frankreich verbrauchen unter allen Ländern der alten Welt am meisten Cacao; von den im Jahre 1858 in ganz Europa verbrauchten drei- oder vierunddreissig Millionen Pfund kamen auf jene Länder die grössten Mengen. Im Jahre 1818 führte man nach Humboldt in Europa dreiundzwanzig Millionen Pfund Cacaobohnen ein. Nach Richthofen liefert der Staat Tabasko etwa acht bis neun tausend Centner Cacao. Derselbe Reisende gibt auch an, dass man in Mexiko jetzt weniger Cacao verbrauche als ehedem; an der Westküste geniesse man mehr Thee, und auf dieser Seite der Sierra madre mehr Kaffee. Bei Meinicke [66]) findet man eine sehr ausführliche Darlegung der statistischen Verhältnisse des Cacao. — Bibra [87]) hält dafür, dass funfzig Millionen Menschen den Cacao entweder als Chocolade oder in anderer Form geniessen.

Chemische Analysen des Cacao wurden, wenn man den Begriff der Analyse weiter fasst, schon von ¿Bourdelin [88]), Homberg [89]), Ray [90]), Quelus [91]), Lemery [92]), Kühne [93]), Geoffroy [94]) u. A. unternommen; doch haben wissenschaftliche Bedeutung erst die Untersuchungen von Schrader [95]), Lampadius [96]), Dehne,

66) Meinicke, C. E., a. a. O. pag. 672 u. fg.
67) Bibra, Die narkot. Genussm. u. d. Mensch. pag. III.
68) Histoire de l'Academie royale des sciences à Paris depuis son établissement en 1666 jusqu'à 1699. Paris. 1687. Bd. II. pag. 96 u. fg.
69) Ibidem. 1692. 90) Ibidem. 1687.
91) Quelus, a. a. O.
92) Lemery, N., Cours de Chymie contenant la maniere de faire les operations, qui sont en usage dans la medecine, etc. Paris. 1675. 8.
93) Kühne, J. G., Nachricht von der Chocolate. Nürnberg. 1719. pag. 32 u. fg.
94) Geoffroy, S. F., Tractatus de Materia medica. Bd. II. [Parisiis. 1741.] pag. 411 u. fg.
95) Berzelius, J. J., Lehrbuch der Chemie. Von F. Wöhler. 4. Aufl. Bd. VII. pag. 596.
96) Erdmann, O. L., Journal für technische und ökonomische Chemie. Bd. II. Leipzig. 1828. pag. 137 u. fg. pag. 518 u. fg.

Boussingault [97]), Payen [98]), Woskresensky [99]), Rochleder [100]), Bley [101]), Tuchen [102]) und jene der noch weiter unten anzuführenden Chemiker. Was die Zusammensetzung der Bohnen betrifft, so ist es nöthig, die Ergebnisse der Untersuchungen von Lampadius, Boussingault, Payen, Tuchen und Mitscherlich [103]) der Besprechung der einzelnen Bestandtheile vorangeben zu lassen. Lampadius fand in den Cacaobohnen: Cacaobutter 53,10; Stärkemehl 10,91; Eiweiss 16,70; rothes Pigment (Cacaoroth) 2,01; Cellulose 0,90; Gummi 7,75; Wasser 5,02. Boussingault: Cacaobutter 44; Eiweiss 20; Pflanzenfaser 13; Theobromin 2; Mineralstoffe 4; Gummi 6; Wasser 11. Payen: Cacaobutter 52; Stärkemehl 10; Eiweiss 20; Pflanzenfaser 2; Theobromin 2; Mineralstoffe 4; Wasser 10. Tuchen: Cacaobutter 36,38; Stärkemehl 0,533; rothes Pigment 4,5; Pflanzenfaser 30,5; Theobromin 0,633; Kleber 2,966; Huminsäure 8,576; Extractivstoff 3,440; Mineralstoffe 3,033; Gummi 1,583; Wasser 6,2. Mitscherlich: a. im Cacao von Caraccas: Cacaobutter 46 bis 49; Stärkemehl [104]) 13,5 bis 17; b. im Cacao von Guayaquil: Cacaobutter 45 bis 49; Stärkemehl 14 bis 18; Stärkezucker 0,34; Rohrzucker 0,26; Cellulose 5,8; Pigment 3,5 bis 5; Proteïnverbindung 13 bis 18; Asche 3,5; Wasser 5,6 bis 6,3. — Lampadius erhielt zwei Procent Asche und glaubte, dieselbe bestehe aus phosphorsaurem Kalke; wogegen die in neuerer Zeit von Zedeler [105]) [der auch die Asche der süssen Mandeln und des Reis prüfte] und Letellier andere Resultate lieferten. Zedeler erhielt aus den Cacaobohnen 3,625 % Asche, und fand in 100,31 Gewichtstheilen dieser: Kali 37,14; Natron 1,23; Kalk 2,88; Magnesia 15,97; phosphorsaures Eisenoxyd 0,17; Schwefelsäure 1,53; Chlor 1,67; Phosphorsäure 39,55; Kieselsäure 0,17. Letellier fand in der Asche Kali 33,4; Kalk 11,0; Magnesia 17,0; Schwe-

---

97) L'Institut. 1836. No. 182.

98) Payen, A., Des substances alimentaires et des moyens de les améliorer, de les conserver et d'en reconnaître les altérations. 2. Aufl. Paris. 1854. pag. 195.

99) Annalen der Chemie und Pharmacie. Bd. XLI. [Heidelberg. 1841.] pag. 125 u. fg.

100) Rochleder, Genussm. u. Gewürze.

101) Archiv der Pharmacie. Bd. XXIII. pag. 201.

102) Tuchen, A., Ueber die organischen Bestandtheile des Cacao. Inaug.-Dissert. Göttingen. 1857. 8.

103) Mitscherlich, a. a. O. pag. 57.

104) Der Stärkemehlgehalt der Cacaobohnen wurde von Delohr und Chevallier geläugnet, von Buchner aber wieder festgestellt.

105) Annalen der Chemie und Pharmacie. Bd. LXXVIII. pag. 348 u. fg. Archiv der Pharmacie. 2. Reihe. Bd. LXXI. 1852. pag. 192.

felsäure 4,5; Chlor 0,2; Phosphorsäure 29,6; Kieselsäure 3,3; Kohlensäure 1,0. Das Alkaloïd Theobromin wurde im Jahre 1840 von dem russischen Chemiker Woskresensky entdeckt; es macht den erregenden ;Bestandtheil des Cacao und der Chocolade aus. Vor Woskresensky beschäftigte sich schon Schrader mit Extraction des Alkaloïdes; indessen gelang es ihm nicht, dasselbe rein zu erhalten. Ueber die Darstellung und Zusammensetzung dieses Körpers schrieben, auf eigene Versuche gestützt, auch noch Glasson [106]), Bley, Keller [107]), Alfred Mitscherlich u. A. m. Von der Wirkung des Theobromin weiter unten.

Darstellungsmethoden und Untersuchungen über die Cacaobutter publicirten J. J. Geelhausen [108]), B. D. Mauchart [109]), Gehlen [110]), Crell [111]), Lampadius, Stenhouse [112]), Dosprez [113]), Demachy [114]), Bucholz [115]), Boussingault, Tuchen, Payen, Chevallier, Poirier [116]), Specht und Gössmann [117]), A. Mitscherlich, Pommier u. A. m. Specht und Gössmann fanden die Cacaobutter bestehend aus Stearin, wenig Palmitin und Elaïn; Poirier, der mehrere Bohnensorten untersuchte, kam zu dem Ergebnisse, dass in hundert Gewichtstheilen der Cacaobohnen an Cacaobutter im Durchschnitt enthalten sind: 47,6 Gewichtstheile in denen von Caraccas; 44,5 in denen von Martinique; 52 in denen von Haiti; 50,2 in denen von Maragnan; 44,3 in denen von Trinidad. In den Bohnen von Maracaibo fand Chevallier 51%, Pommier 50% Cacaobutter; in denen von Caraccas 55%, Tuchen 35,083%; Boussingault 34%; in denen von Guayaquil Tuchen 36,38%, Mitscherlich 45 bis 49%; der letztere im Caraccas-Cacao 46 bis 49%. Mitscherlich prüfte die schon von Pelouze und Boudet gemachte

106) Annalen der Chemie und Pharmacie. Bd. LXI. pag. 335.
107) Ebendas. Bd. XCII. pag. 71.
108) Geelhausen, J. J., Obs. de Butyro Cacao, ejusque praeparandi modo et usu. In: Commerc. litter. Noric. 1737. pag. 82 u. fg.
109) Mauchart, B. D., Butyrum Cacao, novum atque commendatissimum medicamentum. · Tubingae. 1735. 4.
110) Berlinisches Jahrbuch für Pharmacie. Bd. X. [Berlin. 1804.] pag. 265.
111) Crell, L. v., Chemische Annalen. 1779. Bd. II. pag. 152 u. fg.
112) Journal für praktische Chemie. Bd. XXII. pag. 124 u. fg.
113) Trommsdorf, Journal der Pharmacie. Bd. VI. [Leipzig. 1799.] pag. 243 u. fg.
114) Ibidem. Bd. VI. pag. 247 u. fg.
115) Ibidem. Bd. XX. [Leipzig. 1811.] pag. 62 u. fg.
116) Journal de Chimie médicale. 4. Reihe. Bd. II. pag. 257 u. fg. — Chemisches Central-Blatt für 1856. pag. 426.
117) Annalen d. Chem. u. Pharm. Bd. XC. pag. 126 u. fg. — Chem.-pharm. Centr.Bl. f. 1854. pag. 607.

Angabe, nach welcher die Cacaobutter ein eigenthümliches Fett enthält und nicht aus einem Gemenge von Stearin und Elaïn besteht; er gelangte wirklich zur Auffindung eines solchen und nannte es Cacaostearin; ausser diesem enthält ihm die Cacaobutter noch ein Fett, dessen Schmelzpunkt niedriger ist als der der ganzen Butter; dieses zuletzt bezeichnete Fett liefert beim Verseifen gleich dem Cacaostearin zwei Fettsäuren, nämlich eine flüssige und eine feste. Mitscherlich löste nämlich die Cacaobutter in kochendem Aether auf und bemerkte beim Erkalten der Flüssigkeit Ausscheidung von Fettkrystallen; diese nun sind sein Cacaostearin, und es ist jene feste Säure Stearinsäure, jene flüssige Elaïnsäure. Darnach besteht also die Cacaobutter aus zwei Fetten, von denen eines Cacaostearin Mitscherlich heisst und das andere im Augenblicke noch nicht benannt ist; beide sind zusammengesetzt aus Stearin und Elaïn. Während man früher diese beiden Fette für die näheren Bestandtheile der Cacaobutter hielt, hat die neue Untersuchung herausgestellt, dass sie die entfernteren Bestandtheile derselben Butter sind. — Schon mehrere der oben gedachten Chemiker erkannten Proteïnstoffe, sonderlich Albumin, Rochleder Legumin, als Bestandtheile der Cacaobohnen; doch scheint es uns, als ob eine sehr wichtige Untersuchung über diesen Gegenstand die von Mitscherlich sei, welcher die Proteïnsubstanz der Cacaobohnen als Eiweiss bezeichnen zu müssen glaubt [118]).

Der Name Chocolade wurde schon so häufig genannt; indessen sind wir stets die Definition schuldig geblieben. Man hat unter jener Benennung heutzutage ein inniges Gemenge des Pulvers gerösteter Cacaobohnen mit Zucker und Gewürzen zu verstehen. Wie dieses Gemenge von den verschiedenen Nationen genannt wird und genannt wurde, ist aus dem Vorigen, sonderlich aus den litterarischen Nachweisen ersichtlich; es sei hier nur noch erwähnt, dass die Chocolade bei Rochefort [119]) unter dem Namen Cicolate aufgeführt wird.

---

[118]) Die frischen Cacaobohnen haben, vorausgesetzt dass sie einer reifen Frucht entnommen wurden, einen etwas scharf-herben, doch aber sehr angenehmen Geschmack, so dass man sie, wie Gage [T., Nouvelle relation, contenant ses voyages dans la nouvelle Espagne. Traduit de l'Anglais. Paris. 1676. 12. pag. 129.] und Andere berichten, roh geniesst. Durch Zubereitung, z. B. Röstung, namentlich aber durch Versetzung mit Zucker wird der Geschmack verbessert und verfeinert, und der Pater Labat [J. B., Nouveau voyage aux isles d'Amerique. Paris. 1722. Bd. I. pag. 185 u. fg.] konnte die Leckerhaftigkeit der mit Zucker eingemachten Bohnen nicht genug rühmen; auch d'Avity [Description de l'Afrique et de l'Amerique. Paris. 1750—52. 4. Bd. 11. pag. 7.] redet vom vortrefflichen Geschmacke junger gerösteter Cacaobohnen.

[119]) de Rochefort, Relation de l'isle de Tabago, ou de la nouvelle Oûalcre, l'une des isles Antilles de l'Amerique. Paris. 1666. 12. pag. 27.

Das Wort Chocolade stammt aus dem Aztekischen. Man hält dafür, es komme her von Choco, welches Schall bedeutet, und von Atle, Wasser; demnach sollte man richtiger, wie auch häufig geschieht, Chocolate schreiben. — Caldera de Heredia (Tribunal. I. 467.) handelt umständlich von der Etymologie des Wortes Chocolade.

Ueber die Bereitung der Chocolade haben Viele ihre Weisheit zu Papier gebracht; wir haben schon im Vorigen bereits viele Schriftsteller genannt, und verweisen also darauf, um Wiederholungen zu vermeiden. Ausser jenen sind aus älterer wie neuerer Zeit nur noch die Folgenden nennenswerth: A. Disdier [120]), Parmentier [121]), Boreux [122]), Krausen [123]), Demachy [124]), Marshall [125]); in neuerer Zeit brachte das „Journal des connaissances usuelles" [126]) mehrere Chocolade-Recepte. Wer sich gründlich über die Chocolade bereitung zu belehren wünscht, thut am besten, wenn er die Lehrbücher der Kochkunst studirt. Die gewöhnliche Bereitungsweise ist folgende: Man nimmt wohlgeröstete Cacaobohnen, reibt dieselben auf Steinen zu einem sehr feinen Pulver, vermischt dieses sehr sorgfältig mit gutem weissen Zucker, alsdann mit Vanille, Zimmt u. dgl., setzt die Mischung in einem eisernen Gefässe, welches innerhalb verzinnt, über Feuer und giesst die Flüssigkeit in Formen.

Nach Linné, oder eigentlich nach Anton Hoffmann [127]), wird die Chocolade in Schweden', in Spanien und in Westindien nach folgenden Recepten verfertigt: a. in Schweden — Rp. Nucum Cacao tostarum ℥ xvjj, Sacchari ℥ x, Siliquarum Vanillae No. xxvjjj, Ambrae cinereae ℈j, Corticis Cinnamomi ℥ vj. Nucleis torrefactis, contritis supra lapidem concavum calentem igne, adde reliqua, misce triturando et redige in massam; quae in panes secta exsiccetur ultra XV—XX dies, quo diutius eo melius. — b. in Spanien.

---

[120]) Disdier, A., La meilleure methode par composer excellent Chocolat. A la Haye. 1693. 12.

[121]) Annales des arts et manufactures, ou mémoires technologiques. Par R. O'reilly. Bd. XII. [Paris. 1805.] pag. 267. — Beckmann, J., Physikalisch-ökonomische Bibliothek. Bd. XXIII. [Göttingen. 1806.] pag. 458.

[122]) Busch, Almanach der Fortschritte etc. Jahrg. X. pag. 689.

[123]) Bemerkungen über den Cacao und die Chocolate. Nebst einer Vorrede C. C. Krausens. Naumburg & Zeitz. 1776. pag. VII.

[124]) Demachy, L'art du destillateur liquoriste. Paris. 1775. pag. 116.

[125]) The Repertory of Patent-Inventions and other discoveries and improvements in arts manufactures and agriculture. Enlarged Series. London. 1843—53. 8. Bd. VIII. pag. 302. [November. 1846.] — Auch in: Dingler, Polytechnisches Journal. Bd. CIII. [Stuttgart. 1847.] pag. 466 u. fg.

[126]) Journal des connaiss. usuell. 1836. October. pag. 190. — Dingler, Polytechnisches Journal. Bd. LXIV. 1837. pag. 75 u. fg.

[127]) Amoenitates academicae. Bd. VII. pag. 255 u. fg.

Rp. Nucum Cacao tostarum ℥ vj, Sacchari ℥ jjjβ, Siliquarum Vanillae No. vjj, Pulveris seminum Mais ℥ jβ, Corticis Cinnamomi ℥β, Caryophyllorum No. vj, Pulveris Capsici ʒj, Orleani in Aqua Rosarum soluti ʒjj (pro colore rubro). Contunde in cacabo supra ignem lenem, agita continuo, donec omnia exacte mixta sint, redige in massam; sub finem adde Ambrae, Moschi quantum vis. — c. in Westindien. Rp. Nucum Cacao tostarum ℥ j, Saccharl in Aqua Rosarum soluti, Pulveris seminum Mais āā ℥ β. Contunde; invicem agitentur supra ignem continuo, ne adurantur, redigantur in massam. — Andere derartige Recepte findet man in vielen pharmakologischen und diätetischen Büchern, so bei Geoffroy u. A. Eine ihrer Zeit sehr gerühmte Chocolade lehrt auch der alte Zückert [128]) bereiten. — Besonders ausführlich spricht sich der alte Benzoni [129]) durch den Mund des Nikolaus Höniger, von Königshofen an der Tauber, über die Chocoladebereitung bei den Indianern aus.

Marshall's aromatische Chocolade. Am 16. October 1845 patentirte die englische Regierung dem Marshall die Fabrikation von Chocolade und Cacaopräparaten, welche durch Sassafrasnüsse aromatisch gemacht sind. Die Bereitung solcher aromatischen Chocolade oder Cacao ist kurzum folgende: Die Sassafrasnüsse werden von ihrer äusseren Haut befreit, wie Kaffeebohnen geröstet und alsdann pulverisirt; dann nimmt man einen Theil dieses Pulvers, vermischt ihn sorgfältig mit einem Theile Rohzucker und sechs Theilen gepulverter Chocolade oder solchen Cacao's, und die Chocolade ist fertig zum Verkaufe. Will man daraus ein Getränk bereiten, so verfahre man wie folgt: ein und ein viertel Pfund Milch und Wasser werden mit zwei Esslöffel voll aromatischer Chocolade oder Cacao versetzt und nach der Lösung dieser Körper gekocht; oder es werden die Präparate mit kalter Milch zu einem Teig gemacht und wird das kochende Wasser darauf gegossen.

Vor mehreren Jahren verkaufte man in Frankreich ein Cacaopräparat, welches den Namen Cacao en poudre impalpable [130]) führte. Bei der Untersuchung stellte es sich heraus, dass das Erzeugniss aus entfettetem Cacao bestand, der fein gerieben und mit Maismehl versetzt war.

In Frankreich hat man folgende Chocolade-Präparate patentirt: 1. Weisse Chocolade. Chocolat blanc. Man empfahl diese für

---

128) Zückert, J. F., Allgemeine Abhandlung von den Nahrungsmitteln. Berlin. 1775. 8. pag. 65.

129) Hieronymus Bentzon aus Meylandt, Erster Theil der Newen Weldt vnd Indianischen Nidergängischen Königreichs, Newe vnd Wahrhaffte History, etc. In das Teutsch gebracht durch Nicolaum Höniger etc. Basel. 1582. pag. CXLV.

130) Archiv der Pharmacie. 2. Reihe. Bd. LXV. [Hannover. 1851.] pag. 205. — Chemisch-pharmaceutisches Central-Blatt für 1850. No. 30.

zarte, durch lange Krankheit geschwächte Individuen, und stellte sie dar, indem man ein Pfund und zwölf Unzen Topioca mit zwanzig Unzen Grütze und acht Unzen gepulverter Isländischer Moos-Gallerte mit einander vermengte und die pulverige Masse nach und nach in acht Unzen caraskischer Cacaotinctur eintrug, der man vorher zwei Drachmen Vanilletinctur zugesetzt hatte. Endlich goss man zwei Pfund destillirten Cacaoschalenwassers [!] zu und erhielt dann eine gleichförmige Masse. 2. Kaffee-Chocolade. Café-Chocolat de santé, dit de la Trinité. Besteht aus einem Gemenge eines Kaffee- mit einem Chocoladepräparat. Das erstere wird also angefertigt: man nimmt auf zwölf Pfund Carolina-Reis sieben Pfund Cichorienwurzeln, fünf Pfund und acht Unzen Mokkakaffee und ein Pfund acht Unzen florentinischer Veilchenwurzel, röstet alle diese Substanzen einzeln, bis sie kastanienbraun geworden sind, und mahlt sie alsdann in einer Kaffeemühle. Der Reis wird mit zwölf Unzen feinen Olivenöls versetzt, hierauf mit den übrigen der oben namhaft gemachten Körper und endlich auch mit acht Unzen feingepulverten Milchzuckers versetzt. Jenes Chocolade-Präparat bereitet man also: man bringt ein inniges Gemenge von zehn Pfund Zucker mit vier Pfund Insel-, acht Pfund Caraccas-Cacao und drei Pfund antiphlogistischen Kaffee [d. i. das eben erörterte Kaffeepräparat] zu Stande und verfährt weiter wie bei der Chocoladefabrikation. Von beiden Präparaten existiren mehrere Modifikationen.

Mialhe [131]) lehrte eine Chocolade darstellen, welche als Abführmittel dient. Sie besteht aus 20,00 Grammen Vanille-Chocolade; 0,40 Scammonium; 0,10 sublimirten Calomels und 2,00 Zucker; und man bereitet diese abführende Chocolade, indem man den Zucker und das Harz im Porzellanmörser fein zerreibt, alsdann Calomel hinzufügt und das Pulver, nachdem seine Bestandtheile innig vermengt, durch Wärme flüssig macht; das Liquidum wird in Formen ausgegossen. Während des Gebrauches dieser Chocolade muss man Säuren vermeiden.

Der Reiscontant oder das zusammengesetzte Cacaopulver ist ein Präparat der badischen Pharmakopoe; wird gewonnen durch innige Vermengung von Chocolademasse mit Reispulver, Zucker und Zimmt. — Die unter dem Namen Racahout im Handel circulirende Masse besteht aus einem Gemenge von Cacaopulver mit der Hälfte seines Gewichts Reis- und Weizenmehl und beliebigen Quantitäten von Zucker und Zimmt; man empfahl dieses Erzeugniss Kindern und Schwächlingen; bei mässigem Gebrauche und im reinen

131) Journal de Pharmacie et de Chimie. 1847. Mai. pag. 358. — Archiv der Pharmacie. 2. Reihe. Bd. LIII. [Hannover. 1848.] pag. 220.

Zustande schadet es der Gesundheit auf keinerlei Weise. Rebling [132]) untersuchte jüngst das Racahout der Araber. — Die in der sächsischen Pharmakopoe aufgeführte Pasta Cacaotina erhält man durch Pulvern der gerösteten und von den Hülsen befreiten Cacaobohnen und durch Pressen des Pulvers in Formen. Es existirt auch eine Pasta Cacaotica saccharina, die man oft Gesundheits-Chocolade nennt; sie wird bereitet indem man das Pulver der gerösteten Cacaobohnen mit Zucker versetzt und das innige Gemenge in Formen bringt. — Die Isländisch Moos-Chocolade erhält man· durch Vermengung der Gelatina lichensis islandici mit Chocolademasse. Plagge sagt von derselben, sie sei sehr angenehm zu nehmen und sei sehr nahrhaft, jedoch müssen, wie er mit Recht bemerkt, die Verdauungskräfte noch ziemlich gut sein, wenn man das Präparat Kranken verordnen will. — Ausser den angeführten Cacao- und Chocolademassen existiren noch unzählige Zubereitungen, theils medicamentöser Natur, theils der Küche angehörig, welche aufzuführen wir uns nicht veranlasst sehen können.

Ueber das Technische der Chocoladefabrikation lese man auch beim Pater Labat und bei A. Mitscherlich.

An die Lehre von der Bereitung der Chocolade und der anderen Cacaopräparate reihen wir die Betrachtungen über die Verfälschung der Chocolade und deren Erkennung, und gehen alsdann über zur Schilderung der Wirkung unseres Genussmittels auf den Menschen. — Chevallier [134]), Letellier [135]), Lintner [136]), Orfila [137]) u. A. haben sich damit beschäftigt, die Fälschungen der Chocolade ausfindig zu machen, und mehrere französische Journale [138]) haben von theilweise ungenannten Verfassern geschriebene Artikel veröffentlicht, welche grosser Beachtung werth sind. Von den älte-

---

[132]) Archiv der Pharmacie. 2. Reihe. Bd. XCII. pag. 358.

[133]) Plagge, M. W., Handb. der Pharmakodynamik. Braunschweig. 1847. pag. 347.

[134]) Journal de Chimie médicale. 1838. Octoberheft. — Dingler, Polytechnisches Journal. Bd. LXXII. [1839.] pag. 78.

[135]) Journal de Pharmacie et de Chimie. Bd. XXV. pag. 368.

[136]) Buchner, A., Neues Repertorium für Pharmacie. Bd. V. [München. 1856.]. — Archiv der Pharmacie. 2. Reihe. Bd. LXXXIX. [1857.] pag. 189 u. fg.

[137]) Orfila, Traité de Médecine légale. 4. Aufl. Paris. 1848. Bd. III. Abtheil. 2. pag. 980.

[138]) Moniteur industriel. 1847. No. 1175. — Dingler, Polytechn. Journ. Bd. CVIII. [1848.] pag. 239 u. fg. — Journal de Chimie médicale. 1849. Novemberheft. — Dingler, Polytechn. Journ. Bd. CXVI. [1850.] pag. 325.

ren Forschungen ist die von Parmentier [139]) die bedeutendste. Nach Chevallier lässt sich eine Verfälschung der Chocolade mit Stärkemehl oder Mehl am besten in der Weise erkennen, dass man vier Theile Chocolade mit zweihundertundfunfzig Theilen Wassers kocht und die kochend heiss filtrirte Flüssigkeit mit Jodtinctur versetzt, worauf dann, wenn fragliches Präparat Stärkemehl oder Mehl haltig war, die Jod-Stärkereaction deutlich hervortritt. Das in der Chocolade natürlich enthaltene, also von den Cacaobohnen herrührende Stärkemehl wird durch Jod nur bräunlichgelb gefärbt. Am äusseren Ansehn und am Bruche der Chocolade lässt sich Mehl- oder Stärkemehlzusatz niemals erkennen.

Nach Letellier kommen die in Frankreich circulirenden Chocoladesorten mit Mehl von Reis', Weizen, Erbsen, Bohnen, Linsen und Mais, mit Stärkemehl der Kartoffeln und des Weizens — welches oft bis zu 20% darin enthalten ist —, mit Eigelb, Rinds- und Hammeltalg, mit Storax, Peru- und Tolubalsam verfälscht vor; die häufigsten Fälschungen jedoch sind die mit Mehl der Getreidearten und mit Kartoffelstärke.

Der Cacao von Martinique und Guadeloupe ist reich an Fett und an Emulsivstoff, und sondert bei seiner Zubereitung zum Genusse Fett aus, welche Ausschwitzung die französischen Fabrikanten durch Zusatz von Weizenmehl, Traganth oder Dextrin zu verhindern suchen. — Diese Andeutungen Letellier's nahm Wigger's [140]) in den Canstatt'schen Jahresbericht auf, dazu unter Anderem bemerkend: „Das sicherste Mittel, sich vor verfälschter Chocolade zu sichern und keine Mehlsuppen anstatt Chocolade zu trinken, besteht darin, dass man sie wieder, wie früher, aus Apotheken entnimmt, und dann von den Apothekern nicht verlangt, was sie nicht können, d. h. dass sie sie eben so billig wie die verfälschte geben sollen." Dieser Vorschlag scheint uns keineswegs verwerflich; nur dürften dann die Apotheker die Chocolade niemals als Arznei, sondern stets nur als Handelswaare betrachten und danach den Preis feststellen.

K. Lintner prüfte den Fettgehalt vieler Chocoladesorten und kam zu dem auffallenden Ergebnisse, dass gerade die billigsten den grössten Gehalt an Fett aufweisen. Er berichtet (wie indessen französische Chemiker schon früher thaten), dass man den Cacaobohnen die Cacaobutter entziehe und sie durch Hammeltalg ersetze; dass man dem Zimmt ein Gemisch von zerstossenen Mandeln mit Minimalquantitäten des Zimmt substituire, und in dieses alsdann enstandene Cacaogemisch Cacaobohnenschalen, Erbsen- und Bohnenmehl, wie auch ver-

---

139) Göttingische gelehrte Anzeigen. 1786. pag. 1174.
140) Canstatt, Jahresbericht der Medicin für 1854. Bd. V. pag. 85.

schiedene andere Mehlsorten hineinwerfe; dass man die Vanille endlich weglasse, an ihre Stelle Perubalsam bringend. Die von mehreren anderen Chemikern als Fälschungsmittel der Chocolade erkannten Stoffe, als Quecksilber, Mennige, Ocker, konnte Lintner nicht entdecken. Er schickt der Angabe seiner Untersuchungen die in dieser Hinsicht höchst wichtige Bemerkung voran, dass reine Cacaobutter bei 24° R., reiner Hammeltalg dagegen bei 38° R. schmelze. Die feinste von Lintner untersuchte Sorte, welche auch die theuerste war [1 ₰ für ²⁷/₃₀ ₰], enthielt 16,46 % bei 24° R. schmelzenden Fettes und entsprach allen Anforderungen, welche man an eine gute Chocolade stellt; alle anderen Sorten waren, stets im Verhältnisse zu ihren Preisen, schlecht; die eine enthielt 19,85 % Fett, schmelzend bei 26° R. [feine Gewürzchocolade; 1 ₰ ¹/₄ ₰]; eine andere Sorte enthielt 21,71 % Fett, welche bei derselben Temperatur zu schmelzen anfing [1 ₰ für ¹/₃ ₰]; eine dritte Sorte zeigte einen Fettgehalt von 16,41 %, das Fett schmolz bei 22° R. [1 ₰ für ¹⁷/₃₀ ₰].

Der Gesundheits-Rath von Paris gab folgende Vorschrift für die Prüfung der Chocolade auf Stärkemehl- und Mehlgehalt: Vier Gramme Chocolade werden mit zweihundert und funfzig Grammen Wassers gekocht, das Liquidum wird kochendheiss filtrirt und mit Jodtinctur versetzt. Selbstverständlich nun, dass die Farbe eine um so mehr intensiv blaue wird, je grösser der Gehalt der Chocolade an jenen Substanzen war. — Echte Chocolade zeigt, gut abgerieben und zur Winterszeit in Formen gebracht, glatten, glänzenden Bruch, wogegen sie, wurde sie im Sommer in derselben Weise behandelt, einen rauhen, weisslichen Bruch hat; es haben beiderlei Erscheinungen ihren Grund in der durch den verschiedenen Temperatur-Einfluss bedingten Verschiedenheit der Gruppirung der kleinsten Theile, und sie können nicht als Zeichen von Verfälschung gelten. — Es sind Fälle bekannt geworden, in welchen man die Chocolade mit Dextrin [welches manchmal unter dem Namen Xanthin vorkommt] versetzt fand; das aus fünf Grammen solcher Chocolade mit zweihundert Grammen Wassers bereitete Decoct ergibt auf Zusatz von Jodtinctur kastanienbraune Färbung, die bei Hinzufügung von Wasser deutlicher hervortritt, während unverfälschte Chocolade unter den gleichen Bedingungen nur schwach grünliche Färbung der wässerigen Abkochung wahrnehmen lässt.

Versteht es der Fälscher, die Chocolademasse mit den Schalen der Cacaobohnen, mit Stärkemehl oder mit Mehl auf das Innigste zu vermengen, ·so beeinträchtigen diese Zusätze [wenn ihre Quantität nicht über 15 % vom Gesammtgewichte beträgt] den Geschmack der fraglichen Waare fast gar nicht, und sind auch nicht so leicht zu erkennen. — Man hat schon vielfach die Beobachtung gemacht, dass

Stärkemehl haltige Chocolade mit Wasser zubereitet dick wird und beim Erkalten gallertartige Beschaffenheit annimmt, beim Kochen endlich einen gummiähnlichen Geruch entwickelt; weiter, dass ein solches Präparat, in welchem die Cacaobutter durch Mandelöl oder Kalbstalg ersetzt wurde, alsbald ranzig zu werden anfängt. — Enthält eine Chocolade an Stelle der Vanille Storax, Tolubalsam, Benzoë oder auch schlechte Vanillesorten; enthält sie statt des ceylon'schen chinesischen Zimmt, dann entdecken geübte Geruchs- und Geschmackswerkzeuge den Betrug leichter als es die chemische Analyse zu thun vermag.

J. B. Friedreich [141]) weiset hin auf die Verunreinigung der Chocolade mit [kohlensauerem] Kalk; es kann dieser beim Reiben der Cacaobohnen leicht in deren Pulver gerathen, indem er sich von den aus demselben Materiale bestehenden Reibsteinen ablöset. Eine derartige Verunreinigung ist ganz und gar unschädlich. Friedreich führt auch die Berechnung Cadet's an, nach welcher ein Mensch, der täglich eine Tasse Chocolade trinkt, jährlich eine Unze [kohlensauren] Kalkes aufnimmt.

Endlich ist noch zu bemerken, dass man die mineralischen Fälschungsmittel der Chocolade, als da sind: Mennige, Zinnober, Ziegelmehl, Kreide u. dgl., dadurch erkennt, dass man die Waare pulvert, mit Wasser kocht und den Rückstand der Operation des Schlämmens unterwirft. Die einfachste qualitative Analyse, oft auch schon die Loupe, gibt dann Aufschluss über die Natur des betreffenden Pulvers.

Wir kommen nun zu den Wirkungen der Chocolade und ihres Alkaloïds, des Theobromin's, auf den Organismus des Menschen. Der alte Benzoni [142]) sagt (durch den Nicolaus Höniger) darüber: „Dieses Getranck ist eyn wenig sawrlecht, vnd bitzlet eynem auf der Zungen, sättiget vnd kältet den Leib sehr heftig, aber machet nicht truncken, noch voll vnnd toll." Bontekoe [143]) hält die Wirkungen der Chocolade für eben so trefflich wie die des Kaffee und Thee, wenn schon er zur Mässigkeit auffordert. Kühne [144]) lässt die Chocolade „alle Glieder, sonderlich aber das Gehirn füttern", und meint weiter, er „scheue sich nicht zu sagen, dass viele Leute eben desswegen dummer seien als andere, weil sie keine dergleichen Speise geniessen, so dem Gehirne nützen, da doch an dessen gesun-

---

141) Friedreich, J. B., Handbuch der Gesundheitspolizei der Speisen, Getränke und der zu ihrer Bereitung gebräuchlichen Ingredienzien. Ansbach. 1846. pag. 66.

142) Benzoni, a. a. O. pag. CXLV.

143) Bontekoe, a. a. O. pag. 297 u. fg.; 315 u. fg.

144) Kühne, a. a. O. pag. 38 u. fg.

den Zustand so viel gelegen sei, dass der närrisch, toll, dumm, und
läppisch sein muss, welcher krank am Gehirne ist". „Die Chocolate,
sagt er weiter, mästet insonderheit das Gehirn, die andern Glieder
nur so, als sie nöthig, um zu leben, und ihre Verrichtungen zu thun,
die ein rechter Mensch verrichten muss. Drum so muss dieser Tranck,
oder diese Nahrung sehr von denen beobachtet werden, die lieber
Menschen als Bestien seyn wollen; doch" etc. Und alsdann beschreibt
er noch hunderterlei Wirkungen, deren Aufzählung man uns erlassen
möge. — Geoffroy [145]) erklärt die Chocolade für ein sehr nahrhaf-
tes Mittel, welches den Magen stärkt, den Geist belebt, die ge-
schwächten Kräfte hebt, endlich als Aphrodisiacum wirkt, etc. Bei
Linné [146]) (resp. Hoffmann) finden wir die Chocolade als ein vortreffliches Nahrungs- und Arzneimittel aufgeführt. Anfossi, Stubbe
und Andere der schon oben namhaft gemachten Chocolade-Schriftstel-
ler haben auch ausführlich über die Wirkungen der Chocolade geschrieben, und wir begnügen uns damit, auf ihre Schriften und Bücher zu verweisen. Zimmermann's [147]) Aussprüche über den fraglichen Punkt mögen die gegebenen geschichtlichen Fragmente, betreffend die Wirkung der Chocolade, abschliessen. „Mich macht die
Chocolade dumm, und wenn sie das bey andern thut, so hat sie allerdings in dem menschlichen Leben ihren grossen Nutzen." Er erwähnt aus seiner Erfahrung über junge Ehemänner, welche die Chocolade tranken und trinken mussten, um ihren Weibern Genüge zu
leisten, womit er ihre Wirkung als Aphrodisiacum erklärt. „Ich bediene mich", heisst es bei ihm weiter, „bey Weibspersonen die
durch Blutverluste erschöpft sind, in der Dörrsucht der Kinder und
in einigen Gattungen der Auszehrung eines Getränks, das aus geröstetem Habermeel mit Milch und nur einem kleinen Bissen Chocolade gemacht wird. Es wäre zu wünschen, dass man dem langen
Gebrauche dieser sogenannten Habermeelchocolade in diesen und
fast allen andern Fällen vor der eigentlichen Chocolade den Vorzug
gebe."

Um die Wirkung der Chocolade recht klar und deutlich aufzufassen, ist
es nöthig, nach dem Verhältnisse des am meisten in Betracht kommenden Be-
standtheiles der Cacaobohnen und der Chocolade, des Theobromins, zum Organismus zu fragen. Hoppe [148]) und Mitscherlich [149]) haben die Wirkung

    145) Geoffroy, a. a. O. Bd. II. pag. 414.
    146) Amoenitates academicae. Bd. VII. pag. 260.
    147) Zimmermann, J. G., Von der Erfahrung in der Arzneykunst.
Bd. II. [Zürich. 1764.] pag. 352 u. fg.
    148) Hoppe, J., Die Nervenwirkungen der Heilmittel. Heft IV. [Leip-
zig. 1857.] pag. 11.
    149) Mitscherlich, A., a. a. O. pag. 88 u. fg.

jenes Alkaloïdes auf dem Wege des Experiments erforscht. Hoppe erklärt das Theobromin für ein nicht gerade starkes, aber dem Caffeïn ähnliches Impulsmittel. Die Ergebnisse der trefflichen Untersuchungen A. Mitscherlich's lassen sich kurz also zusammenfassen. Das Theobromin zählt — in Voraussetzung grösserer Dosen — zu den Giften, und es ist die Zeit, in welcher dies Alkaloïd tödtet, verschieden je nach der angewandten Menge, besonders aber nach der Schnelligkeit, mit welcher die Aufsaugung erfolgt: durch geringe Menge Theobromins oder auch bei sehr langsamer Aufsaugung grösserer Mengen erkrankten die zum Experimente benutzten Thiere (Kaninchen), starben aber nicht. Die Erscheinungen bei der Theobromin-Vergiftung sind verschieden je nach der Schnelligkeit der Resorption, welche sowohl vom Magen als auch vom Unterhautbindegewebe aus stattfindet, im Falle man die Lösung der mehrerwähnten Pflanzenbase dahin injicirte; das Theobromin geht als solches in den Harn über; es unterscheidet sich in Ansehung der Wirkung von dem Caffeïn nur quantitativ, denn beide Körper wirken sehr ähnlich, das Caffeïn aber schon in bei Weitem kleineren Dosen als das Theobromin. Enthält Wasser 0,1 % Theobromin, so tödtet es Frösche nach einundzwanzig, Schleien nach zwei Stunden und zehn Minuten. Mit Brod zu Pillen gemacht tödtete ½ Gramm eine Taube in vierundzwanzig Stunden; 1 Gramm verursachte unter denselben Umständen den Tod von Kaninchen nach 20 bis 34 Stunden. 2,75 Gramme mit neunzig Grammen Wassers tödteten ein Kaninchen in einer Stunde und zwanzig Minuten. Mitscherlich beobachtete bei Kaninchen als erstes Symptom der Vergiftung ein eigenthümliches Knirschen mit den Backenzähnen. Er sah die Frequenz der Athemzüge im Laufe der Vergiftung regelmässig sinken, ja bis auf den dritten oder vierten Theil der Normal-Zahl; die Schnelligkeit dieses Sinkens steht in geradem Verhältnisse zur Schnelligkeit der Resorption. Die Anzahl der Herzschläge nimmt zu, und zwar in bedeutendem Grade, und die Schläge werden immer schwächer. Bei langsamer Resorption des Giftes zeigt sich allmälige Abnahme der Muskelkraft. Bei Kaninchen bleibt der Hunger normal, der Durst wird zuweilen vermehrt. Was den Sectionsbefund bei Kaninchen betrifft, welche der Theobromin-Vergiftung erlagen, so verhalten sich bei langsam eingetretenem Tode Herz und Muskeln reizlos, während, wenn der Tod rasch erfolgte, eine starke und lange anhaltende Reizbarkeit des Herzens und der willkürlichen Muskeln eintritt. — So viel über die Wirkungen des Theobromins, welches in Verbindung mit den Gewürzen das wirksame Princip der Chocolade ausmacht. Es geht aus der gegebenen Uebersicht genugsam hervor, dass das fragliche Alkaloïd in der Wirkung dem Caffeïn unmittelbar nachsteht.

Das Chocoladegetränk vereinigt die Wirkungen des Kaffee, der Gewürze und die eines eigentlichen Nahrungsmittels in sich, und diese wenigen Worte genügen zu einer dem heutigen Standpunkte der Wissenschaft entsprechenden Schilderung der Wirkung vollkommen. Es ist das Getränk von sehr grosser Nahrhaftigkeit, denn alle nutritiven Bestandtheile der Cacaobohnen bleiben ja in der Chocolade, in ihrer Abkochung, und die zum Behufe der Bereitung benutzte Milch vermehrt die Nahrhaftigkeit, und ein etwaiger Zusatz von Eidotter bringt sie zu einem sehr bedeutenden Grade, nicht selten auf Kosten der Verdaulichkeit. Der grosse Fettgehalt der Chocolade ist in vielen

Fällen die Ursache von Verdauungsstörungen, welche bei häufigem Genuss einer minder gewürzreichen Chocolade auftreten; wird nun einer fettreichen Chocolade Stärkemehl oder Mehl zugesetzt, so erhöht man damit die Verdaulichkeit und mindert damit die Schädlichkeit, und wir müssen Bibra [150]) vollkommen Recht geben, wenn er behauptet, die Beimischung von Mehl geschehe instinctartig. Während der Kaffee die Phantasie erregt, den Stoffwechsel verlangsamt und dem Magen doch nichts Substantielles hinterlässt; während Kaffee und Thee den Gebrauch gehaltreicher Alimente voraussetzen, wenn sie den an ein tägliches Nahrungsmittel gestellten Anforderungen genügen sollen; ist die Chocolade Nahrungs- und erregendes Genussmittel zugleich, und es ist kein Wunder, warum anspruchslose Naturen der iberischen und italischen Völkerfamilie beim fast ausschliesslichen Genusse der Chocolade gesund und heiter bleiben.

Das Chocolade-Getränk wird unter gewissen, theilweise schon oben angedeuteten Verhältnissen zur Schädlichkeit. Wie in allen andern Fällen liegen diese Verhältnisse theils in dem Genussmittel und der Art seines Gebrauches, theils im Organismus. Auch dasjenige Chocolade-Getränk, welches man das best qualificirte nennt, kann zur Krankheitsursache werden, wenn es der Mensch: a. nicht zu verdauen, oder b. nicht zu ertragen im Stande ist. Die erste Möglichkeit tritt ein bei krankhaften Zuständen der Verdauungswerkzeuge oder bei solchen Allgemeinleiden, welche die Verdauungsthätigkeit herabsetzen; und die zweite, wenn entweder allgemeine Schwächezustände vorhanden sind, oder wenn die Aufnahme der Chocolade zur unrechten Zeit Statt fand. Die Chocolade selbst wird schädlich, wenn die Menge des in ihr enthaltenen Fettes eine im Vergleich zum Quantum der übrigen Bestandtheile zu grosse ist (es entstehen Verdauungsstörungen); wenn sie mit den Verbindungen des Bleies und anderer schweren Metalle verunreinigt ist oder verfälscht wurde; wenn der Gehalt an Gewürzen verhältnissmässig zu gross ist. Uebersteigt der Chocoladegenuss die Gränzen der Mässigkeit, so entstehen nicht nur für die Verdauungsorgane nachtheilige Folgen, sondern es wird auch die Ernährung beeinträchtigt und es kommt zu einem Zustande grösserer Nerven- und Gefässaufregung, welcher Abspannung nachfolgt. — Die verstopfende Wirkung der Chocolade wird wohl in der grössten Mehrzahl der Fälle beobachtet; doch steht die Erfahrung, nach welcher Chocolade den Stuhlgang vermehrt, nicht vereinzelt da, und ich habe es bei mir und Anderen wahrgenommen, dass in Milch gekochte Chocolade die Ausscheidung der Fäcalmassen in der angedeuteten Weise beeinflusste. Die Verhältnisse, unter wel-

---

[150]) **Bibra**, Die narkot. Genussmittel. p. 122.

chen das fragliche Getränk Vermehrung des Stuhlganges bewirkt, sind — wenn wir einen gesunden Organismus voraussetzen — noch nicht bekannt.

Soll die Chocolade ein gesundheiterhaltendes Mittel bleiben, so muss ihr Gebrauch ein hygieinischer sein, d. h. er muss allen Anforderungen von Seiten der Individualität entsprechen. Menschen, welche Anlage zum Schlagflusse besitzen, zu grösseren Wallungen und Blutcongestionen geneigt sind, welche an Hämorrhoïden und Gicht, an chronischen Reizungen oder Entzündungen leiden, die durch erregende Mittel vermehrt werden, ist anzurathen, die Chocolade in sehr bescheidenem Maasse aufzunehmen und sich lieber einer gewürz- und fettarmen Sorte zu bedienen; eine einzige Tasse genügt für die Zeit eines Tages. Dasselbe diätetische Gebot ist von Schwächlingen, Reconvalescenten, Kindern und reizbaren Weibern zu beobachten, welche durch fett- und gewürzreiche Chocolade in die Gefahr des Erkrankens gestürzt werden, während ihnen eine an diesen Stoffen ärmere Sorte in der Regel die besten Dienste leistet und aus diesem Grunde zum Gebrauche empfohlen wird. Wer an habitueller Stuhlverstopfung leidet und die Erfahrung macht, dass der Gebrauch der Chocolade die Obstruction vermehrt, der thut gut, sich jenes Genusses gänzlich zu enthalten.

Oesterlen [151]) hält das Chocolade-Getränk für mehr geeignet, zum eigentlichen Frühstück zu dienen als Kaffee und Thee; für den Fall, dass Kaffee und Thee für sich allein genossen werden, bevorzugt er die Chocolade mit Recht; geniesst man aber jene beiden Fluida zu festen Speisen, dann ist der Grund der Bevorzugung der Chocolade nicht wohl zu verstehen. Arbeitern wäre ein aus Chocolade und gutem Brode bestehendes Frühstück sehr angemessen, und es würde ihnen die Chocolade besser bekommen als Menschen, die ein müssiges Leben führen.

Auch als Heilmittel benutzt man die Chocolade; Bontekoe empfahl sie gegen alle möglichen Krankheiten; Linné hält sie für ein gutes Mittel bei Hypochondrie, Hämorrhoïden, Atrophie, Marasmus und Tabes; Geoffroy verbietet sie bei Hämorrhoïden und Hypochondrie, während er ihren Gebrauch bei Phthisikern und Tabifischen für geeignet hält, namentlich wenn das Getränk mit Milch zubereitet wurde. In unserer Zeit verordnen die Praktiker selten die gewöhnliche Chocolade; dagegen lassen sie, wenn überhaupt von der Anwendung derselben die Rede ist, häufiger die sogenannten medicamentösen Sorten verabreichen.

---

151) Oesterlen, F., Handbuch der Hygieine. 2. Aufl. pag. 368.

Die Bereitung des Chocolade-Getränks geschieht in der Regel
so, dass man die Täfelchen in ein grobes Pulver verwandelt und solches entweder mit kochendem Wasser oder Milch vermischt, die Flüssigkeit aber über Feuer abquirlt. Die mit Wasser zubereitete Chocolade versetzt man wohl mit geschlagener Sahne, die Milchchocolade
nicht selten mit Eigelb; beide öfters auch noch mit Zucker, Gewürzen und mit Spirituosen; in Amerika setzen die Briten dem Choco-
lade-Getränke zuweilen Madera-Wein zu. — Für zehn grosse Tassen
genügt ein Pfund gut qualificirter Chocolade; benutzte man aber Milch
an Stelle des Wassers, so erspart man an Chocolade mindestens den
dritten Theil.

Die in Spanien und Mexiko bereitete Chocolade ist frei von Vanille, und es ist hierbei zu bemerken, dass man in Mexiko und Süd-
Amerika das kalt gewordene Chocolade-Getränk als Kühlungsmittel
gebraucht. Mangel an Vanille und an höherer Temperatur muss noth-
wendiger Weise die Wirkung des Trankes beeinflussen.

Unter dem Namen Cacao versteht man entweder ein aus unge-
würzter Chocolade bereitetes Liquidum, oder aber die mittelst Milch
bereitete Abkochung der Schalen der gerösteten Cacaobohnen; in diesen Schalen [152]) ist Theobromin enthalten.

Es existirt nur ein Surrogat der Chocolade. Durch Martius [153]) wurde die europäische Welt mit einer Substanz bekannt gemacht, welche man in Brasilien aus den Samen der dort einheimischen und in Gärten cultivirten Paullinia sorbilis bereitet, und unter
dem Namen Guarana, Guaranabrod verwendet. Die Samen der
Pflanze sind schwarz von Farbe. Zum Behufe der Benutzung werden
die von den Kapseln befreiten reifen Früchte an der Sonne getrocknet, geröstet, zerkleinert, mit Wasser zu einem Teige geformt, dem
man die Gestalt von Broden, Stangen, Kugeln u. s. w. gibt; es wird
von dem Gebrauche dieser Brode, Stangen u. s. w. alsbald die Rede
sein.

Martius entdeckte im Guarana ein Alkaloïd, welches er Guaranin nannte; Trommsdorf [154]) machte später eine genauere Analyse des Guarana, worin er 4,0 Guaranin; 3,5 grünes fettes Oel; 2,5
Oelharz; 40,0 Gerbsäure mit Kali- und Ammonsalzen; 16,0 Stärke
und Gummi, und 34,0 Holzfaser (die eine salzhaltige Asche lieferte)
fand. Alsdann kamen Berthemot und Dechastelus [155]), welche

152) Sie machen den Hauptbestandtheil des im Handel vorkommenden
Cacaostaubes aus.
153) Archiv der Pharmacie. Bd. XXXVIII. pag. 248 u. f.
154) Trommsdorf, Journal der Pharmacie. Bd. XXIII. pag. 48 u. fg.
155) Journal de Pharmacie et de Chimie. Bd. XXVI. pag. 516 u. f.

den Beweis der Identität des Guaranin's mit Caffeïn lieferten, und
nach den beiden Chemikern trat G a v r e l l e [156]) auf, jenen Beweis er-
härtend. Die neueste Untersuchung ist die von S t e n h o u s e [157]); er
erhielt durch den bekannten Reisenden J. M i e r s eine Guarana-Probe,
welche ungefähr 7½ Zoll lang und 14 Zoll dick war; ihr Gewicht
betrug drei Viertel Pfund; die Oberfläche der Masse war rauh, run-
zelig, die Farbe dunkelbraun, der Bruch mandelartig; Geruch konnte
nicht wahrgenommen werden. S t e n h o u s e fand darin 5,07% Caffeïn,
womit er den Beweis führte, dass das Guarana unter allen Caffeïn
haltigen Stoffen den grössten Gehalt an diesem Alkaloïde zeige; denn
guter schwarzer Thee enthielt nur 2,13%; schwarzer Thee von Ke-
maon 1,97%; verschiedene Sorten von Kaffeebohnen enthielten 0,8%
bis 1,0%; trockene Kaffeeblätter von Sumatra 1,26%; die Blätter
von Ilex paraguayensis 1,20% Caffeïn. Ausserdem wies S t e n h o u s e
im Guarana nach: einen dem Gerbstoffe der Chinarinde ähnlichen Körper und eine fettige Materie, welche die Eigenschaft zu haben schien,
gleich der Cacaobutter nicht ranzig zu werden.

B i b r a [158]) bezeichnet den Geschmack des Guarana-Pulvers als
an altes Brod und schlechte Chocolade erinnernd, und Andere sprechen von einem adstringirenden und gelinde bitteren Geschmack, von
eigenthümlichem, altem sauren Brode nicht unähnlichen Geruche.

Das aus dem Guarana bereitete Getränk führt den Namen der
b r a s i l i a n i s c h e n Chocolade; man erhält es, indem man das Guaranabrod mit Wasser anreibt und mit Zucker versetzt. Es wird die
brasilianische Chocolade als ein erfrischendes Getränk bezeichnet und
geschätzt, man schreibt ihr viele Tugenden zu, und die Brasilianer
benutzen sio als Heilmittel bei Dysenterie und in Krankheiten der
Harnwerkzeuge; in Frankreich fing man an, medicinischen Gebrauch
von dieser Substanz zu machen.

Die schon im allgemeinen Theile erwähnten G u a r a n o s, ein
Indianerstamm, verliehen dem Guarana den Namen.

---

156) G a v r e l l e, Notice sur une nouvelle substance médicale, apellée
Paullinia. Paris. 1840.
157) Pharmaceutical Journal and Transactions. 1856. October. pag. 212
u. fg. — Archiv der Pharmacie. 2. Reihe. Bd. XC. [1857.] pag. 341 u. fg.
158) B i b r a, a. a. O. pag. 108.

Wein.

„Si tibi serotina, noceat potatio; vina
Hora matutina rebibas, et erit medicina.‘‘
(Regim. sanit. Salern. Cap. XV.)

Schon die ältesten Dichter der Vorzeit besangen den Wein,
und stets waren Rebensaft und Liebe die Punkte, um welche
sich Alles drehte, was in Heiterkeit und Lebenslust seinen Ursprung hat. Einer gegohrenen Flüssigkeit lässt man so viel Ver-
ehrung angedeihen; ein Liquidum vergöttert man, welches aus
Wasser, aus einem Gifte (Alkohol) und einer wohlriechenden Ae-
therart besteht! — Und warum wurde der Wein besungen, gepriesen
und angebetet? Weil seinem Gebrauche eine mehr oder minder
bedeutende Beschränkung des Vermögens der Sinne, die Gegenstände
der Aussenwelt zu percipiren, folgt; weil hierauf gestützt die Phantasie die ihr durch den Zustand der Nüchternheit auferlegten Schranken
durchbricht, Verstand und Vernunft überflügelnd; weil ein Gefühl allgemeinen Wohlseins, allgemeiner Heiterkeit zur Geltung kommt, welches den Ernst und die Realität des individuellen und Gesellschafts-
lebens für Augenblicke zurücktreten, die rein mechanischen Normen
des ewigen Kreislaufes im Kleinen wie im Grossen momentan ver-
hüllt sein lässt. Hierin liegt der Grund des innigen Zusammenhanges
des Weines mit der Poesie.

Der Genuss des Weins lässt bei den Völkern immer schon eine
höhere Culturstufe voraussetzen; es mussten schon Gefässe angefertigt
und ihr Gebrauch allgemein bekannt gewesen sein. Der beim Kauen
oder Drücken der Weintraube reichlich ausfliessende Saft liess den
mit Gefässen hantierenden Menschen auf die Idee der Ansammlung
grösserer Mengen des süssen Saftes gelangen: — der zuckerreiche
Saft ging in geistige Gährung über, und der unerfahrene Mensch
trank denselben in der Art, wie die ursprüngliche Flüssigkeit, und —
wurde berauscht. Wer zuerst berauscht war, und ob Einer oder ob
Mehrere zu gleicher Zeit zuerst die Wirkungen des Alkohols an sich
selbst beobachteten, dies ist eine Frage, welche wohl nicht beantwortet werden kann. Liegt der von Heckewelder [1]) mitgetheilten Sage
der Indianer [von der wir schon im allgemeinen Theile redeten] Wahrheit zum Grunde, dann dient jene Sage zur Bildung eines Begriffs

---

[1]) Heckewelder, J., Nachricht von der Geschichte, den Sitten und
Gebräuchen der Indianischen Völkerschaften, welche ehemals Pennsylvanien
und die benachbarten Staaten bewohnten. A. d. Engl. von F. Hesse. Nebst
einem Zusatze von G. E. Schulze. Göttingen. 1821. pag. 66 u. fg.

über die Wirkung und das Verhältniss des Alkohols zu Menschen, welche ehedem noch keine Kunde von weingeistigen Getränken hatten.

Die Geschichte des Weines ist ein wichtiger Abschnitt der Geschichte der Menschheit und ihrer Cultur; denn der Wein hat manche Völker unterjocht, vernichtet, andere frei gemacht; er hat die Poesie erzeugen helfen; er hat die Verhältnisse des Staates, der Familie, des Individuums beeinflusst; er hat Gesundheit gebracht, das Leben erhalten; aber er hat auch Verderben, Krankheit und Tod herbeigeführt. „Und er schmückte uns mit Gold und Edelsteinen", heisst es bei Akibon [2] im Testamente Juda (Cap. 13.), „und liess uns Wein einschenken bei der Mahlzeit, und auf die Schönheit der Frauen trinken. Und der Wein verkehrte meine Augen und die Wollust verdunkelte mein Herz. Und in meinem Verlangen gerieth ich an dieselbe und . . . . ich nahm sie zum Weibe." Und weiter heisst es (Cap. 14.): „Und nun, meine Kinder, betrinkt euch nicht mit Wein; denn der Wein wendet den Verstand von der Wahrheit ab und erregt Aufruhr im Gemüthe und führt die Augen in Täuschung. Denn der Geist der Unzucht hat den Wein zum Diener für die Gelüste des Sinnes, sintemal auch beide dem Menschen die Kraft rauben." etc. — Unsere schwachen Kräfte einerseits, anderseits der Umstand, dass der Raum dieser Schrift gemessen, erlauben nicht, die Cultur- und medicinische Geschichte des Weines in breiter Darstellung zu liefern: wir müssen uns damit begnügen, dem chemischen, hygieinischen etc. Theile dieses Abschnitts eine nur kleine geschichtliche Skizze voranzuschicken.

Es fehlte zu keiner Zeit an Werken über die Geschichte des Weines, an kleineren und grösseren Abhandlungen über diesen Gegenstand. Die bedeutendsten selbständigen Schriften sind die von Marsilius Cagnatus [3], Andreas Baccius [4], Georg Horn [5], Jacobus Gretser [6], dem Jesuiten-Pater C. Stephan [7], R. Do-

---

[2] Akibon, R., Die Testamente der zwölf Patriarchen, der Söhne Jakobs, und die Geschichte der Aseneth, der Frau Josephs. Aus alten verborgenen Schriften in's Deutsche übertragen. Kassel. 1850. (J. C. J. Raabé.) 12. pag. 46 u. fg.

[3] Cagnati, M., Variarum observationum libri quatuor. Romae. 1587. 8. Buch 2. und 3.

[4] Baccii, A., De naturali vinorum historia de vinis Italiae et de conviviis Antiquorum libri septem. Romae. 1596. fol. pag. 3 u. fg.

[5] Horn, G., Hierampelos, oder von dem in der heiligen Schrift wohlbekannten Weine und Weinbau. Schmalkalden. 1585. 8.

[6] Gretser, J., Mantissa de vino myrrhato et vasis murrhinis. Ingolstadii. 1608. 4.

[7] Stephani, C., Vinetum, in quo varia vitium, uvarum, vinorum anti-

donäus [8]), C. Guiens [9]), F. Calenus [10]), von Heuvel [11]), J. G. Wallerius [12]), Filippo Venuti [13]), E. Barry [14]), J. F. Neikter [15]), Henderson [16]), Carlowitz [17]), Kölges [18]), Hessel [19]) und vielen Anderen, welche wir später noch erwähnen werden. Dierbach [20]) hat die Mythe des Weinstocks in anziehender Weise behandelt; Lenz [21]) lieferte einen kurzen Auszug aus den Schriften des classischen Alterthums, Wein und Weinbau betreffend; Anton [22]), Fischer [23]), Rössig [24]) u. A. haben in ihren Werken der Geschichte

qua latina et vulgaria nomina, item ea, quae ad vitium culturam ab antiquis expressa sunt ac recepta vocabula continetur. Parisiis. 1537. 4.

[8]) Dodonaeus, R., Historia vitis vinique et stirpium nonnullarum aliarum. Coloniae. 1580. 8.

[9]) Guiens, C., Vitis historia. Halae. 1648. 12.

[10]) Calenus, F., Dissertatio de vitis et viticulturae ortu. Jenae. 1689. 4.

[11]) Heuvel, Dissertatio 'de vindemia et torcularibus veterum Hebraeorum. Ultrajecti. 1755. 4.

[12]) Wallerius, J. G., Dissertatio de prima vinorum origine casuali. Holmiae. 1760. 4.

[13]) Venuti, P., Dissertazione sopra i coli vinarii degli antichi. — Becker, a. a. O. I. 2. pag. 990.

[14]) Barry, E., Observations historical, critical, and medical on the wines of the ancients. And the analogy between them and modern wines. With general observations on the principles and qualities of water, and in particular of those of bath. London. 1775. 4. pag. 27 u. fg.

[15]) Neikter, J. F., De vini usu feminis Romae interdicto. Upsalae. 1789.

[16]) (Henderson, A.,) The history of ancient and modern wines. London. 1824. 4. pag. 25 u. fg.; 131 u. fg.

[17]) Carlowitz, G. H. v., Versuch einer Culturgeschichte des Weinbaues, von der Urzeit bis auf unsere Zeiten. Leipzig. 1846. 8.

[18]) Kölges, B.', Bibliothek der gesammten Weinbau-, Weinbereitungs- und Weinerziehungskunde. Frankfurt a. M. 1848. 8. pag. 259 u. fg.

[19]) Hessel, Die im Alterthum üblich gewesenen Methoden der Weinveredelung. Marburg. 1856. 4. pag. 40 u. fg.

[20]) Dierbach, J. H., Flora mythologica, oder Pflanzenkunde in Bezug auf Mythologie und Symbolik der Griechen und Römer. Frankfurt. a. M. 1833. 8. pag. 85 u. fg.

[21]) Lenz, H. O., Botanik der Griechen und Römer. Gotha. 1859. 8. pag. 578 u. fg.

[22]) Anton, K. G., Geschichte der teutschen Landwirthschaft. Görlis. 1799—1802. 8.

[23]) Fischer, F. C. J., Geschichte des teutschen Handels. Hannover. 1785—92. 8. Bd. I. pag. 70.

[24]) Rössig, C. G., Die Geschichte der Oekonomie der vorzüglichsten Länder und Völker. Leipzig. 1798. 8.

des Weines grössere Aufmerksamkoit geschenkt; Rosellini [25]) und
Wilkinson [26]) verdankt man wichtige Aufschlüsse über die Geschichte
des Weines im alten Egypten; Sickler [27]), Arago, Adrian de
Jussieu, Gatterer [28]), Fuster [29]), Foissac [30]) und Andere wür-
digten den Culturverhältnissen des Weinstocks grössere Beachtung;
Klemm [31]) endlich, wie auch Volz [32]), Schouw [33]) und Andere haben in neuester Zeit diese Materie behandelt.

Wenn schon die Geschichte der Caffeïn haltigen Getränke ihren
Anfang in der Mythe nimmt, so muss dies von der Geschichte des
ungleich älteren Weines in um so grösserem Maasse gelten. Dionysos, so meldet die Mythe, hat zuerst die Traube ausgepresst;
doch Jupiter hat den Weinstock zuerst gepflanzt, indem er ihn der
Erde zur Entschädigung für seinen Mundschenk Ganymedes gab.
Nach einer anderen Sage liebte Dionysos die Nymphe Staphyle,
und diese war es, welche in einen Weinstock verwandelt wurde. —
Der Weinstock war der Rhea heilig.

Ueber den Gebrauch des Weines und die Pflanzung des Wein-
stockes im alten Egypten sind die Meinungen getheilt, und obgleich
Herodot (Lib. II. 77.) mit Bestimmtheit davon redet, dass in Egypten der Weinstock nicht wachse, und nach Plutarch vor Psamme-

---

[25]) Rosellini, J., I monumenti dell' Egitto e della Nubia. Pisa.
Theil 1. Bd. I — IV. 1832—41. Theil 2. Bd. I — III. 1832—36. Theil 3.
Bd. I. 1844. 8.

[26]) Wilkinson, J. G., Manners and customs of the ancient Egyptians,
including their private life, government, laws, arts, manufactures, religion, and
early history. London. 1837. 8. Bd. II. pag. 146 u. fg.

[27]) Sickler, F. K. L., Allgemeine Geschichte der Obstkultur von den
Zeiten der Urwelt an bis auf die gegenwärtigen herab. Bd. I. [Frankfurt
a. M. 1802. 8.] pag. 21 u. fg.

[28]) Gatterer, C. W. J., Literatur des Weinbaues aller Nationen. Heidelberg. 1832. 8.

[29]) Fuster, Des maladies de la France dans leurs rapports avec les
saisons ou histoire médicale et météorologique de la France. Paris. 1840. 8.

[30]) Foissac, P., Meteorologie mit Rücksicht auf die Lehre vom Kos-
mos und in ihren Beziehungen zur Medicin und allgemeinen Gesundheitslehre.
Deutsch bearb. u. mit Anmerk. von A. H. Emsmann. Leipzig. 1859. 8.
pag. 610 u. fg.

[31]) Klemm, G., Allg. Cultur-Geschichte der Menschheit. Bd. 1. V. VI.
VII. VIII. IX.

    Klemm, G., Allgemeine Culturwissenschaft. Bd. I. pag. 321 u. fg.

[32]) Volz, K. W., Beiträge zur Kulturgeschichte. Leipzig. 1852. 8.
pag. 52 u. fg.; 66 u. fg. und an vielen andern Orten.

[33]) Schouw, J. F., Die Erde, die Pflanzen und der Mensch. A. d.
Dänischen unter Mitwirk. d. Verf. v. H. Zeise. Leipzig. 1851. 8.

    Schouw, J. F., Naturschilderungen. A. d. Dänischen. Kiel. 1840. 8.

tiohos in Egypten weder Wein getrunken noch geopfert wurde, so geht doch aus Athenäus, aus Diodor, namentlich aber aus den ältesten Grabgemälden u. s. w. hervor, dass schon im alten Egypten der Weinstock cultivirt und Wein gepresst wurde; Wilkinson liefert treffliche Abbildungen über diese Gegenstände im zweiten Bande des citirten Werkes. Uhlemann [34]) hält dafür, es beziehe sich jene Stelle des Herodot nur auf Unteregypten. Den Wein, welchen Oberegypten producirte, achteten die Griechen gering [35]), weil er zu dünn und schwach war, und nur von Fieberkranken und sonstigen schwachen Personen getrunken wurde. Nach Athenäus war der Wein von Anthylla im Osten von Alexandrien gut, aber noch weit besser war der dicke, übersüsse täniotische, unter den ausländischen der milde und wohlschmeckende mareotische, welchen Plinius unter den besten Sorten aufführt. Der mareotische Wein war wenig berauschend, süss und dünn, und wurde anfänglich in Plinthine, später längs der Ufer des mareotischen See's cultivirt. Nach Herodot (Hist. III. 6.) brachten Phönicier und Griechen zweimal im Jahre Wein nach Egypten, und zwar in irdenen Krügen; woraus zu schliessen, dass man in Egypten entweder ausländischen Weinen den Vorzug gab, oder aber solche wegen ungleichen Verhältnisses zwischen Production und Consumtion von anderwärts zu beziehen genöthigt war. Im weiteren Verlaufe des Alterthumes gewannen die egyptischen Weine immer mehr Ansehn und man schätzte sie sehr. — Eine historische Skizze über den Weinbau, das Weinpressen und das Aufbewahren des Weines bei den alten Egyptern lieferte der General-Lieutenant v. Minutoli [36]); er fügte seiner Abhandlung eine Tafel Abbildungen bei, welche denen bei Wilkinson weit nachstehen. Fraglicher Artikel stützt sich nur theilweise auf eigene Anschauung der Antiquitäten; er ist grösstentheils Compilation aus den Schriften der Alten und aus neueren Werken. —

Nach der Bibel (1. Buch Mosis, 9. Cap., 20. 21.) war der alte Noah der erste Weinpflanzer. — Im 40. Cap. des 1. B. Mosis deutet Joseph die Träume der Diener des Königs; die Stelle, wo der Mundschenk seinen Traum erzählt (11.) [37]), finden wir bei Rosenmül-

---

[34]) Uhlemann, M., Handb. d. gesammt. aegypt. Alterthumskunde. Leipzig. 1857—58. 8. Bd. II. pag. 137.

[35]) Sharpe, S., Geschichte Egyptens von der ältesten Zeit bis zur Entdeckung durch die Araber 640 (641) n. Chr. N. d. dritt. verbess. Orig.-Aufl. deutsch bearb. von H. Jolowicz. Leipzig. 1857—58. 8. pag. 11. pag. 114.

[36]) Magazin für die Literatur des Auslandes. 15. Bd. Januar—Juni. 1839. Berlin. fol. [No. 140.] pag. 557 u. fg.

[37]) Luther übersetzt: „Und ich hatte den Becher Pharaos in meiner

ler [38]) in der Weise erklärt, dass die Egypter keinen Wein (als solchen) tranken, da sie ihn als Erfindung des Typhon bezeichneten. Was die alten Hebräer betrifft, so verstanden sie die Weincultur sehr wohl. Die Weinlese, welche vom September bis in den November dauerte, galt als ein allgemeines Freudenfest. Der frisch ausgepresste Traubensaft wurde gleich dem Weine in Schläuche gefüllt, ein Verfahren, welches im Alterthume sehr allgemein war, im Oriente noch heutzutage ist. Aus dem Moste bereitete man auch Syrup; dies geschieht in den muhammedanischen Ländern noch heute. Die Juden hatten auch gewürzte Weine. Die besten Weinsorten erhielt man aus den Trauben, welche im Thale Eschkol wuchsen, und aus jenen, die in der Gegend von Engeddi geerntet wurden. Zu allen Zeiten verehrten die Juden den Wein und, weil sie ihn den edelsten Producton ihres Landes beizählten, opferten sie denselben.

Gehen wir über zu den Griechen. Man schreibt den Phöniziern die Verpflanzung des Weinstocks von seinem eigentlichen Vaterlande, dem sogenannten Oriente, nach anderen Gegenden der Erde zu. Es ist wahrscheinlich, dass die Verpflanzung zuerst nach Griechenland geschah, und der Wein von hier aus nach anderen Gegenden des Abendlandes gelangte. — In den Mythen der Griechen spielt der Wein eine grosse Rolle, und ich glaube nicht zu irren, wenn ich sage, dass hellenischer Cultus und Wein in sehr naher Berührung standen. Zu den Zeiten Homer's war die Weinwirthschaft im alten Hellas schon auf einem hohen Punkte ihrer Entwickelung angelangt, und die Iliade und die Odyssee sind reich an herrlichen Stellen über diesen Gegenstand. Auf dem Schilde des Achilles wird auch eine Weinlese abgebildet, und Homer sagt davon im achtzehnten Gesange der Iliade:

Drauf auch ein Rebengefilde, von schwellendem Wein belastet,
Bildet er schön aus Gold; doch schwärzlich glänzten die Trauben;
Und es standen die Pfähle gereiht aus lauterem Silber.
Rings dann zog er den Graben von dunkeler Bläue des Stahles,
Sammt dem Gehege von Zinn. Ein Pfad nur führte zum Rebhain
Für die Träger zu gehn, in der Zeit der fröhlichen Lese.
Jünglinge nun aufjauchzend vor Lust und rosigte Jungfrauen
Trugen die süsse Frucht in schön geflochtenen Körben.

Hand, und nahm die Beeren, und zerdrückte sie in den Becher und gab den Becher Pharao in die Hand.

[38]) Rosenmüller, E. F. K., Das alte und neue Morgenland; oder Erläuterungen der heiligen Schrift aus der natürlichen Beschaffenheit, den Sagen, Sitten und Gebräuchen des Morgenlandes. Leipzig. 1818—20. 8. Bd. I, pag. 187.

„Für den Weinbau", heisst es bei Pauly [39]), „waren die klimatischen und orographischen Verhältnisse Griechenlands höchst günstig, die sonnigen Abhänge der nach allen Richtungen auslaufenden Gebirgszüge luden durch treffliche Lagen von selbst dazu ein." Aus Plutarch, Athenäus, Aelianus, Strabo, Herodot, Hesiodus, Theophrastus von Eresus und Dioskorides studire man die Geschichte des Weines, seiner Pflanzung und seines Gebrauches im alten Hellas. — Bei den Griechen existirten auch Weinverbote; sie erstreckten sich indessen meist nur auf das weibliche Geschlecht. Die griechischen Pflanzvölker der Masilienser und Milesier gestatteten weder ihren Weibern, noch den weniger als dreissig Jahre zählenden männlichen Individuen den Genuss des Weines. Berauschte wurden meist hart gestraft. Nach Aelianus wurde in Lokri das Verbot des Genusses ungemischten Weines fast als Gesetz betrachtet, und nach Diogenes Laertius konnte jeder Bürger einen trunkenen Archonten ungestraft tödten; nach Aristoteles bestimmte Pittakos, Berauschte für ihre Vergehen doppelt zu bestrafen. Aristoteles (Problemata) [40]) redet viel von den Folgen des Weintrinkens und stützt seine Aussagen über den Rausch auf eine Fülle eigener Beobachtungen; doch wie viel davon dem Hippokrates entnommen, davon ist keine Rede. Mnesitheus aus Athen hält die Weingelage, welche er unter dem Namen $K\omega\vartheta\omega\nu\iota\sigma\mu oi$ beschreibt, für nützlich, um von Zeit zu Zeit auf den Urin zu wirken; man dürfe aber den Wein nicht unvermischt trinken und dabei keinerlei Backwerk geniessen; nach dem Weintrinken müsse man ein Brechmittel nehmen und, wenn dessen Wirkung vorüber, sich der Ruhe überlassen [41]). Bei Athenäus findet sich ein Lobgedicht des Mnesitheus auf das mässige Weintrinken. Hippokrates [42]) bezeichnet den Wein als Mittel zur Stillung des Hungers; er führt viele Sorten auf, und sagt von den süssen Weinen, dass sie die Geisteskräfte nicht so angreifen, den

---

[39]) Pauly, A., Real-Encyclopädie der classischen Alterthumswissenschaft. Fortgesetzt von C. Walz u. W. S. Teuffel. Bd. VI. Abtheil. 2. [Stuttgart. 1852.] pag. 2631.

[40]) Eine Ausgabe erschien zu Paris in 8. im Jahre 1533 [Haller, Bibliotheca botanica. Bd. I. pag. 30.], eine andere mit der Metaphysik des Aristoteles zu Basel in 8. anno 1531; eine lateinische Uebersetzung, besorgt von T. Gaza, in 4. zu Rom 1475; mehrere deutsche Uebersetzungen im 15. Jahrhundert zu Augsburg und zu Ulm [Choulant, Hdb. d. Bücherkunde etc. pag. 36.].

[41]) Sprengel, K., Versuch einer pragmatischen Geschichte der Arzneykunde. 3. Aufl. Bd. I. pag. 495.

[42]) $\Pi\epsilon\rho\iota$ $\delta\iota\alpha\iota\tau\eta\varsigma$ $\delta\xi\epsilon\omega\nu$. — Hippokrates, Buch von der Lebensordnung in hitzigen Krankheiten. Aus dem Griechischen übersetzt (von J. F. K. Grimm.) Altenburg. 1772. 8. — Hippocratis Opera genuina recensuit, praefatus est A. de Haller. Bd. 1. [Lausannae. 1784. 8.] pag. 250 u. fg.

Stuhlgang mehr befördern und die Harnabsonderung nicht in dem Maasse vermehren als die weissen, geistreichen; die dunklen, schwarzrothen Weine empfiehlt er in Krankheiten, wo der Geist frei, der Kopf nicht angegriffen ist, wo Harnabsonderung und Auswurf normal beschaffen sind. Der grosse Koër ist der Ansicht, der ungemischte Wein sei den ersteren Wegen, der mit Wasser verdünnte der Blase und den oberen Körpertheilen mehr entsprechend.

Bei Athenäus findet man die Unterscheidung der Weine in weisse (οἶνος λευκός), gelbe (οἶνος κιῤῥός) und schwarze (schwarzrothe) (οἶνος μέλας); Andere reden noch von rothen, blassen, schwachen, mit Meerwasser versetzten Weinen [43] u. s. w. Athenäus erläutert die Eigenschaften und die Wirkung der verschiedenen Weinsorten. — Um kurz zu sein, fassen wir das über die griechische Geschichte des Weines noch zu Erwähnende in folgende Worte zusammen. Man trank im alten Hellas den Wein pur, mit Süss- oder mit Meerwasser vermischt, mit Gewürzen versetzt; man trank nicht nur Trauben-, sondern auch, wie Plutarch, Athenäus und Andere melden, den bierartigen Gersten-, den Apfel-, Birn-, Dattel-, Feigen- und Lotuswein; auch bediente man sich des Weinmusses, welchen Homer im fünften Gesange der Iliade aus dem edlen Pramnischen Weine bereiten lässt:

Hierin mengte das Weib, an Gestalt den Göttinnen ähnlich,
Ihnen des Pramnischen Wein's, und rieb mit eherner Raspel
Ziegenkäse darauf, mit weissem Mehl ihn bestreuend,
Nöthigte dann zu trinken den wohlbereiteten Weinmuss.

Endlich muss noch gedacht werden der Angaben des Aristoteles, nach welchen die Griechen mit Wein gefüllte Schläuche der Einwirkung des Rauches aussetzten; wir verweisen in dieser Hinsicht ganz auf Hessel [44], der jüngst eine gediegene Darstellung dieses Gegenstandes lieferte.

Den römischen Weibern wollte man den Weingenuss nicht gestatten; denn man schrak schon im alten Rom vor dem grässlichen, furchtbaren, abscheulichen Bilde eines trunkenen Weibes zurück; man wusste sehr wohl, dass das andere Geschlecht durch den Gebrauch des Weines nicht nur fröhlich und heiter werde, sondern geradezu alle Schranken durchbreche (hierüber lese man ganz besonders die sechste Satire des Juvenal, Vers 300 u. fg.) und in Unverschämtheit und sexueller Gier den trunkenen Mann hundertfach überbiete. Von einem trunkenen Weibe konnte sich sofort der Mann sofort

---

43) Themison, Schüler des Asklepiades von Bithynien, gestattet Pleuritikern das Trinken des mit Meerwasser vermischten Weines.

44) Hessel, Die im Alterthum üblich gewesenen Methoden der Weinveredelung etc. pag. 44 u. fg.

scheiden lassen, ja Egnatius Metellus schlug sein Weib todt, weil
es Wein getrunken hatte; er wurde dafür nicht nur nicht bestraft,
sondern auch nicht getadelt. Nach Cato, dem Censor, wurde dem
Manne aus dem Grunde das Recht, seine Angehörigen weiblichen
Geschlechts zu küssen zugestanden, damit er in den Stand gesetzt
sei, die Weintrinkerin zu erkennen. — Doch fragen wir nach der
Cultur des Weinstocks im alten Rom. Sickler, Carlowitz, Rössig [45]), in neuester Zeit Magerstedt [46]) haben die Verhältnisse der
Weincultur im alten Rom erläutert, und sie stützten ihre Erklärun-
gen auf die Schriften des Plinius, des Varro [47]), ganz vorzugsweise aber auf das Werk des Columella [48]). Der Anfang der römischen Weincultur verliert sich in das Reich der Mythe; bis heute
weiss man noch nicht, wer der erste römische Weinpflanzer war; nur
so viel ist bekannt, dass durch Bekanntschaft mit den Weinen Unter-
Italiens und Griechenlands, welche nach Plinius als Delicatesse gal-
ten, aber ganz besonders durch die Eroberung Campaniens, die mäch-
tigsten Impulse zur grösseren Entfaltung des Weinbaues gegeben wurden, der im Laufe der Zeit an Umfang und Bedeutung zunahm.

Es muss einer ausführlichen Geschichte des Weines oder einer
solchen Geschichte römischer Landwirthschaft und Cultur überlassen
bleiben, die sämmtlichen Weinsorten zu beschreiben, welche man im
alten Rom theils selbst erzeugte, theils aus dem Auslande bezog; wir
müssen uns damit begnügen, das Wichtigste der Sache in wenige
Worte zusammengefasst zu bringen. Bei Cato, dem Censor, ist von
acht Traubensorten die Rede; Plinius spricht von einundvierzig griechischen und asiatischen, einundfunfzig römischen und sicilianischen
und von acht Weinsorten aus anderen Ländern Europa's; er sagt, es
existiren so viele Weinsorten als es Gegenden der Weinerzeugung
gebe. Die ersten Weine der Römer waren herbe und von schlechter
Qualität, und es erklärt sich daraus recht wohl, warum man ausländische den eigenen vorzog.

Waren es tiefere politische Gründe oder war es lediglich der
Umstand, dass man im Gebiete der ewigen Stadt Anfangs in nur spär-
lichem Maasse Wein bauete, kurzum Romulus erliess [im Jahre 752
vor Christus] das Verbot des Weingebrauches bei den sogenannten
Libationen während der Bacchanalien und Vinalien. Numa Pompi-
lius gestattete das Ausgiessen von Wein auf die zur Leichenverbren-

---

45) Rössig, C. G., Die Geschichte der Oekonomie etc. pag. 87 u. fg.
46) Magerstedt, A. F., Bilder aus der römischen Landwirthschaft.
Bd. 1. Sondershausen. 1858. 8.
47) De re rustica. Lib. 1. an vielen Orten.
48) De re rustica. Lib. III.; wie auch in fast allen Büchern des Werkes: De arboribus.

nung bestimmten Scheiterhaufen nicht, wogegen er die von seinem
Vorgänger erlassenen Verbote hinsichtlich des Weingebrauches bei
den Libationen wieder aufhob (Plinius).

Zu dem, was schon im allgemeinen Theile über den Gebrauch
des Weines bei den Römern gesagt wurde, seien uns noch folgende
Bemerkungen gestattet. Die Gewohnheit der Griechen, den Wein
mit Seewasser versetzt zu trinken, wurde von den Römern nicht aus
Ueberzeugung der Schmackhaftigkeit eines solches Gemisches, sondern nur desshalb nachgeahmt, weil man eben den Griechen nachahmen
wollte. Man trank in Rom fast nur mit Wasser vermischten Wein.
Fälschungen des Weines kamen schon damals vor, und zwar theils
mit Wasser, theils mit schlechteren Weinsorten, endlich auch mit
Hefe der besseren Sorten, wie Columella und Horatius melden,
welcher letztere unter Anderem sagt (Satiren Buch II. Cap. IV.
Vers 55.):

> Wer Surrenter Gewächs auffüllt mit Falernischem Weinsatz,
> Thut wohl, wenn er den Satz abkläret mit Ei von der Taube,
> Weil fremdartigen Stoff anziehet der sinkende Dotter.

Ueber die Weinfälschungen und, wenn man will, Weinverbesse-
rungen in Rom schrieben ausserdem noch Martial, Palladius und
Plinius. — Die Römer unterschieden die Weine nicht nur nach der
Abstammung, sondern auch nach der Farbe, und man sprach von dun-
kelrothen (welche die gewöhnlichsten waren), von röthlichen, gelben
und weissen Weinen. Man verstand sich sehr gut auf die Kunst, den
Geschmack des Weines durch Zusatz von Gewürzen zu verbessern,
und namentlich schätzte man den mit Myrrhe versetzten Wein. Schon
oben wurde auf die Abhandlung von Jakob Gretser verwiesen,
welche das Vinum myrrhinum betrifft. Die Gefässe, deren man sich
zur Aufbewahrung des Weines bediente, bestanden aus gebranntem
Thon; vor Einfüllung des Weines pichte man sie aus, und, wie Plinius, Palladius und Columella berichten, wurden sie mit See-
oder mit Salzwasser ausgespült, hernach mit Rebenasche ausgerieben
und endlich mit Myrrhe geräuchert. Erst nach der Zeit des Plinius
fingen hölzerne Weinbehältnisse an, allgemeiner zu werden. — Man
hatte in Rom mehrere Methoden der Weinveredelung; nach Plinius
wurde der Wein, in Thongefässen eingeschlossen, der Einwirkung
der Sonne ausgesetzt; auch bei Cato ist die Rede von einigen zum
Behufe der Veredelung vorzunehmenden Manipulationen. — Die Römer tranken ausser Traubenwein noch verschiedene Obstweine; sie
bedienten sich auch des Mostes, und es waren ihnen endlich auch
moussirende Weine bekannt.

Erwähnenswerth ist der Befehl des Kaisers Domitian, nach
welchem die Weinstöcke ausgerottet werden sollten, weil in Gallien

die Getreideernte die ungünstigsten, die Weinernte dagegen die besten Resultate ergab; indessen nahm der Tyrann jenen Befehl zurück, nachdem er den Vorstellungen des von den bedeutenderen Städten Kleinasiens abgesandten Rhetors und Sophisten Skopelian Gehör geschenkt.

Schon mehr als ein halbes Jahrtausend vor Christus erhielten die Gallier den Weinstock, und zwar, wie es sehr wahrscheinlich ist, von den Phokäern. In Marseille kam die erste Weinrebe sammt dem ersten Oelbaume an, und von Marseille aus verbreitete sich der Wein über den grössten Theil des heutigen Frankreich. Nach Plutarch umzäunten die Bewohner Marsiliens ihre Weinberge mit den Knochen der Erschlagenen. Strabo und Martial reden von den Weinen Galliens, in welchem Lande der Weinbau an Julius Cäsar einen Verehrer und Beförderer fand.

In England verhielt es sich mit der Weincultur niemals so gut, als in anderen Ländern, obgleich schon der König Alfred ein eifriger Beförderer derselben war. Der englische Wein stand stets hinter ausländischen Sorten, und England bezog die grösste Quantität seines Weinbedarfs stets aus andern Ländern. Im zehnten und elften Jahrhundert waren die Rheingegenden, in späteren Zeiten viele Orte des französischen Reiches die Bezugsquellen des Weines. Nach Henderson nahm der König von einer jeden nach England gebrachten Schiffsladung Weines eine Tonne vor und eine hinter dem Maste für sich in Anspruch, und im vierzehnten Regierungsjahre des Königs Johann soll der Werth dieser „Prisen-Weine" = 50 £ 11 Sh. gewesen sein. Zur Zeit der Besitznahme des heutigen Englands durch die Römer kannte man dort den Wein noch nicht.

Wenden wir uns zu dem lieben deutschen Vaterlande. Dritthalbhundert Jahre nach Christus liess Kaiser Probus den Wein in Deutschland pflanzen; die Weinberge um Mainz, Worms und Speier waren die ersten deutschen Pflanzstätten des Weines. Im Jahre 830 gab es Weingärten im Breisgau (Anton [49])). Karl der Grosse war ein sehr eifriger Beförderer der Weincultur, und in dem Capitulare de villis finden sich treffliche Verordnungen, welche die Weinpflanzung, Weinbereitung und Weinerhaltung angehen. Zur Verbreitung der Weincultur trugen die Klöster, Mönche und Pfaffen sehr viel bei, und man muss ihnen, unbekümmert um den wahren Grund ihrer Thätigkeit, in dieser Hinsicht nur Lob spenden. — In Anbetracht des Umstandes, dass eine zu ausführliche Darlegung der Geschichte des Weinbaues in Deutschland uns weit über die gesteckten Gränzen dieses Buches hinausführen würde, begnügen wir uns mit der Erwäh-

---

[49]) Anton, Gesch. d. teutsch. Landwirthschaft. Bd. I. pag. 410.

nung der bedeutendsten Punkte. Rüdesheim wurde schon 864 mit Weinbergen versehen. Im Jahre 1074 wurden die Rüdesheimischen Weingärten vermehrt. Gegen Ende des elften Jahrhunderts entstanden durch Thätigkeit der Mönche die Johannisberger Weinpflanzungen, und um dieselbe Zeit brachte Bischof Benno von Meissen die Weinpflanze nach Thüringen. Zu Anfange des zwölften Jahrhunderts gelangte der Weinstock durch Rheinanwohner nach der Altmark. In derselben Zeit war es, als Bischof Otto von Bamberg ein Fass voll Weinreben nach Pommern schaffen liess, um sie daselbst zu pflanzen. In Stendal, Tilsit, Königsberg, Göttingen [50]) und an vielen anderen Orten Norddeutschlands producirte man Wein.

Schon sehr frühe waren die französischen Weine wegen ihrer Vorzüglichkeit berühmt, und Champagner- und Burgunder-Trauben wurden schon vor Anfang des zehnten Jahrhunderts reichlich cultivirt und es wurde der aus ihnen gepresste Wein geschätzt und verehrt. Man darf aber keineswegs glauben, dass nur die von den Römern nach Gallien verpflanzten Weinstöcke in ihren Nachkömmlingen Frankreich mit Wein versorgten, sondern als gewiss annehmen, dass sich auch die Kreuzfahrer viele Verdienste um die Weincultur erwarben, indem sie Reben von Griechenland und Kleinasien aus nach Frankreich brachten. Wie u. A. Volz [51]) mittheilt, sollen schon im zehnten Jahrhundert Weinreben von Ungarn aus nach dem Elsass verpflanzt worden sein. — So viel über die allgemeinsten Verhältnisse der Weincultur und Weinbenutzung im Alterthume und über den Anfang des Weinbaues im Abendlande. Ausführliche Belehrung über letzteren Punkt findet man ganz besonders bei Carlowitz [52]).

Ueber die Cultur des Weinstocks schrieben ausser den schon oben Erwähnten noch Folgende: Raschen [53]), Janus Cornarus [54]), August Hauptmann [55]), J. P. Eberhard [56]), J. P. Knoll [57]), J. L. Christ [58]),

[50]) Anton, a. a. O. Bd. III. pag. 296.

[51]) Volz, a. a. O. pag. 436.

[52]) Carlowitz, a. a. O. pag. 68 u. fg.

[53]) Raschen, J., Weinbuch, vom Bau, Pflege und Brauche des Weines, und wie man Kräuterwein und Bier machen soll. München. 1581. 4.

[54]) Cornari, J., Theologiae Vitis viniferae libri III. Heidelbergae. 1614. 8.

[55]) Hauptmann, A., Insignes aliquot Viticulturae errores. Norimbergae. 1642. 8.

[56]) Eberhard, J. P., Unterweisung von der Weingärtnereischule. Darmstadt. 1697. 12.

[57]) Kurze Beschreibung und Unterricht des Weinbaues, nebst dem Weinarzt. Dresden. 1700. 8.

[58]) Christ, J. L., Vom Weinbau, Behandlung des Weines und dessen Verbesserung; desgleichen vom Bierbrauen nach englischen Grundsätzen. 3. Aufl. Frankfurt. 1800. 8.

J. C. Braun [59]), J. H. Kolbe [60]), J. C. Gotthardt [61]), J. S. Kecht [62]),
P. V. Engel und L. P. Krause [63]), G. H. Ritter [64]), J. A. Pecht [65]),
v. Recum [66]), v. Heintl [67]), J. Vaniere [68]), Orleans de Suave [69]),
Bidet [70]), Herbert [71]), Maupin [72]), J. M. Ortlieb [73]), Chaptal [74]),
Rozier, Chaptal, Dussieux und Parmentier [75]), Cadet de Veaux [76]),

[59]) Braun, J. C., Von dem Weinbau. Erfurt. 1795. 8.

[60]) Kolbe, J. H., Leichte und gründliche durch Erfahrungen erprobte Anleitung, die Weine durch sorgfältige Anlage und Bau der Weinberge, etc. zu veredeln, etc. Stuttgart. 1804. 8.

[61]) Gotthardt, J. C., Der theoretisch und praktisch unterrichtete Wein- und Kellermeister. Erfurt. 1806—08. 8.

[62]) Kecht, J. S., Versuch einer durch Erfahrung erprobten Methode, den Weinbau in Gärten und auf Bergen zu verbessern. 3. Aufl. Berlin. 1823. 8.

[63]) Engel, P. V., & L. P. Krause, Monatliche Anweisung zur Küchen-, Blumen-, Baum-, Wein- und Hopfengärtnerei. 7. Aufl. Leipzig. 1821. 8. [Ueber dieses Werk findet man sehr wichtige bibliographische Angaben bei Gatterer (a. a. O. pag. 9 u. fg.)]

[64]) Ritter, G. H., Die Weinlehre oder Grundzüge des Weinbaues, der Veredlung der Reben, ihrer Krankheiten und Heilart; der Gährung, Weinbereitung, der Analyse des Mostes und des Weines, etc. etc. etc. (Mainz.) 1817. 8.

[65]) Pecht, J. A., Der kunstreiche Wein- und Obstgärtner, oder etc. Würzburg. 1824. 8.

[66]) Recum, Kann mit gutem Erfolg ein ausgerottetes Weinbergs-Feld unmittelbar nach der Ausrottung etc., wieder mit Wein-Reben angepflanzt werden? Coblenz. 1828. 8.

[67]) Heintl, F. v., Der Weinbau, nach den zwölf Monathen des Jahres in zwölf Abtheilungen vorgetragen. Leipzig. 1831. 8.

[68]) Vaniere, J., Columbae et vites. Parisiis. 1696. 8.

Vaniere, J., Praedium rusticum. Tholosae. 1706. 12. [2 Bde]; Paris. 1707. 12. [10 Bde].

[69]) Orleans de Suave, Devis sur la Vigne, Vin et Vendage, etc. Paris. 1550. 12.

[70]) Bidet, Traité sur la nature et sur la culture de la Vigne, sur le Vin, façon de le faire, etc. Paris. 1752. 8.

[71]) Herbert, Discours sur la culture des Vignes. Dijon. 1756. 12.

[72]) Maupin, Nouvelle méthode pour cultiver la Vigne, etc. etc. Paris. 1763. 12. Und in einer grossen Anzahl anderer Schriften.

[73]) Ortlieb, J. M., Auf Erfahrung gegründete Anweisung und Plane zur Verbesserung der Landwirthschaft, vorzüglich des Rebbaues; eto. Strassburg. 1789. 8.

[74]) Chaptal, Abhandlung über den Bau, die Bereitung und Aufbewahrung der Weine. A. d. Frans. v C. W. Böckmann. Karlsruhe. 1801. 8.

[75]) Rozier, Chaptal, Dussieux & Parmentier, Traité théorique et pratique sur la culture de la Vigne, avec l'art de faire le Vin, les eaux de vie, esprits de Vin, Vinaigres etc. Paris. An IX. 8. [2 Bde.]

[76]) Cadet de Veaux, A. A., Instruction sur l'art de faire le vin. Paris. VIII. 8.

A. Jullien [77]), de Saussure [78]); Arnoldus Villanovanus [79]), Hieronymus Fracostorius [80]), Jacobus Präfectus [81]), Carlo Stephani [82]), Prosper Rendella [83]), Giovanni Battista Porta [84]), F. Folli [85]), B. Rapi [86]), G. V. Sodorini [87]), G. B. Tedaldi [88]), G. P. Perla [89]), Giuseppe Torre [90]); John Locke [91]); Cyrus Redding [92]) u. A. m. Ueber den Weinbau in einzelnen Ländern liefert Gatterer [93]) die ganze Litteratur bis zum Anfange der dreissiger Jahre dieses Säculum's. Die besten Werke der Neuzeit, welche den Weinbau behandeln, sind (ausser den schon auf vorhergegangenen Blättern genannten) die von Dornfeld [94]) und v. Babo [95]), weiter die Agronomische Zeitung von Hamm und die schon häufig citirten technischen ökonomischen Journale.

---

[77]) Jullien, A., Manuel de Sommelier, ou Instruction pratique sur la manière de soigner les Vins. 4. Aufl. Paris. 1826. 12.

[78]) Saussure, Methode des Weinbaues, den Weinstock ohne Dünger fortzupflanzen. A. d. Französ. Bern. 1775. 8.

[79]) Arnoldi de Villa nova, De Vinis. Venetiis. 1506. 4.

(Arnoldi de Villa nova,) Djser Tractat helt yn von bereytung der wein zu gesuntheyt vnd nutzbarkeyt der menschen. Strassburg. 1506. (Nicht paginirt) kl. 4.

[80]) Fracastorii, H., De vini temperatura sententia. Venetiis. 1534. 4.

[81]) Praefecti, J., Symposion de Vinis. Romae. 1536. 8. [Wichtig für Geschichte, Wirkung etc. des Weines ist die Schrift: Praefecti, J., De diversorum vini generum natura liber. Venetiis. 1559. kl. 8.]

[82]) Stephani, C., Il Vineto degli Orti, ed il Seminario. In Venezia. 1545. — Vergl. auch: Stephani, C., Vinetum. Parisiis. 1537. 8.

[83]) Rendella, P., Tractatus de Vinea, Vindemia et Vino. Venetiis. 1629. fol.

[84]) Porta, G. B., Villae. Libri XII. Francofurti. 1592. 4.

[85]) Folli, F., Dialogo intorno alla culture della Vite. Firense. 1670. 8.

[86]) Rapi, B., Modo di coltivare qual sisia genere di Viti, etc. Firense. 1714. fol.

[87]) Sondorini, G. V., Trattato delle coltivazione delle Viti et del frutto, che se ne puo cavare. Firenze. 1734. 4.

[88]) Tedaldi, J. B., Della cultura della Viti. Firenze. 1756. 8.

[89]) Perla, G. P., Instruzione per la coltivazione delle Vigne, Campi e Prati. Torino. 1772. 8.

[90]) Torre, G., Discorso economico sopra la cultura del albero della Vite etc. In Roma. 1787. 8. [2 Bde].

[91]) Locke, J., Observations upon the growth and culture of Vines and Olives, etc. London. 1766. 8.

[92]) Redding, C., A history and description of modern wines. London. 1833. 8.

[93]) Gatterer, a. a. O. pag. 26 u. fg.

[94]) Dornfeld, J., Die Wein- und Obstproducenten Deutschlands. Stuttgart & Tübingen. 1852. 8. pag. 1—437.

[95]) Babo, L. v., Der Weinbau nach der Reihenfolge der vorkommenden Arbeiten, nebst Anleitung zur Bereitung und Pflege des Weines. 2. Aufl. Frankfurt a. M. 1855. 8.

Man gestatte mir noch einige Worte über das Verhältniss des Weines und seiner Cultur in der neuen Welt. Der Weinstock ist auch in Amerika theils zu Hause, theils wurden dessen in der alten Welt einheimische Spielarten nach dem neuen Continente verpflanzt. Schon Columbus und seine Begleiter sahen den Weinstock auf Hispaniola. Europäischen Wein brachten die Spanier schon sehr frühe nach Süd-Amerika: allein, wie Humboldt mittheilt, verbot die portugiesische Regierung den Anbau des Weines, und sie ging so weit, dass sie befahl, die Weinstöcke auszurotten.

Ueber die Verhältnisse der Production und des Consums der verschiedenen Weinsorten können wir uns unmöglich ausführlich verbreiten; es kann daher hierüber nur andeutungsweise gehandelt werden. Gute statistische Zusammenstellungen lieferten Redding [95]), Kölges [96]), Dornfeld [97]), Berghaus [98]), ganz sonderlich aber v. Reden [99]), und müssen wir auf die des Letzteren hauptsächlich verweisen. Nach Berghaus wurden im Jahre 1831 in Frankreich an eigentlichen Weinen zusammen 81,821,373 Litres (im Werthe von 27,922,554 Franken) und an Liqueur-Weinen zusammen 2,753,499 Litres (im Werthe von 4,130,250 Franken) ausgeführt; Grossbritannien und Irland führten aus: im Jahre 1825 Gallonen 8,009,542 und im Jahre 1835 Gallonen 6,420,342 (Imperial-Maass) von allerhand, indess fast nur ausländischen Weinen. Nach Berghaus's annäherungsweiser Bestimmung liefert ganz Europa im Durchschnitt jährlich 121,410,000 Eimer Wein; indem er den Preis eines jeden Eimers im Mittel auf zehn Thaler Courant rechnet, kommt er zu dem Ergebnisse, dass durch die Weincultur in Europa jährlich die Summe von eintausend zweihundert und vierzehn Millionen Thaler umgesetzt werde. Nach Reden beträgt der jährliche Weinertrag im Durchschnitt: a. in den deutschen Staaten [mit Einschluss der ausserdeutschen Besitzungen der beiden Grossstaaten] 36,774,922; b. in Frankreich 53,556,000; c. in Russland 1,338,000; d. in Belgien 3900; e. in der Schweiz 1,310,000; f. in Portugal (ohne Madeira) 2,856,000; g. in Spanien 14,800,000; h. in Sardinien [damals noch ohne die Lombardei] 5,880,000; i. in Toskana 2,111,000; k. in Parma und Modena 2,091,000; l. im Kirchenstaate 2,091,000; m. in Neapel und Sicilien 4,914,000;

[95]) Redding, C., A history and description of modern wines. London. 1833. pag. 54. und an vielen anderen Orten.

[97]) Kölges, B., Bibliothek der gesammten Weinbau-, Weinbereitungsund Weinerziehungskunde. Frankfurt a. M. 1848. pag. 21 u. a. viel. a. O.

[98]) Dornfeld, a. a. O.

[99]) Berghaus, H., Allgemeine Länder- und Völkerkunde. Stuttgart. 1837—44. Bd. III. pag. 250 u. fg.

[100]) Reden, F. W. v., Deutschland und das übrige Europa. Handbuch der Bodens-, Bevölkerungs-, Erwerbs- und Verkehrs-Statistik; des Staatshaushalts und der Streitmacht. Wiesbaden. 1854. 8. pag. 121 u. fgg.

n. in Ionien 233,000; o. in Griechenland 609,000; p. in der Türkei (Ausfuhr) 85,000; also in allen den bezeichneten Ländern zusammengenommen 127,821,822 preussische Eimer. — Nach Froissard [101]) soll sich schon im Jahre 1350 die Weinausfuhr aus Bordeaux auf 13429 Tonnen belaufen haben. Im Jahre 1544 gewann man an märkischen Weinen 2188 Fass rother und 3884 Fass weisser Sorten.

Schon die ältesten Schriftsteller haben, wie theilweise schon oben gezeigt wurde, von verschiedenen Weinsorten gehandelt, und die grösste Mehrzahl der Wein-Autoren des Mittelalters und der Neuzeit schenkte diesem Gegenstande viele Aufmerksamkeit. Doch erst der neueren und neuesten Zeit war es vorbehalten, die chemische Charakteristik der Weinarten aufzustellen und zu begründen, und hiemit beginnt erst die eigentliche Kenntniss der Weine, die Wein-Wissenschaft. Einer der gefeiertsten Wein-Schriftsteller des Mittelalters, der italienische Arzt Andreas Baccius [102]), handelt ausführlich von den Sorten der Weine, besonders der italienischen, und sein Werk verdient auch in anderer Beziehung Beachtung.

Anhaltepunkte für die Unterscheidung der verschiedenen Arten des Weines sind: das Heimathland des Weines, seine physikalisch-chemische Beschaffenheit und sein Alter, endlich der Umstand, ob er ein natürlicher oder künstlich erzeugter. Das Alter des Weines steht, wie auch noch weiter unten gezeigt werden wird, mit seiner physikalisch-chemischen Beschaffenheit im engsten Zusammenhange. Wir wollen bei Unterscheidung der Weine in alkoholreiche, säuerliche, süsse, adstringirende und kohlensäurereiche bleiben. Bei Balling [103]) ist noch die Rede von gefeuerten, von Gewürz- und von gefrorenen Weinen. Zu den alkoholreichen gehören die Malaga-, Xeres-, Madeira-, Muskat-, Roussillon-, einige Rheinweine und der Portwein; zu den säuerlichen mehrere Rheinweine, die sächsischen, die österreichischen, die Saal- und die Frankenweine; zu den süssen Weinen, welche man auch Secte nennt, zählt eine grosse Menge von Südweinen und mehrere Ungarweine, so z. B. Ruster, Tokayer; zu den adstringirenden zählt man die Bordeaux- und Burgundischen Weine und die meisten Rothweine; unter den kohlensäurereichen Weinen nimmt der Champagner die oberste Stelle ein, gleichgültig ob

---

[101]) Volz, s. a. O. pag. 437.

[102]) Baccii, A., De naturali vinorum historia de vinis [Italiae et de conviviis Antiquorum libri septem. Romae. 1596. fol. pag. 208 u. fg.

[103]) Balling, C. J. N., Die Gährungschemie wissenschaftlich begründet und in ihrer Anwendung auf die Weinbereitung, Bierbrauerei, Branntweinbrennerei und Hefenerzeugung praktisch dargestellt. Prag. 1845—47. 8. Bd. 1. pag. 279.

in der Champagne oder an einem anderen Orte erzeugt; ausser diesem schliessen sich noch die moussirenden Rheinweine und sonstigen Schaumweine an. Vom Alkoholgehalte, wie überhaupt von den chemischen Beziehungen dieser verschiedenen Weinsorten, weiter unten. — Von dem gefeuerten Weine gibt Balling folgende Definition: „Wein aus Weinmost erzeugt, welchen man durch künstliche Erwärmung zur schnellen Vergährung in wenigen (3—4) Tagen gebracht hat, nennt man gefeuerten Wein." Obgleich diese Weine lieblich zu trinken sein sollen, sind sie doch von keiner Haltbarkeit. — Gleich den gefeuerten und vielen moussirenden Weinen gehören auch die gefrorenen und die Gewürzweine in die Kategorie der Artefacte. Bei grösseren Kältegraden scheiden sich nicht unbedeutende Wasserquanta im Weine in Form von Eis aus, nach dessen Entfernung der Wein natürlich alkoholreicher ist; man lässt, um die Weine stärker zu machen, dieselben gefrieren, wobei aber zu bemerken, dass kohlensäurereiche Weine durch solche Behandlung die Eigenschaft zu schäumen verlieren. Gefrorene Weine sollen besonders angenehm schmecken und das Ansehn alter Weine annehmen. Zur Bereitung der Gewürzweine gibt es viele Vorschriften; doch ist es der Erfahrung gemäss am vortheilhaftesten, die betreffenden Gewürzstoffe erst dann dem Weine zuzusetzen, wenn dieser völlig ausgegohren; weiter auch, die Gewürze als solche, nicht aber deren wässerige, alkoholische oder ätherische Extracte anzuwenden. Im Mittelalter spielten die Gewürzweine eine grosse Rolle, wie man aus den Kochbüchern ersieht; nicht hunderte, sondern tausende von Recepten wurden niedergeschrieben für die Darstellung guter Gewürzweine; heutzutage findet man Gewürzweine weit seltener, und auch in den Pharmakopöen hat deren Zahl abgenommen; in der letzten preussischen Pharmakopoe [104]) wird nur von einem solchen Weine geredet, nämlich vom Vinum camphoratum. Wie Bengt Bergius [105]) mittheilt, liebte man im sechszehnten Jahrhundert am schwedischen Hofe die süssen und gewürzhaften Weine; man trank Malaga, Alicante, Muskateller, Oberungar, Malvasier, Claret, Luthertrank, Hypokras [106]) u. s. w. Zu bemerken ist noch, dass Bergius vierundsiebenzig verschiedene Weinarten in al-

---

[104]) Pharmacopoea Borussica. Editio sexta. Berolini. 1846. 4. pag. 265 u. fg.

[105]) Bergius, B., Ueber die Leckereyen. A. d. Schwed. mit Anmerk. von J. R. Forster und K. Sprengel. Halle. 1792. 8. Bd. I. pag. 294.

[106]) Unter dem Namen Hypokras existirte im Mittelalter eine Art Gewürzwein, zu dessen Bereitung eine Unzahl von Recepten niedergeschrieben wurde. Man nahm zur Darstellung dieses Getränkes entweder weissen oder rothen Wein, den man mit Ambra, Moschus, allerhand Gewürzen, Citronen, Apfelschnitten u. dgl. m. versetzte.

phabetischer Ordnung aufzählt, kleine Erläuterungen hinzufügend, und
damit eine auch noch heutigen Tages brauchbare und übersichtliche
Skizze entwirft.

Aus der Entwicklung der chemischen Verhältnisse des Wein-
Getränkes wird sich der Unterschied der verschiedenen Weinsorten
sehr deutlich ergeben, wesshalb es mir durchaus unnöthig scheint,
eine detaillirte Schilderung der einzelnen Arten des in Verhandlung
stehenden Getränkes vorzunehmen. Gegen die Mitte des vorigen Jahrhunderts wurde der Wein zuerst analysirt, wenn wir vom Analysiren
im jetzigen Sinne sprechen. Bei M. Alberti [107], J. Junker [108] und
Carlucci [109] findet man die ersten Zerlegungen des Weines, und
nach jenen drei Männern haben sich Tessier du Closeau [110], Giovanni Fontana [111], S. C. Titius [112], Simon Merclot [113], C. W.
Böckmann [114], Fabbroni [115], Thenard, Proust [116], Chaptal [117]),
Labadie, Cadet de Veaux [118], Gay-Lussac [119], W. T. Brande [120]), J. Fontenelle [121], J. W. Döbereiner [122], C. Beck [123]),
Stickel [124], C. Geromont [125], Christison [126], Clary [127], Bouys-

107) Alberti, M., De fermentatione vinosa. Halae. 1736. 4.
108) Becker, a. a. O. I. 2. pag. 991.
109) Carlucci, L., Dissertazioni chymico-fisiche sopra l'analise del vino
e dell' uso que ottiene nel suo spirito. Napoli. 1756. 8.
110) Journal de Physique. Bd. XXXI. [1789.]
111) Memorie della Società agraria. Bd. IV. [Turin. 1789.] pag. 175.
Vergl. bei Becker, a. a. O.
112) Titii, S. C., Programma de sedimento tartareo ex vinis franco-gal-
lis per frigus extensius extricato. Wittembergae. 1799. 4.
113) Göttingische gelehrte Anzeigen. 1804. Stück XX.
114) Gehlen, Allg. Journal der Chemie. [1804.] Bd. II. pag. 502 u. fg.
115) Annales de Chimie. Bd. XXX. pag. 113 u. fg. 222 u. fg.
116) Annal. de Chim. Bd. LVI. pag. 225 u. fg.
117) Annal. de Chim. Bd. XXXV. pag. 240 u. fg.; Bd. XXXVI. pag.
3 u. fg., 113 u. fg., 225 u. fg.; Bd. XXXVII. pag. 3 u. fg. u. in viel. a. Bdn.
118) Scherer, A. N., Allgem. Journal der Chemie. Bd. V. [Leipzig.
1800.] pag. 719 u. fg.
119) Annales de Chimie. Bd. LXXXVI. pag. 175 u. fg.
120) Journ. de Pharmacie et de Chimie. Bd. VI. [1820.] pag. 282 u. fg.
121) Journ. de Chim. méd. Bd. III. [1827.] pag. 332 u. fg.
122) Schweigger-Seidel, Journ. für Chemie und Physik. Bd. LXIII.
pag. 475 u. fg.
123) Journal für praktische Chemie. Bd. V. pag. 228 u. fg.
124) Journal f. prakt. Chem. Bd. IX. pag. 167 u. fg.
125) Annalen der Pharmacie. Bd. XVII. pag. 158 u. fg.
126) L'Institut. 1840. No. 326. (pag. 112.) — Annal. d. Chem. u.
Pharm. Bd. XXXVII. pag. 125 u. fg.
127) Journ. de Chim. méd. Bd. XIX. [1843.] pag. 445 u. fg.

son [128]), Jacob [129]), J. Fauré [130]), Duroziez [131]), Lassaigne [132]), Hitcock [133]), Filhol [134]), Fresenius [135]), Boussingault [136]), Fehling [137]), Zierl [138]), Joss [139]), Mulder [140]) und die noch später zu erwähnenden Forscher damit beschäftigt. In Betreff der älteren Untersuchungen bemerken wir nur, dass die Arbeiten Chaptal's sowohl in Hinsicht ihres Umfanges als der durch sie zu Tage geförderten Facta durch lange Zeit den ersten Rang behaupteten, und ihnen erst die Forschungen der Neuzeit diesen Rang streitig machten; weiter erwähne ich, dass Gay-Lussac die Existenz des Alkohols im Weine feststellte, und Brande Untersuchungen zum Behufe der Bestimmung des Zustandes anstellte, in welchem sich der Weingeist in gegohrenen Flüssigkeiten befindet. Brande war unseres Ermessens einer der Ersten, welche den Alkoholgehalt der Weine genauer bestimmten. Döbereiner wies Ammoniak in den Weinen nach, und Christison machte umfangreichere Untersuchungen über das Alkoholquantum in den Weinen. — Fassen wir Alles zusammen, was aus den Untersuchungen der genannten Männer und aus den Forschungen der neuesten Zeit resultirte, so verhält es sich um die Chemie der Weine folgender Maassen.

Der wesentlichste Bestandtheil des Weines ist der Alkohol; er kommt in den verschiedenen Weinen in den verschiedensten Mengen vor, wie weiter unten anschaulich gemacht werden wird; in den stärksten Weinen ist der Alkohol bis zu 20% und darüber enthalten, so z. B. im Portweine, und die Quantität des Alkohols ist stets der Maassstab für die sogenannte Kraft des Weines. Ausser Alkohol enthält der Wein eine Anzahl Aetherarten, welche man das Bouquet oder die Blume des Weines genannt hat; von der Menge dieses Stoffes ist der Geruch und das Liebliche des Weines abhängig. Lie-

---

128) Journal de Chimie médicale. Bd. XIX. pag. 450 u. fg.

129) Ibidem. pag. 519 u. fg.

130) Ibidem. Bd. XX. pag. 280 u. fg.

131) Journal de Pharm. Neue Folge. Bd. VI. [1844.] pag. 200 u. fg.

132) Journ. de Chim. méd. Bd. XX. pag. 472.

133) The Edinburgh new Philosophical Journal. Bd. XXXVII. pag. 176.

134) Dingler, Polytechn. Journ. Bd. CI. pag. 287. 482.

135) Ebendas. Bd. CVII. pag. 289. — Annalen d. Chem. u. Pharm. Bd. LXIII. pag. 384.

136) Dingler, Polytechn. Journ. Bd. CXII. pag. 306.

137) Polytechnisches Centralblatt. Von Hülsse, Stöckhardt etc. 1850. pag. 739 u. fg.

138) und 139) Balling, a. a. O. Bd. I. pag. 286 u. fg.

140) Mulder, G. J., De Wijn scheikundig beschouwd. Rotterdam. 1855. 8. pag. 106 u. fg.

big und Pelouze [141]) haben sich zuerst mit der Isolirung des Oenanthäthers beschäftigt und diesen in ungemein kleiner Menge aus
den Weinen erhalten. Fraglicher Oenanthäther ist die Verbindung
der önanthyligen Säure mit Aethyloxyd. Ohne uns auf nähere Auseinandersetzung chemischer Verhältnisse einzulassen, erwähnen wir,
dass der Oenanthäther, den man auch mit dem Namen des Wein-
äthers belegte, in allen Weinen vorkommt, während die von Liebig und Anderen entdeckten übrigen Aetherarten, als da sind buttersaures, essigsaures und valeriansaures Aethyloxyd, in gewissen Weinarten vorkommen und, wie schon angedeutet, in Verbindung mit dem
Oenanthäther die Besonderheit der Weinblume ausmachen. Ich weiss
nicht, warum man nur die letzten drei Aetherarten als Bouquet des
Weines zu bezeichnen geneigt ist; meines bescheidenen Ermessens bilden
alle Aetherarten des Weines zusammengenommen dessen Blume. Es
ist in Betreff des Weinbouquets noch zu erwähnen, dass Mulder [142]),
der sich überhaupt um die Chemie des Weines sehr bedeutende Verdienste erwarb, die Weinblume auf eine Art entstehen lässt, welche
der ursprünglichen Liebig'schen Anschauung nicht entspricht, da sich
diese auf den Oenanthäther bezieht. Mulder hält nämlich dafür, dass
bei Eintritt der geistigen Gährung die Bildung von weinsteinsaurem Aethyl-
oxyde beginne, woraus im Laufe der weiteren Fermentation essigsaures
und buttersaures Aethyloxyd entstehen. In Hinsicht der Menge des im
Weine enthaltenen Oenanthäthers geht aus Mulder's Untersuchungen
hervor, dass in keinem Weine mehr als $1/400$ Procent jenes Stoffes
enthalten ist. Eine wichtige, hier nicht zu übergehende Angabe über
die Entstehung der Weinblume machte Bouchardat [143]): erst drei
bis vier Jahre nach der ersten Gährung entstehe das Bouquet des
Weines, und zwar nur in solchen Weinen, welche man aus ganz reifen Trauben darstellte. Ausser den namhaft gemachten Aethern will
man auch Aldehyd im Weine gefunden haben: Labens [144]). — Ueber die Weinblume schrieben noch Stickel, Zenneck [145]), Bley [146]),
Creuzburg [147]), A. Rautert [148]) u. A.

[141]) Journal für praktische Chemie. Bd. IX. pag. 171. — Weiter in:
Annales de Chimie et de Physique. Bd. LXIII. pag. 113 u. fg.
[142]) Mulder, a. a. O. pag. 258 u. fg.
[143]) Journal de Pharmacie etc. Neue Folge. Bd. VI. [1844.] pag.
26 u. fg.
[144]) Ebendaselbst. 3. Reihe. Bd. XXVII. pag. 41.
[145]) Buchner, Repertorium für die Pharmacie. 2. Reihe. Bd. VIII.
[1836.] pag. 72 u. fg.
[146]) Ebendaselbst. 2. Reihe. XIX. [1840.] pag. 301 u. fg.
[147]) Journal für praktische Chemie. Bd. X. pag. 283 u. fg.
[148]) Dingler, Polytechnisches Journal. Bd. CXLIII. pag. 71 u. fg. —
Chem. Central-Blatt für 1857. pag. 56 u. fg.

Die weiteren Bestandtheile des Weines sind Wasser [natürlich in Bezug auf das Gewicht den Hauptbestandtheil ausmachend], Zucker, Bitterstoffe, Farbstoffe, Gerbsäure und andere organische Säuren, endlich Salze und andere Mineralstoffe. Der schon oben erwähnte Fauré wollte im Weine einen besonderen Stoff gefunden haben, welchem er den Namen Oenanthin beilegte; Mulder hat gezeigt, dass dieses Oenanthin eine Art Gummi ist, und Fauré erklärte, es sei dieser Stoff in alten Weinen in grösserer Menge enthalten als in jungen. Ueber den Fettgehalt des Weines [sehen wir jetzt ganz von den Traubenkernen ab, in welchen Fett nachgewiesen wurde, u. A. durch den schon oben namhaft gemachten Fontenelle] hat Mulder [149]) berichtet; er hält dafür, dass das Fett im Weine in Form einer fetten Säure enthalten sei: „Dit vet is in den wijn als een vetzuur voorhanden," etc., und theilt mit, es habe Herr Oudemans in 1875 Grammen Weines 0,105 Gramm Fett, d. i. in hunderttausend Theilen Wein sechs Theile Fett gefunden.

Was die mineralischen Bestandtheile des Weines betrifft, so mag zuerst erwähnt werden, dass der Apotheker C. Pfeiffer in Trarbach [nicht aber Karl Graff, wie man hier und da, so z. B. Moleschott [150]), fälschlich angibt] im Obermoselweine (nebst Alkohol, Essigsäure, Wasser, Weinsteinsäure, Apfelsäure, weinsaurem Kali und Kalk etc.) Chloraluminium und apfelsaure und essigsaure Magnesia fand [151]). Boussingault, Houzeau und Bouchardat haben ansehnliche Mengen von Magnesia in französischen und auch deutschen (elsässischen) Weinen entdeckt. Auch Eisen und Kupfer wurden im Weine nachgewiesen; Fauré fand nämlich in den französischen Weinen sehr kleine Quantitäten weinsauren Eisenoxydes, und Peretti, der chemische Forschungen über Traubenkrankheit anstellte [152]), wurde durch seine Untersuchungen zu dem Ergebnisse geführt, dass Kupfer in römischen Weinen neben dem Eisen vorkomme. Mulder ist geneigt, im Bourgogne-Weine, der wenig freie Weinsäure enthält, die dunklere Farbe von darin enthaltenem gerbsaurem Eisenoxyde herzuleiten. — Chatin [153]) posaunte in die Welt, er habe das Jod in allen Weinen gefunden, wesshalb er denn jenen Stoff als Bestandtheil des Weines überhaupt betrachte; seine Forschungen beziehen sich zu-

---

[149]) Mulder, G. J., De Wijn etc. pag. 198.

[150]) Moleschott, J., Physiologie der Nahrungsmittel. Giessen. 1859. 8. pag. 440.

[151]) Graff, K., Der Moselwein als Getränk und Heilmittel. Nebst einem Anhange über den Weinhandel an der Mosel. Bonn. 1821. pag. 19 u. 20.

[152]) Archiv der Pharmacie. 2. Reihe. Bd. LXXX. pag. 308.

[153]) Journ. de Pharmacie etc. 3. Reihe. Bd. XVIII. pag. 243.

meist nur auf die französischen Weine, von denen im Champagner am wenigsten, in einigen rothen Burgunderweinen grössere Mengen Jods enthalten sein sollen; die Menge der im Weine vorkommenden Jodine lässt Chatin vom Boden abhängen. [Es ist dies derselbe Chatin, der grössere Untersuchungen über die Verbreitung des Jod in der Natur vornahm.] — Halten wir uns an die Weinasche im Allgemeinen, welche ausser den schon bezeichneten feuerfesten Weinbestandtheilen Chloralkalimetalle, schwefelsaures Natron, phosphorsaure Thonerde (nach Fauré) und andere gewöhnliche Aschencomponenten enthält, so müssen wir die Untersuchungen des spanischen Professors Man. Saenz Diez [154]) als die neuesten bezeichnen; sie beziehen sich auf Rheinweine, mit deren Aschengehalt es sich verhält wie folgt: es hinterlässt an Aschenprocenten der (1853.) Deidesheimer 0,1498; der (1822.) Marcobrunner 0,1946; der (1848.) Rüdesheimer 0,1790; der (1852.) Dürkheimer 0,1767; der (1852.) Neustadter 0,1177; der (1846.) Hochheimer 0,1800; der (1842.) Niersteiner 0,1273; der (1842.) Johannisberger 0,1200; der (1848.) Assmannshäuser 0,2268; der (1846.) Oberingelheimer 0,2750; etc.

Freie Säure kommt in allen Weinen vor, und ebenso enthalten alle Weine Verbindungen der organischen Säuren mit anorganischen Basen. Die wichtigste jener Säuren ist die Weinsteinsäure, deren Verbindung mit Kali, der Weinstein, schon zu den ältesten Zeiten bekannt war und später in der Alchemie eine sehr bedeutende Rolle spielte; wer kennt nicht jene Unzahl von Weinsteinpräparaten, die fast den halben Arzneischatz ausmachte? Die Weinsteinsäure kommt im Weine ferner noch gebunden vor an Kalk und Thonerde. · Nach Mulder beträgt die Menge der im Weine enthaltenen freien Weinsteinsäure zwei bis sieben Theile in tausend Theilen Wein, und ist die Weinsäurequantität im Bordeauxweine geringer als in allen anderen Weinsorten. Es ist bekannt, dass Weinstein in Alkohol unlöslich ist; enthält ein weingeisthaltiges Fluidum Weinstein aufgelöst, so scheidet sich dieser in demselben Maasse aus, in welchem die Menge des Alkohols zunimmt, und dies ist der Grund, warum sich Weinstein aus lagerndem Weine ausscheidet, warum der Geschmack des Weines mit der Zeit des Lagerns an Güte zunimmt. — Die Traubensäure macht in vielen Weinen eine Begleiterin der Weinsteinsäure aus; namentlich ist sie in den rothen Weinen enthalten (Mulder). Apfelsäure zeigt sich im Weine in der Regel, doch ist die Menge dieser Säure, wenngleich variirend, doch immer nur klein; in jenen Weinen, welche aus Aepfeln, Birnen und Beeren bereitet wurden, ist das

---

· 154) Annalen der Chemie und Pharmacie. Bd. XC. pag. 305 u. fg. — Chem.-Pharmaceut. Central-Blatt für 1854. pag. 650 u. fg.

Quantum der Apfelsäure bedeutender als im echten Traubenweine. Es wurde bisher noch nicht genügend festgestellt, ob die von älteren Chemikern (Chaptal, Proust) als Bestandtheil des Weines erachtete Citronensäure wirklich constant im Weine vorkommt. Dagegen kommen sehr kleine Mengen von Essigsäure in allen Weinen vor, und nach Mulder enthalten die Weine 0,025 bis 0,175% von fraglicher Säure, wenn diese als wasserfrei in Anschlag gebracht wird. Mulder untersuchte rothen Bordeauxwein auf Milchsäure, konnte aber zu keinem anderen Resultate kommen, als dass dieselbe kein Bestandtheil jenes Weines ist. Die Gerbsäure und die Kohlensäure sind noch zu nennen von den Säuren des Weines; die letztere kommt vor in allen Weinen, namentlich, und zwar in grösster Menge, in den moussirenden; die Gerbsäure ist Bestandtheil aller Weine, in einigen rothen aber ist ihre Quantität am grössten, so z. B. im Ofner Weine.

Nach Mulder enthält der Wein geringe Mengen von Eiweiss; derselbe Chemiker bemerkt auch, dass Weine, welche relativ grössere Eiweissquanta aufweisen, nicht gut aufbewahrt werden können.

Ehe wir den Alkoholgehalt der Weine näher betrachten, sei uns gestattet, einige Worte dem Zucker und den Farbestoffen des Weines zuzuwenden. Der Zucker des Weines besteht aus Schleimzucker und wohl auch sehr kleinen Mengen Traubenzuckers, aus welchem jene Zuckerart hervorging. Frühere Analytiker haben dem Zuckergehalte die entsprechende Aufmerksamkeit geschenkt, und aus neuester Zeit haben wir über diesen Gegenstand besonders von Diez und von H. Bence Jones [155] Aufschlüsse erhalten. Kersting [156] fand in den Weinen der Bergstrasse aus den Jahrgängen 1834 und 1846 an Zucker 0,15 bis 0,28%; Mayer [157] fand in Malaga-Weinen im Mittel 0,130% Zucker; Bence Jones wies nach in einer Unze Weines Grane Zucker: im Paraxette 94, im Samos 88, im Tokayer 74, im Malmsy 56 bis 66, in Portweinen 16 bis 36, im Champagner 6 bis 28, im Madeira 6 bis 20, im Scherries 4 bis 18; Diez kam zur Erkenntniss der Existenz folgender Zuckergehalte: (1853.) Deidesheimer 3,199; (1822.) Marcobrunner (Auslese) 2,394; (1848.) Rüdesheimer 2,450; (1852.) Dürckheimer 2,131; (1852.) Neustadter 1,916; (1846.) Hochheimer 1,640; (1842.) Niersteiner 1,852; (1842.) Johannisberger 2,059; (1848.) Assmannshäuser 2,510; (1846.) Oberingelheimer 2,541; etc.

---

155) The Chemical Gazette. London. 1854. pag. 35 u. fg. — Chem.-Pharmaceut. Central.-Blatt für 1854. pag. 273 u. fg.

156) Archiv der Pharmacie. 2. Reihe. Bd. LXII. pag. 65.

157) Moleschott, J., Physiologie der Nahrungsmittel. 2. Aufl. Giessen. 1859. pag. 244. der analytischen Belege.

Lässt man den Most ohne die Schalen der Weintrauben gähren, so bekommt man weisse, anderen Falles rothe Weine. Was nun die Pigmente der Rothweine betrifft, so sind sie nach Mulder alle mit einander identisch: also in allen Rothweinen ist ein und derselbe Farbstoff enthalten; Mulder hat fragliches Pigment isolirt und es als einen im trockenen Zustande schwarzblauen, in den gewöhnlichen Menstruen unlöslichen Körper beschrieben; im Weine wird es aufgelöst erhalten durch den Alkohol und die Weinsteinsäure, und der Farbenton des Rothweines ist nicht nur von dem Quantum des Farbestoffs, sondern auch von der Menge von Wasser, Alkohol, Weinsteinsäure und, wenn man will, auch von der Essigsäure abhängig. Auf die Farbe des Weines haben auch die Gerbsäure und deren Umsetzungsproducte Einfluss. Batillot [158]) hält dafür, dass in den rothen Weinen zwei Farbestoffe existiren, von denen er den einen mit dem Namen Rosit, den andern mit Purprit belegte. Der Bodensatz alter Weine soll fast ausschliesslich aus Purprit bestehen, während Rosit mehr von jungen Weinen abgelagert wird. — Ueber die Natur des Farbstoffes oder der Farbstoffe der weissen Weine ist man noch nicht einig geworden; doch glaube ich, dass in diesen Weinsorten eher eigene Pigmente, als die Zersetzungsproducte von Gerbsäure u. s. w. die gelbe Farbe bedingen.

Der Alkohol verdient als Hauptbestandtheil des Weines die grösste Aufmerksamkeit und Würdigung, und die Bestimmung seiner Menge im Weine war der Angelpunkt der meisten Analytiker. Ohne weitschweifige Vorbemerkungen sollen hier diejenigen Facta erwähnt werden, welche für die hygieinisch-medicinische Weinlehre von positiver Bedeutung sind. Nach H. Bence Jones sind an Volumprocenten Alkohols enthalten im Portweine 20,7 bis 23,2; im Sherry 15,4 bis 24,7; im Madeira 19,0 bis 19,7; im Marsala 19,7 bis 19,9; im Claret 9,1 bis 11,1; im Burgunder 10,1 bis 13,2; in den Rheinweinen 9,5 bis 13,0; in den Moselweinen 8,7 bis 9,4; im Champagner 14,1 bis 14,8. Diez fand in Rheinweinen folgende Gewichtsprocente an Alkohol: a. in Weinen aus dem Jahre 1842; Geisenheimer 9,86; Niersteiner 8,34; Musbacher 8,50; Johannisberger 8,10; b. aus dem Jahre 1846; Oberingelheimer 9,38; Rüdesheimer 9,38; Hochheimer 9,30; Deidesheimer 8,82; c. aus dem Jahre 1848; Deidesheimer 9,78; Rüdesheimer 9,22; Oppenheimer 8,34; Assmannshäuser 9,06; Pisport 8,74; Scharlachberger 8,26; d. aus dem Jahre 1852; Dürkheimer 9,22; Forst 9,06; Neustadter 7,70; e. aus dem Jahre 1853; Deidesheimer (Traminer) 9,14; Ungsteiner 9,06; Deidesheimer 9,06; ferner (1822.) Marcobrunner 9,86; (1834.) Rauenthaler 9,78; (1834.) Hatten-

---

158) Dingler, Polytechnisches Journal. Bd. CX. pag. 66.

heimer 9,62; (1850.) Edenkober 8,26. Ueber die chemische Zusammensetzung, namentlich den Alkoholgehalt, der würtembergischen Weinsorten forschte Bronner [159]); er fand das Alkoholvolum schwankend zwischen 8,39 und 11,32 in hundert Raumtheilen Weines; im Carmeliter-Weine von 1783 wurde die geringste, im Kleinheppacher vom Jahre 1846 die grösste Alkohol-Raummenge gefunden; andere Weine, wie Mundelsheimer, Trollinger, Clevner, lagen in Hinsicht des Alkoholgehalts zwischen beiden. Brande fand Volumprocente Alkohols: im Portweine 19,82 bis 23,92; im Madeira 17,91 bis 22,61; Lacrymae Christi 18,24; Xeres 17,00 bis 18,37; Cap-Muscat 17,00; weissen Hermitage 16,14; Malaga 15,98; Roussillon 15,96; Bordeaux 11,95 bis 15,11; Bourgogne 11,00 bis 12,32; Champagner 11,84; Burgunder 11,06 bis 13,34; Frontignac 11,84; Tokayer 10,46; und in Obstweinen: Rosinenwein 23,86; Johannisbeerenwein 19,03; Stachelbeerenwein 10,96; Hollunderbeerenwein, Apfel- und Birnenwein 9,14. Herr Vlaaderen [160]) wies nach Volumprocente Alkohols: in Madeira-Weinen 19,1 (Mittel der Analysen von zwölf Sorten); in den Tenerife-Weinen durchschnittlich 18,8; in Rheinweinen 10,6; in Portweinen 19,3. — Aus dem bisher über den Alkoholgehalt der Weine Gesagten geht nun klar und deutlich hervor, welche Weine reich und welche arm an Alkohol sind. Südweine enthalten nun mehr Alkohol als die Weine nördlicher Gegenden, auch sind jene zuckerreicher wie diese, die nördlichen Weine dagegen reicher an Säure als die südlichen. Secte oder Liqueurweine werden, sieht man von künstlichen Weinen ab, weit mehr durch Süd- als durch Nord-Weine vertreten.

Die Lehre von der Erzeugung des Weines gehört nicht hieher; der technischen Chemie, chemischen Technologie und Oekonomie liegt es ob, dieselbe zu erläutern. Ich glaube daher wohl daran zu thun, wenn ich alle diejenigen, welche die Weinerzeugung zum Gegenstande ihres Studiums machen wollen, auf Kölges, Balling, Schubarth [161]), Payen [162]), Wagner [163]) und Dingler's polytechnisches Journal verweise. — Dasselbe gilt auch von der Erzeugung künstlicher Weine. Bekanntlich existiren grosse Fabriken, in denen Weine aus ihren Bestandtheilen, theils also künstlich, theils auch durch Vermischung verschiedener Sorten mit einander dargestellt werden. Hierzu erlaube ich mir nur zu bemerken, dass es die Polizei nicht übersehen darf, Weinfabrikanten auf das Gewissenhafteste und Strengste zu controlliren, weil

---

[159]) Annalen der Chemie und Pharmacie. Bd. CIV. pag. 60 u. fg. — Wochenblatt für Land- und Forstwirthschaft. 1857. Beilage 13.

[160]) Mulder, a. a. O. pag. 130 u. fg.

[161]) Schubarth, E. L., Handbuch der technischen Chemie und chemischen Technologie. 4. Aufl. Berlin. 1851. Bd. III. pag. 509 u. f.

[162]) Payen, Chimie industrielle. Deutsch von Fehling.

[163]) Wagner, R., Die chemische Technologie. Leipzig. 1850. 8: pag. 315 u. fg.

dieselben sich oft die unerhörtesten Betrügereien zum grossen Nachtheile des öffentlichen und Privatwohles erlauben.

Unter dem Namen des Vino anglico oder Vino Geropica erzeugt man in Portugal einen sehr geschätzten Wein [161]. Man gewinnt denselben „ohne Gährung", indem man den aus sehr süssen Trauben gepressten Saft mit dem vierten Theile seines Volums starken Branntweins vermischt, welcher die Gährung unmöglich macht; durch längeres Lagern wird dieser Wein klar, und man sieht dann das geklärte Fluidum in Flaschen ab. — Eine frühere Notiz über diesen portugiesischen Wein ohne Gährung findet man in der Allgemeinen Handelszeitung, Jahrgang 1831, von Leuchs [165]).

Auch die Weinveredlung kann hier nur kurz berührt werden. Schon im Alterthume wurde, wie ich oben zeigte, die Weinveredlung betrieben, und auch die Schriften aus dem Mittelalter liefern den Beweis, dass man diese Kunst verstand und ausbildete. Im vorigen Jahrhunderte haben Laubender [166]), Mauchardt [167]) und Andere über Weinveredlung geschrieben, und im Laufe dieses Säculums liessen S. T. v. Sömmering [168]), Gourgu-Desroches [169]), Muzaton [170]), Dyer [171]), Sichel [172]), Hull [173]), Imhof [174]), Sallard und Saladin [175]), Baysset [176]), Liebig [177]), Bouchardat [178]), Gall [179]), Penot [180]), Hessel [181]), Cellarius [182]), X. Landerer [183]), C. Pistorius [184]) und viele Andere Schriften über Weinverbesserung vom Stapel, die wir, insoweit sie es verdienen, im Folgenden beachten werden. Mauchardt und Laubender erörterten die Art und Weise der Klärung trüber Weine; Gourgu-Desroches lehrt, wie man scharf gewordene Weine wie-

---

[161]) Chemisches Central-Blatt für 1857. pag. 96.

[165]) Allgemeine Handels-Zeitung. Nürnberg. 1831. 4. pag. 547.

[166]) Busch, Almanach der Fortschritte etc. Jahrgang VII. pag. 430.

[167]) Mauchardt, B. D., Dissertatio de vini turbidi clarificatione. Tubingae. 1742. 4.

[168]) Sömmering, S. T. v., Ueber eine neue Art, Wein zu veredeln. München. 1817. 4.

[169]) Schubarth, Repertorium der technischen Literatur. Berlin. 1856. pag. 998.

[170]) Dingler, Polytechn. Journ. Bd. LIII. p. 159.

[171]) Ebendaselbst. Bd. LXI. pag. 219.

[172]) Ebendaselbst. Bd. LXXXIX. pag. 320.

[173]) Ebendaselbst. Bd. XCIV. pag. 30.

[174]) Ebendaselbst. Bd. XCVI. pag. 141.

[175]) Schubarth, a. a. O. pag. 997.   [176]) Ebendaselbst.

[177]) Annalen der Chemie und Pharmacie. Bd. LXV. pag. 352.

[178]) Dingler, Polytechn. Journ. Bd. CXIX. pag. 460.

[179]) Ebendaselbst. Bd. CXXIII. pag. 166. Bd. CXXX. pag. 438.

[180]) Ebendaselbst. Bd. CXXXI. pag. 450.

[181]) Hessel, Die im Alterthum üblich gewesenen Methoden der Weinveredelung. Marburg. 1856. 4.

[182]) Casper, J. L., Vierteljahrsschrift für gerichtliche und öffentliche Medicin. Bd. IX. Heft 1. — Canstatt, Jahresbericht der Medicin für 1856. Bd. VII. pag. 78 u. fg.

[183]) Chemisches Central-Blatt für 1856. pag. 162 u. fg.

[184]) Ebendaselbst. pag. 879 u. fg.

der herstellen könne; Muzaton verbessert die sogenannten dicken Weine durch Zusatz von Gerbstoff; Dyer und Sichel belehren über die Weinklärung, zu welchem Behufe der letztere Hausenblase und Ossa sepiae empfiehlt; Hull beschreibt eine Methode, den Wein durch Einleiten des galvanischen Stromes zu verbessern; Bouchardat wendet Kälte zur Herstellung guten Weines an. Gall's Veredelungs-Methoden haben ihrer Zeit eben so grosses Aufsehen gemacht, wie die Liebig'schen Vorschläge zum Zwecke der Entsäuerung alter Rheinweine, wozu er sich des neutralen weinsteinsauren Kali (Tartarus tartarisatus) bediente; die Weinsteinsäure geht in diesem Falle als Hydrat an das neutrale weinsaure Kali, damit Weinstein $(KaO.\overline{T}+HO.\overline{T})$ bildend, welcher sich aus der Flüssigkeit ausscheidet — diese Vorgänge erklären die Ursache der Benutzung des tartarisirten Weinsteins als Entsäuerungsmittel. Sömmering's Verfahren der Weinveredelung stützt sich auf seine Beobachtung, dass, wenn man Weinflaschen mit feuchter Rindsblase überbindet, der darin enthaltene Wein im Laufe einiger Monate bei einer Temperatur von 18 bis 25° R. alkoholreicher wird. Die feuchte Blase einerseits, indem sie Wasser-, nicht aber Alkoholdämpfen den Durchtritt gestattet, die höhere Temperatur andrerseits befördern die Veredelung des Weines. Mit Blase und Flasche verhält es sich im Kleinen gerade so, wie mit den Weinfässern im Grossen: hier bewerkstelligen die Wände der Fässer die Verdunstung des Wassers und eine gleichmässige Wärme, den Vorgang unterstützend, führt so eine raschere Ausscheidung des Weinsteines herbei; daher werden zur Winterszeit hier und da die Weinkeller geheizt.

Unter Anderem empfahl Gall Traubenkerne als Mittel zur Verbesserung von Weinen, und zwar zur Klärung trüber und zäher Weine. Pistorius bestätigte die Brauchbarkeit des Gall'schen Verfahrens in einem Falle, wo man Wein vom Jahre 1833, der schon drei Jahre nach seiner Pressung so trübe und zäh oder schwer war, dass man denselben wegschütten wollte. Pistorius that zwei oder drei Maass [wie gross ein Maass?] fraglichen Weines mit zwei Pfund Traubenkernen in eine Pfanne, erwärmte sie langsam nicht ganz bis zum Siedepunkte, füllte alsdann die Masse in einen Krug, worin er sie zwei Tage lang an einem temperirten Orte stehen liess. Dann goss er den Wein von den Kernen ab und vermischte ihn mit dem schlechten Weine im Fasse: nach Ablauf eines Vierteljahres war der Wein im Fasse ganz gesund. — Ich kann mir nicht klar machen, worauf sich diese Zauberkunst gründet; a priori sollte man die ganze Weinverbesserung durch Traubenkerne für Schwindel halten.

Landerer, in Athen, berichtete über die im Oriente gebräuchlichen Mittel, den Wein haltbar zu machen. Um den Wein vor dem Sauerwerden zu schützen, setzt man in Griechenland dem gährenden Moste das Harz verschiedener Pinus-Arten, wohl auch Gyps und die Zapfen von Pinus Haleppensis zu; ein Verfahren, welches sich von den ältesten Zeiten bis auf den heutigen Tag erhielt. Die Anwendung dieser Conservirungmittel erheischt Erfahrung und Vorsicht. Wird der Wein trotz jener Zusätze sauer, so setzen ihm die Griechen Quittenäpfel zu, welche sie vorher mit ganzen Nelken spickten; auf solche Weise gelingt es ihnen häufig, den Wein vor dem Verderben zu retten. Auf Cypern bedient man sich zur Weinveredelung verschiedener Gewürze, wie auch des Storax, Mastix, Olibanum und anderer Harze. Auch in Griechenland bedient man sich des Gypses zum Entsäuern des Weines, wovon wir weiter unten reden werden. Bleibt trotz des Gypsens der Wein sauer, so setzen ihm die Griechen eine concentrirte Abkochung des Kienholzes zu. Landerer sagt auch, dass man auf Rhodus und Mytilene den Wein zum Zwecke der Entsäuerung mit eingekochtem Traubensafte, welcher früher mit Senfsamen versetzt wurde, vermische. Der Bleipräparate bedienen sich die Weinhändler Griechenlands zur Weinentsäuerung niemals, dagegen entsäuert man einiger Orten den Wein mit Hülfe von gerbsäurehaltigen Abkochungen, welche, indem sie die Fermente unwirksam machen, den Fortschritt der sauren Gährung hemmen.

Die Arbeit des Cellarius hat einige Bedeutung für die Gesundheitspflege und sie wird, insofern darin von Weinveredelung die Rede ist, im Folgenden im kurzen Auszuge mitgetheilt werden. Der gute Mann spricht von drei Methoden der Weinverbesserung: 1) vom Zuckerzusatze zum Moste mit Abstumpfung der Säuren, so nach Chaptal durch Absorbentien, nach Gall durch Wasserzusatz geschieht; 2) vom einfachen Zuckerzusatze zum Moste und 3) von der Behandlung alter, vergohrener Weine nach Gall durch Wasser- und Zuckerzusatz und Erregung einer zweiten Gährung. Zur Neutralisirung der Weinsäure bedient er sich des einfach- oder doppelt-kohlensauren Kalis oder Natrons, des Kalkwassers u. s. w. Obgleich so verbesserte Weine der Gesundheit im Allgemeinen keinen erheblichen Eintrag thun, so vermehren sie doch die den künstlichen Weinen überhaupt eigene purgirende Wirkung. Wenn man die alten, vergohrenen Weine nach Zusatz von Wasser und Zucker in eine zweite Gährung versetzt, so wird der Alkoholgehalt eines solchen Weines vermehrt, keineswegs aber zu Verbesserung des hygieinischen Verhältnisses beigetragen, da ein derartiger verkünstelter Wein erfahrungsgemäss weit übler bekommt, als ein ursprünglich saurer.

Dem bisher Vorgetragenen fügen wir noch einige Worte über das Gypsen des Weines, über das Schwefeln und die Klärung mit Hausenblase an, und gehen alsdann zu der wichtigen Lehre von den Weinfälschungen über. — Hessel [185] verwendet den gebrannten Gyps zum Klären und Entwässern des Weines; insofern der gebrannte Gyps die Eigenschaft hat, Wasser aufzunehmen, um in den hydratischen Zustand überzugehen, ist er ein gutes Concentrationsmittel des Weines. Hessel gelangte zur Ueberzeugung, dass Gyps solchen Weinen, welche dem Verderben zugehen oder schon darin begriffen sind, nicht nur Klarheit, sondern auch Wohlgeschmack wiedergebe. Gegen die Anwendung des Gypses hat sich die Redaction des Journal de Pharmacie et de Chimie ausgesprochen [186]); sie giebt zu, dass Gyps den Wein kläre, meint aber, dass fragliches Kalksalz [indem es sich mit dem weinsaurem Kali wechselseitig zersetzt] saures schwefelsaures Kali in den Wein bringe, eine Substanz, von welcher man nicht wisse, ob sie für die Gesundheit ohne Nachtheil sei. Uns scheint der Einwurf unbegründet zu sein.

Wie angedeutet wurde, benutzt man die Hausenblase zum Behufe der Weinklärung. Das Vermögen des in der Hausenblase enthaltenen Leimes, den Wein zu klären, beruht auf der Vertheilung des Leimes in der Flüssigkeit, auf der mechanischen Verbindung mit den die Trübung veranlassenden Partikeln, die dann auf den Boden des Fasses niederfallen. — Das Schwefeln des Weines besteht darin, diese Flüssigkeit mit einer kleinen Menge schwefliger

---

[185] Chem. Centr.-Bl. f. 1856. pag. 592.
[186] Dingler, Polytechn. Journal. Bd. CXLVI. [1857.] pag. 151.

Säure zu versehen, aus dem Grunde, um das Sauerwerden, also die Essigbildung zu verhindern. Indem die schweflige Säure, welche man in solchen Fällen durch Verbrennen eines im Weinfasse über der Oberfläche des Weines befindlichen Schwefelfadens entwickelt, den Sauerstoff der Luft des Fasses und des Weines an sich zieht, damit Schwefelsäure bildend — die wegen ihrer ungemein kleinen Quantität kaum in Betracht kommt — , verhindert sie eben durch die Sauerstoffattraction die Oxydation des Alkohols, also die Bildung von Essigsäure.

Nach du Halde [187]) bedienen sich die Chinesen zum Klären des Wassers des Alauns; bei uns verwendet man dieses Salz manchmal zum Klären des Weines. Setzt man dem Weine nur kleine Mengen Alauns zu, so liegt hierin nichts Gesundheitswidriges. — Lassaigne [188]) hat die Eigenschaften erforscht, welche Rothweine durch Alaunzusatz bekommen, und Hugouneng [189]) lehrte, wie man die Anwesenheit von Alaun im Weine darthun könne. Die mit Alaun versetzten Rothweine lagern, je nach der Temperatur, bald früher bald später einen rothen Lack ab, welcher die Verbindung der Thonerde mit einem Theile des Weinpigmentes ist. Erhitzt man solchen Wein, so scheidet sich jene Verbindung — die nach dem Glühen Thonerde zurücklässt — alsogleich in Flocken aus, was noch bei Gegenwart von $^1/_{1000}$ Alaun, wenigstens in Form von Trübung der erhitzten Flüssigkeit, wahrgenommen werden kann. Reiner Wein erfährt beim Kochen keinerlei Trübung. Der Vorschlag, welchen die oben erwähnte französische Redaction zur Erkennung des Alauns im Weine machte, scheint uns beachtenswerth zu sein. Sie lässt den verdächtigen Wein bis zur Syrupsdicke eindampfen, den Rückstand mit dem gleichen Volum Salzsäure vermischen, die Flüssigkeit zum Kochen bringen und nach und nach, während des Kochens, mit chlorsaurem Kali im Ueberschusse versetzen. Bekanntlich werden auf diese Weise die organischen Verbindungen zerstört, und es ist dann leicht, in dem flüssigen Rückstande die Gegenwart von Thonerde nachzuweisen.

Ueber die Verfälschungen des Weines könnte man ein ganzes Buch zusammenschreiben; die Litteratur dieses Gegenstandes ist zu einem grossen Umfange herangewachsen, und wir nennen von den seit der Mitte des vorigen Jahrhunderts erschienenen Schriften und Abhandlungen nur die wichtigsten, nämlich die von J. Weber [190]), S. T. Quellmalz [191]), Baumé, Rozier, F. A. Cartheuser [192]),

[187]) Du Halde, J. B., Ausführliche Beschreibung des Chinesischen Reichs und der grossen Tartarey. Rostock 1747—49. 4. Bd. 11. p. 181.

[188]) Comptes rendus. Bd. XLII. pag. 410 u. fg. — Chem. Centr.-Bl. f. 1856. pag. 256.

[189]) Dingler, Polytechn. Journ. Bd. CXLVI. p. 151.

[190]) Weber, J., Commentatio juridica de crimine adulteratorum vinorum. Francofurti et Lipsiae 1751. 4.

[191]) Quellmalz, S. T., Programma de vinis mangonisatis. Lips. 1753. 4.

[192]) Cartheuser, F. A., Abhandlungen über die Verfälschungen der Weine, welche der Gesundheit schädlich sind. Giessen 1773. 8.

E. W. Martius [193]), Hebenstreit, J. Wright [194]), Deyeux [195]),
E. Göckel [196]), J. V. Jägerschmidt [197]), J. Sincerus [198]), H. G.
Matthisson [199]), H. D. Gaubius [200]), Fourcroy [201]), Hahnemann [202]), J. J. Bortaud [203]), Zitz [204]), Maupin [205]), Girtanner [206]) und viele andere, von denen weiter unten die Rede sein
wird. — Die Frage, ob ein Wein rein oder gefälscht sei, hält Chevallier [207]) für eine äusserst schwierig zu beantwortende, weil der
Wein in Ansehung der Menge von Alkohol und Extractivstoffen durch
die herrschende Temperatur des Jahrganges mächtig beeinflusst wird;
weil weiter der Alkoholgehalt und das Quantum der fixen Stoffe wegen der Besonderheit des Weinbodens hinter dem Normalmaasse zurückbleiben kann, in welchen Fällen der Wein jene Eigenschaften
darthut, welche ihm den Charakter der sogenannten Mattigkeit und
Leerheit geben; weil ferner die Art und Weise der Aufbewahrung
und auch der Transport des Weines Veränderungen dieser Flüssigkeit
zur Folge hat, welche zu Ungunsten der Qualität des Weines dienen;
weil endlich die während und nach der Ernte befolgten Behandlungsweisen ursprünglich guten Weinen nicht selten einen solchen Charakter verleihen, dass man zu dem Glauben an eine Verfälschung gelangt. Chevallier hält aus noch zwei Gründen obige Frage für
schwer zu beantworten, nämlich, weil manche Gefässe die Beschaffenheit des Weines verändern und weil es Weine gibt, von welchen

[193]) Martius, E. W., Etwas über die Weine und ihre Verfälschung.
Regensburg 1789. 8. .
[194]) Wright, J., An essay on Wines, etc. London 1795. 8.
[195]) Trommsdorff, J. B., Journal der Pharmacie. Leipz. 1793—1817.
Bd. VIII. pag. 207 u. fg.
[196]) Goeckel, E., Curieuse Beschreibung des anno 1694, 1695 und
1696 durch das Silberglätt versüssten sauren Weins und der davon entstandenen neuen und vormals unerhörten Weinkrankheit. Ulm 1697. 8.
[197]) Jägerschmidt, J. V., Der in denen durch die Silberglätte bestrichenen Weinen verborgene, nun aber entlarvte Mercurius. Ulm 1699. 8.
[198]) Sincerus, J., Von dem mit Silberglätt verfälschten Weine. Frankfurt 1709. 8.
[199]) Matthisson, H. G., Dissertatio de vinis lythargyrio infectis. Gryphiswaldiae 1745. 4.
[200]) Göttinger gelehrte Anzeigen. 1757. pag. 1102.
[201]) Annales de Chimie. Bd. I. [Paris 1789.] pag. 73.
[202]) Crell, L. v., Chemische Annalen. Jahrg. 1788. Bd. I. p. 291 u. fg.
und Jahrgang 1794. Bd. I. p. 104 u. fg.
[203]) Ebendaselbst 1792. Bd. I. pag. 15 u. fg.
[204]) Trommsdorff, Journ. d. Pharm. Bd. XVI. pag. 108 u. fg.
[205]) Maupin, L'art de multiplier le vin par l'eau. Paris 1768. 12.
[206]) Teutscher Reichs-Anzeiger. 1798. Nr. 35.
[207]) Canstatt, Jahresbericht der Medicin für 1857. Bd. VII. p. 61 u. fg.

man nicht genau sagen kann, ob deren Farbe eine natürliche oder eine künstliche ist. Chevallier stellt den Begriff der Weinfälschung so auf, dass er die Mischung zweier oder mehrerer gleichfarbiger Weine nicht als Fälschung annimmt, wogegen er von einer solchen spricht, wenn a) rother und weisser Wein zusammengemischt wurden, und b) wenn man dem Weine Stoffe zusetzt, welche nicht Wein sind, so Wasser, Zucker u. s. w. Chevallier zählt künstlich erzeugte Weine zu den gefälschten, was insofern nicht getadelt werden kann, als kein künstlicher Wein in Hinsicht der Eigenschaften sowohl als auch der Wirkung mit natürlichen Weinen vollständig zusammenfällt.

Die Art und Weise der Erkennung nnd Ausmittelung der Weinverfälschungen und Verunreinigungen macht ein sehr wichtiges Capitel der polizeilich-gerichtlichen Chemie aus, und in den Werken von Remer [208]), Orfila [209]), Balling [210]), Schneider [211]), Mulder [212]), Chevallier [213]), Duflos [214]), Hünefeld [215]), Don Pedro Felipe Monlau [216]) u. A. m. ist dem Gegenstande grosse Aufmerksamkeit geschenkt. — Wenn wir nun näher auf die Sache eingehen, so kommen wir zunächst auf die früher sehr häufige Verfälschung des Weines mit Bleizucker und auf die Hahnemann'sche Weinprobe. Diese letztere wurde in der Weise vorgenommen, dass man den verdächtigen Wein mit Schwefelwasserstoff haltigem Wasser versetzte; war jener nun bleihaltig, so wurde die Flüssigkeit schwarz und es schied sich bei ruhigem Stehen Schwefelblei als schwarzes Pulver aus [$PbO + HS = PbS + HO$]. Jetzt bedient man sich nicht mehr des Bleizuckers zum Behufe der Verbesserung eines Weines, weil

---

[208]) Remer, W. H. G., Lehrbuch der policeilich-gerichtlichen Chemie. 2. Aufl. Helmstädt 1812. 8. pag. 212 u. fg.

[209]) Orfila, Traité de Médecine légale. 4. Aufl. Paris 1848. Bd. III. Abtheil. 2. pag. 996 u. fg.

[210]) Balling, C. J. N., Gährungschemie. Bd. I. pag. 294 u. fg.

[211]) Schneider, F. C., Die gerichtliche Chemie für Gerichtsärzte und Juristen bearbeitet. Wien 1852. 8. pag. 343 u. fg.

[212]) Mulder, De Wijn etc. pag. 294 u. fg.

[213]) Chevallier, A., Wörterbuch der Verunreinigungen und Verfälschungen der Nahrungsmittel, Arzneikörper und Handelswaaren etc. Aus d. Französ. von A. H. L. Westrumb. Göttingen 1856—57. 8. Bd. II. pag. 441 u. fg.; 450 u. fg.

[214]) Duflos, A., Die wichtigsten Lebensbedürfnisse etc. 2. Aufl. Breslau 1846. 8.

[215]) Hünefeld, F. L., Die Chemie der Rechtspflege oder Lehrbuch der polizeilich-gerichtlichen Chemie. Berlin 1832. 8.

[216]) Monlau, P. F., Elementos de Higiene pública. Barcelona 1847. 8. I. pag. 440 u. fg.

man einerseits über bessere Mittel disponirt, andererseits Bleizucker leichter als alle anderen Dinge nachgewiesen werden kann; findet man heute einen Blei haltigen Wein, so kann man in den meisten Fällen das Blei als Verunreinigung (durch Gefässe u. s. w. bedingt) betrachten. Ausser Blei können auch noch Kupfer- und Zinksalze als schädliche Verunreinigungen vorkommen; die Entdeckung dieser Substanzen ist leicht und aus der Chemie wohl bekannt.

Um den Wein reicher an Alkohol, somit berauschender zu machen, setzt man ihm theils Spiritus, theils Branntwein, Rum u. dgl. zu. Im Allgemeinen erkennt man den Betrug durch vorsichtige Destillation: reiner·Wein liefert beim Destilliren erst Wasser, dann Alkohol und endlich wieder Wasser, wogegen der mit Alkoholicis vermischte erst Alkohol, dann Wasser, nachher wieder Alkohol und zum Schluss wieder Wasser übergehen lässt. Auch mit Hülfe von Aräometern lässt sich Alkoholzusatz erkennen, wie man sich jener Instrumente auch zur Nachweisung der Wasser-Verdünnung des Weines bedient. Der Wein wird leider sehr häufig und aus wohl bekannten Gründen gewässert, und es ist zum Behufe der genauen Bestimmung des zugesetzten Wasserquantums die chemische Analyse der einzige Weg, auf welchem man zu nicht trügenden Resultaten gelangt. Wurde dem Weine Obstwein zugesetzt, so lässt sich dieser theils durch Geruch und Geschmack entdecken, theils auch dadurch, dass derartig verfälschter Wein eine grössere Menge Extractes liefert, als reiner Traubenwein, und jener Rückstand beim Erhitzen auf 200° der Centesimalscala einen eigenthümlichen Geruch nach verbrannten Birnen entwickelt. — Ueber die Erkennung der Branntwein-Verfälschung des Weines lese man besonders die Abhandlung von Baptist Ziz [217].

Um in saueren Weinen die freie Säure zu binden, bedient man sich nicht nur des einfach-weinsauren Kalis, sondern auch der kohlensauren Alkalien und Erdalkalien, wie oben angedeutet wurde; lauter Zusätze, welche weit davon entfernt sind, den Wein zur Schädlichkeit zu machen. Zum Behufe der Entdeckung derartiger Zusätze schlägt man am besten folgenden Weg ein: man verdampft den Wein bis zur Dicke eines Syrups, versetzt den Rückstand mit der acht- bis zehnfachen Menge starken Weingeistes, digerirt, bringt die Flüssigkeit, in welcher nun die essigsauren Salze aufgelöst sind, bis zur Trockenheit und glüht den Rückstand. Nach dem Glühen bleiben kohlensauere Salze zurück, welche je nach Art des zum Weine gesetzten Körpers theils kohlensauere Alkalien, theils kohlensauere al-

---

217) Trommsdorff, Journ. der Pharm. Bd. XLI. pag. 108 u. fg.

kalische Erden sind, die nach den Regeln der analytischen Chemie
von einander getrennt und bestimmt werden.

Was nun die **Färbungen** des Weines betrifft, so erwähnen wir
zunächst, dass es **Chevallier** [218]) im Interesse der öffentlichen Hygieine für nothwendig hält, den Weinhändlern u. s. w. die Angabe
derjenigen Stoffe, welcher sie sich zum Färben der Weine bedienen,
anzuempfehlen. Er bezeichnet die Beeren der Phytolacca und des
Hartriegel, die Heidelbeeren, Maul- und Hollunderbeeren, die Rüben,
den Lackmus, das Fernambuk- und das indische Holz als die ge-
bräuchlichsten Weinfärbungsmittel. Ausserdem werden noch viele andere Pflanzenstoffe zum Färben des Weines benutzt, darunter z. B.
das Santel- und das Campecheholz, zum Färben der Weissweine häufig der gebrannte Zucker. — Man erkennt Weinfärbungen im Allgemeinen unschwer, wenn man folgende Winke beachtet. Echter Roth-
wein wird durch Kalkwasser gelbbraun, durch Bleizucker grünlich-
grau gefärbt, und zeichnet sich weiter dadurch aus, reine Leinwand
gelb zu färben; hat man dagegen einen künstlich roth gefärbten Wein
vor sich, so färbt dieser Leinwand roth, wird durch Bleizuckerlösung
roth, durch Kalkwasser grün gefällt, wenn er mit dem Safte von
Beeren, rothbraun dagegen, wenn er mit Blauholz [Campecheholz]
gefärbt war. **Orfila** und **Jacob** [219]) erwarben sich Verdienste um
die Entdeckung der Pigmente im Weine.

Zur Prüfung der Weine auf ihre Güte ist noch heute beachtenswerth der Ausspruch der Schule von Salerno [220]):

> Vina probantur odore, sapore, nitore, colore:
> Si bona vina cupis, haec quinque probantur in illis:
> Fortia, formosa, fragrantia, frigida, frisca.

Alle sogenannten **kranken Weine** sind schädliche Potenzen,
und es ist die Pflicht der Polizei, diejenigen Weine, welche sich als
verunreinigt, gefälscht und krank erweisen, unter keiner Bedingung zum Gebrauche gelangen zu lassen, sondern zu vertilgen, die
Fälscher dagegen mit Strafen zu belegen. **Chevallier** lässt die
Krankheiten der Weine entstehen: durch Missverhältnisse in Hinsicht der Temperatur zur Zeit der Weinlese, in Hinsicht der Ein-
kufung und in Hinsicht des Transportes der weinvollen Fässer, endlich als Folgen anderer, nicht im Voraus bestimmbarer Ursachen. In
Ländern, wo man den Wein in Lederschläuchen aufbewahrt, können

---

[218]) **Canstatt**, Jahresbericht der Medicin f. 1856. Bd. VII. p. 78 u. fg.

[219]) Journal de Chimie médicale etc. 1844. Februarheft (pag. 92).

[220]) **Ackermann**, J. C. G., Regimen sanitatis Salerni sive Scholae Sa-
lernitanae de conservanda bona valetudine praecepta. Stendaliae 1790. 8. p. 157.

diese durch Unreinigkeit u. dgl. m. das Krankwerden des Weines
bedingen.

Nach Chevallier können kranke Weine wiederhergestellt werden durch Anwendung solcher Mittel, welche die Gesundheit nicht
beeinträchtigen. Er redet von der Anwendung der Gelatine bei adstringirenden, von der des tartarisirten Weinsteins bei saueren, von
der Benutzung des Gerbestofles bei den sogenannten fetten Weinen;
er lässt mangelnde Säure durch Weinsteinsäure ersetzen, und hält für
gut, den sogenannten bitteren Wein durch Vermischung mit jungem
Weine zu corrigiren.

Im Allgemeinen hält man einen Wein für gut, wenn er klar und
durchsichtig, wohlriechend und von angenehmem Geschmacke ist, keinerlei Beigeruch oder Beigeschmack hat — vorausgesetzt, dass solche Leute die Untersuchung vornehmen, welche gesunde Geruchs-
und Geschmackswerkzeuge besitzen —, endlich nach mässigem Genusse und in Voraussetzung eines ganz normalen Menschen keine
übelen Folgen, als Kolik u. dergl. mehr nach sich zieht.

Wie wirkt der gute Wein auf den gesunden Organismus des
Menschen ein? — Indem wir mit Bezug auf diese Frage auf die bereits angeführten hygieinisch-medicinischen Weinschriften verweisen,
auf die Werke der Alten, auf die der Araber und der mittelalterli-
chen Aerzte aufmerksam machen, die Abhandlungen von Caldera
de Heredia [221]), Petrus Andreas Canonherus [222]) und Joannes
Bruyerinus [223]) als lesenswerth bezeichnend, müssen wir uns hier
darauf beschränken, dasjenige zu liefern, was dem heutigen Stand-
punkt des Wissens entspricht.

Eduard Löbenstein-Löbel [224]) lässt die Wirkungen des Weines abhängen von der durch Klima, Jahrgang und andere äussere
Verhältnisse bedingten Beschaffenheit des Weines, von den perma-
nenten und vorübergehenden Individualitätsverhältnissen des Weintrin-
kenden, von dem Umstande, ob der Mensch an das Weintrinken gewöhnt ist oder nicht; und in dieser allgemeinen Fassung werden die
vorgetragenen Aussprüche jenes Arztes für alle Zeiten gültig sein.

Die physiologischen Wirkungen des Weines lassen sich in fol-

221) Calderae de Heredia, C., Tribunal, medicum, magicum, et politicum. Lugduni Batavorum 1658. fol. Bd. I. pag. 444 u. fg.

222) Canonherii, P. A., De admirandis vini virtutibus libri tres. Antverpiae 1627. kl. 8.

223) Bruyerini, J., Cibus medicus, sive de re cibaria libri XXII. Norimbergae 1659. kl. 8. pag. 699 u. fg.

224) Löbenstein-Löbel, E., Die Anwendung und Wirkung der Weine
in lebensgefährlichen Krankheiten, und deren Verfälschungen. Leipzig & Altenburg 1816. 8. pag. 8 u. fg.

gendes Bild zusammenfassen. Der Wein ist kein Nahrungsmittel, weil
seine eigentlich wirksamen Bestandtheile, der Alkohol und das Wasser, die übrigen im Weine enthaltenen Stoffe in Ansehung der Menge
in einem Maasse überragen, dass an eine nutritive Wirkung der letzteren gar nicht gedacht werden kann; dagegen ist der Wein ein Mittel, welches die Thätigkeit der Haut, der Nieren, der Darmschleimhaut und der Lungen erhöhet, den Kreislauf beschleunigt und die
Bildung der organischen Wärme vermehrt; er erregt mächtig die
Phantasie, disponirt zu Affecten excitirender Natur, erweckt die Leidenschaften, ermöglicht bei mässigem Genusse die bessere Wahrnehmung der Ausseneindrücke durch die Sinne, indem er, wie man zu
sagen pflegt, diese schärft. Indem nun der Wein die Absonderungen
fördert, wird er (wieder in Voraussetzung mässigen Gebrauches) ein
Mittel zur Beförderung der Verdauung und kommt deshalb besonders
bei solchen Individuen in Betrachtung, welche in Folge von Schwä-
chung durch Krankheit oder Alter in den Verdauungsfunctionen beeinträchtigt wurden. Eine relativ grössere Quantität alkoholischen
Getränkes verursacht Trunkenheit, eine Erscheinung, welche von
Einigen noch als physiologisch bezeichnet, von Anderen als krankhaft
erkannt wird. Es ist eine bekannte Thatsache, dass der durch Wein
erzeugte Rausch sich von dem durch Bier und schnapsartige Flüssigkeiten hervorgebrachten unterscheidet; die Ursache dieser Differenzen
liegt in dem verschiedenen Alkoholgehalte dieser Getränke und in der
Verschiedenheit der übrigen Bestandtheile derselben; es ist klar, dass
die Weinblume andere Wirkungen hervorbringt, als das Hopfenbitter
und Hopfenarom, und das nährende Bier zu anderen Phänomenen führt,
als der Fuselöl haltige Branntwein.

Um zu einer genaueren Erkenntniss der Wirkungen des Weines zu kommen, ist es nöthig, das Verhältniss des Alkohols zum Organismus zu würdigen; und es wird Aufgabe der folgenden Zeilen sein, diesen Gegenstand in
so weit abzuhandeln, als er in unsere Doctrin gehört. — Die gewöhnliche
Trunkenheit in allen ihren Graden betrachtet Falk [225] als acute Alkohol-
Vergiftung (acute Cerebrospinal-Affection durch Alkohol). Falk unterscheidet die Trunkenheit in drei Grade: als Rausch bezeichnet er den leichten
Grad der acuten Alkoholvergiftung, als Betrunkenheit den mittleren, als
Vollheit oder Besoffenheit den schwersten Grad. Die Schilderung der
Erscheinungen aller drei Grade sind trefflich und sehr naturgetreu, und wir
können nicht umhin, hier ein Bruchstück aus der Darstellung der Erscheinun-
gen des ersten Grades zu liefern. „Dabei erscheint die Welt den Augen des
Zechers im goldenen, rosigen Lichte, was ihn um so mehr veranlasst, sich
über Grillen, Sorgen und ängstliche Bedenken hinwegzusetzen und sich dem

---

225) Virchow, R., Handbuch der speciellen Pathologie und Therapie.
Bd. II. Abtheil. 1. [Erlangen 1855.] pag. 295 u. fg.

Frohsinn, der Heiterkeit, ja selbst der Rücksichtslosigkeit zu überlassen. Dem entsprechend wird der Zecher jovial und gesprächig, auch wenn er vorher in sich versunken, düster und schweigend dahin sass; er wird mittheilsam, ausplaudernd und indiscret, selbst in Bezug auf wichtige Geheimnisse. Hat er Kenntnisse und Gedanken, so raisonnirt der Zecher über die schwierigsten Probleme des Lebens und der Wissenschaft mit einer Geläufigkeit, die zuweilen selbst den Kundigen zu Verwunderung und Staunen hinreisst. Aber auch ruhmredig wird der Zecher und weiss zuweilen nicht genug von seinen Grossthaten zu reden. Sind geschlechtliche Erregungen im Spiele, so zeigt sich der Zecher bald mehr sentimental, bald mehr handgreiflich verliebt, so dass Mädchen und Frauen vor seinen Küssen und Umarmungen nicht sicher sind. Bei hinreichender Zufuhr von alkoholischen Getränken bleibt aber der Intoxicationsprocess auf dieser Stufe der Nervenerregung nicht lange stehen; er schreitet weiter, wenigstens bis zur leichten Umnebelung des Gehirns, wobei die Vernunft etwas perturbirt, der Verstand etwas gestört, das Gedächtniss beengt, das Urtheilsvermögen geschwächt und die Ueberlegung immer mehr bei Seite gesetzt wird. Auf dieser Stufe der Intoxication verhalten sich die Berauschten nach Verschiedenheit ihres Naturells und vieler anderer Verhältnisse äusserst verschieden. Wie man in Schänken und Kneipen gewahr wird, ergeht sich der Eine in unvernünftigem Geschwätz, während ein Anderer singt und lärmt, ein Dritter schreit und tobt, ein Vierter gleich einem Wahnsinnigen lacht, ein Fünfter flucht und schwört, ein Sechster sich in Impertinenzen und Grobheiten ergeht und mit Jedermann Händel sucht, ein Siebenter, nicht minder Berauschter beschwichtigend und friedenstiftend dazwischen tritt, und ein Achter endlich von trunkenem Elende erfasst in Wehklagen und Thränen ausbricht." Der höchste Grad der Trunkenheit führt manchmal zum Tode, und zwar unter den Erscheinungen der Asphyxie oder Apoplexie. Durch anhaltenden Genuss der alkoholreicheren Spirituosen, so des Weines und der gebrannten Wässer, entsteht die sogenannte chronische Alkohol-Vergiftung, deren Schilderung nicht mehr zur Nahrungs- und Genussmittelkunde gehört, sondern Sache der Pathologie und Toxikologie ist.

Aus ihren Untersuchungen über das Verhalten des Alkohols im Organismus gelangten Duroy, Lallemand und Perrin [226] zu den Schlüssen, dass Alkohol kein Nahrungsmittel sei; dass er im Organismus weder zerstört noch umgewandelt werde; dass er sich endlich in der Leber und im Gehirne concentrire; woraus sich der Einfluss erklärt, welchen der in Spirituosen aufgenommene Alkohol auf die Verrichtungen der Nieren, der Leber und des Gehirnes entfaltet. Man ist schon längst darüber einig, dass Alkohol nicht nur kein Nahrungsmittel, sondern geradezu ein Gift ist. — E. Smith [227] stellte Versuche an über die Wirkung der Nahrungsmittel auf die Respiration; er fand, betreffend den Alkohol und die geistigen Getränke, dass Weinspiritus, Rum und Ale die ausgeathmete Kohlensäure um $\frac{1}{2}$ bis 1 Gran in der Minute vermehren, während gewöhnlicher Wacholderbranntwein dieselbe vermindert, Malzbranntwein dagegen in seiner Wirkung wechselt. Verminderung der Kohlensäuremenge bei Vermehrung des Quantums der ausgeathmeten Was-

---

226) Comptes rendus. Bd. XLIX. pag. 578 u. fg. — Chem. Centr.-Bl. f. 1860. pag. 31.

227) Allgemeine Medicin. Central-Zeitung. XXIX. Jahrgang. [Berlin 1860.] pag. 100 u. fg.

erdämpfe fand Smith bei Einathmung der flüchtigen Bestandtheile der geistigen Getränke, besonders des Weines (Portweines). Diese Ergebnisse sprechen für sich allein weder für noch gegen die Umsetzung des Alkohols im Organismus. Hammond [228]), der, indem er Consequenzen aus den Ergebnissen seiner Forschungen zieht, Moleschott's Ansichten über die Bedeutung des Alkohols im Stoffwechsel und über den Werth der Spirituosen für Arbeiter theilweise compilirt, sagt: Alkohol vermehre das Körpergewicht, verlangsame die Metamorphose der älteren Gewebe, beschleunige die Bildung neuer und beschränke die Fettconsumtion; unter dem Einflusse des Alkoholgenusses, heisst es weiter, werde die Menge der durch die Lungen exhalirten Kohlensäure und des Wasserdampfes, ebenso die Quantität des Harnes und seiner festen Bestandtheile, und die der Excremente vermindert, woraus denn der Schluss folgt, dass Alkohol die Stoffbewegungen beschränkt; ein Schluss, den man freilich schon vor langer Zeit machte.

Nicht unbeachtenswerth sind die unter Falk's Leitung von W. Jacobi [229]) angestellten experimentellen Untersuchungen über die Wirkungen des Alkohols, wobei besondere Rücksicht genommen ist auf die Grade der Verdünnung mit Wasser. Zum Behufe der Ausführung der Versuche wurden Tauben, Kaninchen und Hunde gewählt, denen man zehn- bis neunundneunziggradigen Alkohol beziehungsweise in den Kropf, in den Magen und in die Jugularvenen einspritzte. Während Jacobi bei Hunden nach Einspritzung von 20-, 40- und 60procentigem Alkohol nach vorübergegangener Betäubung stets ein geringes Steigen der Temperatur beobachtete, nahm er bei Tauben und Kaninchen mit der fortschreitenden Betäubung ein oft beträchtliches Sinken der Körperwärme wahr. In Betreff der Einwirkung des Alkohols auf die Respiration geht nun aus den Jacobi'schen Versuchen hervor, dass dieselbe bei Tauben anfänglich von schwankender Frequenz, angestrengt und mühsam war, später aber bis zum Tode kürzer und schneller wurde, wogegen sie bei Kaninchen Anfangs stets zu-, gegen Ende des Versuches beträchtlich abnahm; nach Einspritzung zwanzig-, vierzig- und sechzigprocentigen Alkohols zeigte sich bei den zu den Versuchen benutzten Hunden die Athmung mehr oder weniger beschleunigt, kam aber allmählig wieder zur Normalität. Das Verhalten der Lungen war verschieden: während bei den in Folge der Alkoholvergiftung verstorbenen Tauben und Kaninchen die Lungen stets sehr blutreich waren, zeigten sie sich bei den Hunden blutarm und blass, in Folge der durch Coagulation im rechten Herzen bedingten verminderten Blutzufuhr. So schön und interessant auch die Untersuchungen Jacobi's sind, so haben sie doch nicht zu sehr nennenswerthen Ergebnissen geführt; es ist anzuerkennen, dass sie den rechten Weg, auf welchem man zur Erkenntniss des Wesens der Alkoholvergiftung gelangen wird, nicht verfehlten; es ist aber auch nicht zu verhehlen, dass ihre Resultate noch weit davon entfernt sind, über die heute noch dunkelen Punkte wirklich aufzuklären.

Aus allen Versuchen, welche bisher gemacht wurden, geht hervor, dass der in den Magen gelangte Alkohol ganz sonderlich von den Venen resorbirt wird

---

228) Medic.-chir. Monatshefte. 1857. Bd. I. pag. 193.

229) Jacobi, W., Experimentelle Untersuchungen über die Wirkung des Alkohols etc. (Inaugural-Dissertation.) Marburg 1857. — Deutsche Klinik. 1857. Nr. 22. 26. 31. 34. — Schmidt's Jahrbücher der in- und ausländischen gesammten Medicin. Bd. XCVII. [Leipzig 1858.] pag. 32 u. fg.

und, ohne irgend welche chemische Veränderung zu erfahren, in die Blutmasse übergeht, von welcher aus er seine Wirkungen entfaltet. Bouchardat und Sandras [230]) haben den Nachweis des unveränderten Ueberganges des Alkohols in die Blutmasse geliefert. In der Blutmasse erfährt aber der Alkohl Veränderungen: er wird durch den Sauerstoff oxydirt. Ueber die Producte dieser Oxydation jedoch sind die Meinungen getheilt; Einige, so Bouchardat und Sandras, halten dafür, der Alkohol werde durch den oxydirenden Einfluss des Blutes sogleich in Kohlensäure und Essigsäure verwandelt, wogegen Duchek [231]), gestützt auf eine Reihe von Versuchen, die er an Hunden anstellte, aussprach, die Berauschung sei, Angesichts des zeitlichen Verhältnisses, abhängig von der Gegenwart des Aldehyds im Blute; man finde die zwischen den Endproducten der Oxydation des Alkohols und diesem selbst liegenden Oxydationsproducte stets im Blute, da der Alkohol in einer beständigen Verbrennung begriffen sei, durch welche Verbrennung die Oxydation anderer im Blute anwesenden Körper beschränkt werde, aus welchem Grunde Spirituosen überhaupt zu den die Stoffbewegungen verlangsamenden Substanzen gehören. — Nachdem wir nun diejenigen Punkte, welche in Hinsicht der Einwirkung des Alkohols auf den gesunden Organismus für unsere Doctrin von Bedeutung sind, besprochen, haben wir nur noch diejenigen Forscher zu nennen, welche auf dem fraglichen Felde thätig waren, und auf ihre Schriften zu verweisen; wir lenken die Aufmerksamkeit des Lesers auf Fontana [232]), Monro [233]), Courten [234]), Viborg, Brodie [235]), Orfila [236]), Mitscherlich [237]), Claude Bernard [238]), Buchheim [239]), Schultz, Maing, Pereira, Flourens, Sobernheim [240]).

Aus dem über die Wirkung des Alkohols und des Weines Gesagten lässt sich nun leicht auf die Art des Schädlichwerdens des Weines schliessen, und ich bin deshalb im Stande, mich darüber sehr

---

[230]) Annales de Chimie et de Phys. 1847. (December.) pag. 448 u. fg.

[231]) Vierteljahrschrift für die praktische Heilkunde. 10. Jahrgang. (Prag 1853.) Bd. III. pag. 104 u. fg.

[232]) Fontana, Felice, Ricerche fisiche sopra il veneno della vipera. Lucca 1767. 8.

[233]) Monro, Donald, Chemisch-pharmaceutische Arzneimittellehre. A. d. Engl. m. Anmerk. von S. Hahnemann. Leipzig 1791. 8.

[234]) In den Philosophical transactions vom Jahre 1712.

[235]) In denselben vom Jahre 1811.

[236]) Orfila, Traité de Toxicologie. 5. Aufl. Paris 1852. 8. Bd. II. pag. 682 u. fg. — Orfila, M. J. B., Lehrbuch der Toxikologie. Nach der 5. Aufl. a. d. Französ. von G. Krupp. Braunschweig 1852—53. 8.

[237]) Mitscherlich, C. G., Lehrbuch der Arzneimittellehre. Berlin 1847—54. 8.

[238]) Bernard, C., Leçons sur les effets des substances toxiques et médicamenteuses. Paris 1857. 8. pag. 426 u. fg.; 435 u. fg.

[239]) Buchheim, R., Lehrb. d. Arzneimittellehre. Leipzig 1853—56. 8. 2. Aufl. 1859. pag. 404 u. fg.

[240]) Sobernheim, J. F., & J. F. Simon, Handbuch der praktischen Toxikologie. Berlin 1838. 8. pag. 582 u. fg.

kurz zu fassen. Sieht man jetzt von den Stoffen ab, welche, indem
sie als Fälschungen des Weines auftreten, diesen zur Schädlichkeit
oder gar zum Gifte machen, und betrachtet man den Wein als solchen, so findet man, dass der übermässige Genuss dieses Getränkes
zu Krankheiten der Verdauungsorgane und Harnwerkzeuge; zu allen
jenen Leiden, welchen man die sogenannte Plethora abdominalis zu
Grunde zu legen pflegt, als da sind: Gicht, Hämorrhoiden u. A. m.;
zu psorischen Affectionen, namentlich chronischen Hautausschlägen; zu
organischen Herzleiden, Hydropsieen, Muskelzittern und Säuferwahnsinn, endlich zum Schlagflusse disponire, weiter auch diese Leiden
selbst erzeugen kann, je nach der Grösse des Genusses, je nach den
individuellen und zufälligen äusseren Verhältnissen. Die durch unmässigen Weinverbrauch erzeugten Krankheiten des Verdauungssy-
stems bestehen in Catarrhen der Schleimhäute, später in chronischen
Entzündungen dieser und endlich in organischen Entartungen der verschiedenen Apparate. Oft macht Destruction der Leber, die im späteren Verlaufe eine umfangreiche Wassersucht im Gefolge hat, dem
Leben ein Ende.

Der gefälschte Wein kann auch bei sehr bescheidenem Gebrauche die Gesundheit gefährden. Der durch Wasser verdünnte Wein
schadet im Allgemeinen der Gesundheit nicht; Menschen dagegen,
welche an unvermischten echten Wein gewöhnt sind, werden, wenn
sie stärker gewässerten geniessen, unangenehm berührt, manchmal
mit Diarrhoe behaftet. Der mit Bleisalzen verunreinigte oder verfälschte Wein erzeugt Bleikolik. Wurde der Wein mit Alkohol versetzt, dann berauscht er leichter, und geniesst man derartig verfälschten Wein übermässig, so führt er in kürzerer Zeit zu den vorerwähn-
ten Anlagen und Leiden. Künstlich dargestellte, sauere, mit Zucker,
mit Apfelwein u. dgl. versetzte Weine wirken abführend.

J. G. Zimmermann [241]) sagt über die ätiologischen Verhältnisse
des Weines: „. . Er werde fast ein Gift, er betäube, schwäche und
verderbe die Empfindungs- und Bewegungs-Vermögen des Leibes und
der Seele, er errege Zittern in den Gliedern, Schluksen, Brechen,
Fieber, Raserey, Wahnwiz, Convulsionen, Schlafsucht und Schlag-
flüsse, oder er entnerve langsam den Cörper, er mache die stokende
Säfte in wässrichte Feuchtigkeiten zerfliessen, und töde die Weinsäu-
fer durch die Wassersucht. Die gemeinsten Folgen des misbrauch-
ten Weines sind eine Neigung zu allen Entzündungs-Krankheiten, zu
der Gicht, zu dem Podagra, zu der Engbrüstigkeit, zu der Wassersucht und zu Schlagflüssen, durch das Saufen nehmen die Stekflüsse

---

241) Zimmermann, J. G., Von der Erfahrung in der Arzneykunst.
Bd. II. [Zürich 1764.] pag. 303 u. fg.

so sehr überhand. Vollblütige und dem Sizen sehr ergebene Leute verfallen überhaupt von allzuvielem Weintrinken in grausame Rückenschmerzen, Hüftwehe und Steinbeschwerungen. Man hat bemerkt, dass Leute, denen nach einer heftigen Gemüthsbewegung die Galle in den Magen aufgetreten, durch einen unbehutsamen Trunk in eine Entzündung des Magens verfallen und gestorben sind." — Ueber die ätiologischen Beziehungen des Weines haben sich viele Schriftsteller verbreitet; wir nenen Justus Mayr [242]), Cusson und Mathieu [243]), Quartier und Vergot [244]), A. E. Büchner [245]), aus neuerer Zeit den würtembergischen Arzt Carl Rösch [246]); Caspar Neumann [247]) und der alte Frank [248]) dürfen nicht übersehen werden. Ausser diesen Männern behandelten mehrere der schon oben namhaft gemachten Autoren den Gegenstand, doch gehört das Werk von Rösch zu den bedeutendsten.

Es fragt sich nun, wie man den Wein gebrauchen müsse, um gesund zu bleiben; ob überhaupt das Weintrinken eine conditio sine qua non der Gesundheit sei; endlich, welchen Individualitäten der Weingebrauch zu empfehlen wäre, welche Menschen das Trinken des Weines zu unterlassen nöthig haben. Ich betrachte den Wein als eine Potenz, welche eine Mittelstellung einnimmt zwischen den bromatologischen Grössen und den Heilmitteln; aus diesem Grunde kann ich mich nicht entschliessen, gesunden und erwachsenen Menschen, die nicht erschöpft, nicht ermüdet sind, das Weintrinken anzurathen, noch weniger dazu, es für derartige Individualitäten nöthig zu erachten. Dagegen aber halte ich, gestützt auf die Sätze der Erfahrung, dafür, dass Alte, Schwache, viele Reconvalescenten, Ermüdete, Erschöpfte, schwer Arbeitende, Soldaten im Felde, Reisende etc. des Weines bedürftig sind. Menschen, welche entweder mit Anlage zu den gleich

---

242) Mayr, J., Von dem schweren Missbrauch des Weins. Cöln 1582. 4.

243) Cusson, N., & H. Mathieu, Ergo vinum vitae et staturae detrahit. Parisiis 1667. — Vergl.: Haller, Bibliotheca Medicinae practicae. Bd. III. pag. 233.

244) Quartier, E., & C. Vergot, Ergo vinum ad tabem pulmonum vergentibus perniciosissimum. Parisiis 1701. 4.

245) Büchner, A. E., Dissertatio de vino ut medicina et veneno. Halae 1756. 4.

246) Rösch, C., Der Missbrauch geistiger Getränke in pathologischer, therapeutischer, medicinisch-polizeilicher und gerichtlicher Hinsicht untersucht. Tübingen 1839. 8. pag. 51 u. fg.

247) Neumann, C., Lectiones publicae von vier Subjectis diaeteticis, nämlich von den u. s. w. viererley Getränken, vom Thée, Caffée, Bier, und Wein, u. s. w. Leipzig 1735. 4. pag. 434 u. fg.

248) Frank, J. P., System einer vollständigen medicinischen Policey. Bd. III. [Mannheim 1783.] pag. 468 u. fg.

zu erwähnenden Leiden oder mit diesen selbst behaftet sind, enthalten sich am besten des Weines; ebenso auch jene, die von sehr lebhaftem oder gar heftigem Temperamente sind. Zu den eben angedeuteten Krankheiten gehören Entzündungen, chronische und acute Irritationen, Gicht, gewisse Arten und Grade von Hämorrhoiden, fieberhafte Zustände, Hautleiden, gewisse chronische Geschwüre, die Rose, die Lungenphthise, organische Leiden des Herzens und anderer Eingeweide. Bei Alten kann der Wein zu einer wichtigen Bedingung hinsichtlich der Erhaltung der Gesundheit werden, namentlich wenn die Gewohnheit schwer in die Wagschale fällt; doch darf man es sich niemals in den Sinn kommen lassen, den Vordersatz zur allgemeinen Durchführung [mit Umsetzung des „kann werden" in „ist"] bringen zu wollen, da es tausende und aber tausende Menschen gibt, welche ohne Wein ein sehr hohes Alter erreichen und sich stets der besten Gesundheit erfreuen.

Alle Weintrinker thun gut, Folgendes zu beachten: Das Maximum des täglich aufzunehmenden Weines, dessen gute Qualität für alle Fälle vorausgesetzt werden muss, betrage im Allgemeinen nicht mehr als $1/2$ Liter; Mischung des Weines mit Wasser, am besten mit einem moussirenden Wasser, ist für die grösste Mehrzahl anzurathen; die des Abends aufzunehmende Weinmenge sei geringer, als jene, welche man nach dem Mittagsessen benutzt; der unvermischte Wein eignet sich oft ganz gut für Alte, Reconvalescenten und schwer Arbeitende; Weiber und Kinder thun gut, Wein nicht nur mit Wasser, sondern auch mit Zucker zu versetzen.

Die Anzahl der Schriftsteller über die hygieinische Benutzung des Weines ist eine ungemein grosse, und es wäre, wollte man sie alle hernennen, nöthig, mehrere Bogen vollzuschreiben; alle Werke über Diätetik bringen Abhandlungen, den richtigen Gebrauch des Weines betreffend; alle Zeitungen sind vollgepfropft mit Artikeln über diesen Gegenstand, guten und schlechten. — Für die Geschichte der Hygieine des Weines sind von Bedeutung die Schriften von Le Mercier und Lienard [249], Francesco Antonio Caserta [250], Henault und de Launai [251], de la Vigne und Tourneaux [252], Whit-

---

[249]) Le Mercier, J., & C. Lienard, Ergo vinum alimentum optimum. Parisiis 1617.

[250]) Caserta, F. A., Tractatus de natura vinorum, tum in sanis, tum in aegris corporibus. Neapoli 1623. 4.

[251]) Henauld, J., & H. de Launai, Ergo vinum adultis, vinum pueris. Parisiis 1723.

[252]) De la Vigne, M., & L. de Tourneaux, Ergo vinum lac senum. Parisiis 1635.

aoker [253]), Heliod und Morand [254]), Cartacius [255]), G. W. Wedel [256]), J. Cordelle [257]), Davini [258]), Richter [259]). Nicht zu vergessen ist die in neuerer Zeit erschienene Schrift von W. Müller [260]). Von der Art und Weise der Benutzung des Weines bei den verschiedenen Völkern wurde alles Wissenswürdige schon im Früheren abgehandelt.

Der Wein ist ein wichtiges Heilmittel, und man bedient sich desselben innerlich und äusserlich in den verschiedensten pharmaceutischen Zubereitungen, die in allen Pharmakopoeen, besonders reichlich aber in den älteren vertreten sind.

Als Surrogate des Weines kann man betrachten die Obst-, die Beerenweine und den Palmwein. Der Most ist kein alkoholisches Getränk, sondern ein zuckerhaltiges, und rangirt mit den Pflanzensäften, deren man sich zum Trinken bedient. Trotzdem sollen einige der folgenden Zeilen der Besprechung des Mostes gewidmet sein, worauf wir dann die Obst- und Beerenweine einer kurzen Betrachtung unterziehen werden.

Most. — Provocat urinam mustum, cito solvit et inflat. — Man bediente sich des aus den Weintrauben gepressten Saftes schon zu den ältesten Zeiten stets mehr als eines hygieinischen als eines therapeutischen Mittels. Der Gebrauch des Mostes ist leicht begreiflicher Weise nur oder doch fast ausschliesslich auf die Weinländer beschränkt. Die erste chemische Analyse dieser Flüssigkeit wurde ausgeführt von Cadet de Veaux [261]); alsdann haben sich mit diesem Gegenstande beschäftigt Couverchel, Braconnot, Chaptal, Fontenelle, Metzger, Reuss, Günzler, Crasso, Benner-

---

253) Whitaoker, T., Tree of human life, or of the blood of the grape. London. 1638. 8.

254) Heliod, N., & A. Morand, Ergo vinum alimentum optimum. Parisiis. 1645.

255) Cartacii, O., Trutina medica, qua vini exhibitionis in febribus usus adversus ὑδροφόβους perpenditur. Patavii. 1654. 4.

256) Wedel, G. W., Programma de vino modico. Jenae. 1698. 4.

257) Cordelle, J., An vinum alimentum, medicamentum, venenum. Parisiis. 1714.

258) Davini, J. B., De potu vini calidi, dissertatio. Mutinae. 1720. 4.

259) Richter, G. G., Programma de virtute stomachica vini calidi. Gottingae. 1741. 4.

260) Müller, W., Der Wein und dessen Nutzen zur Beförderung der Gesundheit. Stade. 1842. kl. 8.

261) Allgemeines Journal der Chemie. Von A. N. Scherer. Leipzig. 1799—1803. Bd. V. pag. 719 u. fg.

scheidt [262]), Beltz [263]) und viele Andere; aus neuester Zeit liegen chemische Untersuchungen der Weintrauben vor, welche von Fresenius [264]) und theilweise auch von G. Schlieper angestellt wurden. Die Resultate, zu welchen die beiden letzteren Chemiker gelangten, liefern wir in Form folgende Tabelle.

Traubensorten	In 100 Gewichtstheilen Weintrauben sind enthalten:						Analytiker	Zeit der Analyse
	Trauben- und Schleimzucker	Freie Säure ausgedrückt als Apfelsäurehydrat	Eiweissartige Substanzen	Löslicher Pectinstoffe, Gummi, Farbestoff etc.	Lösliche Pectintheile	Aschenbestandtheile		
Weisse, ganz reife Oesterreicher Trauben (getrennt von d. Stielen)	13,780	1,020	0,832	0,498		0,360	Fresenius	1854
Ganz reife Kleinberger Trauben	10,590	0,820	0,622	0,220		0,377	Schlieper	1855
Riesling v. Oppenheim {sehr reif	13,52	0,71	4,07				Fresenius	1855
{edelfaul	15,14	0,50	3,46					
Riesling vom Johannisberge	19,24	0,66	2,95				Fresenius	1850
Sehr reife und sehr süsse rothe Trauben von Assmannshausen	17,28	0,75	—				Fresenius	1856

Bei den verschiedenen Mostarten ist das Verhältniss der Bestandtheile ein verschiedenes; man kann dies leicht begreifen, wenn man an die grosse Mannigfaltigkeit der Weinsorten denkt. Dass das im Moste enthaltene Ferment die Scheidung des Zuckers in Alkohol, Kohlensäure und Nebenproducte veranlasst und dass in dieser Scheidung die Entstehung des Weines beruht, ist allgemein bekannt.

Der Weinmost ist eine Flüssigkeit, welche vermöge ihres Zuckergehaltes zu den in der Arzneimittellehre unter dem Namen der Solventien vorkommenden Mitteln gehört; es befördert der Most weiter die Absonderungen auf der Schleimhaut des Verdauungscanals und wirkt auf die Leber und das uropoëtische System, indem er hier die Harnabsonderung vermehrt, dort die Bewegung der Flüssigkeiten in den Gefässen beschleunigt. Bei den Traubenkuren hat man sehr häufig Gelegenheit, die Beobachtung zu machen, dass nicht wenige Personen durch Aufregung des Gefässsystems, sonderlich Wallungen und Herzklopfen, ja manchmal auch Nasenbluten und Blutspeien, belästigt werden; man bemerkt ferner, dass der Gebrauch der Weintrauben oder des eben ausgepressten Saftes seltener Diarrhöe, dagegen sehr häufig Leibesverstopfung hervorbringt; Erscheinungen, die man nach Genuss des eigentlichen Mostes nur selten und da nicht in dem an-

---

262) Chemisches Central-Blatt für 1857. pag. 245.
263) Archiv der Pharmacie. Bd. XXX. pag. 177.
264) Ebendaselbst. 2. Reihe. Bd. LII. pag. 300.

gedeuteten Umfange findet. Jene Wirkungen der Weintrauben fordern zu besonderer Vorsicht bei Gebrauch der Traubenkur auf und machen es äusserst nothwendig, jede solche Kur unter ärztlicher Aufsicht vorzunehmen. Jüngst hat Helfft [265]) einen schätzenswerthen Beitrag zur Lehre von der Traubenkur geliefert. Diejenigen, welche Anlage zu Durchfällen besitzen, mögen sich vom Genusse desselben ganz enthalten; Mässigkeit ist beim Gebrauche des Mostes ebenso zu empfehlen wie beim Trinken des Weines, indem grössere Mengen jener Flüssigkeit, auch wenn diese gut beschaffen, Erbrechen, Laxiren, allerhand Verdauungsbeschwerden, auch wohl Harnbeschwerden und Wallungen zu erzeugen im Stande sind. Ein sehr zuckerreicher Most verursacht leicht Bauchgrimmen und, in demselben Maasse wie der säurereiche, Diarrhoe.

Um den Most zu conserviren ist es nöthig, die darin aufgelösten Proteïnkörper, welche sich als Ferment verhalten, unwirksam zu machen; dieses geschieht indem man den Most in Flaschen füllt und dieselben im Wasserbade durch einige Stunden [auf 100° C.] erhitzt, die Flaschen alsdann gut verkorkt und verpicht. — Balling [266]) hat die Methoden der Aufbesserung schwachen Mostes zusammengestellt; eine derselben besteht darin, einen Theil des zuckerarmen Mostes mit etwas Kalk bis zur Syrupsdicke einzukochen, die Flüssigkeit dem Erkalten zu überlassen, später von den ausgeschiedenen Salzen zu trennen und mit dem übrigen Moste zu vermischen; eine andere Art der Verbesserung besteht im Zusatze von Stärkezucker; es wurde dieses letztere Verfahren von Zier [267]) zu dem Behufe empfohlen, um ganz saueren Most unreifer Trauben zum Behufe seiner Benutzung auf Weingeist oder Essig aufzubessern.

Obst- und Beerenweine. — Unter den eigentlichen Obstsorten sind es zumeist die Aepfel und Birnen, deren man sich zur Erzeugung des Obstweines bedient; doch werden hierzu auch Schlehen, Kirschen, Orangen, Datteln, Zwetschen und andere Früchte genommen. Von Beeren kommen in Betracht die Rosinen, Wacholderbeeren, Stachelbeeren, Johannisbeeren, Hollunderbeeren, Erd- und Himbeeren. Auch aus dem Safte des Zuckerrohres, der Palmen u. s. w. bereitet man weinartige Flüssigkeiten, wie wir schon im allgemeinen Theile bemerkten.

Wie zur Bereitung der verschiedenen Getränke überhaupt, so

---

265) Helfft, H., Balneodiätetik. Berlin. 1858. 8. pag. 103 u. fg.
266) Balling, a. a. O. Bd. I. pag. 250 u. fg.
267) Erdmann, O. L., Journal für technische und ökonomische Chemie. Leipzig. 1828—33. Bd. X. pag. 93 u. fg.

gibt Riem [268]) auch zur Erzeugung der Beeren- und Obstweine brauchbare Vorschriften. Ueber den Wein aus Wacholderbeeren wurde die erste selbständige Schrift abgefasst und herausgegeben von dem Schweden Olaus Deckbery [269]), und von der Bereitung des Weines aus Heidelbeeren hat L. F. Bley [270]) gehandelt; Muntz [271]) lehrte die Art und Weise der Erzeugung des Obstweines überhaupt in einer eigenen Schrift, wie auch Payen [272]) einen sehr beachtenswerthen Artikel über den Obstwein lieferte; Petri [273]) schrieb über die Bereitung des Birkweines in Lief- und Esthland, Faraday über die des Palmweines in Ostindien, Lampadius [274]) über den Wein aus Stärkezucker, du Trône la Couture über den Wein aus dem Safte des Zuckerrohres, und M. L. E. Moreau de St. Mery über die Erzeugung des Weines aus Orangen.

Die Methode der Darstellung aller Beeren- und anderen Obstweine ist, die betreffenden Früchte auszupressen, ihren Saft mit Stärkezucker zu versetzen und alsdann der geistigen Gährung zu überlassen. Die Weinbereitung aus Steinobst setzt Entkernung dieses voraus. Balling [275]) hat die allgemeinen Regeln für die Erzeugung der Obst- und Beerenweine mitgetheilt.

In Hinsicht der chemischen Verhältnisse aller dieser Weine [Apfelwein, von dem alsdann geredet werden wird, ausgenommen] ist zu sagen, dass deren Alkoholgehalt oft so bedeutend ist, als der schwacher echter Weine; dass die Obst- und Beerenweine stets grössere oder geringere Mengen organischer Säuren, namentlich Apfelsäure enthalten, vermöge welcher sie mehr auf die Absonderungsprocesse der Schleimhaut des Alimentarkanales sowohl, als auf jene der Nieren hinwirken; enthält auch ein Obstwein verhältnissmässig grössere Alkoholquanta, so kann er doch niemals ebenso berauschend wirken wie ein gleich starker Traubenwein, weil die organischen Säuren in dem angedeuteten Maasse vorhanden sind und die berauschende Wirkung der Flüssigkeit beschränken; daraus erklärt es sich leicht, dass man schon sehr viel Obstwein zu sich nehmen muss, wenn Trunkenheit eintreten soll. Es ist noch zu bemerken, dass die Obstweine auch

268) Riem, Die Getränke des Menschen. Dresden. 1803. 8. pag. 202 u. fg.

269) Deckberg, O., Beskrifning huru at kälso samt win i swärige lätt kan tilwerkas. Stockholm. 1755.

270) Archiv der Pharmacie. Bd. XXV. pag. 364.

271) Journal für praktische Chemie. Bd. II. pag. 519 u. fg.

272) Dingler, Polytechnisches Journal. Bd. XLV. pag. 315.

273) Ebendaselbst. Bd. VII. pag. 484.

274) Journ. f. prakt. Chem. Bd. II. pag. 114 u. fg. — Journ. f. techn. u. ökonom. Chemie. Bd. I. pag. 381 u. fg.

275) Balling, a. a. O. Bd. I. pag. 310 u. fg.

Zucker, Farbestoffe, die löslichen Salze der Früchte, aus denen sie
bereitet wurden, Schleim und andere gewöhnliche lösliche Pflanzenbestandtheile enthalten; Stoffe, unter welchen nur der Zucker in Ansehung der Wirkung von Bedeutung ist. Die meisten Obstweine enthalten sehr kleine Mengen flüchtiger Bestandtheile, welche Ursache
des eigenthümlichen Geruches jener Fluida sind. — Wie es sich um
die Wirkung, das Schädlichwerden u. s. w. der Obstweine verhält,
werden wir sogleich speciell am Apfelweine sehen.

Apfelwein oder Cider (Cyder). — Die Litteratur dieses Gegenstandes ist gross, und auch an Gedichten, welche zu Ehren
des Apfelweins abgefasst wurden, hat es nicht gefehlt; J. Philipp [276])
hat 1720 ein solches niedergeschrieben. Von Schriftstellern aus
früheren Jahrhunderten, deren Werke für die Geschichte des Apfelweins mehr oder weniger Bedeutung haben, nenne ich J. Worlidge [277]),
J. Evelyn [278]), H. Miles [279]), de Chambray [280]), Geoffroy [281]),
C. F. Reuss [282]), A. Fothergill, A. Crocker, J. G. Vothmann [283]),
endlich Palmarius [284]).

Die chemische Beschaffenheit des Apfelweines betreffend, ist dem
oben unter Obstweinen im Allgemeinen Gesagten nur hinzuzufügen,
dass der Alkoholgehalt des Apfelweins nach Brande 7,55 Gewichts-,
nach Bence Jones 5,4 bis 7,5 Volumprocente beträgt [285]), und Chatin vorgibt, auch Jod darin gefunden zu haben.

Im grössten Maasse wird der Apfelwein erzeugt in der Normandie und in einigen Gegenden des mittleren und südlichen Deutschlands;
in diesen Ländern kommt ihm dieselbe Bedeutung zu, wie anderwärts
dem Biere, dem Schnapse oder dem Traubenweine. Die Abhandlung

---

276) Philipp, J., Cyder; a poëm in two books. London. 1720. 12.

277) Worlidge, J., Binetum Britannicum, or a treatise of Cyder and
other drinks, etc. London. 1678. 8.

278) Evelyn, J., Pomona, concerning fruit trees in relation to Cyder;
etc. London. 1729. fol.

279) Philosophical Transactions. 1745. No. 477.

280) De Chambray, L'art de cultiver les Pommiers, les Poiriers et de
faire le Cydre selon l'usage de la Normandie. Paris. 1765. 12.

281) Geoffroy, C. J., L'art de cultiver les Pommiers et les Poiriers et
de faire le Cidre. Paris. 1775. 12.

282) Reuss, C. F., Untersuchungen des Cyders oder Apfelweins nach
seinen Eigenschaften und Wirkungen beim Gebrauche. Tübingen. 1781. 8.

283) Vothmann, J. G., Bereitung, Aufbewahrung und Anwendung des
Apfel- und Birnmostes. A. d. Dänischen. Göttingen. 1798. 8.

284) Palmarii, J., De Vino et Pomaceo libri duo. Parisiis. 1588. 8.

285) Nach Brande enthält der Birnenwein 9,06 Volumprocente Alkohola.

welche Lavoisier, Cadet, Berthollet, Baumé und d'Arcet [286]) über den Apfelwein lieferten, wird stets ein wichtiges Actenstück der technisch-ökonomischen, wie der polizeilichen Geschichte desselben sein, besonders aber für die Normandie ihr beständiges Interesse haben. Ueber die Darstellung des Apfelweins vergleiche man u. A. auch Krünitz [287]).

Die Verunreinigungen und Fälschungen des Apfelweines sind leider nicht selten, und namentlich sind es die ersteren, welche die Gesundheit, manchmal auch das Leben bedrohen. Heutzutage kommt die Verfälschung des Ciders mit Bleizucker fast nicht mehr vor, da man ja weit bessere Mittel hat, die Süssigkeit dieses Getränks zu erhöhen; dagegen kann er mit verschiedenen Bleisalzen verunreinigt vorkommen, wenn er entweder in Blei-Gefässen aufbewahrt wurde oder man denjenigen Cider wieder benutzt, der von schlecht überzinnten Schänktischen abfloss. Auf dieselbe Weise kann der Apfelwein zu Verunreinigung mit Zink und Kupfer kommen, wenn an Stelle der Bleigefässe Zink- oder Kupfergefässe gebraucht werden. Die Nachweisung all' dieser Metalle ist sehr leicht und aus dem Früheren bekannt. Wasser- wie Alkoholzusatz lassen sich sowohl durch aräometrische Prüfung, als auch durch Destillation des verdächtigen Apfelweines erkennen, nur hat man nöthig, vorher über die Menge des Alkohols in reinen Cidersorten der betreffenden Gegend klar zu werden. Die Verfälschungen durch Wasser und Alkohol sind im Allgemeinen ohne übele Folgen. Ebenso unschädlich ist der Zusatz von Kreide, welcher in der Absicht angewandt wird, um die überschüssige freie Säure zu neutralisiren. Saurerer, gleichwie sehr süsser Apfelwein können, besonders bei Genuss grösserer Mengen, leicht Laxiren veranlassen. Bewahrt man denselben in Holzgefässen auf, so liegt die Gefahr des Eintritts der sauren Gährung sehr nahe, weil Holzgefässe mehr als alle anderen Behältnisse das Sauerwerden begünstigen; es ist daher am besten, den Cider wie alle anderen Obstweine in Flaschen zu füllen, diese luftdicht zu verschliessen und in einem kalten Keller unter Sand aufzubewahren.

Die Wirkungen des Ciders lassen sich sehr leicht erklären, wenn man sich einen alkoholarmen Wein, in welchem vegetabilische Säuren und Zucker enthalten sind, denkt. Schädlich kann der Apfelwein werden durch einige der oben angeführten Verunreinigungen und Fälschungen, aber auch, selbst bei guter Beschaffenheit, wenn er übermässig oder zur Unzeit getrunken wird; Leute, welche an Verdauungs-

[286]) Crell, Chemische Annalen. 1793. Bd. II. pag. 81 u. fg.

[287]) Krünitz, J. G., Oekonomisch-technologische Encyklopädie. Bd. CIII. [Berlin. 1806.] pag. 567 u. fg.

beschwerden, namentlich Säure in den ersten Wegen, Anlage zu Durchfällen oder an diesen selbst leiden, mögen sich des Apfelweins enthalten. Indessen wäre er allen denen, welche von Stuhlverstopfung geplagt sind, häufig Congestionen, Wallungen u. dgl. haben und doch etwas Alkoholisches trinken wollen, an Stelle des Weines anzurathen. Ueber die Aufbewahrung des Ciders vergleiche man u. A. die Abhandlungen von J. Duborn [288]) und J. Odolant-Denos [289]), und über den therapeutischen Werth dieser Flüssigkeit die Schrift von Türk [290]).

Meth. — Der Honigwein oder Meth, über dessen geschichtliche und culturwissenschaftliche Verhältnisse schon im ersten Bande mehrfache Andeutungen gegeben wurden, ward in früheren Zeiten viel häufiger getrunken als heutzutage; nur in einigen (honigreichen) Gegenden Deutschlands, sonst aber in England und in den ostslavischen Ländern hat er sich noch immer als ziemlich verbreitetes und beliebtes Getränk erhalten. Für die Geschichte des Meth hat Johannes Wittich's „Praeservatio sanitatis" [291]) Bedeutung, und wohl auch die Abhandlung des Horatius Augenius [292]).

Chemische Untersuchungen des Honigweins liegen in geringer Zahl vor; die wichtigste chemische Angabe ist die von Prout, welcher im englischen Meth 17,32% Alkohol fand. Die übrigen Bestandtheile desselben sind Wasser, Zucker, Mannit, organische Säuren, Extractivmaterien, flüchtige und Mineralstoffe.

Die Wirkung des ungewürzten Honigweins kommt der des Traubenweins nahe, wogegen der gewürzte Meth die Eigenschaften der Alkoholica und der Gewürzsubstanzen hat. Durch Verunreinigungen und Fälschungen kann der Meth schädlich werden; giftig wirkt er,

288) Moniteur industriel. 1844. No. 866. — Dingler, Polytechn. Journ. Bd. XCIV. pag. 327 u. fg.
289) Monit. industr. 1844. No. 868. — Dingler, Polytechn. Journ. Bd. XCV. pag. 74.
290) Türk, Der Apfelwein. Seine Heilwirkung auf den menschlichen Körper. Berlin. 1855. 8.
291) Wittich, J., Praeservatio sanitatis. Bericht von den sechs unvermeidlichen Dingen zur Gesundheit, wie man sich in denselben beydes zu Hause als auch auf dem Lande verhalten soll, auf die teutsche übliche Kunst gerichtet, mit alten rhythmis und guten Arzneyen geziert. Vermerth mit einer Zugabe vom Meth Weinmeth Trank, Hippocras und Nectar, Honig und Volsaufen, item das reise Kästlein auch von der schreklichen Hauptkrankheit und epidemischen catarrhalischen Fieber. Schmalkalden. 1595. 8.
292) Augenii, H., Epistolarum et consultationum medicinalium Primi Tomi Libri XII. Augustae Taurinorum. 1580. 4. Buch VII.

wenn der Honig, aus welchem er erzeugt, giftigen Pflanzen entzogen wurde.

Das Wesen der Methentstehung ist die geistige Gährung zweier im Honige enthaltenen Zuckerarten [Traubenzucker, Schleimzucker], die in dem eigens dazu präparirten Honige mittelst Bierhefe eingeleitet wird; der Mannit [Mannazucker] des Honigs wird durch die Alkoholgährung der beiden anderen Zuckerarten nicht afficirt.

Ueber die Methbereitung vergleiche man Riem [293]), Balling [294]), Nicolaus Lemery [295]), T. Lang, Petri, Möller [296]), Parmentier [297]), Dingler's polytechnisches Journal u. s. w.

Andere Weine wurden schon im ersten Bande erwähnt.

Bier.

Non sit acetosa cerevisia, sed bene clara,
De validis cocta granis, satis ac veterata.

De qua potetur, stomachus non inde gravetur.
(Regimen sanitatis Salerni.)

Man schreibt den Egyptern die Erfindung des Bieres zu, indem man sich einestheils auf die Aussagen der Schriftsteller des Alterthumes stützt, anderntheils den ungeheuren Getreidereichthum des alten Egypterlandes in Betracht zieht und den Ueberfluss an Getreide mit Recht für ein mächtiges Impulsmittel einer mannigfaltigeren Anwendung und Benutzung hält. Bietet irgend ein Land Ueberfluss an Producten, so sind, je nach der Culturstufe und anderen in den Bewohnern liegenden Momenten, zwei Fälle möglich: entweder man beachtet die in grossen Massen vorhandenen Naturproducte nicht, oder man sucht sie auf die mannigfaltigste Weise zu verwerthen, zu welchem Behufe dieselben allerhand Manipulationen unterzogen werden; und nur auf solche Art ist es möglich gewesen, zur Herstellung des Bieres zu kommen, welches in Bezug auf das Complicirte seiner Bereitung dem Weine ungemein weit voransteht. Die Erfindung des Bieres

---

293) Riem, Die Getränke der Menschen. Dresden. 1803. pag. 247 u. fg.
294) Balling, a. a. O. Bd. 1. pag. 312.
295) Crell, L., Chemisches Archiv. Leipzig. 1783. 8. Bd. I. pag. 10 u. fg.
296) Beckmann, J., Physikalisch-ökonomische Bibliothek. Bd. XVIII. [Göttingen. 1795.] pag. 582.
297) Trommsdorf, J. B., Journal der Pharmacie. Bd. XVIII. [1809.] pag. 249 u. fg.

setzte nicht nur einen hohen Grad von Entwicklung in der Cultur, sondern auch eine glückliche Combination zahlreicher Zufälligkeiten voraus.

Das Bier der Alten, aus verschiedenen Getreidearten, vorzüglich aber aus Gerste bereitet (daher auch Gerstenwein genannt [von Herodot, Archilochus, Aeschylus und Sophokles]), ist nicht wesentlich verschieden von dem Biere unserer Tage: denn Gerste ist die Grundlage beider; und wenn auch die Biere des Alterthums keinen Hopfen enthielten, so können wir dagegen setzen, dass Hopfen kein wesentlicher Bierbestandtheil ist, und dass heutzutage zahlreiche Biere gebrauet werden, welche keinen Hopfen sahen und dennoch Biere heissen. — Plinius [1]), Diodor von Sicilien [2]), Columella [3]), Dioskorides [4]), Athenäus, Strabo [5]), Tacitus, Herodot, Theophrastus von Eresus und Zosimos von Panapolis [6]) sind wichtig für die Geschichte des Bieres im Alterthume. Die alten Egypter hielten dafür, es habe Osiris das Bier erfunden [von Einigen wird dem Osiris die Isis substituirt], und die Griechen schrieben Bacchus die Erfindung zu. Man unterschied im Alterthume mehrere Getränke der Kategorie Bier, und man belegte diese Flüssigkeiten mit verschiedenen Namen, die, genauer untersucht, sich als verschiedenen Sprachen angehörig erweisen. Das Wort Cerevisia kommt nicht her von Ceres und vis, sondern ist gallischen Ursprungs [7]), wie denn auch Plinius im zweiundzwanzigsten Buche seiner Naturgeschichte davon redet, dass das Weizen- und Gerstengetränk, welches man Cerevisia nannte, eigentlich in Gallien seine Heimath habe. Ausser der Cerevisia hatten die Alten noch folgende Gersten-Biere: Pinon (πίνον),

---

[1]) Im 22. Buche der „Naturgeschichte". — C. Plinii Secundi, Naturalis historiae libri XXXVII. Recensuit etc. J. Sillig. Bd. III. [Hamburg & Gotha. 1853.] pag. 466.

[2]) Im 1. und 3. Buche der „geschichtlichen Bibliothek" und im 4. Buche von den „rebus Aegyptiacis". — Diodori Siculi, Bibliotheca historica. Ex recognitione I. Bekkeri. Lipsiae. 1853—54. 8.

[3]) De re rustica. Lib. X. 116. — L. J. M. Columella, Zwölf Bücher von der Landwirthschaft, ins Deutsche übersetzt u. m. d. nöth. Anmerk. versehen von M. C. Curtius. Hamburg & Bremen. 1769. 8.

[4]) Dioscoridis libri octo graece et latine. Parisiis. 1549. 4. pag. 99. b. u. 100.

[5]) Strabonis Geographica. Graece cum versione reficta. Curantibus C. Müllero et F. Dübnero. Parisiis. 1853. 8. pag. 128.

[6]) Gruner, C. G., Zosimi Panopolitani de Zythorum confectione fragmentum nunc primum graece et latine editum. Accedit historia Zythorum sive Cerevisiarum quarum apud veteres mentio est. Solisbaci. 1814. 8.

[7]) Pauly, A., Real-Encyclopädie der classischen Alterthumswissenschaft. Bd. II. pag. 277.

bei Athenäus aufgeführt, soll sich als sehr berauschend erwiesen
haben; von ähnlicher Natur war das von demselben Autor erwähnte
Brytum ($\beta\varrho\acute{v}\tau o\nu$), welches indessen nicht ausschliesslich aus Gerste,
sondern auch aus anderen Cerealien bereitet wurde; die Griechen hat-
ten ein bierartiges Getränk, welches sie Phokadion oder Phoukas
($\varphi o\nu\varkappa\tilde{a}\varsigma$) nannten, während es die Araber mit al-Foka, Foka, Fucha
u. s. w. belegten und weit mehr Wesens davon machten als die Grie-
chen, indem Avicenna [8]), Ali Ben Abbas (Haly Abbas) [9]) u. A. m.
viel darüber sprechen und uns mittheilen, dass man mehrere Arten
dieses Getränks erzeugte; Simon Seth [10]), welcher zu Ende des
11. Jahrhunderts zu Constantinopel lebte, schrieb über dieses Bier,
ohne jedoch dessen Darstellungsweise anzugeben. Das Kurma, Cur-
mi oder Camum der Alten wurde nach Dioskorides aus Gerste
bereitet und war auf Kreta zu Hause; derselbe Schriftsteller redet
von einem dem Camum ähnlichen Getränke, welches man in Britannien und im westlichen Iberien aus Weizen brauete; Posidonius
weiss vom Zusatze des Honigs zu diesem Biere, welches nach ihm
nur von den untersten Volksschichten getrunken wurde. Es sind noch
anzudeuten die Celia oder Cerea, welche zu den Weizenbieren zählt
und von Plinius als den Iberern eigenthümlich beschrieben, von
Orosius näher beleuchtet wird, und jene Biere, welche aus verschiedenen Wurzeln, aus Hafer, Hirse, Brod u. dgl. m. dargestellt und
mit dem allgemeinen Namen Zythus succedaneus belegt wurden;
über diese letzteren Bierarten schrieben Aelianus, Simon Seth,
Rhazes u. A. In der egyptischen Stadt Pelusium [über welche Stadt
man besonders bei Schleiden [11]) lese] soll man, wie die Sage meldet, das beste Bier gebrauet haben, und man nannte jenes Bier Pe-
lusianum. — Es darf nicht vergessen werden zu erwähnen, dass
Kaiser Julianus, der im vierten Jahrhundert nach Christus lebte,
ein witziges Epigramm [welches Petrus Martinius [12]) aus dem

---

8) Im Canon Medicinae.

9) Liber totius medicinae necessaria continens, quam Haly filius Ab-
bas edidit regique inscripsit, unde et regalis dispositionis nomen assumpsit.
Lugduni. 1523. 4. [Nach Choulant ist dieses Werk die (im Jahre 1127) von
Stephanus Antiochenus bewerkstelligte Uebersetzung, mit lexikalischen
Erläuterungen des Michael de Capella.]

10) Simonis Sethi magistri Antiocheni volumen de alimentorum facultatibus juxta ordinem literarum digestum, etc. Edidit M. Bogdan. Parisiis.
1658. 8. [Ist eine griechisch-lateinische Ausgabe, welche nach Choulant vor
der von L. G. Gyraldus besorgten (Basel. 1538. 8.) den Vorzug verdient.]

11) Schleiden, M. J., Die Landenge von Suês. Leipzig. 1858. 8.
pag. 142 u. fg.

12) Neumann, C., Lectiones publicae von vier subjectis diaeteticis.
Leipzig. 1735. 4. pag. 208.

Griechischen in das Lateinische übersetzte] auf das Bier der Gallier machte; hiernach riecht das Bier (unechter Bacchus) nicht nach Nektar, sondern nach Bock. Plinius scheint nicht viel Gutes vom Biere gehalten zu haben, weil er es einen abscheulichen Trank nennt, welcher stärker berausche als Wein. Das Bier der Alten darf nicht verwechselt werden mit der Ptisane oder dem Gerstentranke des Hippokrates; in diesem Getränke, welches der grosse Koër in fieberhaften Krankheiten anzuwenden empfahl [13]), ist kein Alkohol enthalten, denn es ist eine blosse Abkochung geschroteter Gerste in Wasser. — So viel von den geschichtlichen Verhältnissen des Bieres der Alten, worüber u. A. geschrieben haben Gruner [14]), J. Scaliger, Balduinus Ronseus [15]), S. A. Mizler [16]), G. W. Wedel [17]), v. Boslarn, Dodonäus [18]), Baccius [19]), Caspar Neumann, G. W. L. Hopff [20]), Becker, wie man auch Andeutungen findet bei Poppe [21]), Klemm [22]) u. A. m.

Der Name „Bier" ist wohl am richtigsten von dem lateinischen Zeitworte bibere, trinken, abzuleiten; alle übrigen Ableitungen, z. B. von Hiber, welches Spanier bedeutet; von Hiberus (Fluss Ebro) nach J. Voss; von pyrus, Birne, nach Martinius; von dem angelsächsischen Worte beer (Getreide bedeutend), nach Melchior Sebicius; alle diese haben sehr wenig Wahrscheinlichkeit für sich. Ueber die Etymologie der Bedeutungen von Bier vergleiche man auch Gruner.

---

13) Περὶ διαίτης ὀξέων. — Hippokrates, Buch von der Lebensordnung in hitzigen Krankheiten. Aus dem Griechischen übersetzt (von J. F. K. Grimm). Altenburg. 1772. 8. — Hippocratis Opera. Edid. A. de Haller. Bd. I. pag. 232 u. fg.

14) Gruner, a. a. O. pag. 29 u. fg.

15) Ronsei, B., Miscellanea, seu epistolae medicinales. Lugd. Batav. 1590. 8.

16) Mizler, S. A., Dissertatio de veterum Celtarum Oelia et Zytho ad illustrandum Flori locum. Wittembergae. 1695. 4.

17) Wedel, G. W., Proempticon de Zytho scripturae. Jenae. 1713. 4.

18) Dodonaeus, R., De Zytho et Cerevisia. Antwerpae. 1552.

19) Baccii, A., a. a. O. [Vergl. unter „Wein".]

20) Hopff, G. W. L., Das Bier. Zweibrücken. 1846. 8. pag. 1—8.

21) Poppe, J. H. M., Geschichte der Technologie seit der Wiederherstellung der Wissenschaften bis' an das Ende des achtzehnten Jahrhunderts. Göttingen. 1807—11. 8. Bd. III. pag. 225 u. fg.

22) Klemm, G., Allgemeine Cultur-Geschichte der Menschheit. Bd. IX. pag. 94.

Klemm, G., Allgemeine Culturwissenschaft. Bd. I. pag. 331.

Die Zeit Karl des Grossen ist auch für die Geschichte des Bieres
der Anfang einer neuen Epoche; denn damals entstand aus dem Biere der
Alten das heutige Bier, indem man anfing, den Hopfen zu benutzen, eine
Pflanze, deren erste Beschreibung man im 21. Buche der Naturgeschichte
des Plinius findet; er nennt sie Lupus salietarius. — Man kann nicht
bestimmen, ob Kaiser Karl schon gehopftes Bier trank, weil sich
der Kaiser in der Anleitung zum Bierbrauen nur über allgemeine
Verhältnisse dieser Kunst ausspricht, weiter die schon öfter erwähnten Capitularien nichts vom Hopfen vermelden; dagegen wurde um
die Zeit des grossen Kaisers schon der Hopfenbau betrieben, wie aus
mehreren Urkunden hervorgeht. Schon die Alten versetzten das Bier
mit bitteren Kräutern, und es ist sehr wahrscheinlich, dass der Zusatz
des Hopfens zum Biere nichts als eine Nachahmung des alterthüm-
lichen Verfahrens vorstellt. Mit Bestimmtheit kommt der Hopfen als
Zuthat des Bieres zuerst vor in einer Schrift der heiligen Hildegardis [23]), Aebtissin des Klosters der Benedictinerinnen von St. Rupertus
bei Bingen am Rheine [man lese über die gewiss sehr kundige Hildegardis besonders bei C. F. Harless [24])]; Hildegarde lebte im
12. Jahrhundert. Erst von dieser Zeit an wird der Zusatz des Hopfens
zum Biere allgemein und beliebt. Die Kunst des Bierbrauens war
lange Zeit hindurch fast ausschliessliches Eigenthum der Klöster; allmälig kam sie in die Hände der Bürger der Städte, und es ist eine
Verordnung der freien Reichsstadt Nürnberg vom Jahre 1290 beachtenswerth, nach welcher, wie aus Raumer [25]) zu entnehmen, zum
Behufe der Bierbereitung der Gebrauch der Gerste anbefohlen, die
Benutzung von Hafer, Roggen, Dinkel und Weizen jedoch verboten
wurde. Nach Paul von Stetten [26]) erliess im Jahre 1433 der Rath
von Augsburg den Befehl, jedwedes Bier aus Hafer zu fabriciren;
diese Verordnung wurde jedoch um einhundert und siebenzehn Jahre
später wieder aufgehoben.

---

[23]) Physicorum St. Hildegardis libri IV., de elementorum, fluminum
aliquot Germaniae, metallorum leguminum, fruticorum, herbarum, arborum,
arbustorum, piscium, volatilium, et animalium terrae naturis et operationibus.
Argentorati. 1553. fol. [Apud Andr. Scotum.]

[24]) Harless, C. F., Die Verdienste der Frauen um Naturwissenschaft,
Gesundheits- und Heilkunde, so wie auch um Länder-, Völker- und Menschenkunde, von den ältesten Zeiten bis auf die neueste. Göttingen. 1830. 8.
pag. 138 u. fg.

[25]) Raumer, F. v., Geschichte der Hohenstaufen und ihrer Zeit. 2. Aufl.
Leipzig. 1840—42. 8. Bd. V.

[26]) Stetten, P. v., Geschichte der Heil. Röm. Reichs Freyen Stadt
Augspurg. Franckfurt und Leipzig. 1743-58. 4. Bd. II. pag. 132.

Ausserhalb Deutschland wurden die Hopfenbiere erst später bekannt und allgemein gebraut; von England berichtet uns J. Houghton [27]), dass dort, obgleich schon im zwölften Jahrhunderte die damals sehr berühmten märkischen Biere nach England verführt wurden, doch erst um das Jahr 1524 die englischen Bierbrauer ihren Bieren Hopfen zusetzten, welchen sie durch Leute aus Artois zu Zwecken der Bierbrauerei anwenden lernten. Im Jahre 1530 erliess Heinrich VIII. eine Verordnung, kraft welcher die Anwendung des Hopfens zur Erzeugung des Ale untersagt war. Bemerkenswerth ist noch, dass Heinrich VI. im Jahre 1450 den Anbau des Hopfens verbot. — Was Skandinavien betrifft, so sagt Beckmann [28]) [indem er die von Loccenius in's Lateinische übersetzte schwedische Gesetzsammlung im Auge hat], dass man dort vor dem funfzehnten Jahrhunderte an Statt des Hopfens bittere Kräuter zum Biere setzte, ein Verfahren, gegen welches schon frühzeitig Gesetze erlassen wurden. Erst vom Beginne des sechszehnten Jahrhunderts an wurden Hopfenbiere allgemein.

Für die Geschichte des Bieres sind noch folgende Andeutungen von Wichtigkeit. Das zumeist in deutschen Klöstern gebraute sogenannte Patersbier war schon im funfzehnten Jahrhundert sehr beliebt; es zählte zu den alkoholreichen Biersorten und erhielt seinen Namen davon, weil es vorzüglich zum Gebrauche für die Patres bestimmt war. Ein weit schwächeres Bier war das Conventbier [auch Convent genannt], auf welches die Fratres angewiesen waren. Nach der kleinen Chronik von Nürnberg [29]) brauete der Holländer Hanns Kraene um die Mitte des sechszehnten Jahrhunderts zu Nürnberg das erste Weissbier, und, wie man mit Bestimmtheit weiss, wurde die berühmte Braunschweigische Mumme von ihrem Erfinder Christian Mumme im Jahre 1492 zu Braunschweig zuerst gebraut; die Mumme war weltbekannt, und man versandte sie bis nach Indien. Im Jahre 1526 erfand Curt Broihahn zu Hannover das nach ihm benannte berühmte Bier; von Hamburg zurückgekommen, wollte er nämlich das damals beliebte, dem englischen Biere ähnliche hamburgische Bier brauen, wusste aber die Vorschrift nicht mehr genau und entdeckte so zufällig die Bereitung des Broihahn-Bieres. Um dieselbe Zeit erfand man im Städtchen Goslar die Gose, welche von dem bei Goslar laufenden Flusse ihren Namen erhielt (Poppe [30])). Ueber die

27) Houghton, J., Husbandry and trade improved, being a collection. London. 1727. 8. Bd. II. pag. 457.

28) Beckmann, J., Beiträge zur Geschichte der Erfindungen. Leipzig. 1780—1805. 8. Bd. V. pag. 229 u. fg.

29) Kleine Chronik der Stadt Nürnberg. Nürnberg. 1790. 8. pag. 63.

30) Poppe, a. a. O. Bd. III. pag. 230.

Gose erschien 1717 eine kleine Schrift[31]), deren Verfasser der Jurist Platherus sein soll. Das berühmte Porter-Bier ist die Erfindung des englischen Braumeisters Harwood; obgleich man es erst zu Anfange des vorigen Jahrhunderts zu erzeugen anfing, so fand es doch sehr bald ausserordentlichen Beifall, und es wurde schon zu Ende des achtzehnten Jahrhunderts in alle Welt verführt. Das Ale-Bier kannten und fabricirten schon die alten Briten, aber erst in neuerer Zeit wurde dieses Bier mit Hopfen versetzt.

Soviel im Allgemeinen über die Geschichte des Bieres.

Die Erzeugung des Bieres ist ein Gegenstand, über welchen wir eine sehr umfangreiche Litteratur besitzen, und namentlich sind es Engländer und Deutsche, welche hierin am meisten leisteten. Indem wir es uns vorbehalten, weiter unten ein Bild von den Processen zu entwerfen, auf denen die Bierfabrication beruht, wollen wir jetzt die Verfasser der bedeutenderen Schriften und Abhandlungen über die Kunst der Bierbrauerei nennen; es sind aus neuester Zeit vorzüglich Balling[32]), Mulder[33]), Schubarth[34]), Rohart[35]), Otto[36]), G. E. Habich[37]), Rhode[38]), Knapp[39]), Maugham und Dulop[40]), Karmarsch[41]); und aus früheren Zeiten Hermbstädt[42]), Riem[43]), Krünitz[44]), J. C. Gotthardt[45]), Peschel[46]), Kögel[47]), Wäser[48]),

[31]) Avisation von dem bei Goslar gebrauten Weitzenbier oder Gose, desselben Eigenschaft und wie damit umzugehen sey. Goslar. 1717. 8.

[32]) Balling, a. a. O. Bd. II. [A. u. d. T.: Balling, C. J. N., Die Bierbrauerei wissenschaftlich begründet und practisch dargestellt. Prag. 1845. 8.]

[33]) Mulder, G. J., Het Bier scheikundig beschouwd. Rotterdam. 1857. 8. pag. 94 u. fg.

[34]) Schubarth, E. L., Handbuch der technischen Chemie und chemischen Technologie. 4. Aufl. Berlin. 1851. Bd. III. pag. 521 u. fg.

[35]) Rohart, Traité théorique et pratique de la fabrication de la bière. Paris. 1848.

[36]) Liebig, Poggendorff & Wöhler, Handwörterbuch der reinen und angewandten Chemie. 2. Aufl. Bd. II. Abtheilung 1. [Braunschweig. 1859.] pag. 1039 u. fg.
Otto, F. J., Lehrbuch der rationellen Praxis der landwirthschaftlichen Gewerbe. 2. Aufl. Braunschweig. 1840. 8. pag. 1—86.

[37]) Polytechnisches Centralblatt für 1857. pag. 747 u. fg.

[38]) Ebendaselbst. 1858. pag. 807 u. fg.

[39]) Dingler, Polytechnisches Journal. Bd. CXVI. pag. 370.

[40]) Ebendaselbst. Bd. CI. pag. 403.

[41]) Jahrbücher des k. k. polytechn. Instituts in Wien. 1819—39. 8. Bd. II. pag. 256.

[42]) Hermbstädt, S. F., Chemische Grundsätze der Kunst Bier zu brauen. Berlin. 1814. 8. [Die Litteratur-Angaben hierin sind nur spärlich.]

[43]) Riem, a. a. O. pag. 31—123.

[44]) Krünitz, a. a. O. Bd. V. pag. 39 u. fg.

[45]) Gotthardt, J. C., Die Kunst des Bierbrauens, nebst Anweisung, Essig zu verfertigen. Hamburg. 1809. 8.

[46]) Peschel, J. G., Anleitung, gutes Bier zu brauen. Leipzig. 1809. 8.

[47]) Kögel, J. G., Allgemein verständliche Anweisung zum Bierbrauen, nach richtigen Grundsätzen der Chemie. Quedlinburg. 1802. 8.

[48]) Wäser, J. W., Gründliche Anweisung zum Bierbrauen. Berlin. 1793. 8.

Paupie [49]), Simon [50]), Jacobi [51]), N. Aalholm [52]), O. van Lis [53]), David Kelner [54]), J. Stengel [55]), A. Werner [56]), Thomas Tryon [57]), O. P. Worth [58]), C. Kobrer Carinthius [59]), Knaust [60]) u. A. m. — Es zerfällt das Bierbrauen in der Regel in fünf Operationen, nämlich in das Malzen des Getreides, in das Einmaischen, in das Würzekochen, in das Kühlen der Würze und in die Gährung. Das Malzen des Getreides zerfällt in das Quellen und Darren oder Trocknen; zum Behufe des Quellens wird das Getreide in Bottichen mit Wasser übergossen und damit so lange in Berührung gelassen, bis die Körner, an Holz gestrichen, einen mehlartigen Strich geben; nun entfernt man das Wasser und schichtet das so gequellte Getreide in acht bis zehn Zoll hohen Haufen auf, welche durch zwölf bis vierundzwanzig Stunden liegen bleiben. Während dieser Zeit keimt das Getreide, und es entsteht hierbei unter Temperaturerhöhung ein Ferment, welches unter dem Namen der Diastase bekannt ist und sich dadurch kennzeichnet, dass er das Stärkemehl zum grössten Theile in Zucker und Dextrin umwandelt. Das Quellen hatte nur den Zweck, das Keimen zu erleichtern. Im weiteren Verlaufe des Keimprocesses entsteht auf Kosten von Dextrin und Zucker die Pflanzenfaser, wesshalb es denn nöthig ist, jenen Process zur geeigneten Zeit durch die Operation des Darrens zu unterbrechen, durch welche, indem das zur Vegetation nöthige Wasser entfernt wird, die Keime getödtet werden. Man unterscheidet bekanntlich das an der Luft getrocknete Malz [Luftmalz] von dem auf den sogenannten Darren getrockneten [Darrmalz]; je stärker das Malz gedarrt wurde, um so dunkler ist alsdann die Farbe des Bieres. — Das gedarrte Malz wird nun geschrotet, wozu man sich gewöhnlicher Mühlen oder der Schraube des Archimedes bedient.

Das Einmaischen nimmt man in eigens eingerichteten Bottichen vor; es ist nichts Anderes, als die Extraction des Malzes mittelst anfänglich temperirten, später siedenden Wassers, und hat die Erzeugung der Würze zum

49) Paupie, F. A., Die Kunst des Bierbrauens, physisch-chemisch und ökonomisch beschrieben. Prag. 1794. 8. [2 Bde.]

50) Simon, J. C., Kunst des Bierbrauens, etc. Dresden. 1771. 8.

51) Beckmann, J., Physikalisch-ökonomische Bibliothek. Bd. III. [Göttingen. 1772.] pag. 379.

52) Aalholm, N., Underretning om at brygge Oel. Kjøvenhavn. 1759.

53) van Lis, G., Brauwkonde. Amsterdam. 1745. 8.

54) Kelner, D., Edle Bier-Brauer-Kunst. Leipzig. 1690. 8.

55) Stengel, J., Bewährte Bierkünste von etlichen Kräutern, Bieren und Essigen. Erfurt. 1616. 4.

56) Werneri, A., Oratio de confectione Cerevisiae. Wittembergae. 1567.

57) Tryon, T., The new art of brewing beer, ale and other sorts of liquors. London. 1691. 12.

58) Worth, O. P., Cerevisiarii comes, or the art of brewing. London. 1692. 12.

59) Kobrer Carinthius, C., Kurze und gründliche, auch sehr nütze Beschreibung des allgemeinen Brauwerks, u. s. w. u. s. w. 1581.

60) Knaust, H., Fünf Bücher von der Kunst, Bier zu brauen, auch von den Namen der vornehmsten Biere in ganz Deutschland, etc. Erfurt. 1619. 4.

Zwecke, einer Flüssigkeit, worin alle löslichen Bestandtheile des Malzes enthalten sind. Das aus den Maischbottichen ablaufende, mehr oder weniger tingirte Liquidum ist die Würze. Hat man diese, wie allbekannt, sehr süss schmeckende Flüssigkeit vollständig gesammelt, dann schreitet man zum Würzekochen, d. h. zum Einkochen der Würze in Braupfannen; es bezweckt diese Operation Concentrirung der Würze und Coagulirung der darin noch enthaltenen Proteïnkörper, welche sich in Form eines Schaumes ausscheiden. Zum Schlusse des Würzekochens findet die Zugabe des Hopfens Statt, welcher gleichsam infundirt wird. Nun lässt man den Inhalt der Braupfannen in die sogenannten Kühlschiffe übergehen, wo man ihn bis zu einem bestimmten Grade abkühlt; ist dieser Grad erreicht, so wird das Bier in Fässer gefüllt und man leitet die Gährung ein, welche man in die Obergährung (wo sich die Hefe an der Oberfläche ausscheidet) und in die Untergährung unterscheidet. Zweck der Gährung ist, die Spaltung des Zuckers in Alkohol und Kohlensäure zu bewerkstelligen. — So viel über Bierbereitung.

Der Verbrauch des Bieres ist ein ungeheurer zu nennen, und wir werden versuchen, davon im Folgenden eine kurze Uebersicht zu geben. Nach Dieterici trinkt in den Staaten des deutschen Zollvereins jeder Einwohner jährlich durchschnittlich fünfundvierzig preussische Quart Bieres. Im Speciellen verhält es sich mit dem Bierverbrauche folgendermaassen; es kamen im Jahre 1840 auf jeden Kopf im Mittel preussische Quarte: 24 in Preussen; 132 in Bayern diesseits des Rheins; 65 in der Rheinpfalz; 41 in Sachsen; 71 in Würtemberg; 20 in Baden; 25 in Kurhessen; 16 in Hessen-Darmstadt; 61 in Thüringen; 68 in Braunschweig; 24 in Nassau; 69 in der freien Stadt Frankfurt; 10 in Lippe; 49 in Anhalt; 21 in Luxemburg; 7 in Meisenheim; 9 in Birkenfeld. — Im Jahre 1830 erzeugte man in England 7,670,100 Barrel Bier; davon waren Starkbier 6,060,247 und Dünnbier 1,609,853 Barrel. Nach Schnitzler producirte Frankreich [zumeist das nördliche] im Jahre 1842 im Ganzen 3,809,935 Hectolitres Bier.

Die über den Verbrauch geistiger Getränke, sonderlich des Bieres vorliegenden Notizen aus neuester Zeit widersprechen einander vielfach. Es heisst an einigen Orten, der Bierconsum mache jährlich: in England 60, in Bayern 82, in Würtemberg 54 Liter per Kopf aus. Nach Armand Husson kommen in Paris auf den Kopf jährlich 14,5 Liter Bieres. Ein vollständiges Bild des heutigen Bierverbrauches kann noch nicht entworfen werden, da die statistischen Quellen theilweise sehr mangelhaft sind, theils noch gänzlich fehlen.

Im Laufe der Zeiten haben sich die Biersorten ins Ungemessene vermehrt. Abgesehen nun von der Benennung der Biere nach ihren Brauorten, unterscheidet man weisse und braune, süsse und bittere, leichte und schwere, Gersten-, Weizen- und andere Getreide-Biere, alkoholreiche, moussirende, dicke, dünne, junge, alte, einfache, doppelte und Trippel-Biere u. s. w.

Ueber die chemische Constitution des Bieres haben Forschungen angestellt: Heinrich Hagen [61]), Riem [62]), Schrader [63]), Leo [64]), Brande, Lampadius [65]), Wackenroder [66]), Zenneck [67]), J. N. Fuchs [68]), Erdmann [69]), Carl [70]), Zierl [71]), Kaiser [72]), Christison [73]), Stoinheil [74]), Schafhäutl [75]), Knapp [76]), Fresenius [77]), Mulder, Lacambre, Balling, Herberger [78]), Dufft [79]), Bley [80]), Jones [81]), Dickson [82]), Martius [83]), Ringier, Sick und Schmitt [84]), Payen, Gorup-Besanez u. A. m. Aus allen den chemischen Untersuchungen des Bieres geht nun Folgendes mit Bestimmtheit hervor. Das Bier ist als eine verdünnte Auflösung von Alkohol in Wasser zu betrachten; es zählt wegen seines Gehaltes an flüchtigen und bitteren

[61]) Hagen, H., Abhandlungen chemischen und physikalischen Inhalts. Königsberg 1778. 8. Nr. 3. [Diese Abhandlungen wurden von des Verfassers Sohn, Karl G. Hagen, zum Drucke befördert.]

[62]) Riem a. a. O. pag. 121.

[63]) Hermbstädt, Bulletin etc. Bd. V. pag. 59 u. fg.

[64]) Dingler, Polytechn. Journ. Bd. XLVII. pag. 378.

[65]) Erdmann, Journ. f. techn. u. ökonom. Chemie. Bd. XVIII. pag. 183 u. fg.

[66]) Ebendaselbst Bd. XVIII. pag. 196 u. fg. — Wackenroder, H., De cerevisiae vera mixtione et indole chemica et de methodo analytica Alcoholis quantitatem recte explorandi. Commentatio etc. Jenae 1850. 8.

[67]) Dingler, Polytechn. Journ. Bd. XLVIII. pag. 423. — Journ. für prakt. Chemie. Bd. V. p. 152.

[68]) Dingler, Polyt. Journ. Bd. LVIII. p. 262. Bd. LXII. p. 302.

[69]) Journ. f. prakt. Chemie. Bd. V. pag. 473 u. fg.

[70]) Erdmann, Journ. f. techn. u. ökonom. Chemie. Bd. XVIII. p. 107.

[71]) Neues Kunst- u. Gewerbeblatt, herausg. von dem polytechn. Vereine für das Königr. Bayern. München. 4. 1833 p. 792. 1835 p. 630. 1836 p. 571.

[72]) Ebendaselbst. 1835. pag. 663.

[73]) Archiv der Pharmacie. Bd. XXXV der 2. Reihe. pag. 193.

[74]) Dingler, Polytechn. Journ. Bd. XCI. p. 426. Bd. LXXXVIII. p. 285. Bd. XCIX. p. 358. Bd. CV. p. 377. Bd. CIX. p. 293.

[75]) Ebendaselbst. Bd. CIX. pag. 51.

[76]) Ebendaselbst. Bd. CXVI. pag. 370.

[77]) Journ. f. prakt. Chemie. Bd. L. pag. 133.

[78]) Archiv der Pharmacie. Bd. XVIII der 2. Reihe. pag. 199.

[79]) Ebendaselbst. Bd. XXXVIII der 2. Reihe. pag. 280.

[80]) Ebendaselbst. Bd. XLVI der 2. Reihe. pag. 146.

[81]) The London Chemical Gazette. 1854. pag. 35 u. fg. — Chem. Central-Blatt f. 1854. pag. 274.

[82]) Dingler, Polytechn. Journ. Bd. CX. pag. 371.

[83]) Chem.-Pharmaceut. Central-Blatt für 1855. pag. 98 u. fg.

[84]) Ebendaselbst. pag. 701 u. fg.

Bestandtheilen zu den bitter-aromatischen und, weil es Nährstoffe enthält, zu den Nahrungsmitteln. Verbleiben wir nun bei seinem wichtigsten Bestandtheile, beim Alkohol. Derselbe ist in den verschiedenen Bieren in verschiedenen Mengen enthalten und schwankt im Allgemeinen zwischen zwei und acht Procenten. Otto stellte eine Tabelle zusammen, aus welcher das Verhältniss des Alkohols, des Malzextractes, der Kohlensäure und des Wassers im Biere sehr deutlich
entnommen werden kann, und wir lassen diese Uebersicht folgen, ihr
nur die Bemerkung vorausschickend, dass überall, wo die Zahl für
die Kohlensäure fehlt, diese nicht quantitativ bestimmt wurde.

Biersorten.	Procentgehalt an				Gewährsmann.
	Malz-Ex-tract.	Alko-hol.	Koh-len-säure.	Was-ser.	
Porter, zu London gebraut	6,0	5,4	0,16	88,44	Kaiser.
„ „ „ „	6,8	6,9		86,3	Balling.
„ „ Berlin „	5,9	4,7	0,37	89,0	Ziurek.
Burton Ale	14,5	5,9		79,6	Hoffmann.
Scotch Ale, zu Edinburgh gebraut .	10,9	8,5	0,15	80,45	Kaiser.
Ale, zu Berlin gebraut	6,3	7,6	0,17	85,93	Ziurek.
Brüsseler Lambick	3,4	5,5	0,2	90,9	Kaiser.
„ Faro	2,9	4,9	0,2	92,0	Kaiser.
Münchener Salvatorbier	9,4	4,6	0,18	85,85	Kaiser.
„ Bockbier	9,2	4,2	0,17	86,49	Kaiser.
„ Schänkbier	5,8	3,8	0,14	90,26	Kaiser.
16 Monate altes bayrisches Lagerbier, gebraut zu München	5,0	5,1	0,15	89,75	Kaiser.
Münchener Lagerbier	3,9	4,3	0,16	91,64	Kaiser.
Bayrisch. Schänkbier, gebr. zu Braunschw.	5,4	3,5		91,1	Otto.
Waldschlösschen-Bier, bayrisches . .	4,8	3,6		91,5	Fischer.
Prager Schänkbier	6,9	2,4		90,7	Balling.
„ Stadtbier	10,9	3,9		85,2	Balling.
Braunschweiger Süssbier	14,0	1,36		84,7	Otto.
Josty'sches Bier, Berlin	2,6	2,6	0,5	94,3	Ziurek.
Werder'sches Braunbier, Berlin . .	3,1	2,3	0,3	94.2	Ziurek.
Berliner Weissbier	5,7	1,9	0,6	91,8	Ziurek.
Bière blanche de Louvain	3,0	4,0		93,0	Lacambre.
Petermann, Louvain	4,0	6,5		89,5	Lacambre.
Braunschweiger Mumme	45,0	1,9		53,1	Freytag & Bosse.

Leicht begreiflich, dass Biere, welche grösseren Alkoholreichthum
aufweisen, leichter berauschen, und ebenso ist es bekannt, dass Bier
bei stärkerem Gehalt an Kohlensäure immer mehr moussirt. Je mehr
Malz-Extract ein Bier enthält, desto süsser schmeckt es, und mit der
Zunahme von Hopfenbitter und flüchtigem Hopfenöle tritt der bitter-
aromatische Geschmack in den Vordergrund. Die Bezeichnungen ein-
faches Bier, Doppelbier·beziehen sich auf das Quantum des Alkohols;
Doppelbiere enthalten immer mehr von diesem Körper, als einfache.

Einen guten Ueberblick über die Gesammt-Zusammensetzung mehrerer Biersorten gewährt folgende aus Wackenroder's Forschungs-
Ergebnissen zusammengestellte Tabelle.

Biersorten.	Alkohol.	Coagulirbares Albumin.	Gummi u. Dextrin.	Zucker, Milchsäure und Hopfenbitter.	Hars, flüchtiges Hopfenöl und fette Materie.	Freie Milch- und Essigsäure.	Wasser und Kohlensäure.
Münchener Bier	4,019	0,023	6,193	0,346	0,205	0,202	89,212
Oberweimarer Lagerbier	3,641	0,019	5,357	0,283	0,009		90,691
Jenenser Lagerbier	2,895	0,016	7,852	0,383	0,011		88,843
Einfaches (trübes) Lichtenheiner Bier	2,871	0,043	4,804	0,377	0,009	0,707	91,109
(Undurchsichtig.) Jenenser Doppelbier	1,880	0,070	7,707	0,304			91,109
Einfaches (trübes) Ziegenhayner Bier	2,566	0,078	4,891	0,282	0,013	0,347	91,823

H. Bence Jones fand Volum-Procente Alkohols im Bitter-Ale 6,6 und im Porter 6,5. Auf Mulder's Veranlassung unterzog Hekmeijer [85] mehrere niederländische Biere der Analyse und kam, was Utrechtische Biere betrifft, zu folgenden Ergebnissen: er fand Volumprocente Alkohols a) im Oud bruin bier uit den Boog 3,8; b) im Nieuw ligt uit den Krans Boog 4,1; c) im Lambiek uit den Boog 5,4; d) im Lambiek uit den Krans 4,6; e) im Tafel bier uit den Aker 4,4. Hekmeijer fand in hundert Raumtheilen des betreffenden Bieres „Gewichtstheile Essigsäure": im a) 0,035, im b) 0,008, im c) 0,016, im d) 0,120, im e) 0,044; „Gewichtstheile Milchsäure" 0,32, 0,25, 0,35, 0,40 und 0,16; „Gewichtstheile Kohlensäure" 0,073, 0,103, 0,159, 0,09, 0,163; „Gewichtstheile Extractes" 3,36, 2,86, 3,49, 1,79, 3,41; „Eiweiss" im Oud bruin bier uit den Boog 0,41; im sogenannten Princessen bier [welches ausserhalb Utrecht gebraut wird] 0,46 Gewichtstheile. Was den Aschengehalt betrifft, so erkannte gedachter niederländischer Chemiker in hundert Raumtheilen von a) 0,34, b) 0,25, c) 0,36), d) 0,21, e) 0,34 Gewichtstheile. Wir kommen auf die Besprechung der Bierasche alsbald zurück.

Was den im Biere enthaltenen Zucker betrifft, so besteht er aus Schleimzucker und wird in allen Bieren von Dextrin begleitet; in der grösseren Mehrzahl der Biere ist die Menge des Dextrin grösser als die des Zuckers; beide Stoffe machen die Hauptbestandtheile des sogenannten Malzextractes aus. Nach Mulder bildet die Gerbsäure einen Componenten des Bieres; es ist jedoch ihre Menge eine sehr unbedeutende. Ebenso thut Mulder dar, dass der von Winkler im Biere aufgefundene und für eine flüchtige Pflanzenbase gehaltene Stoff nichts als Ammoniak sei, welches aus der Hefe durch Zersetzung bei Gelegenheit der Gährung hervorgeht; auch das Quantum des Ammoniak ist ein sehr kleines.

In Erlanger Lagerbieren verhielt es sich nach den Analysen von

---

[85] Mulder, Het Bier etc. pag. 316.

Wilhelm Martius mit dem specifischen Gewichte, dem Extractge-
halte, der Bierasche und der Asche des Bierextractes, wie folgt. Das
specifische Gewicht schwankte bei acht Sorten zwischen 1,010 und
1,015; bei sechs Sorten gaben tausend Gewichtstheile Bieres 29,690 bis
43,830 Extract und tausend Gewichtstheile dieses Extractes 69,199
bis 100,067 Asche; bei acht Sorten gaben tausend Gewichtstheile Bieres 2,691 bis 3,165 Asche. Ringier, Sick und Schmitt, welche
ihre Forschungen zu Speyer im chemischen Laboratorium von Walz
[jetzt Professor in Heidelberg] anstellten, fanden in Bieren aus dem
Münchener Hofbrauhause 3,22, in Speyerer Bieren 3,56 bis 5,65 Alkohol; 8,15 und 5,86 bis 7,14 Malzextract; in tausend Gewichtstheilen: der Münchener Biere 1,964, der Speyerer Biere 2,421 Kohlensäure; der Münchener Biere 5,141, der Speyerer Biere 4,936 Asche.
In hundert Gewichtstheilen der Asche der Hofbrauhaus-Biere waren
enthalten: Kali 36,58; Natron 9,03; Magnesia 5,64; Kalk 1,48; Phosphorsäure 31,69; Chlor 3,14; Schwefelsäure 1,68; Kieselsäure 9,96.
Hundert Theile der Asche der Biere von Speyer enthielten: Kali
37,68; Natron 6,59; Magnesia 4,66: Kalk 2,98; Phosphorsäure 33,10;
Chlor 2,14; Schwefelsäure 2,56; Kieselsäure 10,29. W. Martius
fand in 99,96 Gewichtstheilen der Asche bayerischen Bieres: Kali 37,22;
Natron 8,04; Kalk 1,93; Magnesia 5,51; Spuren Eisenoxydes; Kieselsäure 10,82; Schwefelsäure 1,44; Phosphorsäure 32,09; Chlor 2,91.
Die Analysen von Dickson beziehen sich auf das Porter- und Ale-
Bier.

Welchen Anforderungen muss das Bier im Allgemeinen gerecht
werden, um den Namen eines guten und echten zu verdienen? Wie
verhält es sich mit den Verunreinigungen und Verfälschungen des
Bieres und wie mit deren Nachweisung? Worin bestehen die sogenannten Bierfehler? — In der Regel hält man Durchsichtigkeit für
ein Attribut guten Bieres; dies hat wohl für die Mehrzahl der Fälle
seine Richtigkeit, aber es werden auch Biere gebraut, welche stets
undurchsichtig, trübe bleiben und doch nichts weniger als schlecht
und schädlich sind; ich meine einige der z. B. um Jena erzeugten
Biere. Gute Biere sollen beim Ausgiessen einen feinen Schaum geben; der Geruch guter Biere soll balsamisch, hopfenartig, der Geschmack rein bitter und malzartig sein; Fremdartigkeit des Geruches
sowohl wie des Geschmackes deuten in den meisten Fällen Verunreinigungen oder Fälschung an; der Geschmack und Geruch mancher
Biere ist säuerlich, der Geschmack oft mehr als gewöhnlich süss, und
doch sind diese Biere echt, woraus denn hervorgeht, dass man
sich vor einer jeden Bierprüfung genaue Kenntniss von der Beschaffenheit des zu untersuchenden Bieres aneignen müsse. Keineswegs
bildet Alkoholreichthum ein Kennzeichen für die Güte des Bieres;

denn es gibt Biere, welche die geringste Alkoholmenge enthalten und doch hygieinisch beschaffen sind, und umgekehrt. Wenn man den Normal-Alkoholgehalt eines bestimmten Bieres kennen gelernt hat und bei der Bierprüfung denselben um viele Procente unter oder über der Norm findet, dann kann man ein solches Bier nicht mehr mit dem Beinamen eines guten belegen. Je mehr ein Bier an Kohlensäure enthält, je mehr es abgelagert und je kälter es ist, desto mehr entspricht es im Allgemeinen den Anforderungen, welche man an gutes Bier stellt.

Durch die Bierfehler, welche in der Regel aus Unachtsamkeit oder Dummheit der Bierbrauer, Wirthe u. dgl. m. resultiren, werden Biere zur schädlichen Potenz. — Eine wohl übersichtliche Zusammenstellung der Bierfehler hat F. Artmann [86] in neuester Zeit geliefert, und wir unterscheiden mit ihm das Trübewerden, das Schal-, Sauer- und Langwerden und das Schimmeln des Bieres. Ein im Normalzustande nicht trübes Bier kann trübe werden durch aufgeschwemmte Hefepartikel oder Theilchen des Hopfenharzes, welche der Flüssigkeit einen widrig bitteren Geschmack ertheilen, ferner durch Umsetzung des Zuckers und Dextrins in schleimartige Massen, und man spricht in diesem letzteren Falle vom Langwerden des Bieres; endlich können noch vom Fasse selbst herrührende Unreinigkeiten die Ursache der Biertrübung sein. Das Sauerwerden des Bieres hat seinen Grund in der Oxydation des Alkohols zu Essigsäure. Unvorsichtigkeit bei der Behandlung des Bieres, schlechte Füllung der Bierfässer, Luftzutritt zum Biere unter Mitwirkung warmer Witterung — diese Verhältnisse erzeugen und befördern die sauere Gährung des Bieres. Das sogenannte Schalwerden des Bieres tritt ein, wenn die Kohlensäure entweicht; mangelhafter Verschluss der Biergefässe und Aufbewahrung des Bieres in warmen Räumen befördern den Fortgang der Kohlensäure. Bier ohne Kohlensäure hat aufgehört Bier zu sein und die Schimmelbildung nimmt darin leichter überhand, wenn schon sie nicht im Mangel oder der Spärlichkeit der Kohlensäure ihren Grund hat, sondern vielmehr im schlechten Verschlusse und unreinlichen Zustande der Gefässe und der Einwirkung einer feuchten, dumpfen Luft auf das Bier; die Pilzbildung geht vor sich besonders auf Kosten von Dextrin und Zucker. Schimmliges Bier belegt man mancher Orten mit dem Namen des kahnigen.

Das Trübewerden des Bieres kann beschränkt, die Trübung selbst aufgehoben werden, wenn man entweder die Nachgährung des

---

[86] Artmannn, F., Die Lehre von den Nahrungsmitteln, ihrer Verfälschung und Conservirung, vom technischen Gesichtspunkte aus bearbeitet. Prag 1859. 8. pag. 441 u. fg.

Bieres kräftigt [was durch öfteres Umherrollen der gut verschlossenen, biervollen Fässer oder durch Zusatz einer kleinen Quantität gehopfter Würze geschieht], oder dem Biere leimhaltige Substanzen zusetzt, so z. B. Hausenblase, oder aber das Bier aus dem schadhaften Fasse in ein gereinigtes überfüllt. Macht Milchsäure einen Bestandtheil des Bieres aus, so findet Essigsäurebildung entweder nicht oder doch nur in beschränktem Maasse statt; die Milchsäure lässt sich also als Conservirungsmittel des Bieres betrachten. Dieselbe Bedeutung wie der Milchsäure kommt auch der Kohlensäure zu; je mehr ein Bier von dieser Säure enthält, desto weniger ist an den Eintritt der Essigbildung zu denken. Ist ein Bier wirklich sauer geworden, so ist jede Bemühung, dasselbe wieder zum Trinken geeignet zu machen, fruchtlos und man thut am besten daran, solch ein Bier zur Essigbereitung zu benutzen. Erlauben sich Bierwirthe, saueres Bier auszuschänken, dann ist es die erste Pflicht der Polizei, dasselbe zu confisciren und zu vernichten. Bei eingetretener Schimmelbildung gehört die Erhaltung des Bieres oft zu den Unmöglichkeiten; in manchen Fällen indess lässt sich das Bier conserviren, wenn man es in wohlgereinigte Fässer vorsichtig abzieht und durch Zusatz einiger unten namhaft zu machenden Substanzen eine zweite Gährung oder doch nur eine grössere Kohlensäureentwickelung einleitet; denn eine nur einigermaassen bedeutende Kohlensäuremenge ist der Schimmelbildung entgegen. Selbstverständlich spielt bei jedweder Bierconservirung ein trockener, kalter Keller die Hauptrolle. Schalgewordene Biere erfordern nur eine neue Imprägnirung mit Kohlensäure; es geschieht dies, indem man dem kranken Biere entweder Hefe, oder junges, stark gährendes Bier, oder Zucker, Reismehl u. dgl. m. zusetzt; der Zusatz von Zucker oder von stärkemehlhaltigen Stoffen hat darin seinen Grund, weil jene Körper die stille Gährung des Bieres und damit die Kohlensäureentwickelung unterhalten. — Handelt es sich darum, sonst allen Anforderungen entsprechendes Bier zu conserviren, so beachte man stets, dass ein kalter, trockener Keller, vollkommen reine und gut verschliessbare Fässer, Flaschen u. dgl. Haupterfordernisse sind. Flaschen grabe man am besten in trockenen Sand ein, und für Fässer ist es von Wichtigkeit, dieselben mindestens $2/3$ Meter vom Boden des Kellers entfernt anzubringen. Es ist nöthig, den Bierkeller öfters zu lüften und darin nur Bier aufzubewahren, alle anderen Stoffe auszuschliessen. Vor zehn Jahren beschrieb Köppe [87] einen für die Aufbewahrung und Erhaltung des Lagerbiers geeigneten Keller, und

---

[87] Kunst- und Gewerbe-Blatt für Bayern. 1860. pag. 762.

Mallet [86]), Aitkin [89]), Roberts [90]), Storewell [91]), Krüger [92]), Walker [93]), Berry [94]), Vaux [95]) u. A. m. schrieben über die Con-, servirung und Verbesserung der Fehler des Bieres.

Ueber die Verunreinigungen und Verfälschungen des Bieres besitzen wir eine zahlreiche Litteratur aus älterer, wie aus neuerer Zeit; hier werden wir nur diejenigen Erscheinungen berücksichtigen, welche wirklich Bedeutung und Werth haben, und den wichtigeren Theil der älteren Litteratur am Schlusse liefern. Wahrhaft haarsträubend ist es, wenn man mit Hülfe statistischer Studien und der simpeln Beobachtung zur Erkenntniss der Thatsache kommt, dass die grösste Mehrzahl der Bierverkäufer unbedingt in die Kategorie der Betrüger gesetzt werden muss; denn sie sind es, welche das Bier auf die mannigfaltigste Weise verfälschen und so zur krankheitserzeugenden Potenz machen. Zuerst fällt die Vermischung des Bieres mit Wasser in das Bereich der Bierfälschungen; Bier, dem Wasser zugesetzt wurde, zeigt einen eigenthümlichen Geschmack, und ein geübter praktischer Bierprüfer kann schon verhältnissmässig kleine Wassermengen durch den Geschmack ausmitteln; doch kann man sich hierauf nicht immer verlassen und man thut wohl daran, die Prüfung des Bieres auf seinen Gehalt an Alkohol vorzunehmen; auf diesem Wege bringt man auch am leichtesten in Erfahrung, ob dem Biere betrügerischer Weise Alkohol [in Form von Weingeist, Branntwein etc.] zugesetzt wurde. Es haben sich viele der oben angeführten Chemiker und Techniker um die Lehre von den Bierprüfungen Verdienste erworben, besonders aber Balling, Wackenroder, Otto, Steinheil. Die halymetrische Bierprobe, welche Fuchs (in München) erfand und empfahl, ist sehr umständlich und darum unpraktisch; die von Steinheil erfundene optische Bierprobe ist zwar einfach, aber ihre Ergebnisse sind zu wenig bestimmt, oft lückenhaft; die saccharometrische Probe, von Balling erfunden und besonders cultivirt, soll sich als die beste bewährt haben. Die Ausmittelung des Alkoholgehaltes (und theilweise auch der anderen Bestandtheile) des Bieres nach einer der bezeichneten Methoden setzt die Geschicklich-

[86]) Dingler, Polytechn. Journ. Bd. XLI. pag. 257.
[89]) Magazin der neuesten Erfindungen, Entdeckungen und Verbesserungen. Von Poppe, Kühn und Baumgärtner. Neue Folge. Leipzig 1816—29. 4. Bd. IV. Heft 6. pag. 20.
[90]) Journal für prakt. Chemie. Bd. VII. pag. 232.
[91]) Dingler, Polytechn. Journ. Bd. LXIV. pag. 158.
[92]) Ebendasselbst. Bd. LXIX. pag. 238. Bd. LXX. pag. 141.
[93]) Ebendasselbst. Bd. LXXI. pag. 459.
[94]) Schubarth, Repertorium der techn. Lit. pag. 49.
[95]) Ebendasselbst. pag. 50.

keit und Gewandtheit eines Fachmannes und ein umfangreicheres Studium dieses Gegenstandes voraus, weshalb wir an diesem Orte nur die Namen der Bierproben anführen konnten und beifügen, dass man, bei Bekanntschaft mit der Normalzusammensetzung der fraglichen Biersorte, auch auf folgende Weise zur Kenntniss des Alkoholgehaltes gelangt: man destillirt ein bestimmtes Volum Bier so lange, als noch Alkohol in die Vorlage übergeht, verdünnt das Destillat mit so viel reinem Wasser, bis es das Volum des der Destillation unterworfenen Bieres erreicht hat, und mittelt dann mit Hülfe einer Senkwage das specifische Gewicht [und damit das vorhandene Alkoholquantum] aus.

Der Hopfen wird - oft theilweise oder ganz durch verschiedene bitter schmeckende Körper, deren mehrere in die Reihe der Gifte gehören, ersetzt. Die Pikrinsäure [die auch Welter'sches Bitter heisst] wurde in Frankreich an Stelle des Hopfens in das Bier gethan; J. Pohl [96]) weist diese Säure nach, indem er das verdächtige Bier durch sechs bis zehn Minuten lang mit ungebeiztem weissem Schafwollengarne sieden lässt: ist Pikrinsäure vorhanden, so nimmt die Wolle eine tief canariengelbe Farbe an. Auch Lassaigne hat sich mit der Ermittelung der Pikrinsäure im Biere beschäftigt. — Man erlaubte sich, dem Biere eine grosse Menge bitterer Stoffe beizufügen, so Kokkelskörner, Krähenaugen und das hieraus bereitete Strychnin, ferner Opium [über dessen Ausmittelung lese man bei Ure [97])], Ignatiusbohnen und Mohnköpfe, Paradieskörner, Angelicawurzel, Mutterkorn, Niesswurz, Haselwurz, Bilsenkraut, Wermuth, Tausendgüldenkraut, Aloë, Enzian, Quassia, Eichen- und Weidenwinde, Pfeffer, Fichtensprossen und tausend andere Dinge; man that dies, um das Bier bitterer und wohlschmeckender, betäubend u. dgl. m. zu machen. Nach Payen [98]) setzt man in Frankreich den Bieren Cichorien-Extract zu. Viele der angedeuteten Pflanzenstoffe sind grosse Gifte. Man erkennt jeden solchen Zusatz an den Eigenthümlichkeiten des Bierextractes, welches man am besten nach der Methode von Stas [99]) auf die betreffenden Alkaloïde prüft; eine Methode, die heutzutage von der grössten Bedeutung für jedwede gerichtlich-polizeiliche Untersuchung ist. Speciell reden wir hier nur noch von der Art der Nachweisung des Strychnins, womit sich Graham und Hofmann, Lefort, Thompson, Hassal [100]) u. A. beschäftigten. Am einfach-

---

96) Sitzungsbericht der Akademie der Wissenschaften zu Wien. Bd. XII. pag. 82. — Chem. Central-Blatt f. 1856. pag. 95 u. fg.

97) Archiv der Pharmacie. Bd. XXXVII. p. 100.

98) Comptes rendus. October 1856. pag. 400.

99) Bulletin de l'Académie de Médecine de Belg. Bd. XI. pag. 304. — Journal für prakt. Chemie. Bd. LIX. p. 232.

100) Mulder, Het Bier, etc. pag. 351.

sten ist es wohl, das zu untersuchende Bier mit Thierkohle zu versetzen, damit unter öfterem Umschütteln durch einige Zeit zu digeriren, alsdann von der Kohle abzufiltriren, diese letztere zu waschen und mit reinem Branntwein oder mit schwachem Weingeist wiederholt auszukochen; das sämmtliche Strychnin geht in die Kohle und aus dieser in den Spiritus über und kann in diesem an seinen Reactionen erkannt werden, welche man in den Werken über Chemie [101]) verzeichnet findet.

Wir bemerkten schon oben, dass sauer gewordenes Bier zum Trinken ganz und gar untauglich sei, und fügen hier noch hinzu, dass alle Versuche, saucres Bier durch Zusatz kohlensaurer Alkalien oder Erdalkalien zu verbessern, dasselbe nur noch schädlicher machen, indem ein Bier, welches essigsaucre Salze enthält, mehr laxirend wirkt, als ein gewöhnlich saueres. Will man den Beweis liefern, dass jene kohlensaueron Salze in das Bier gethan wurden, so dampft man dieses bis zur Trockenheit ein, verkohlt den Rückstand [durch diese Operation werden die entstandenen essigsaueren Salze wieder in kohlensauere verwandelt], kocht die vorher gepulverte Kohle mit Wasser aus und versetzt dieses mit einer Säure: wurden kohlensauere Salze dem Biere beigegeben, so entsteht jetzt Aufbrausen. — Mittelst Alaun und auch Schwefelsäure versucht man häufig, das trübe gewordene Bier zu klären, wie denn die Engländer auch Eisenvitriol zum Behufe der Verbesserung des Geschmacks zusetzen. Duflos's [102]) Methode der Nachweisung dieser Körper verdient vor anderen den Vorzug.

Die Verunreinigungen des Bieres bestehen meist nur in Kupfer- und Blei-, seltener in Zinksalzen und Extractivmaterien aus dem Holze schlechter Bierfässer. Jene Metallverbindungen gehen aus schlecht gereinigten Kochapparaten und Leitungsröhren in das Bier über, und es ist ein Leichtes, deren Nachweis zu liefern, wenn man sich theils der Lehren der anorganischen Chemie erinnert, theils das schon unter anderen Rubriken Besprochene in Betracht zieht. Die neuesten polizeilich-chemischen Untersuchungen von Ziurek [103]) sind für die Gesundheitspolizei von Bedeutung.

Geschichtlichen Werth für die Lehre der Bierverfälschungen ha-

[101]) Reich, E., Medicinische Chemie. Bd. II. pag. 262.
[102]) Duflos, A., Die wichtigsten Lebensbedürfnisse etc. 2. Aufl. Breslau 1846. pag. 123 u. fg.
[103]) Archiv der deutschen Medicinalgesetzgebung und öffentlichen Gesundheitspflege. 1858. pag. 107 u. fg., 116 u. fg., 124 u. fg., 192 u. fg.

ben u. A. die Schriften von **Remer** [104]), F. **Accum** [105]), K. G. **Prätorius** [106]), **Göttling** [107]), J. P. **Frank** [108]), J. J. **Baier**.

Von den **Wirkungen** des Bieres auf den gesunden Organismus werden wir hier nicht umständlich zu handeln brauchen, da die Wirkungen des Alkohols, des Hauptbestandtheils des Bieres, schon unter Wein erörtert wurden. **Joannes Placotomus** [109]) schrieb im sechszehnten und J. **de Bourges & C. du Pré** [110]) und J. A. **Schmidt** [111]) verfassten im siebzehnten Jahrhundert Abhandlungen, welche nicht ohne Bedeutung für die Geschichte der Lehre von der Wirkung des Bieres sind. Sehen wir jedoch von allen den älteren Meinungen ab und fassen die Sache auf Grund des heutigen Standes der Wissenschaft und Erfahrung auf, so verhält es sich um die Bier-Wirkung wie folgt. Obgleich der Haupt-Effect, welchen das Bier im Organismus hervorbringt, doch dem Alkohol zugeschrieben werden muss, so ist doch die Bedeutung der Kohlensäure, des flüchtigen Hopfenöls, des Hopfenbitters und aller unter dem Namen des Malzextractes zusammengefassten Stoffe keineswegs eine untergeordnete; denn das Malzextract stellt das nährende, die Kohlensäure das erfrischende, das Hopfenarom in Vereinigung mit dem Hopfenbitter das erregende Element des Bieres dar. Das Bier als Ganzes betrachtet, steht dem Weine wie den sogenannten gebrannten Wassern in Hinsicht des Vermögens, Rausch zu erzeugen, bei Weitem nach, weil erstens sein Alkoholgehalt geringer ist, als der anderer Spirituosen, und weil zweitens durch die Kohlensäure, das Malzextract u. s. w. auch die berauschende Wirkung kleiner Alkoholmengen beschränkt und weiter modificirt wird. — In grösserem Maasse als Wein und Schnaps wirkt das Bier auf Absonderung des Darmsaftes hin, wie auch auf die Thä-

---

104) **Remer**, W. H. G., Lehrb. der polizeilich-gerichtl. Chemie. 2. Aufl. Helmstädt 1812. pag. 181 u. fg.

105) **Accum**, F., Von der Verfälschung der Nahrungsmittel und den Küchengiften. Nach der 2. Aufl. a. d. Engl. von L. Cerutti und mit einer Einleit. von C. G. Kühn. Leipzig 1822. 8. p. 99 u. fg.

106) **Prätorius**, K. G., Beantwortung der Preisfrage: ob es besser, das Bier unter obrigkeitlicher Aufsicht oder in Privathäusern brauen zu lassen? Berlin 1791. 8.

107) **Salzburgische** medicinisch-chirurg. Zeitung. 1797. Bd. I. p. 235.

108) **Frank**, J. P., System einer vollständigen medicinischen Polizey. Bd. III. [Mannheim 1783.] pag. 457 u. fg.

109) **Placotomi**, J., De natura et viribus Cerevisiarum et Mulsarum opusculum. 1551. [Ohne Angabe des Druckortes und ohne Paginirung.] kl. 8.

110) **de Bourges**, J., & C. du Pré, Ergo Cerevisia nutricibus. Parisiis 1629.

111) **Schmidt**, J. A., Dissertatio de Cerevisia ut est alimentum. Jenae 1680. 4.

tigkeit der Nieren und der Schleimhaut der Lungen; hierin liegt nun der Grund, warum Biertrinker von Profession meist leichten Stuhl haben, verhältnissmässig mehr uriniren. Obgleich über diesen Gegenstand noch keine wissenschaftlichen Untersuchungen angestellt wurden, so weiss man doch aus der schlichten Beobachtung und der Erfahrung, dass andauernder Biergenuss zur Entstehung von Vollblütigkeit führt, die Anbildung von Körpermasse befördert und nicht selten auch Dickleibigkeit im Gefolge hat. Was die Wirkung des Bieres auf das Geistesleben betrifft, so ist darüber nicht viel zu rühmen: Phlegma, Gleichgültigkeit in den ernstesten Angelegenheiten des Lebens, u. s. w. sind die Erscheinungen, welche man in Bierländern deutscher Zunge zu beobachten Gelegenheit hat.

Das Bier wird zur Schädlichkeit unter denselben Verhältnissen wie alle anderen Getränke: — wenn es im Uebermaasse getrunken wird, wenn es schlecht beschaffen ist, oder endlich, wenn der Mensch es zur unrechten Zeit und am unrechten Orte trinkt. Nicht ausgegohrenes Bier übt einen nachtheiligen Einfluss auf die Harnorgane aus, und es ist bekannt, dass der Genuss derartigen Bieres meist jene Folgen hat, welche man unter dem Namen des Biertrippers zusammenfasst; Harnblase und Harnröhre sind in solchen Fällen irritirt. Menschen, welche zur Apoplexie geneigt sind, werden in Folge übermässigen Biertrinkens nicht selten vom Schlage getroffen. Sauere und auch salzreiche Biere erzeugen Kolik und Diarrhoe; zur Zeit herrschender Ruhr- oder Choleraseuchen ist der Gebrauch solcher Biere am meisten gefährlich. Boerhaave [112]) will Fälle beobachtet haben, wo junges Bier convulsivische Koliken und heftige Magen-Darm-Entzündung verursachte, in deren Folge der Tod eintrat. In den Verhandlungen der Akademie der Wissenschaften zu Paris wurde im vorigen Jahrhundert von einem Marquis erzählt, er habe, von heftigem Durste geplagt, eine grosse Menge starken Bieres getrunken, welches nicht ausgegohren war; er starb, und man fand bei der Section die Gedärme durch Gase aufgetrieben (Zimmermann [113])). Nach Krügelstein [114]) ist solches Bier im hohen Grade berauschend und betäubend, bei dessen Bereitung dem Gerstenmalze Luftmalz aus Hafer zugesetzt wurde. Die kranken, die verunreinigten und verfälschten Biere schaden auf mancherlei Weise. Bestehen die Verunreinigungen und Fälschungen in Giften, so ist die Folge des Genus-

---

[112]) Boerhaave, H., Opera omnia medica complectentia. Venetiis. 1735. 4.

[113]) Zimmermann, J. G., Von der Erfahrung in der Arzneykunst. Bd. II. pag. 313.

[114]) Medicinisch-chirurgische Monatshefte. 1859. Bd. I. pag. 170.

ses grösserer Quantitäten wirkliche Vergiftung; geringere Mengen
führen zu Beschwerden verschiedener Art, so Aufregung, Herzklopfen, Diarrhoe, Erbrechen, grösserer Harnentleerung, etc. Die schädliche Einwirkung solcher Biere, welche ihres Kohlensäuregehaltes verlustig gingen, bezieht sich zumeist auf die Verdauungsorgane.
Mässigkeit ist die unerlässliche Voraussetzung einer wahrhaft hygieinischen Benutzung des Bieres; im Allgemeinen lässt sich ein Liter
eines allen Anforderungen entsprechenden, etwa drei bis vier Procente
Alkohols enthaltenden Bieres als die tägliche Normalquantität für einen gesunden, kräftigen und thätigen Mann betrachten. Anzurathen
ist das Biertrinken der Mehrzahl der Reconvalescenten nach schweren
Krankheiten, Ermüdeten, Erschöpften, schwer Arbeitenden, Solchen,
die an habitueller Stuhlverstopfung leiden, und alten Leuten; zu wi-
derrathen dagegen allen Jenen, welche sich gegentheilig verhalten,
ferner Denen mit apoplektischer Constitution und stark ausgesproche-
nem sanguinisch-cholerischem Temperamente, obgleich diese letzteren
vom Biere bei Weitem weniger Schaden leiden, als von den alkoholreicheren Getränken. — Für die Geschichte der Diätetik des Bieres
sind sehr viele der. oben angeführten Schriften von Bedeutung, und
ausserdem noch die von le Comte und Thuillier [115], de Lauremberg und Gentil [116], und Weinhold [117]); für die Diätetik selbst
u. A. die von Sinclair [118]), Anthus [119]), Gast [120]), Gutmann [121]),
Flüring [122]), Ställer [123]), einem Anonymus [124]) u. s. w. u. s. w. —
Ueber den Gebrauch des Bieres und der bierartigen Getränke bei den
verschiedenen Völkern haben wir schon im allgemeinen Theile vielfach
gesprochen, und wir können ganz auf diesen verweisen.

115) le Comte, R., & Thuillier, Ergo Cerevisiae potus saluberrimus.
Parisiis. 1695.
116) de Lauremberg, B. L., & C. J. Gentil, Ergo potus Cerevisiae
salubris mos. Parisiis. 1751. 4.
117) Weinhold, K. A., Ueber die Wiederherstellung des alten Merseburger Biers und dessen vorzügliche Heilkraft gegen angehende Nervenschwäche
und Abzehrung. Merseburg. 1816. 8.
118) Sinclair, J., Handbuch der Gesundheit und des langen Lebens.
A. d. Engl. in einem freien Auszuge von K. Sprengel. Amsterdam. 1808.
8. pag. 147 u. fg.
119) Anthus, A., Vorlesungen über Esskunst. Leipzig. 1838. 8. pag.
249 u. fg.
120) Gast, F. X., De Cerevisia, Dissert. inaug. Monachii. 1830.
121) Gutmann, F., Diätetik für Biertrinker. Leipzig. 1842.
122) Flüring, Bier ist Gift. Leipzig. 1845.
123) Ställer, Bier ist kein Gift. Frankfurt a. M. 1845.
124) Das bairische Bier und seine Heilkräfte bei verschiedenen Krankheiten. Leipzig. 1852. 8.

Therapeutisch kommt das Bier selten in Betracht, obgleich es von Sydenham [125]), Hecker [126]) u. A. empfohlen wurde [der erstere wendet es in der Steinkrankheit und Phthise, der letztere in Fiebern an]; es steht in dieser Hinsicht dem Weine nach. Es existiren wohl einige Zubereitungen, welche man medicinische Biere nennt, allein diese sind nicht mehr das Getränk Bier, sondern pharmaceutische Zubereitungen. Es ist also die Benutzung des Bieres eine fast ausschliesslich hygieinische. Die ungehopfte Bierwürze wird unter dem Namen des Warmbieres als Hausmittel gegen Katarrhe der Luftwege gebraucht. Die wegen ihres Gehaltes an Eidottern sehr nahrhafte Biersuppe ist nicht nur Hausarznei, sondern auch Speise, deren man sich häufig als Früh- oder Abendmahl bedient. Der Bierpunsch ist ein Luxus-Genussmittel.

Das sogenannte Sprossenbier, welches bei Sydenham gegen den Scorbut empfohlen ist, wird unter Zusatz von Fichtensprossen zu den anderen Bier-Ingredienzen gebraut; es enthält das ätherische Oel und Harz der Sprossen, wesshalb es harntreibend wirkt. In England und Canada wird dieses Bier ganz vorzüglich fabricirt. Man findet Nachrichten darüber bei T. Anburey [127]), Peter Kalm [128]) u. A. m.

Das Ingwerbier erzeugt man meist nur in England. Nach J. Pereira [129]) stellt es Pollock dar, indem er zweiundzwanzig Unzen Ingwer in drei Gallonen Wasser durch eine halbe Stunde lang kocht, das Decoct mit zwanzig Pfund Zucker, einem Pfunde Honig und achtzehn Unzen Citronensaft vermischt, mit etwas Wasser verdünnt, und, nachdem eine halbe Unze Citronenöl und das Weisse eines Eies zugesetzt, in wohl verschliessbare Flaschen abzieht. Es verdient dieses allgemein erregende Stomachicum eigentlich nicht den Namen eines Bieres.

In Finnland und Ingermannland trinkt man Wacholder-Bier, dessen Bereitung Samuel Alopaeus beschrieb. Es wird so wie Getreide-Bier dargestellt, nur nimmt man an Stelle der Cerealien Wacholder-Beeren. Auf den Hebriden braut man das Haidekraut-Bier aus Gerstenmalz, Haidekraut und Hopfen. — Im Westen des

---

[125]) Sydenham, T., Opera omnia. Edidit G. A. Greenhill. London. 1846.

[126]) Hecker, A. F., Praktische Arzneimittellehre. 4. Aufl. von J. J. Bernhardi. Gotha & Erfurt. 1838. 8.

[127]) Anburey, T., Reisen im Innern von Nordamerika. Von G. Forster. Berlin. 1792. 8. pag. 55.

[128]) Abhandlungen der königl. schwed. Akademie der Wissenschaften. 1751. Bd. XIII. pag. 190.

[129]) Pereira, J., Handbuch der Heilmittellehre. Von R. Buchheim. Bd. II. pag. 130.

tropischen Afrika sah Mungo-Park [130]) eine Art Bier aus dem Malze
des Holcus spicatus und einer angenehm bitter schmeckenden Wurzel
bereiten.

Der sogenannte Bierstein (Getreidestein oder Zeilithoïd) ist eine
feste Masse, welche aus eingetrockneter Bierwürze besteht. Um Bier
daraus zu erzeugen, löset man den Bierstein in Wasser auf und versetzt die Flüssigkeit mit Hefe, worauf Gährung eintritt; in kurzer
Zeit hat man Bier. Am besten soll sich der Getreidestein zur Darstellung von Porter-Bieren eignen. Nach Otto [131]) wird das patentirte Fabrikat von dem Oeconomie-Director Rietsch in Mähren erzeugt. Vor sechs Jahren brachte das „Kunst- und Gewerbeblatt für
Bayern" [132]) eine Abhandlung über den Getreidestein, woraus wir
entnehmen, dass nach den damit angestellten Versuchen sich daraus
trinkbares Bier bereiten lässt, in der Voraussetzung einer gut einge-
leiteten Gährung; und dass hundert Pfund Bierstein ein Aequivalent
sind für fünf bayrische Metzen Malz von guter Qualität.

Und endlich noch einige Worte über den Hopfen und die Ursache seines Zusatzes zum Biere. Die naturgeschichtlichen und historischen Verhältnisse der Hopfenpflanze wurden schon im Vorigen berührt. Diejenige Substanz, welche man unter dem Namen des Hopfens in den Handel bringt und
dem Biere zusetzt, besteht aus den Früchten der Hopfenpflanze. Es lassen sich
an diesen Früchten drei morphotische Bestandtheile unterscheiden: Schuppen,
Samen und Lupulinkörner. In chemischer Hinsicht wurde der Hopfen erforscht von einer grossen Anzahl von Chemikern; die bedeutenderen Untersuchungen sind die von Pelletan, A. Chevallier und Payen [133]), W.
Yves [134]), F. G. Leroy [135]), A. Sotteau [136]), Wimmer [137]), Raspail [138]),
Balling, Nesbit [139]), Wagner [140]), Personne [141]), Watt [142]); die erste

---

[130]) Mungo Park's Reisen in Afrika. Von der Westküste zum Niger.
Neu bearbeitet von F. Steger. Leipzig. 1856. 8. pag. 27.

[131]) Handwörterbuch der Chemie. Von Liebig, Poggendorff und
Wöhler. 2. Aufl. Bd. II. Abtheil. 1. pag. 1096 u. fg.

[132]) Kunst- und Gewerbeblatt etc. 1854. pag. 451. — Chem.-Pharmaceut.
Centr.-Bl. für 1854. pag. 794 u. fg.

[133]) Journal de Pharmacie. Bd. VIII. [1822.] pag. 209 u. fg.

[134]) Ebendaselbst. Bd. VIII. pag. 228.

[135]) Journal de Chimie médicale etc. Bd. XVI. [1840.] pag. 1 u. fg.

[136]) Erdmann, Journ. d. techn. u. ökon. Chem. Bd. VIII. p. 343 u. fg.

[137]) Dingler, Polytechn. Journ. Bd. XI. pag. 91 u. fg.

[138]) Ebendaselbst. Bd. XXI. pag. 361 u. fg.

[139]) Ebendaselbst. Bd. Cl. pag. 310 u. fg.

[140]) Journal für praktische Chemie. Bd. LVIII. pag. 351 u. fg. —
Chemisches Central-Blatt für 1859. pag. 892 u. fg.

[141]) Archiv der Pharmacie. 2. Reihe. Bd. LXXX. pag. 54.

[142]) Ebendaselbst. 2. Reihe. Bd. LV. pag. 200. Bd. LVI. pag. 317.

chemische Analyse des Hopfens findet man bei C. A. Hoffmann [143]). Aus allen diesen Untersuchungen ergibt sich, dass ein flüchtiges Oel, Harz und ein Bitterstoff, genannt Lupulin, und Gerbsäure die wesentlichen Bestandtheile des Hopfens ausmachen, ausser welchen Körpern man noch Pflanzenfaser, Salze, Gummi, Wachs, Extractivmaterien und andere Pflanzenstoffe im Hopfen nachwies; die Watt'schen Untersuchungen haben Aufschluss gegeben über die chemische Constitution der Hopfenasche. Nach Personne, welcher die Baldriansäure als Bestandtheil des Hopfens erklärte, ist das flüchtige Oel aus zwei isomeren sauerstoffhaltigen ätherischen Oelen zusammengesetzt; wogegen Wagner dafür hält, es bestehe das ätherische Hopfenöl aus einem dem Terpenthinöle isomeren Kohlenwasserstoffe und aus einem sauerstoffhaltigen ätherischen Oele, wahrscheinlich Valerol, welches durch Oxydation in Baldriansäure übergeht; Wagner bestätigt das Vorkommen dieser Säure im Hopfenöle. In acht verschiedenen Hopfensorten fand er 3,17 bis 5,7% Gerbsäure; diese Gerbsäure hat mit der im Gelbholze enthaltenen die grösste Aehnlichkeit, und es ist sehr wahrscheinlich, dass durch die nächsten Untersuchungen die Identität beider Säuren dargethan werden wird. Wagner widerlegte die Ansicht Payen's und Chevallier's, nach welcher das Hopfenöl schwefelhaltig sein sollte.

Die physiologischen Wirkungen des Hopfens sind von mehreren Experimentatoren untersucht worden. Payen und Chevallier haben das Hopfenöl, Ives und Freake das Lupulin für ein Narkoticum erklärt; gegen die beiden ersteren Männer trat Wagner auf, gegen die zwei letztern erhoben sich die Stimmen von Barbier, Magendie [144]) und Rigsby. Hoppe [145]) lässt durch das Lupulin die Nerventhätigkeit erhöht werden, und erklärt jenen Stoff für kein Gift. — Wenn man nach Allem, was vorliegt, dem Hopfen im Ganzen die Eigenschaft zuschreibt, die Thätigkeit der Verdauungsorgane zu erhöhen, das Gefäss- und Nervensystem zu erregen und Vermehrung der Harnabsonderung zu bewirken, so hat man seine physiologische Wirkung im Allgemeinen richtig bezeichnet und den Zusatz zum Bier erklärt. Ein fernerer Grund dieses Zusatzes liegt in dem Umstande, dass der Hopfen, vermöge seines ätherischen Oeles und Harzes zur Bier-Conservirung beiträgt, und endlich werden durch die wesentlichen Bestandtheile des Hopfens die durch das Kochen der Bierwürze geronnenen, in dieser vertheilten, eiweissartigen Körper des Malzes völlig niedergeschlagen.

Das Schwefeln des Hopfens hat keinerlei nachtheilige Folgen für die Gesundheit; gewisse Biere erfordern, wenn sie gut werden sollen, sogar geschwefelten Hopfen, und nach Siemens [146]) wird in England fast nur geschwefelter Hopfen benutzt. Das Schwefeln besteht darin, dass man den Hopfen von den Dämpfen des brennenden Schwefels, also von schwefliger Säure, durchdringen lässt, und man nimmt diese Operation theils zur Aufbesserung

---

143) Hoffmann, C. A., Ueber den Hopfen; chemische Untersuchung desselben in Rücksicht seiner Anwendung zum Bierbrauen. Erfurt. 1792. 4.

144) Magendie, F., Vorschriften zur Bereitung und Anwendung einiger neuen Arzneimittel. Nach der 7. Aufl. a. d. Französ. m. Anmerk. u. Zusätz. v. G. Kunze. 6. Aufl. Leipzig. 1831. 8.

145) Hoppe, Nervenwirkungen der Heilmittel.

146) Würtembergisches Wochenblatt für Land- und Forstwissenschaft. 1858. No. 29. — Chem. Centr.-Bl. f. 1858. pag. 860 u. fg.

alten Hopfens, theils zum Behufe der Conservirung vor. Ueber die Unterscheidung des geschwefelten Hopfens vom nicht geschwefelten vergleiche man die
Abhandlungen von Siemens und Wagner [147]; über die Geschichte der Ho-
pfencultur lese man bei Rössig [148).

Branntwein.

Mit dem edlen Branntweine schliessen wir die Reihe der Getränke des Menschen ab. Keine Flüssigkoit wurde in dem Maasse
verdammt,, gegen keine mit solchem Eifer aufgetreten, wie es dem
Branntweine widerfuhr: der Schnaps galt für die Ursache der meisten
Verbrechen und Laster, er war ein Trank der Hölle, eine Erfindung
des Teufels; Müssigkeits-Gesellschaften, kirchliche Missionsvereine,
Tractätchen, Erbauungsschriften etc. etc. traten gegen ihn auf — und
doch trinkt man nach wie vor Branntwein. Also worin und woran
liegt es, dass man bisher noch nicht im Stande war, das Branntweintrinken auszurotten? Die Ursache hiervon ist unseres Erachtens in
Fehlern der Staatswirthschaft und in dem übermässigen Schreien der
Branntweinfeinde zu suchen, wie in den folgenden Zeilen dargethan
worden soll. So lange der Staat darauf angewiesen ist oder darauf
angewiesen zu sein glaubt, Branntwein-Steuern zu erheben, so lange
wird er sich nicht entschliessen, die Branntwein-Brennereien, wenn
auch nicht ganz auszurotten, doch zu beschränken. Je grösser nun
die Anzahl dieser Institute, desto grösser im Allgemeinen die Production; je grösser die Production, desto bedeutender die Concurrenz,
desto billiger der Branntwein, desto grösser der Verbrauch. Sorgt
der Staat für Billigkeit von Kaffee, Bier und Wein [was zum Theil'
ganz in seiner Macht steht, wenn er die hohen Zölle mässigt, die
Brauhaussteuern aufhebt]; befördert er wirklich und wahrhaft die
Volksbildung; erleichtert er die Ehe; hebt er die privilegirten Kasten
auf, vermindert er die stehenden Heere: so hört das Branntweintrinken auch ohne das Geschroi der Mässigkeits-Vereine auf.

Die Geschichte des Branntweins ist so gut wie die aller Getränke
ein Abschnitt in der Geschichte der menschlichen Cultur. Es ist sehr
in Frage zu stellen, ob die Geschichte des Schnapses schon im Alterthume beginnt; denn wiewohl man den alten Indern den Gebrauch
von Rum zuschreibt, so ist damit noch keineswegs festgestellt, dass

---

[147] Chemisches Central-Blatt für 1858. pag. 117., für 1856. p. 105 u. fg.
[148] Rössig, C. G., Die Geschichte der Oekonomie der vorzüglichsten
Länder und Völker, etc. Leipzig. 1798. 8.

dieses Getränk auf dem Wege der Destillation erzeugt wurde; es scheinen alle Getränke des Alterthums wein- und bierartiger Natur gewesen zu sein, und es lässt sich nirgends beweisen, dass man vor dem „Zeitalter der Araber" die Kunst des Destillirens verstanden habe; Destillation ist die nothwendige Voraussetzung eines jeden Branntweins. Olaus Borrichius [1]) verdenkt es dem Hippokrates, dass er die Erfindung des Branntweins nicht gemacht habe, trotzdem er derselben doch so nahe gewesen sei. Man hat zu wiederholten Malen aus Stellen des Aristoteles, des Galenus und vieler anderen Schriftsteller des Alterthumes den Beweis zu liefern versucht, dass schon die Alten Branntwein erzeugten: allein alle diese Bemühungen sind nichtig gemacht worden, und man kam endlich zur Erkenntniss, die Araber beanspruchen das Verdienst der Erfindung der Destillirkunst und des Branntweins. Nach Wedel [2]) fällt die Erfindung des Branntweins und der Kunst des Destillirens in eine Zeit; dem ist aber nicht so, weil die Destillation in den Schriften der Araber früher vorkommt als der Schnaps, und es wird behauptet [3]), erst im dreizehnten Jahrhundert habe man den Branntwein erfunden. Doch ist auch dies nicht richtig, indem der arabische Arzt Abul Casim [Chalaf Ben Abbâs el-Zahrâwi] in Cordova in Spanien, welcher im Jahre 1106 nach Chr. Geb. starb [vergl. bei: Wüstenfeld [4])], mit grosser Bestimmtheit von der Bereitung des gebrannten Weines — also auf dem Wege der Destillation — spricht [5]). Bezieht man die Behauptung Schlözer's nur auf die Abendländer, so hat sie insofern Richtigkeit, als der berühmte Polyhistor des 13. Jahrhunderts Raymund Lullus [6]), [dessen Biographie man bei Olaus Borrichius [7]), J. F. Gmelin [8]),

[1]) Borrichii, O., De ortu et progressu Chemiae dissertatio. Hafniae. 1668. 4. pag. 92.

[2]) Wedel, G. W., Dissertatio de spiritu vini. Jenae. 1697. 4. p. 18.

[3]) Schlözer, A. L., Briefwechsel meist historischen und politischen Inhalts. Bd. VII. [Göttingen. 1780.] pag. 10.

[4]) Wüstenfeld, F., Geschichte der Arabischen Aerzte und Naturforscher. Nach den Quellen bearbeitet. Göttingen. 1840. 8. pag. 85.

[5]) Liber theoricae nec non practicae Alsaharavii, qui vulgo Açararius dicitur: jam summa diligentia et cura depromptus in lucem. Augustae Vindelicorum. 1519. fol.

[6]) Testamentum novissimum. Argentorati. 1571.

[7]) Borrichius, a. a. O. pag. 129 u. fg.

[8]) Gmelin, J. F., Geschichte der Chemie seit dem Wiederaufleben der Wissenschaften bis an das Ende des achtzehnten Jahrhunderts. Göttingen. 1797—99. 8. Bd. I. pag. 70 u. fg.

Phillippe [9]), Kopp [10]) u. A., biographische Fragmente bei Baco von Verulam und dem Jesuiten Mariana findet] die Branntwein-Bereitung behandelt; er lernte die gebrannten Wasser aus den Schriften der Araber kennen, theils auch aus eigener Anschauung während seiner Reisen in Afrika, welche er unternahm, um die Sarazenen zur Annahme der Religion der Päpste zu bewegen. Ebenso wenig wie Lullus, erfand Arnoldus Villanovanus [11]) den Branntwein; er lernte dieses Getränk auf dieselbe Art kennen wie Lullus, und schrieb über die Bereitung. Man vermuthet, Arnoldus, welcher des Lullus Lehrer war, habe früher vom Branntweine Kenntniss gehabt als sein Schüler, und Lullus sei von Arnoldus über den Branntwein belehrt worden. Basilius Valentinus [12]), der zu Ende des vierzehnten und zu Anfange des fünfzehnten Jahrhunderts lebte, verbesserte die Bereitung des Branntweins und erfand die Rectification desselben über Kalk. Nach Tassoni [13]) erzeugten die Bewohner von Modena schon im vierzehnten Jahrhundert den Branntwein im Grossen; sie sollen die Bereitung desselben von den Arabern gelernt haben und ein glückliches Weinjahr soll die erste Veranlassung zur Erzeugung grösserer Branntweinmengen gewesen sein. Man trank damals den Branntwein noch sehr selten, benutzte ihn dagegen öfter als Arznei, so besonders gegen die Pest und andere Infections-Krankheiten. Erst gegen das Ende des fünfzehnten Jahrhunderts wurde das Branntweintrinken allgemeiner. Michael Savanarola [14]), der im Jahre 1431 zu Ferrara starb, verfasste eine ausführliche Schrift über den Branntwein; er lehrt unter Anderem die Prüfung des Branntweins und Weingeistes auf den Gehalt an Alkohol mittelst Papierstreifen: taucht man diese in das alkoholische Getränk und zündet sie alsdann an, so brennt, wenn der Branntwein oder Weingeist gehaltreich war, zum Schlusse auch das Papier.

---

9) Phillippe, A., Geschichte der Apotheker bei den wichtigsten Völkern etc. Von H. Ludwig. 2. Aufl. Jena. 1859. 8. pag. 399 u. fg.

10) Kopp, H., Geschichte der Chemie. Bd. I. pag. 67 u. fg.

11) Er nannte den Branntwein zuerst „Aqua vitae", woraus im Laufe der Zeit das Wort Aquavit entstand.

12) Basilii Valentini, Triumph-Wagen Antimonii, Allen, so den Grund suchen der vhralten Medicin, u. s. w. durch Johann Thölden Hessum. Mit einer Vorrede Doctoris Joachimi Tanckij. Leipzig. 1611. 8. pag. 360 u. fg.

13) Tassoni, A., Pensieri diversi. In Venezia. 1676. pag. 317. — Poppe, Geschichte der Technologie. Bd. III. pag. 255.

14) Savanarola, M., De arte conficiendi aquam vitae simplicem et compositam deque ejus vi admirabili ad conservandam sanitatem et corporis humani aegritudines curandas. Basileae. 1597. 8.

Nach Bengt Bergius [15]) war der Branntwein in Schweden zu Ende der Regierung Gustaf I. als Arzneimittel im Gebrauche, wurde aber erst zu Ende des sechszehnten Jahrhunderts allgemeines Getränk. Bergius vermuthet, man habe damals sämmtlichen Branntwein aus Wein bereitet. — Nach Heberstein bediente man sich in Russland des Branntweins schon Anfangs des 16. Jahrhunderts als eines allgemeinen Getränks, in geringerem Maasse als eines Arzneimittels; zu Ende desselben Säculums tranken nach Aussage des Chyträus die Russen den Branntwein wie Wasser. Es wurden gegen den Branntwein verschiedene Verbote erlassen, denen sämmtlich die Ansicht zu Grunde lag, der Branntwein sei ein Gift; Gustaf I. warnte vor dem Gebrauche des Schnapses; Landgraf Philipp verbot ihn im Jahre 1524, und später erschienen Verbote in Frankfurt und Lüneburg. An gewissen Orten war man dem Getreidebranntweine sehr abgeneigt, ja in Schwaben hielt man es für Sünde, aus Getreide Branntwein zu erzeugen, weil dadurch „ein Essen in einen Trank verwandelt werde". Im 17. Jahrhundert wurden die Branntweine aus Baumfrüchten, Beeren und Cerealien immer allgemeiner, und 1747 beschrieb C. Skytte in den Abhandlungen der schwedischen Akademie das Verfahren, Branntwein aus Kartoffeln zu erzeugen. — Sehr förderlich für die Ausbreitung des Branntweins in Deutschland war der dreissigjährige Krieg.

Für die Geschichte des Branntweins sind ausser den oben angeführten Schriften wichtig die von Schrick [16]), Saldi [17]), Meibom [18]), Linné [19] und J. Murberg.

Ueber die statistischen Verhältnisse des Branntweins verdanken wir den Berichten von Berghaus, Dieterici, v. Reden) Schnitzler u. A. Belehrung. Nach Reden werden in Europa jährlich im Durchschnitt eintausend und fünfhundert preussische Quart Branntwein erzeugt. In den Staaten des deutschen Zollvereins producirte man nach Dieterici im Jahre 1842 im Ganzen 265,100,000 preussische Quart Branntweins; davon kommen auf Preussen 200,000,000; Sachsen 10,000,000; Baden 5,000,000; Kurhessen 8,300,000; Hessen-Darmstadt 7,000,000; Thüringen 5,500,000; Frankfurt a. M. 500,000; auf Anhalt und andere mit Preussen näher verbundene Kleinstaaten

---

[15]) Bergius, B., Ueber die Leckereyen. Von Forster & Sprengel. Bd. I. pag. 16.

[16]) Schrick, M., Von den gepranten Wasser. Augspurg. 1483. fol.

[17]) Saldi, J. F., De natura aquae vitae. Genuae. 1620. 4.

[18]) Meibom, H., Dissertatio de spiritibus ex vegetabilibus per fermentationem paratis. Helmstadii. 1674. 4.

[19]) Linné, C. a, Dissertatio de spiritu frumenti. Upsalae. 1764. 4.

3,000,000; auf Baiern etwa 22,000,000; Würtemberg 3,000,000; Luxemburg 800,000 Quart. Frankreich erzeugt jährlich etwa 1,500,000 Hektoliter Franzbranntwein und Belgien circa 260,000 Hektoliter Branntwein. Die Grösse des Branntweinverbrauches in Russland, Scandinavien und in der Türkei wurde bisher noch nicht genau ermittelt.

Die Branntweinerzeugung hat sich in den früheren Jahrhunderten nur allmälig entwickelt; erst als ihr die neuere Chemie kräftig unter die Arme griff, schwang sich die Kunst der Branntweinbrennerei schnell zu höheren Stufen empor; heute ist sie nicht mehr die simple Destillirkunst, sondern ein umfangreiches Fach, dessen tüchtige Handhabung gründliche chemische Kenntnisse voraussetzt. Es haben daher die Schriften von Basilius Valentinus, Theophrastus Paracelsus, C. Khunrath [20]), J. A. Grotian [21]), J. L. Christ [22]), Nicolas [23]), Neuenhahn [24]), Westrumb [25]) u. s. w. nur noch geschichtlichen Werth. Die für unsere Zeit wirklich bedeutungsvollen und wissenschaftlich gehaltenen Werke, welche die Branntweinbrennerei behandeln, sind die von Otto [26]), Balling [27]) und Schubarth [28]). — Das Ganze der Branntweinfabrikation lässt sich kurz in folgenden Worten geben. Gleichgültig aus welchem Pflanzenstoffe man den Branntwein bereitet, das Wesen ist immer: Umwandlung des in den Pflanzentheilen enthaltenen Stärkemehles in Zucker, Bewerkstelligung der Spaltung des letzteren in Alkohol und Kohlensäure und Abdestilliren des Alkohols. Erzeugt man den Branntwein aus Wein, so kommt nur das Abdestilliren des Alkohols in Betracht. Verwendet man stärkemehlhaltige Pflanzenstoffe, also Malz, Kartoffeln u. dgl. zur Branntweinerzeugung, so werden die Operationen des Einmaischens, des Zukühlens der Maische, des Stellens der Maische und der Destillation vorgenommen. Das Einmaischen setzt, wenn man Getreidebranntwein erzeugen will, geschrotenes Malz voraus; man bringt dieses in bis auf 40° R. erwärmtes Wasser und lässt mittelst einströmender heisser Wasserdämpfe die Temperatur bis auf 65° steigen; nach mehreren Stunden ist die durch die Diastase des Malzes bewirkte eingeleitete Umwandlung des Getreidestärkemehles in Zucker vollendet, und nun wird durch Zusatz kalten Wassers die Temperatur auf etwa 24° gebracht, die Flüssigkeit mit Hefe versetzt, und so die geistige Gährung eingeleitet, nach deren Beendigung man das Liquidum der Destillation unterwirft. Will man den Branntwein aus Kartoffeln bereiten, so muss man diese waschen,

[20]) Khunrath, C., Destillirkunst. Leipzig. 1703.

[21]) Grotian, J. A., Güldene Kunst, Branntwein zu brennen. Nordhausen. 1761. 8.

[22]) Christ, J. L., Chemisch-physikalische und praktische Regeln vom Fruchtbranntweinbrennen, etc. Frankfurt a. M. 1785. 8.

[23]) Nicolas, N., Manuel du destillateur d'eau de vie. Nancy. 1787. 12.

[24]) Neuenhahn, Die Branntweinbrennerey nach theor. u. pract. Grundsätzen. 3. Aufl. Erfurt. 1802—03. 8.

[25]) Crell, Chemische Annalen. 1792. Bd. 1. pag. 481 u. fg.

[26]) Otto, Handb. d. rationell. Praxis etc. pag. 87 u. fg.

[27]) Balling, a. a. O. Bd. III. pag. 8 u. fg.

[28]) Schubarth, a. a. O. Bd. III. pag. 557 u. fg.

mittelst heisser Wasserdämpfe gar kochen, in einen Brei verwandeln, denselben mit Weizen- oder Gerstenschrot versetzen, alsdann einmaischen und weiter wie oben verfahren. Manche Branntweine setzen nur einmalige Destillation voraus, wogegen andere, und zwar die stärkeren Getreide-, Kartoffel- u. dgl. Branntweine noch eine Rectification erfordern. — Bei der Gährung bilden sich flüchtige Substanzen, welche unter dem Namen des Fuselöles bekannt sind; sie ertheilen dem Branntweine unangenehmen Nebengeschmack, ohne ihn jedoch, wie es neuere Untersuchungen feststellten, schädlicher zu machen. Man hat vielerlei Methoden der Entfuselung vorgeschlagen und in Anwendung gebracht, doch ist die beste und die wirklich unschädliche jene mit dem Pulver frisch ausgeglühter Holzkohle. — Döbereiner, dann Zeise[29]) und Chryselius[30]) schlugen den Chlorkalk als Reinigungsmittel des Branntweins, Hühnefeld[31]) schlug mangansaures Kali vor; Mayr[32]) brachte Mandelkleie, Giseke[33]) Kohle in Anwendung; auch Milch benutzte man zur Entfuselung des Branntweins[34]).

Die chemischen Bestandtheile des Branntweins sind zuerst genauer erforscht worden von Witting[35]); später haben sich die gleich anzuführenden Chemiker mit diesem Gegenstande beschäftigt; indessen wurde in chemischer Hinsicht dem Branntweine noch keine solche Pflege zu Theil, wie dem Weine und Biere. Nach Bence Jones[36]) enthalten gewöhnliche Branntweine 50,4 bis 53,8% an Alkohol; Rum enthält 72,0 bis 77,1%; Genever 49,4% und Whisky 59,3%. Der von Ludwig und Knackfuss[37]) aus leinenen Lumpen dargestellte Branntwein war verhältnissmässig reich an Alkohol, denn 41 Gramm trockener Leinen-Lumpen ergaben 15,001 Gramm absoluten Alkohols. Brando[38]) wies in hundert Theilen Branntwein 62,2% Alkohol nach; im schottischen Whisky 63,3%; im irländischen Whisky 62,8%; im Genever 60,1; im Taffia 62,5% Alkohol. Im Franzbranntwein fand derselbe Analytiker 53,39 Volumprocente Weingeist von 0,825 specifischem Gewichte. Nach den Untersuchungen von Lahens[39]) enthält der Franzbranntwein [den man durch Destil-

29) Archiv der Pharmacie. 1. Reihe. Bd. IX. pag. 323 u. fg.
30) Erdmann, Journ. f. techn. u. ökonom. Chem. Bd. XII. pag. 235 u. fg.
31) Ebendaselbst. Bd. XI. pag. 527 u. fg.
32) Archiv der Pharmacie. 1. Reihe. Bd. XXXII. pag. 249.
33) Ebendaselbst. Bd. XXVIII. pag. 339.
34) Erdmann, Journ. f. techn. u. ökonom. Chem. Bd. XV. pag. 370.
35) Journal f. prakt. Chem. Bd. VI. pag. 1 u. fg.
  Witting, E., Bemerkungen über die im Handel vorkommenden Branntwein-Arten, hauptsächlich über den Kartoffelbranntwein, in chemisch-medicinisch-technischer Beziehung. Holzminden. 1837. 8.
36) Chem.-Pharmaceut. Central.-Blatt für 1854. pag. 273 u. fg.
37) Archiv der Pharmacie. 2. Reihe. Bd. LXXXIII. pag. 22 u. fg.
  Chem.-Pharmaceut. Central-Blatt für 1855. pag. 512.
38) a. a. O. [vergl. unter Bier und Wein.]
39) Journal de Pharmacie etc. 3. Reihe. Bd. XXVII. pag. 42.

lation von Wein gewinnt] nicht nur Wasser, Alkohol und Oenanthäther, sondern auch Aldehyd und Essigäther. Je nach den verschiedenen Pflanzenstoffen, aus denen man die Branntweine darstellt, enthalten diese auch verschiedene Nebenbestandtheile; so z. B. kommt
im Wacholderbranntwein das ätherische Wacholderöl, in dem aus
Steinfrüchten erzeugten Blausäure und Bittermandelöl vor. Das Fuselöl, gemeiniglich Fusel genannt, hängt stets den Getreide- und
Kartoffel-Branntweinen an; es ist aber, wie aus der Chemie hinlänglich bekannt, das Kartoffelfuselöl von dem anderen verschieden. —
Viele feinere Branntweinsorten werden unter Zusatz von Gewürzen,
Zucker u. s. w. zum entfuselten Aquavit bereitet, wesshalb man darin
ausser Wasser und Alkohol viele andere Bestandtheile findet.

In einigen Branntweinen kommt Butter- und valeriansauerer Aether als Arom vor; das Arom des Arrak's ist noch nicht genau bekannt, das des gewöhnlichen Rum's ist nach Schlossberger's Angabe buttersaurer Aether.

· Die Ausmittelung des Alkoholgehalts im Branntweine geschieht
entweder durch Bestimmung des specifischen Gewichts bei einer gewissen Temperatur oder auf chemischem Wege, wie unter Wein und
Bier gelehrt wurde. Die Alkoholometrie steht heutzutage als eigene
Doctrin da; einen ausgezeichneten Grundriss derselben lieferte Holtz-
mann [40]).

Ein guter Branntwein muss sich im Allgemeinen durch folgende
Eigenschaften auszeichnen: Reinheit in chemischer Beziehung; Mangel
jedes unangenehmen Geruchs und Geschmacks; Durchsichtigkeit; Alkoholgehalt von 30 bis 60%; bei rechtzeitigem und mässigem Genusse keine üble Nachwirkung. — Leider entspricht der Branntwein diesen Anforderungen nicht immer, weil Verunreinigungen
und Fälschungen häufig vorkommen. Schon in den Schriften früherer Jahrhunderte wird dies besprochen; doch erst die Arbeiten von
Wiegleb, Scherf, Ploucquet [41]), Hofmann [42]), Brumbey [43])
u. A. thun es in etwas wissenschaftlicher Weise. Seit der Zeit ist viel
über diese Materie geschrieben worden und die Literatur darüber zu
grossem Umfange herangewachsen. Eine häufig vorkommende Brannt-
weinfälschung ist die mit Wasser; bekanntlich wird der gewöhnliche

---

[40]) Handwörterbuch der reinen und angewandten Chemie. Von Liebig,
Poggendorff & Wöhler. 2. Aufl. Bd. I. [1857.] pag. 493—526.

[41]) Ploucquet, W. G., Warnung an das Publicum vor einem in man-
chem Branntweine enthaltenem Gifte, sammt den Mitteln, es zu entdecken und
auszuscheiden. Tübingen. 1780. 8.

[42]) Trommsdorf, Journ. d. Pharmacie. Bd. V. pag. 79 u. fg.

[43]) Brumbey, J. A., Commentatio de adulterationibus spiritus frumenti
sanitati infestis. Helmstadii. 1806. 4.

Branntwein durch Wasserzusatz trübe, wesshalb man sich, wenn man nicht die völlige Wiederklärung abwarten will, nicht selten bewogen fühlt, Klärungsmittel in Anwendung zu bringen, und es ist unter diesen Mitteln Alaun das am meisten benutzte. Die Fälschung mit Wasser erfährt man durch die gewöhnlichen Alkoholproben; den Alaun erkennt man, wenn man den verdächtigen Branntwein bis zur Trockenheit eindampft, die rückständige Masse in Wasser löst, die Flüssigkeit filtrirt und zum Filtrat Aetzammoniak setzt: ein gelatinöser weisser Niederschlag (Thonerdehydrat) bekundet die Fälschung des Branntweins mit Alaun. Die Mengen Alauns, welche man gewöhnlich dem Branntweine zusetzt, beeinträchtigen wohl einiger Maassen seinen Geschmack, keineswegs aber die Gesundheit des Trinkenden.

Bei Most [44]) u. A. findet man die Angabe, dass Branntwein zuweilen auch mit Brechweinstein versetzt wurde, um den Säufern den Schnapsgenuss abzugewöhnen. Ein solcher Zusatz gehört in die Reihe der Fälschungen und ist strafbar, weil dadurch für Leben und Gesundheit der grösste Schaden erwachsen kann. Dampft man den verdächtigen Branntwein bis zur Trockenheit ein und behandelt den Rückstand mit Wasser, so geht der Brechweinstein in dieses über und lässt sich an den aus der Chemie bekannten Reactionen erkennen.

Oft werden dem Branntweine verschiedene scharfe Pflanzensubstanzen, z. B. Pfeffer, Kornraden, Taumelloch, Stechapfelsamen u. dgl. zugesetzt, theils um das Feuer des Branntweins zu erhöhen, theils um die Verminderung des Alkohols zu verdecken. Die meisten dieser Stoffe sind, wenn ihre Menge erheblich ist, schädlich, manche geradezu giftig. Aus der Beschaffenheit des Extractes, welches derartig verfälschter Branntwein beim Eindampfen hinterlässt, weiter auch durch Anwendung der schon unter Bier namhaft gemachten Methode von Stas, kann man zur Erkenntniss der Natur der Verfälschung kommen. — In seltenen Fällen versetzt man den Branntwein mit etwas Schwefelsäure; man thut dies aus dem Grunde, um das Perlen (welches man für ein Kennzeichen der Güte des Branntweins hält) zu vermehren. Kleine Mengen von Schwefelsäure — in grossen Mengen setzt man diese Säure nicht zum Schnapse — schaden der Gesundheit im Allgemeinen nicht, denn sie wirken auf den Alkohol ein, damit Aetherschwefelsäure bildend, und es wird somit der Effect der Schwefelsäure schon um ein Bedeutendes vermindert; wenn auch in einem Pfunde Branntwein ein Tausendstel Aetherschwefelsäure enthalten ist, so kann man jenen noch immer nicht als schädlich bezeichnen; namentlich wenn die Schwefelsäure nicht rein, sondern gemischt mit Oliven- oder

---

44) Most, G. F., Ausführliche Encyklopädie der gesammten Staatsarzneikunde. Leipzig. 1838—40. Bd. I. pag. 652.

Mohnöl dem Branntweine zugesetzt wurde, schaden kleine Quantitäten nicht, weil deren Einwirkung zunächst dem fetten Oele gilt. Die Nachweisung der Schwefelsäure ist sehr leicht; der wässerige Auszug des Branntweinextractes wird darauf mit Lackmus und den bekannten chemischen Reagentien geprüft.

Nach dem alten Frank [45]) waren die Branntweinbrenner Grossbritanniens die Ersten, welche verschiedene Branntweine mit (dem blausäurehaltigen) Kirschlorbeerwasser versetzten; das Publicum nahm die so verfälschten gebrannten Wasser sehr gut auf, weil ja der Zusatz für den Geschmack angenehm war; doch nicht lange nachher, nämlich im Jahre 1728 kamen in Dublin mehrere Vergiftungsfälle vor, und man schenkte der Sache grosse Aufmerksamkeit. In unserer Zeit kommen diese Fälschungen wohl seltener vor, dagegen aber um so häufiger die Darstellung des Branntweins aus Zwetschen, Aprikosen und anderem Steinobste, welches man sammt den Kernen in Verwendung bringt. Beträgt der Gehalt an wasserfreier Blausäure mehr als $0,1 \%$, so können grössere Mengen solchen Branntweins schädlich, ja giftig werden. Man erkennt Blausäure im Schnapse auf folgende Weise: man destillirt letzteren aus dem Chlorcalciumbade vorsichtig und so lange, bis etwa der vierte Theil übergegangen ist, versetzt das Destillat zuerst mit etwas Aetzammoniak und dann mit wässeriger Eisenchlorürchloridlösung; enthielt nun der Branntwein Blausäure, so entsteht jetzt ein aus Berlinerblau (Eisencyanürcyanid) bestehender blauer Niederschlag.

Endlich ist noch der Verfälschungen mit Aetherarten, Opium und unechtem Blattgolde zu gedenken. Die Aetherarten erkennt man am besten an dem Geruche der ganzen Flüssigkeit selbst und an dem Geruche der Hände, wenn man den Branntwein dazwischen verrieben. Opium ist auch in kleinen Mengen sehr schädlich; es wird im Branntwein-Extracte nachgewiesen. Derjenige Aquavit, welcher den Namen des Goldwassers führt, enthält oft an Stelle des echten Blattgoldes Katzengold; solches ist eine in der Regel aus Zink und Kupfer bestehende Metalllegirung, welche bei .Verweilen des Branntweins an der Luft leicht aufgelöst und alsdann schädlich wird; es ist theils ·durch Untersuchung der Flüssigkeit auf jene Metalle, theils durch Prüfung des suspendirten Blattgoldes selbst zu erkennen.

Die Verunreinigungen des Branntweins kommen weit häufiger vor als die Fälschungen. Zunächst sind die mit Kupferverbindungen anzuführen; es rühren diese Verunreinigungen stets von den kupfernen Destillirapparaten her, wenn deren Verzinnung mangelhaft oder

---

45) Frank, J. P., System einer vollständ. medic. Polizey. Bd. III. [Mannheim. 1783.] pag. 565 u. fg.

schadhaft ist; tritt dann Luft zum Branntweine, so wird eine Wenigkeit Alkohols zu Essigsäure oxydirt, und diese löset Kupfer auf. Jüngst untersuchte Lintner [46]) den anfänglich braunen, später grünlich gewordenen fettigen Absatz aus einem Branntweine, und fand in der fraglichen Masse (die selbst das starre Fuselöl war) 0,42 % Kupfer. Remer [47]) fand unter sechs von ihm geprüften Branntweinsorten in fünf derselben Kupfer, und sein schon oben namhaft gemachter Schüler Brumby untersuchte sechszehn Branntweine, von denen funfzehn kupferhaltig waren. Ploucquet war der Erste, welcher die Verunreinigung des Branntweins mit Kupferverbindungen entdeckte und genauer behandelte. — Ausser Kupfer können noch Blei, Arsen, Zink u. a. Metalle vom Branntwein aufgelöst werden; dies findet unter denselben Bedingungen, welche oben namhaft gemacht wurden, statt. Von allen diesen Verunreinigungen, deren Nachweisung jedem Leser aus der anorganischen Chemie geläufig ist, kommt die mit essigsauerem Kupferoxyde am häufigsten vor.

Wenn alkoholärmere Branntweinsorten in schlecht geschlossenen Gefässen aufbewahrt werden, so wird ein Theil ihres Alkohols durch Einfluss des atmosphärischen Sauerstoffs in Essigsäure umgewandelt; man erkennt diese Verunreinigung theils durch Geruch und Geschmack, theils, und zwar am sichersten, durch die Reaction auf blaues Lackmuspapier.

In Betreff der Ausmittelung der Verfälschung feiner Branntweinsorten durch gemeine sind Geschmack und Geruch zunächst in Anspruch zu nehmen, weil man sich darauf oft mehr verlassen kann, als auf die chemische Analyse; namentlich die Prüfung des Extractes verdächtiger Branntweine kann über Fälschung zunächst Aufschluss geben. Dasselbe gilt von den künstlich erzeugten Rum-, Arrak- und anderen Branntweinsorten. Meurer [48]) erkannte im Extracte eines solchen Rum u. A. das empyreumatische Birkenöl.

---

46) Neues Repertorium der Pharmacie. Herausgegeben von A. Buchner. Bd. V. pag. 534. — Canstatt's Jahresbericht der Medicin für 1857. Bd. V. pag. 76.

47) Remer, Polizeilich-gerichtliche Chemie. 2. Aufl. pag. 199 u. fg.

48) Archiv der Pharmacie. 2. Reihe. Bd. XXXVI. pag. 156.

Anmerkung. Nach Molnar [Polytechnisches Centralblatt. 1857. pag. 1301.] unterscheidet man Korn- und Kartoffelbranntwein in der Weise von einander, dass man eine bis zwei Unzen der zu prüfenden Flüssigkeit mit einer Lösung von drei bis sechs Gran Kalihydrat schüttelt, das Fluidum bis auf eine oder anderthalb Drachmen langsam eindunstet und alsdann mit verdünnter Schwefelsäure versetzt; nun zeigt sich sofort der Geruch von Korn- oder von Kartoffelfuselöl.

Die Wirkung des Branntweins auf den gesunden Menschen kann mit wenigen Worten abgemacht werden, da schon unter Wein und Bier hinlänglich von den Wirkungen des Alkohols geredet wurde. Dass Branntwein andere Effecte hervorbringt als die früher besprochenen Spirituosen, liegt nicht nur in seinem grösseren Gehalte an Alkohol, sondern auch in der Abwesenheit jener Nebenbestandtheile, welche eben die Wirkung des Weines und des Bieres charakteristisch modificiren. Es ist demgemäss, wie auch kraft der Alltagserfahrung, der durch Branntwein erzeugte Rausch von dem Bier- und Weinrausche verschieden, nämlich intensiver als diese beiden und von nachdrücklicheren Folgen. — Das Fuselöl, womit Fürst, Mitscherlich, Schlossberger u. A. an lebenden Thieren experimentirten, wirkt dem Alkohol ähnlich, nur etwas heftiger auf den Organismus ein. Da es im Branntwein in sehr geringen Mengen enthalten ist, so macht sich sein Einfluss auf den Organismus in nur untergeordnetem Maasse geltend, und es ist nur der Alkohol als die schädliche Potenz des Branntweins zu betrachten. Eine bekannte Thatsache ist es, dass Schnapsbrüder von Profession den fuselhaltigen Branntwein bei Weitem lieber trinken als den gereinigten; der grosse schwedische Arzt Magnus Huss [49]) erklärt diese Erscheinung damit, dass das bei Säufern auftretende unangenehme Gefühl in der Brust, das Zittern und die Erschlaffung der Glieder, endlich die katzenjammerartigen Phänomene durch das Fuselöl aufhören oder gemässigt werden.

Abgesehen von dem verunreinigten und verfälschten Branntwein, dessen nachtheilige Wirkung schon aus den früheren Erörterungen deutlich werden dürfte, schadet dies Getränk im Allgemeinen um so mehr der Gesundheit, in je grösserem Maasse es genossen wird und je bedeutender der Alkoholgehalt ist. Die bekannten Krankheiten der Säufer entstehen bei übermässigem Branntweingebrauche alsbald, und erreichen in der Regel weit höhere Grade, als wenn sie durch Weinsaufen bedingt werden. Die Verdauungswege und die ihnen anhängenden drüsigen Organe, z. B. die Leber und die Milz, leiden durch das unmässige Branntweintrinken zunächst, und von ihnen aus machen die Uebel der Säufer ihre Progresse. Wenn Branntweinsäufer nicht am Säuferwahnsinn sterben, so gehen sie meist in Folge entarteter Unterleibs-Eingeweide zu Grunde, nicht selten auch an Lungen- und Herzkrankheiten. F. W. Lippich [50]) hat eine Reihe sehr interessan-

---

[49]) Huss, M., Chronische Alkoholskrankheit oder Alkoholismus chronicus. Ein Beitrag zur Erkenntniss der Vergiftungskrankheiten nach eigener und Anderer Erfahrung. A. d. Schwed. m. Aenderung. u. Zusätzen d. Verf. v. G. van dem Busch. Stockholm. 1852. 8. pag. 569.
[50]) Lippich, F. W., Grundzüge der Dipsobiostatik. Laibach. 1834. 8.

ter Beobachtungen über die Folgen des Branntweintrinkens, die Individualitätsverhältnisse der Säufer und die Beeinflussung der Lebensdauer u. s. w. durch das Laster der Trunkenheit publicirt. — Keine Ausschweifung ruinirt den Menschen in so kurzer Zeit physisch und moralisch, als die im Branntweine; kein Genuss wirkt, wenn chronische Unmässigkeit, stattfindet, so sehr verkürzend auf die Lebensdauer ein.

Die diätetischen Winke für die Benutzung des Branntweins lassen sich kurz in folgende Worte zusammenfassen: mässiger Genuss reinen Branntweines kann solchen Menschen gestattet werden, welche sich viel in freier Luft bewegen, schwer arbeiten, anstrengende Märsche machen und dem Einflusse jedes Wetters, jedes Temperaturwechsels ausgesetzt sind; im Falle aber andere Getränke, namentlich Wein zu Gebote stehen, möge man vom Branntwein gänzlich absehn. Alle anderen als die oben bezeichneten Menschen müssen sich, wenn sie gesund bleiben wollen, vom Branntwein ganz und gar enthalten. — Das grösste Maass funfziggradigen Branntweins für einen gesunden, erwachsenen, schwer arbeitenden Menschen ist im mittleren Deutschland für die Zeit von vierundzwanzig Stunden der fünfundzwanzigste, höchstens zwanzigste Theil eines Liters. — Nach Genuss fetter Speisen leistet Branntwein nicht selten gute Dienste, indem er die Verdauung befördert.

Auch als Heilmittel hat man die verschiedenen Branntweine benutzt; wenn ich sie auch als Labungs- und Stärkungsmittel in gewissen Augenblicken, so Ohnmachten, Erschöpfungen durch Blutverlust u. dgl., gelten lasse, so bin ich doch der Meinung, dass diese Flüssigkeiten als innerliche Arzneien untauglich sind; dagegen kann man sie äusserlich mit grossem Vortheile anwenden.

Sinclair [51]) will beobachtet haben, dass durch den Gebrauch des Punsches die Gicht nicht nur nicht befördert, sondern eher in ihrem Verlaufe gehemmt wurde. (!) — In den verschiedenen Pharmakopöen sind mehrere Branntweinsorten verzeichnet.

Die diätetischen und ätiologischen Verhältnisse des Branntweins wurden in älterer wie neuerer Zeit von vielen Männern zum Gegenstande des Studiums gemacht; ausser den schon oben angeführten machen wir noch folgende be-

---

[51]) Sinclair, J., Handb. d. Gesundheit u. d. langen Lebens. Von K. Sprengel. Amsterdam. 1808. pag. 155.

deutendere namhaft: Camerarius [52]), Noël [53]), Knoll [54]), Dossie [55]), B.
Rush [56]), W. Sandford [57]), G. L. Woempner, Hufeland [58]), A. F.
Fischer [59]), J. C. Renard [60]), Wurzer [61]), Wichmann [62]), Lehmann [63]),
Macnish [64]), C. Deutsch, Böttcher [65]) u. s. w. — Ueber die therapeuti-
schen und polizeilichen Verhältnisse des Branntweins wurden auch viele Ab-
handlungen geliefert.

Es erübrigt uns noch, einige Worte den verschiedenen Branntweinsorten zu widmen. Enthält ein fuselfreier Branntwein Zucker
und ätherisches Oel, so belegt man ihn im Allgemeinen mit den Namen Rosoglio und Wasser (z. B. Kümmelwasser). Ist die Menge
des Zuckers eine so grosse, dass dadurch Oelflüssigkeit oder Dick-
flüssigkeit bewirkt wird, so bezeichnet man den Branntwein mit dem
Namen Liqueur; es gibt tausenderlei Liqueure, im Wesentlichen jedoch kommen alle mit einander überein. Der aus Zuckerrohr-Abfäl-
len erzeugte Branntwein führt den Namen Rum, der aus Reis ge-
wonnene heisst Arrak, der aus Wein destillirte führt die Bezeichnungen Cognac und Franzbranntwein.

Der Milchbranntwein, von welchem schon im ersten Bande
vielfach die Rede war, wird von asiatischen Völkerschaften aus der

---

52) Camerarius, R. J., De potu aquarum ardentium. Tubingae. 1699. 4.

53) Noël, N. B., Mors in vitro seu lethifera vini adusti damna ex sola
ejusdem adstringendi virtute comprobata. Francofurti. 1709. 4.

54) Knoll, J. C. G., Von den schädlichen Wirkungen des übermässigen
Branntweintrinkens. Wernigerode. 1750. 4.

55) Dossie, R., An essay on spirituous liquors with regard to their
effects on health, in which the comparative wholsomnes of Rum and Brandy
are particularly considered. London. 1770. 8.

56) Rush, B., Inquiry in to the effects of spirituous liquors etc. 2. Aufl.
Philadelphia. 1786.

57) Sandfort, W., Few remarks on the medicinal effects of Wine and
Spirits. London. 1799. 12.   ·

58) Hufeland, C. W., Ueber die Vergiftung durch Branntwein. Berlin. 1801. 8.

59) Fischer, A. F., Der Nachtheil, den die Verfälschung der Biere
und Branntweine auf Geist und Körper äussert! Dresden. 1829. 8.

60) Renard, J. C., Der Branntwein in diätetischer und medicinisch-polizeilicher Hinsicht. Mainz. 1817. 8.

61) Wurzer, F., Bemerkungen über den Branntwein. Cöln. 1804. 8.

62) Wichmann, J. E., Ueber die Unentbehrlichkeit des Branntweins.
Hannover. 1802. 8.

63) Lehmann, S., Ueber d. Folgen d. Missbrauchs d. geist. Getränke.
Bern. 1837. 8.

64) Macnish, R., Ueber Berauschung, etc. Köln. 1837. 8.

65) Böttcher, J. H., Ueber den Branntwein-Genuss, etc. Hannover.
1839. 8.

Milch verschiedener Thiere, namentlich der Pferde und Kameele, bereitet. Der Zucker der Stuten-Milch liefert bei der geistigen Gährung dieser Flüssigkeit Alkohol, und man destillirt letzteren ab; dies ist die ganze Wissenschaft bei der Darstellung des Milchbranntweins; ein Gegenstand, über welchen Bergmann [66]) und Pallas [67]) (was die Kalmücken betrifft), ferner Gmelin, Ritschkow, Spielmann [68]), Oseretzkowsky [69]), A. F. Schill [70]) u. A. ausführlich handelten.

Von anderen branntweinartigen Getränken sprach ich im allgemeinen Theile.

Bei Weller [71]) sind Bruchstücke eines mittelalterlichen Lobgedichts des Branntweins, bei Beckmann [72]) ist das ganze Gedicht verzeichnet. Es soll dieses Poëm nach Weller's Vermuthung schon lange vor dem Jahre 1493 gemacht worden sein. Das Buch, worin fragliches Gedicht enthalten, ist ein künstlerisches Curiosum. Der Titel ist in Holz geschnitten, das Uebrige aber gedruckt. Der Titel lautet: Wem der geprant wein | nutz sey. oder schad. vn | wie er gerecht oder fal- | schlich gemacht sey. Und am Schlusse heisst es: Gedruckt zu Bambergk | Uon marxen Ayrer. Unnd | Hannssen Pernecker in dem | Zinckenwerd Im. Lxxxxiij. | Jar.

---

[66]) Bergmann, Streifereien unter den Kalmücken. Bd. II.

[67]) Pallas, Reise durch verschied. Provinzen d. Russ. Reichs. Bd. I. pag. 315 u. fg.

[68]) Crell, Chemische Annalen. Bd. V. pag. 141.

[69]) Oseretzkowsky, N., Dissertatio de spiritu ardente ex lacte bubulo. Argentorati. 1778. 4.

[70]) Annalen der Pharmacie. Bd. XXXI. pag. 152 u. fg.

[71]) Altes aus allen Theilen der Geschichte, oder Alte Urkunden, alte Briefe, und Nachrichten von alten Büchern, mit Anmerkungen. Chemnitz. 1762—66. 8. Bd. II. pag. 805 u. fg.

[72]) Beckmann, J., Beyträge zur Geschichte der Erfindungen. Bd. II. [Leipzig. 1788.] pag. 277 u. fg.

Bemerkte Setz- und Schreibfehler.

S. 10 Z. 11 von oben lese man *von* anstatt *an*
— 93 — 4 von unten — *Moenum* anstatt *Monum*
—100 — 19 von oben — *Seewasser* anstatt *Seewasser*
— — — 21 von oben — *Wiggers* anstatt *Wigggers*
—158 — 1 von unten — 4^0 anstatt 8^0.